Islamisches Zivilrecht der hanafitischen Lehre

Leipziger Beiträge zur Orientforschung

Herausgegeben von Hans-Georg Ebert
Begründet von Günter Barthel

Band 31

PL ACADEMIC RESEARCH

Hans-Georg Ebert / Assem Hefny

Islamisches Zivilrecht der hanafitischen Lehre

Die zivilrechtliche Kodifikation des Qadrî Pâshâ

PL ACADEMIC RESEARCH

Bibliografische Information der Deutschen Nationalbibliothek
Die Deutsche Nationalbibliothek verzeichnet diese Publikation in der DeutschenNationalbibliografie; detaillierte bibliografische Daten sind im Internet über http://dnb.d-nb.de abrufbar.

ISSN 0942-2323
ISBN 978-3-631-64349-5 (Print)
E-ISBN 978-3-653-03419-6 (E-Book)
DOI 10.3726/ 978-3-653-03419-6

PL Academic Research ist ein Imprint der Peter Lang GmbH.

Peter Lang – Frankfurt am Main · Bern · Bruxelles · New York · Oxford · Warszawa · Wien

www.peterlang.de

Vorwort

Die zunehmende internationale Verflechtung auf allen Gebieten und der damit einhergehende Transfer von rechtlichen Regelungen macht die Beschäftigung mit islamisch-rechtlichen Fragen auch außerhalb der islamischen Welt erforderlich. In den letzten Jahren sind auch in Deutschland einige wichtige Veröffentlichungen zur *šarī'a* erschienen, die sich sowohl auf die Rechtsquellenlehre als auch auf die Darstellung und Interpretation einzelner Normen beziehen. Für den Juristen, der dieses Feld bearbeitet, ist es aufgrund der sprachlichen Besonderheiten (viele Texte liegen nur in arabischer Sprache vor) nicht immer einfach, die Bestimmungen exakt zu erfassen und einzuordnen. Gerade mit Blick auf neue Bereiche, so das sog. Islamic Banking, ergeben sich neue Anforderungen für das Studium des Islamischen Rechts. Es geht um die genaue Erfassung von islamischen Rechtsfiguren und ihre mögliche Umsetzung und Anwendung, die nicht notwendigerweise auf das Internationale Privatrecht reduziert bleiben muss.

Muḥammad Qadrī Pāšās Muršid al-ḥairān ilā maʿrifat aḥwāl al-insān fi-l-muʿāmalāt aš-šarʿīya ʿalā maḏhab al-imām al-aʿẓam Abī Ḥanīfa an-Nuʿmān mulā'iman li-ʿurf ad-diyār al-miṣrīya wa-sā'ir al-umam al-islāmīya (Der Führer für den Ratlosen zur Kenntnis über die Angelegenheiten des Menschen in den islamischen Rechtsgeschäften nach der Rechtsschule des ehrwürdigen Imāms Abū Ḥanīfa an-Nuʿmān in Übereinstimmung mit dem in Ägypten und anderen islamischen Gebieten existierenden Gewohnheitsrecht) ist nach der osmanischen *Mecelle* das erste Werk, welches im Jahre 1891 nach dem Muster französischer Rechtstexte das islamische Zivilrecht (Schuld- und Sachenrecht, z.T. Verfahrensrecht) auf *ḥanafitischer* Grundlage kodifizierte, ohne indes in Ägypten oder anderswo jemals als Gesetz im formalen Sinne angenommen worden zu sein. So ergibt sich die Bedeutung des Muršid al-ḥairān vor allem aus seiner Rolle als Lehrtext an den Ende des 19. Jh. entstandenen Rechtsschulen des Landes und als Referenzquelle für Juristen, Orientalisten, Religionswissenschaftler und Soziologen hinsichtlich zivilrechtlicher Normen der *šarī'a*. Insofern soll die Übersetzung auch ein Bedürfnis nach verfügbaren Detailinformationen zum Islamischen Recht befriedigen. Gleichzeitig geht es auch darum, das reiche Erbe der islamischen Rechtskultur herauszustellen und zum Dialog zwischen den Kulturen anzuregen.

Die Umschrift der arabischen Wörter folgt, wenn diese nicht in der im Deutschen üblichen Schreibweise erscheinen, den Festlegungen des 19. Orientalistenkongresses von Rom 1935 für die „Transliteration der arabischen Schrift in ihrer Anwendung auf die Hauptliteratursprachen der islamischen Welt".

Ein besonderer Dank gilt Frau Birgit Kristiana Bouraima, die mit großer Akribie die Übersetzung kontrolliert und diesbezügliche Vorschläge unterbreitet hat. Ohne sie hätte das Werk nicht in dieser Form erscheinen können.
Wir danken allen Kolleginnen und Kollegen, die mit Hinweisen, kritischen Bemerkungen, Korrekturen, Anregungen und „technischer" Hilfe die Entstehung dieses Buches förderten. Ganz besonders seien Herr Professor Dr. Eckehard Schulz vom Orientalischen Institut der Universität Leipzig, Herr Stefan Runge, M.A. sowie Herr Oliver Ritter, M.A. genannt. Dank gebührt dem Peter Lang-Verlag für die Unterstützung und konstruktive Zusammenarbeit.
Selbstverständlich sind ausschließlich wir für Fehler und Ungenauigkeiten im Buch verantwortlich.

Hans-Georg Ebert/Assem Hefny

Leipzig, im Juli 2013

Inhaltsverzeichnis

I. Einführung

1. Muḥammad Qadrī Pāšā: Leben und Werk[1]

Muḥammad Qadrī Pāšā[2] wurde im Jahre 1821 in der oberägyptischen Stadt (*ṣa'īd*) Mallawī, einem Ort etwa 30 km südlich von der heutigen Provinzhauptstadt al-Minyā entfernt, geboren. Sein Vater stammt aus Anatolien, dem asiatischen Teil der heutigen Türkei, und diente im Gebiet Mallawī als Steuerpächter[3] und Richter. Seine Mutter war Oberägypterin. Die beiden Halbbrüder aus einer früheren Ehe seines Vaters lebten außerhalb Ägyptens in Anatolien bzw. Istanbul.

Nach dem Besuch einer Privatschule in Mallawī ging Muḥammad Qadrī Pāšā nach Kairo, um sich dort an der Sprachenschule (*madrasat alsun*) zu immatrikulieren. Der Leiter der Schule war ab Januar 1837 Rifā'a aṭ-Ṭahṭāwī (gest. 1873), den mit Muḥammad Qadrī Pāšā nicht nur das Interesse für Sprachen und moderne Wissenschaften, sondern auch seine oberägyptische Herkunft verband. In der Stadt Mallawī versuchte sich Rifā'a aṭ-Ṭahṭāwī noch vor Beginn seines Studiums an der Azhar-Universität von Kairo als Lehrer an der dortigen Yūsufī-Moschee.[4] Neben seinen Studien an der Sprachenschule besuchte Muḥammad Qadrī Pāšā Kurse bei berühmten Azhar-Gelehrten zur damaligen Zeit. Nach erfolgreichem Abschluss der Sprachenschule wurde er zum Übersetzungsassistenten (*mutarǧim musā'id*) ernannt. Gleichzeitig beschäftigte er sich an der Azhar-Universität mit islamischer Jurisprudenz. Damit war eine wichtige Grundlage für seine spätere berufliche und wissenschaftliche Tätigkeit gelegt.

Schon bald wechselte er für fast sieben Jahre ins Finanzministerium als Übersetzer und diente unter dem Gouverneur für Syrien, Šarīf Pāšā, in Syrien und Istanbul. Nach seiner Rückkehr nach Ägypten wurde er an der Schule „Muṣṭafā Fāḍil Pāšā"[5] zum Professor für orientalische Sprachen ernannt und vom Vizekönig

---

1 Die Darstellung von Leben und Werk folgt im Wesentlichen den Abschnitten „Biografisches" und „Die Schriften von Muḥammad Qadrī Pāšā" in: Ebert, H.-G., Die Qadrî-Pâshâ-Kodifikation. Islamisches Personalstatut der hanafitischen Rechtsschule. Frankfurt am Main, Berlin, Bern, Bruxelles, New York, Oxford, Wien 2010, S. 11-15.

2 Der dem Namen nachgestellte Titel „Pāšā" (Bāšā; Pascha), der im Osmanischen Reich hohen zivilen und militärischen Beamten verliehen wurde, wurde in Ägypten erst im Jahre 1953 abgeschafft, genießt aber bis heute ein hohes Ansehen.

3 Dazu weiterführend: Kellner-Heinkele, B., Der arabische Osten unter osmanischer Herrschaft 1517-1880. In: Geschichte der arabischen Welt. Hrsg. von Haarmann, U., Gronke, M., Halm, H., München 2001, S. 327-328.

4 Rifā'a aṭ-Ṭahṭāwī. Ein Muslim entdeckt Europa. Die Reise eines Ägypters im 19. Jahrhundert nach Paris. Hrsg. von K. Stowasser. Leipzig, Weimar 1988, S. 313-318.

5 Vgl. zu den im 19. und zu Beginn des 20. Jh. in Ägypten eingerichteten Hohen Schulen: Botiveau, B., Loi islamique et droit dans les sociétés arabes. Préface de J. Berque. Paris,

(Khedive; *ḫidīw*) Ismā'īl (gest. 1895), der von 1863 bis 1879 regierte, zum Erzieher des Thronfolgers Taufīq (gest. 1892) und seiner Brüder eingesetzt. Muḥammad Qadrī Pāšā wandte sich danach verstärkt rechtlichen Fragen in Theorie und Praxis zu. Er übersetzte das französische Strafgesetzbuch ins Arabische. Die von Rifā'a aṭ-Ṭahṭāwī geleitete Übersetzungsstelle für europäische Gesetzestexte übertrug den französischen Code de Commerce (1868) und den Code Civil (Code Napoléon) 1876 ins Arabische, beides wichtige Referenzwerke für die später von Qadrī Pāšā zu erstellende zivilrechtliche Kodifikation. Muḥammad Qadrī Pāšā wirkte als Mitglied des Handelsgerichts von Alexandria und als Berater für die im Jahre 1875 geschaffenen sog. Gemischten Gerichte (*maḥākim muḫtalaṭa*).[6] Muḥammad Qadrī Pāšā beteiligte sich als Mitglied einer vom Justizministerium (*wizārat al-ḥaqqānīya*) eingesetzten Kommission an der Übertragung der Gesetze für die Gemischten Gerichte ins Arabische. Die mit Beschluss vom 21. Dezember 1882 ins Leben gerufenen sog. Einheimischen Gerichte (*maḥākim ahlīya*) - zuständig für Zivil- und Handelssachen von Ägyptern - orientierten sich an den Gemischten Gerichten. Insofern war eine Synthese zwischen französischen Rechtsauffassungen und Islamischem Recht notwendig geworden. Diese Aufgabe erforderte die Kenntnis des französischen Rechts und der französischen Sprache. Muḥammad Qadrī Pāšā übernahm in Kenntnis beider Rechtssysteme das Amt eines Justizministers, welches durch Verordnung des Khediven vom 28. August 1878 geschaffen wurde. Diese Tätigkeit wurde nur kurz durch die von Mai 1883 bis Januar 1884 ausgeübte Funktion des Unterrichtsministers (*wazīr al-ma'ārif*) unterbrochen. In seiner Amtszeit als Justizminister wurden die „Ordnung über die Organisation der Einheimischen Gerichte" (14. Juni 1883) erarbeitet und die Gesetze für die Einheimischen Gerichte erstellt. Muḥammad Qadrī Pāšā war daran maßgeblich beteiligt. Er verstarb am 21. November 1886. Eine kleine Straße im al-Ḫalīfa-Viertel von Kairo erinnert an den großen ägyptischen Rechtsgelehrten. Die modernen Darstellungen über Leben und Werk von Muḥammad Qadrī Pāšā basieren vor allem auf zwei Veröffentlichungen:

- Iskārus, T., Muḥammad Qadrī Pāšā. In: Al-muqtaṭaf, Cairo März 1916, S. 253-263 (davor ist auch das wohl einzige gezeichnete Portrait von Muḥammad Qadrī Pāšā abgedruckt) sowie
- Haikal, M. Ḥ., Tarāǧim miṣrīya wa-ġarbīya. Al-Qāhira 1929[7].

Aix-en-Provence 1993, S. 169-176 und Ṭaha, Ǧ., Ma'ālim tārīḫ miṣr al-ḥadīṯ wa-l-mu'āṣir. Al-Qāhira 1985, S. 62-65.

6 Vgl. Hoyle, M. S. W., Mixed Courts of Egypt. London, Dordrecht, Boston 1991, S. 1-30.

7 Erneut gedruckt 1943 oder 1944: Vgl. Johansen, B., Muḥammad Ḥusain Haikal. Europa und der Orient im Weltbild eines ägyptischen Liberalen. Beirut 1967, S. xi. Auf den beiden Darstellungen basieren die Lebensbeschreibungen im Muršid al-ḥairān ilā ma'rifat aḥwāl al-insān fi-l-mu'āmalāt aš-šar'īya. Šarḥ wa-dirāsa wa-taḥqīq: Markaz ad-dirāsāt al-fiqhīya wa-l-iqtiṣādīya. Bi-išrāf M. A. Sirāǧ wa-A. Ǧ. Badrān (3 Bände). Al-Qāhira 2011,

Seine guten Kontakte zu maßgeblichen Gelehrten an der Azhar-Universität, aber auch in der staatlichen Administration, nutzte er, um seine Schriften, die z.T. auch *posthum* erschienen, von namhaften Personen authentifizieren zu lassen. Die umfangreichen Kenntnisse in Sprachen, Geschichte, Kultur, Literatur und Recht prädestinierten Muḥammad Qadrī Pāšā, auf unterschiedlichen Gebieten Bücher, kleinere Schriften, Aufsätze, Übersetzungen und Gesetzestexte (s.u.) zu verfassen. Einige dieser Veröffentlichungen, die auch auszugsweise in der GAL verzeichnet sind[8], konnten aufgrund von Übersetzungen in europäische Sprachen (vor allem in die französische Sprache) auch außerhalb der arabischen Welt Verbreitung finden, wenngleich der Autor nie einen Bekanntheitsgrad erlangen konnte, der seinem Wirken und seinen Leistungen gerecht wird. Dies hängt wohl damit zusammen, dass der tatsächliche Gesetzgebungsprozess in Ägypten stark von äußeren Faktoren beeinflusst war und insbesondere im Bereich des Zivilrechts gesamtstaatliche islamische Regelungen kaum im Interesse europäischer Mächte lagen. Die folgende Aufstellung seiner Schriften orientiert sich an der in der Literatur über ihn vorgenommenen Gliederung.[9]

a. Historische, sprachliche und literarische Schriften

- Lamḫa tārīḫīya li-miṣr. Al-Mūskī (al-Qāhira) 1869. Aperçu historique de l'Egypte. Mouski, Caire 1869.
- Ma'lūmāt ǧuġrāfīya maṣḥūba bi-ba'ḍ nubaḏ tārīḫīya li-ahamm mudun miṣr ǧumi'at wa-turǧimat bi-l-'arabīya li-fā'idat aš-šabība al-miṣrīya. Al-Qāhira 1869. Notions géographiques accompagnées de quelques notices historiques sur les principales villes de l'Egypte. Caire 1869.

---

1. Bd, S. 10-11, Al-aḥkām aš-šar'īya fi-l-aḥwāl aš-šaḫṣīya. Muḥammad Qadrī Pāšā wa-šarḥuhu li-Muḥammad Zaid al-Abyānī (4 Bände). Hrsg. vom Markaz ad-dirāsāt al-fiqhīya wa-l-iqtiṣādīya (Sirāǧ, M. A., 'A. Ǧum'a). Al-Qāhira 2006, Bd. 1, S. 7-17 und Al-aḥkām aš-šar'īya fi-l-aḥwāl aš-šaḫṣīya 'alā maḏhab Abī Ḥanīfa an-Nu'mān. Ta'līf Muḥammad Qadrī Pāšā bi-'ināyat Bassām 'Abd al-Wahhāb al-Ǧābī. Bairūt 2007, S. 5-15. Auch im Internet wird auf die genannten Darstellungen im Allgemeinen als wichtigste Quellen zurückgegriffen: http://www.damascusbar.org/AlMuntada/showthread.php?t=12118 (zuletzt abgerufen: 27.12.2012), http://vb.altareekh.com/t47859/ (zuletzt abgerufen: 03.01.2013), http://today.almasryalyoum.com/printerfriendly.aspx?ArticleID=211832 (zuletzt abgerufen: 03.01.2013) und http://www.mohamoon.com/montada/Default.aspx?action=Preview_Research&id=103&Type=5&CatID=25 (zuletzt abgerufen: 03.01.2013). Die im Internet verfügbaren „freien" arabischsprachigen Enzyklopädien „Wikipedia" http://ar.wikipedia.org/wiki/محمد_قدري_باشا (zuletzt abgerufen: 22.12.2012) und „ma'rifa" http://www.marefa.org/index.php/محمد_قدري (zuletzt abgerufen: 22.12.2012) gründen sich ebenso darauf.

[8] Brockelmann, C., Geschichte der arabischen Litteratur (GAL). Leiden 1938, 2. Supplementband, S. 740. Brockelmann gibt allerdings ein falsches Sterbejahr (1888) an.

[9] Neben den bereits erwähnten Schriften sei auf weitere Verweise seines Wirkens in verschiedenen Veröffentlichungen hingewiesen, die in Al-aḥkām aš-šar'īya fi-l-aḥwāl..., a.a.O., S. 9-14 erfasst sind. Die in den Veröffentlichungen aufgeführten französischen Übersetzungen werden in der angegebenen Form angefügt.

- Ad-durr al-muntaḫab min luġāt al-fransīs wa-l-ʿuṯmānīyīn wa-l-ʿarab. Al-Iskandarīya 1870. Nouveau guide de conversation française turque et arabe.[10]
- Ad-durr an-nafīs fi-luġatai al-ʿarab wa-l-fransīs. O.O. und o.J. (Das Wertvolle in der arabischen und der französischen Sprache).
- Mufradāt fī ʿilm an-nabātāt. O.O. und o.J. (Ausdrücke der Botanik).
- Al-mutarādifāt bi-l-luġa al-ʿarabīya wa-l-firansāwīya. O.O. und o.J. Vocabulaire français-arabe (bezieht sich auf Synonyme).
- Tarǧamat sīrat Muḥammad Taufīq Bāšā Ḫidīwī Miṣr. O.O. und o.J. Biographie de S. A. de Khedive Mohammed Tewfik Pacha.
- Qaṭr andā' ad-diyam fi-n-naṣā'iḥ wa-l-mawāʿiẓ wa-l-ḥikam. O.O. und o.J. (Ein Tropfen des Taus vom Regen bei Ratschlägen, Ermahnungen und Weisheiten).[11]
- Dīwān ašʿār (Dichtung). In Auszügen von seinem Sohn Maḥmūd Bey in al-waqā'iʿ al-miṣrīya veröffentlicht.[12]

b. Rechtliche Schriften

- Qānūn al-ḥudūd wa-l-ǧināyāt (Strafgesetzbuch). Al-Qāhira 1866/67. Hierbei handelt es sich um die Übersetzung des französischen Strafgesetzbuches ins Arabische.
- Qānūn al-ʿadl wa-l-inṣāf li-l-qaḍā' ʿalā muškilāt al-auqāf (Gesetz der Gerechtigkeit und Billigkeit zur Beseitigung von Problemen der Religiösen Stiftungen). Das Werk mit seinen 646 Artikeln erschien in gedruckter Form erstmalig 1894 in Būlāq auf Wunsch des Unterrichtsministeriums und mit Genehmigung des Justizministers, wurde danach u.a. 1896, 1902, 1909 und 1928 erneut gedruckt. Eine Übersetzung ins Französische erfolgte durch ʿAbd al-ʿAzīz Kaḥīl Pāšā (s.u.) und erschien 1896. Die jüngste Ausgabe (al-Qāhira, al-Iskandarīya 2006) erschien in der Bearbeitung von ʿAlī Ǧumʿa Muḥammad und Muḥammad Aḥmad Sirāǧ[13].
- Al-aḥkām aš-šarʿīya fi-l-aḥwāl aš-šaḫṣīya ʿalā maḏhab Abī Ḥanīfa an-Nuʿmān (Die islamisch-rechtlichen Bestimmungen zum Personalstatut nach der Rechtsschule des Abū Ḥanīfa an-Nuʿmān). Das Werk wurde um 1875 von Muḥammad Qadrī Pāšā - wie in jener Zeit üblich - zunächst handschriftlich verfasst und erst einige Jahre später (1880/81) in Būlāq

---

10 Gemäß GAL in Būlāq 1875 erschienen.

11 Gemäß GAL in Būlāq 1288 h. (1871/72) erschienen.

12 Die Zeitung al-waqā'iʿ al-miṣrīya („Die ägyptischen Ereignisse“) wurde von Rifāʿa aṭ-Ṭahṭāwī begründet (s.o.). Sie erscheint bis heute in Ergänzung zum Staatsanzeiger (al-ǧarīda ar-rasmīya).

13 ʿAlī Ǧumʿa war von September 2003 bis Februar 2013 Mufti von Ägypten. Beide Herausgeber haben auch Al-aḥkām aš-šarʿīya fi-l-aḥwāl..., a.a.O. veröffentlicht (s.o.). Muḥammad Aḥmad Sirāǧ ist neben Aḥmad Ǧābir Badrān (Direktor des Zentrums für fiqh- und Wirtschaftsstudien) auch der Herausgeber des Muršid (siehe Abschnitt 2.)

gedruckt. Noch bevor dieser Druck erfolgt war, erschien 1878 in Alexandria eine Übersetzung ins Französische unter dem Titel „Droit musulman. Statut personnel et de successions d'après le rite Hanafite". Diese Ausgabe wurde zur Grundlage von Übersetzungen in andere europäische Sprachen, so für die in Wien 1883 erschienene Ausgabe „Eherecht, Familienrecht und Erbrecht der Mohamedaner nach dem hanefitischen Ritus".[14] Weitere französische Ausgaben folgten 1925 in Brüssel und 1936 in Kairo „Codes égyptiens et Lois usuelles en vigueur en Egypte" herausgegeben von J.-A. Wathelet und R.-G. Brunton. Eine erste englische Übersetzung wurde 1914 in London gedruckt und war zur Orientierung für die sudanesische Regierung bestimmt: „Code of Mohammedan Personal Law According to the Hanafite School. Ed. By W. Sterry[15] and N. Y. Abkāriyūs". Der ersten arabischen Ausgabe folgten in recht schneller Folge weitere arabische Ausgaben (z.T. unter der Aufsicht des Unterrichtsministeriums), so in Istanbul 1886/87, Kairo 1900[16], 1909, 1911, 1917 und 1928. Dies war u.a. deswegen notwendig, weil der Text in der Lehre an der erwähnten Rechtsschule in Kairo Verwendung fand. Der Kommentar zur Qadrī-Pāšā-Kodifikation von Muḥammad Zaid Bek[17] al-Abyānī (gest. 1936) wird seitdem als wichtiges Referenzwerk angesehen und ist in der vierbändigen kommentierten Ausgabe von 2006 abgedruckt.[18] Aber auch außerhalb Ägyptens ist das Buch „Al-aḥkām aš-šarʿīya fi-l-aḥwāl aš-šaḫṣīya ʿalā maḏhab Abī Ḥanīfa an-Nuʿmān" mehrfach erschienen, so in Bairūt 1980[19] und 2007 sowie in Damaskus 1968[20] und 1997.[21] Ferner kann auf einige Teilveröffentlichungen verwiesen werden, so in „Maǧmūʿat al-qawānīn wa-l-marāsim. Al-irṯ wa-l-waṣīya.

[14] 1997 ist in Trebbus (Land Brandenburg) ein leicht veränderter Nachdruck (ohne den erbrechtlichen Teil) erschienen: Das Eherecht nach der hanefitischen Rechtsschule. Überarbeiteter Nachdruck des I. Buches aus Eherecht, Familienrecht und Erbrecht der Mohamedaner nach dem hanefitischen Ritus. Wien K u. K Hof- und Staatsdruckerei 1883. In Bergmann, A., Ferid, M., Internationales Ehe- und Kindschaftsrecht. Frankfurt am Main 15.2.1969, 38. Lieferung VAR - 1. Ägypten, S. 32-74 sind die ersten fünf Bücher des Werkes in deutscher Übersetzung auszugsweise abgedruckt. Diese Übersetzung basiert auf der französischen Ausgabe von 1925 und der Wiener Ausgabe von 1883.

[15] Sir Wasey Sterry war selbst oberster Richter im britisch-ägyptisch verwalteten Sudan und „Judge of His Britannic Majesty's Supreme Court of Egypt".

[16] Diese Ausgabe wurde von Amīn Efendi Hindīya veröffentlicht und später mehrfach nachgedruckt.

[17] Oder: Bey.

[18] Al-aḥkām aš-šarʿīya fi-l-aḥwāl..., a.a.O.

[19] Dār al-āfāq al-ǧadīda.

[20] Maṭbaʿat al-ʿurūba.

[21] Vgl. zu den Verlagen der übrigen Ausgaben, Al-aḥkām aš-šarʿīya fi-l-aḥwāl aš-šaḫṣīya..., a.a.O., 2007, S. 12-14.

Al-maǧalla al-qaḍā'īya. Bairūt 1992, S. 18-30".[22] Im Internet ist die Kodifikation nur teilweise verfügbar, so die Art. 1 bis 335 unter der URL: http://www.cojss.com/vb/showthread.php (zuletzt abgerufen: 22.12.2012) Eine vollständige und kommentierte Übersetzung ins Deutsche liegt seit 2010 vor.[23]

- Muršid al-ḥairān ilā maʿrifat aḥwāl al-insān fi-l-muʿāmalāt aš-šarʿīya ʿalā maḏhab al-imām al-aʿẓam Abī Ḥanīfa an-Nuʿmān mulā'iman li-ʿurf ad-diyār al-miṣrīya wa-sā'ir al-umam al-islāmīya (Der Führer für den Ratlosen zur Kenntnis über die Angelegenheiten des Menschen in den islamischen Rechtsgeschäften nach der Rechtsschule des ehrwürdigen Imāms Abū Ḥanīfa an-Nuʿmān in Übereinstimmung mit dem in Ägypten und anderen islamischen Gebieten existierenden Gewohnheitsrecht). Vgl. dazu den folgenden Abschnitt 2.

2. Das Werk „Muršid al-ḥairān ilā maʿrifat aḥwāl al-insān fi-l-muʿāmalāt aš-šarʿīya"

Der Muršid al-ḥairān ilā maʿrifat aḥwāl al-insān fi-l-muʿāmalāt aš-šarʿīya ʿalā maḏhab al-imām al-aʿẓam Abī Ḥanīfa an-Nuʿmān mulā'iman li-ʿurf ad-diyār al-miṣrīya wa-sā'ir al-umam al-islāmīya wurde von Muḥammad Qadrī Pāšā als Handschrift hinterlassen. Für 50 ägyptische Pfund (*ǧunaih*)[24] erwarb das Unterrichtsministerium diese von den Erben Muḥammad Qadrī Pāšās. Das im *dār al-kutub* (Nationalbibliothek) verwahrte Werk wurde durch Vermittlung des damaligen Muftis von Ägypten, Muḥammad al-ʿAbbāsī al-Mahdī (gest. 1897), der die Ḥanafitisierung des Rechts beförderte[25], und des Gelehrten aš-Šaiḫ Ḥassūna an-Nawawī (gest. 1924)[26], der seinerseits an der Schule der *dār al-'ulūm* und der aus der Sprachschule hervorgegangenen Rechtsschule (*madrasat al-ḥuqūq*) tätig war und später dem 1895 geschaffenen Muftirat vorstand, im Jahre 1890 aufgrund eines Beschlusses des Unterrichtsministeriums vom 10.09.1890 erstmalig in der *maṭba'a amīrīya* gedruckt. Vorausgegangen waren diesem Druck die Bil-

---

22 Art. 332 bis Art. 647 sind in arabischer Sprache und in der erwähnten ersten französischen Übersetzung abgedruckt in: Statut Personnel. Texte en vigueur au Liban. Rassemblés et traduits par M. Mahmassani et I. Messarra sous le contrôle et la direction de B. Bilani et A. Decocq. Beyrouth 1970, S. 137-289.

23 Ebert, H.-G., Die Qadrî-Pâshâ-Kodifikation. A.a.O.

24 Vgl. Fn. 305.

25 Vgl. Ebert, H.-G., „Die letzte Krankheit": Mohammad al-ʿAbbāsī al-Mahdī (gest. 1897) und die Reform der ägyptischen Rechtsordnung. In: Der Islam, Berlin, New York 81(2004)2, S. 310-313. Im Internet verfügbar unter http://dx.doi.org/10.1515/islm.2004.81.2.303 (zuletzt abgerufen: 07.02.2013).

26 Zur Rolle von Ḥassūna an-Nawawī vgl. Skovgaard-Petersen, J., Defining Islam for the Egyptian State: Muftis and Fatwas of the Dār al-Iftā. Leiden, New York, Köln 1997, S. 111-119.

dung von ministeriellen Kommissionen am 28.05.1885 und am 28.11.1889 (Nr. 144) sowie ein Briefwechsel zwischen dem damaligen Unterrichtsminister ʿAlī Mubārak[27] und dem Mufti von Ägypten al-ʿAbbāsī al-Mahdī zur Prüfung des Textes. Dieser Briefwechsel vom 02.11.1889 bis zum 30.08.1890 führte zum Beschluss vom 30.08.1890 über die Zustimmung der beiden erwähnten islamischen Rechts- und Religionsgelehrten zur Drucklegung des Werkes. Die Beschlüsse sowie der Briefwechsel sind in der Druckausgabe von 1891 (2. Aufl.) enthalten (Anhang S. 1-7).[28]

Weitere Drucke folgten, so 1909[29], 1911, 1919[30] und 1935[31]. Die Ausgabe von 1938 wurde auch in Tripolis (Libyen) und London gedruckt. Im Jahre 1987 veröffentlichte das Verlagshaus „Dār al-ʿarabīya li-t-tauzīʿ wa-n-našr“ in ʿAmmān (Jordanien) den Text, wobei sich zahlreiche Fehler, Auslassungen sowie Buchstaben- und Zahlendreher eingeschlichen haben.[32] Ein fotomechanischer Nachdruck ist in Ägypten 2003 erschienen.[33] Schließlich folgte im Jahre 2011 eine Textausgabe mit Kommentar in drei Bänden.[34]

Auf der Grundlage der erwähnten ministeriellen Kommissionen von 1885 und 1889 sowie eines Briefes vom 12.07.1892, in welchem das Justizministerium gegenüber dem Unterrichtsministerium die Richtigkeit der Übersetzung von ʿAbd al-ʿAzīz Kaḥīl Pāšā (Abdulaziz Kahil Bey) ins Französische bestätigt, wurde der Text in französischer Übersetzung gemäß Beschluss vom 29.12.1892 auf ägyptische Staatskosten gedruckt.[35]

Der Übersetzer, selbst stellvertretender Vorsitzender (*wakīl*) des Einheimischen Gerichts von Alexandria (*maḥkamat al-Iskandarīya al-ahlīya*), macht im Vor-

---

27 Vgl. zur Entwicklung des Unterrichtswesens in Ägypten Salmoni, B. A., Historical Consciousness for Modern Citizenship. Egyptian Schooling and the Lessons for History during the Constitutional Monarchy. In: Re-envisioning Egypt 1919-1952. E. by A. Goldschmidt, A. J. Johnson, B. A. Salmoni, Cairo, New York 2005, S. 177-193.

28 Im Internet verfügbar unter der URL http://khizana.blogspot.de/2008/10/blog-post_14.html (zuletzt abgerufen: 24.04.2013).

29 Unter der URL http://dar.bibalex.org/webpages/mainpage.jsf?PID=DAF-Job:197511&q (zuletzt abgerufen: 24.04.2013) verfügbar (3. Aufl. des Werkes).

30 Unter der URL http://dar.bibalex.org/webpages/mainpage.jsf?PID=DAF-Job:197433&q (zuletzt abgerufen: 24.04.2013) verfügbar.

31 6. Aufl. In der Dār al-kutub auch im pdf-Format verfügbar.

32 Kitāb muršid al-ḥairān ilā maʿrifat aḥwāl al-insān. Qaddama lahu wa-ʿallaqa ʿalaihi wa-fahrasahu Ṣ. ad-D. ʿA. al-L. an-Nāhī. ʿAmmān 1987. Statt aller sei der Art. 1017 (S. 239) erwähnt. Einzelne Fehler und Verwechslungen sind in der Übersetzung vermerkt.

33 Kitāb muršid al-ḥairān ilā maʿrifat aḥwāl al-insān. Al-Qāhira 2003.

34 Siehe Fn. 7.

35 Statut réel d'après le rite hanafite. Mis en articles d'après le système des Codes Égyptiens par Mohammed Kadri Pacha. Tradition de l'Arabe par Abdulaziz Kahil Bey. Le Caire 1893 (Imprimerie Nationale). Ein Exemplar dieses Werkes ist in der Niedersächsischen Staats- und Universitätsbibliothek Göttingen vorhanden und kann nunmehr auch in digitalisierter Form eingesehen werden.

wort darauf aufmerksam, dass im Vergleich zu den insgesamt 941 Artikeln der bisherigen arabischen Ausgaben 108 weitere Artikel im Nachlass von Muḥammad Qadrī Pāšā aufgetaucht seien. Das Justizministerium habe diese zusätzlichen Artikel prüfen lassen und in einem Brief vom 28.03.1892 deren Richtigkeit bestätigt. Die weiteren arabischen Ausgaben enthalten ebenfalls diese zusätzlichen Artikel, sodass sie in dieser Übersetzung Berücksichtigung fanden.
Im Vergleich zu den späteren arabischen Ausgaben (und der französischen Übersetzung) ergibt sich in Bezug auf die arabische Ausgabe von 1891 folgendes Bild:

- Die Art. 1-167 sind in allen Ausgaben identisch;
- Die Art. 168-261 in den späteren Ausgaben fehlen in der Ausgabe 1891 (also insgesamt 94 Artikel). Die in der Ausgabe von 1891 als Art. 934-941 enthaltenen Artikel sind in den späteren Ausgaben als Art. 233, 234, 236, 237, 238, 239, 241 und 242 (insgesamt acht Artikel) eingefügt worden;
- Die Art. 262-342 in den späteren Ausgaben sind mit den Art. 168-248 der Ausgabe 1891 identisch;
- Die Art. 343-549 in den späteren Ausgaben entsprechen den Art. 249-442 der Ausgabe von 1891, jedoch fehlen darin die Art. 497-498 und 500-510 (also insgesamt 13 Artikel)[36];
- Die Art. 550-621 in den späteren Ausgaben sind mit den Art. 443-514 in der Ausgabe von 1891 identisch;
- Die Art. 622-624 in den späteren Ausgaben (also insgesamt drei Artikel) fehlen in der Ausgabe von 1891;
- Die Art. 625-886 in den späteren Ausgaben sind mit den Art. 515-776 der Ausgaben von 1891 identisch;
- Die Art. 887-889 in den späteren Ausgaben (also insgesamt drei Artikel) fehlen in der Ausgabe von 1891;
- Die Art. 890-905 in den späteren Ausgaben entsprechen den Art. 777-789 der Ausgabe von 1891, jedoch fehlen darin die Art. 891, 899 und 902 (also insgesamt drei Artikel);
- Die Art. 906-1049 in den späteren Ausgaben sind mit den Art. 790-933 in der Ausgabe von 1891 identisch.

Die Veröffentlichung des „Muršid al-ḥairān ilā maʿrifat aḥwāl al-insān fi-l-muʿāmalāt aš-šarʿīya " Ende des 19. Jh. lässt sich auf unterschiedliche Gründe

[36] Diese 13 Artikel sowie die Art. 622-624, 887-889, 891, 899, 902 fehlen auch im Muršid al-ḥairān ilā maʿrifat aḥwāl al-insān fi-l-muʿāmalāt aš-šarʿīya. Šarḥ wa-dirāsa..., a.a.O., 3. Bd. Ein Hinweis auf die Gründe hierfür ist nicht enthalten. Die Art. 233-234, 236-239 und 241-242 sind dagegen in identischer Formulierung (allerdings mit abweichendem Kommentar) nochmals als Art. 1028-1035 aufgenommen worden (Bd. 3, S. 1454-1461), sodass der Kommentar mit Art. 1035 endet. So umfassen die drei Bände also nur insgesamt 1027 Artikel.

zurückführen. Hauptsächlich ging es zunächst um die Ausbildung von Studierenden an den vom Khediven gebildeten und insbesondere von Frankreich und England geförderten Rechtsschulen, die im Gegensatz zur Azhar-Universität auch westliches Recht, vor allem französisches Recht, lehrten.[37] Die in den Jahren 1869 bis 1876 gestaltete *Mecelle* (*maǧallat al-aḥkām al-'adlīya*) [38], das osmanische Gesetzbuch zu Teilen des islamischen Schuld-, Sachen- und Zivilverfahrensrechts auf *ḥanafitischer* Grundlage[39], ist für Ägypten niemals direkt wirk-sam geworden. Obgleich viele Regelungen der *Mecelle* auch im Muršid al-ḥairān in vergleichbarer Weise erscheinen, berücksichtigt die Kodifikation von Muḥammad Qadrī Pāšā die ägyptischen Verhältnisse und Besonderheiten in stärkerem Maße. Zu Beginn des 20. Jh. war noch nicht absehbar, dass die Kapitulationen (*imtiyāzāt*), d.h. die gesetzliche und juristische Sonderstellung von Ausländern, im Zuge der Dekolonialisierung aufgehoben werden sollten und damit die Neugestaltung des Zivilrechts als nationales Recht als Aufgabe stehen würde. Dies änderte sich mit der formellen Unabhängigkeit Ägyptens am 28.02.1922. Mit dem Vertrag von Montreux 1937 wurde auch das Ende der Kapitulationen eingeleitet.[40] Ein einheitliches Zivilgesetzbuch musste für das Land erarbeitet werden. In ähnlicher Weise waren auch andere arabische Länder im Zuge der nationalen Selbstständigkeit mit einer solchen Aufgabe befasst. So zeigten sich schon in den 40er Jahren des 20. Jh. widersprüchliche Bestrebungen: Die liberale Gruppe um den Juristen ʿAbd ar-Razzāq Aḥmad as-Sanhūrī (gest. 1971)[41] befürwortete ein am französischen Vorbild angelegtes Zivilgesetzbuch unter Berücksichtigung einzelner islamischer Rechtsfiguren, die andere Gruppe, unterstützt von den „Muslimbrüdern" und Azhar-Gelehrten, setzte sich für die Anwendung der *šarī'a* im Zivilrecht (also eine Kodifikation auf ausschließlich islamischer Grundlage) ein.[42] As-Sanhūrīs Auffassung dominierte schließlich nicht nur in Ägypten. Auch in anderen arabischen Ländern wurden seine zivilrechtlichen Gesetzesprojekte angenommen. Damit wurde eine Rechtseinheitlichkeit geschaffen, die mit dem von H. Krüger und H. Jung benutzten

---

37 Vgl. Botiveau, B., Loi islamique..., a.a.O., S. 169-176.

38 Die arabische Übersetzung des osmanischen Gesetzes ist unter der URL http://www.moj.ps/ar/index.php?option=com_content&view=article&id=11&Itemid=19 (zuletzt abgerufen: 08.04.2013) verfügbar.

39 Vgl. Krüger, H., Zum zeitlich-räumlichen Geltungsbereich der Mejelle. In: Liber Amicorum Gerhard Kegel, München 2002, S. 43-63.

40 Vgl. zur Entwicklung des Gerichtswesens bis zum Ende der Gemischen Gerichte 1949 Hoyle, M. S. W., Mixed Courts..., a.a.O.

41 Zur Person von as-Sanhūrī vgl. die von seiner Tochter herausgegebenen Briefe und Dokumente. As-Sanhūrī min ḫilāl aurāqihi aš-šaḫṣīya. I'dād N. as-Sanhūrī, T. aš-Šāwī. Al-Qāhira 2005.

42 Botiveau, B., Islamiser le droit? L'exemple égyptien. In: Maghreb-Machrek, Paris 126/1989, S. 9.

Begriff des „ägyptischen Rechtskreises“ treffend beschrieben ist.[43] Es ist daher nicht verwunderlich, wenn Formulierungen aus dem Muršid al-ḥairān in den Zivilgesetzbüchern arabischer und islamischer Länder erscheinen, auch wenn in einigen dieser Länder der Einfluss der *Mecelle* (insbesondere Irak, Jordanien, Kuwait)[44] überwiegt:

- Ägypten: Gesetz Nr. 131/1948 (Al-waqā'iʿ al-miṣrīya Nr. 108a vom 29.07.1948);
- Algerien: Gesetz Nr. 58/1975 (Al-ǧarīda ar-rasmīya Nr. 78 vom 30.09.1975);
- Bahrain: Gesetz Nr. 19/2001 (Al-ǧarīda ar-rasmīya Nr. 2476 vom 09.05.2001);
- Irak: Gesetz Nr. 40/1951 (Al-waqā'iʿ al-ʿirāqīya Nr. 3015 vom 08.09.1951);
- Jemen: Gesetz Nr. 19/1992 (Al-ǧarīda ar-rasmīya Nr. 2 vom 31.03.1992);
- Jordanien: Gesetz Nr. 43/1976 (Al-ǧarīda ar-rasmīya Nr. 2645 vom 01.08.1976);
- Kuwait: Gesetz Nr. 67/1980 (Al-Kuwait al-yaum Nr. 1335 vom 05.01.1981);
- Libyen: Gesetz vom 28.11.1953 (Al-ǧarīda ar-rasmīya vom 20.02.1954);
- Qatar: Gesetz Nr. 16/1971 (Al-ǧarīda ar-rasmīya Nr. 7 vom 30.08.1971)[45];
- Sudan: Gesetz Nr. 6/1984 (Al-ǧarīda ar-rasmīya Nr. 1340 vom 16.02.1984)[46];
- Syrien: Gesetz Nr. 84/1949 (Al-ǧarīda ar-rasmīya 1949, S. 1413 ff.);
- VAE: Gesetz Nr. 5/1985 (Al-ǧarīda ar-rasmīya Nr. 158 vom 29.12.1985).[47]

Die von as-Sanhūrī erarbeiteten Grundwerke, so sein Buch zum Vertragsrecht „Maṣādir al-ḥaqq fi-l-fiqh al-islāmī“ (Die Quellen des Rechts in der islamischen Jurisprudenz)[48] und sein Kommentar zum ägyptischen Zivilgesetzbuch „Al-

---

43 Krüger, H., An Introduction to the Law of Contract in Arab States. In: STUDI MAĠRIBINI, Nuova Serie, Vol. II, Napoli 2004, S. 207-213, Jung, H., Der arabische internationale ordre public. In: Beiträge zum Islamischen Recht. Hrsg. von H.-G. Ebert, Frankfurt am Main, Berlin, Bern, Bruxelles, New York, Oxford, Wien 2000, S. 55-63.

44 Krüger, H., An Introduction..., a.a.O., S. 207-213.

45 Ersetzt durch das Zivilgesetzbuch Nr. 22/2004 (Al-ǧarīda ar-rasmīya Nr. 11 vom 08.08.2004).

46 Dieses Gesetz wurde bereits weitgehend identisch 1971 eingeführt, aber 1973 außer Kraft gesetzt. Vgl. Krüger, H., An Introduction..., a.a.O., S. 211.

47 Zur Gruppe der vom ägyptischen Recht inspirierten Gesetze können auch die Zivilgesetzbücher von Afghanistan von 1977 und Somalia von 1973 gezählt werden. Vgl. ebenda, S. 209-211. Diese Aufstellung berücksichtigt nicht die zahlreichen Gesetzesänderungen (z.B. in Algerien, Libyen und Irak). Die Gesetze sind in aktueller Form z.T. im Internet abrufbar. Auf diesbezügliche Hinweise wird an dieser Stelle verzichtet.

48 Erschienen in Kairo in 6 Bänden von 1954 bis 1959.

wasīṭ fī šarḥ al-qānūn al-madanī"[49], zeigen deutlich, dass as-Sanhūrī, der ja schon während seiner Studienzeit mit dem Muršid al-ḥairān vertraut war, dieses als wichtiges Quellenwerk verstand, ohne indes direkt darauf Bezug zu nehmen.[50]

Die Auseinandersetzung um die Islamisierung des ägyptischen Zivilrechts flammte erneut Ende der 70er Jahre auf, als unter Mitwirkung des damaligen ägyptischen Parlamentspräsidenten Ṣūfī Abū Ṭālib (gest. 2008) Politiker und islamische Rechts- und Religionsgelehrte eine verstärkte Islamisierung der gültigen Gesetze forderten und im Jahre 1982 auch ein „islamisiertes" Zivilgesetzbuch vorlegten.[51]

Zwar ist nicht zu erwarten, dass der Muršid al-ḥairān als Gesetz in Ägypten eingeführt werden könnte. Jedoch werfen die Diskussionen um die Islamisierung der ägyptischen Gesellschaft nach dem sog. Arabischen Frühling neue Fragen hinsichtlich der Verankerung islamischer Rechtsfiguren auch außerhalb des Personalstatuts auf. Es bleibt abzuwarten, inwieweit die Regelungen, die Muḥammad Qadrī Pāšā formulierte, dabei eine Rolle spielen können.

Unabhängig von diesen zukünftigen Fragen bleibt der Muršid al-ḥairān eine wichtige Informationsquelle zum *ḥanafitischen* Zivilrecht. Dies gilt auch insbesondere wegen der Form des Werkes, die sich von anderen Rechtswerken der *šarī'a*, so den „klassischen" *fiqh*-Handbüchern, Kommentaren, Superkommentaren und *Fatwā*-Sammlungen, unterscheidet, dem (westlichen) Juristen den Zugang zum islamischen Rechtsdenken öffnet und eine produktive Rechtsvergleichung ermöglicht. Nicht zuletzt diesem Ziel fühlt sich diese Übersetzung verpflichtet.

---

[49] Erschienen in Kairo in 12 Bänden von 1952 bis 1970.

[50] Vgl. zu as-Sanhūrī und dessen Gesetzeswerken auch Bälz, K., Das islamische Recht als Grundlage arabischer Rechtseinheit. In: Beiträge zum Islamischen Recht. Hrsg. von H.-G. Ebert, Frankfurt am Main, Berlin, Bern, Bruxelles, New York, Oxford, Wien 2000, S. 40-51, Arabi, Ou., Studies in Modern Islamic Law and Jurisprudence. The Hague 2001, S. 63-79, Bechor, G., The Sanhuri Code, and the Emergence of Modern Arab Civil Law (1932-1949). Leiden 2007 sowie Krüger, H., Überblick über das Zivilrecht der Staaten des ägyptischen Rechtskreises. In: Recht van de Islam 14/1997, S. 67-131.

[51] Die entsprechenden Gesetze, so auch das Zivilgesetzbuch mit 1136 Artikeln, wurden 1982 im Journal des débats parlementaires veröffentlicht. Dazu Botiveau, B., Islamiser...,a.a.O., S. 13, Fn. 17. Weiterhin zu diesen Auseinandersetzungen: Edge, I. D., Sharia and Commerce in Contemporary Egypt. In: Islamic Law and Finance. Ed. by Ch. Mallat, London, Dordrecht, Boston 1988, S. 39 und Sabanegh, E. S., Débats autour de l'application de la loi islamique (shari'a) en Egypte. In: MIDEO, 14/1980, S. 329-384.

3. Besonderheiten in Bezug auf Übersetzung und Kommentar

Bei der Übersetzung des Muršid al-ḥairān konnte auf die im 2. Abschnitt angegebenen Druckwerke, die auch z.T. im Internet verfügbar sind, sowie auf den erwähnten dreibändigen Kommentar zurückgegriffen werden. Die vorliegende französische Übersetzung wurde nur vergleichsweise und für zusätzliche Informationen (z.B. Art. 369) einbezogen. Textabweichungen, Druckfehler[52] und Auslassungen[53] in den einzelnen Ausgaben wurden in entsprechenden Fußnoten vermerkt. Die Übersetzung folgt den späteren arabischen Werken mit insgesamt 1049 Artikeln (s.o.).

Das Gesamtwerk orientiert sich hinsichtlich der Sachbereiche nicht ausschließlich an der Systematik der „klassischen" *fiqh*-Bücher. Das Werk ist in insgesamt 17 Bücher (Sg. *kitāb*) unterschiedlicher Länge und Untergliederung aufgeteilt. Dabei sind die ersten beiden Bücher als erstes und zweites Buch gekennzeichnet, die übrigen nur durch den Verweis auf den Inhalt dargestellt.[54] In vielen Fällen umfassen die Bücher Kapitel (Sg. *bāb*), diese wiederum Abschnitte (Sg. *faṣl*). Einzelne Bücher sind nur in Kapitel bzw. Abschnitte untergliedert, andere wiederum weisen keine weitere Untergliederung auf.[55] In der französischen Übersetzung wurde diese Systematik nach logischen Gesichtspunkten angepasst. Muḥammad Qadrī Pāšā verwendet den Begriff *mādda* statt *band* für Artikel. Bereits in seiner Übersetzung des französischen Strafgesetzbuches ins Arabische (s.o.) benutzte er diese Terminologie.[56] Neben vollständigen Rechtssätzen enthält das Werk auch unvollständige Rechtssätze, so Legaldefinitionen (z.B. Art. 315), Verweisungen, Vermutungen und Fiktionen. Ein besonderer Regelungsstil ergibt sich aus der Ergänzung zahlreicher Rechtssätze durch Beispiele (z.B. Art. 657) oder Kontrastfälle[57], um die Verständlichkeit des Textes zu verbessern. Auch inhaltliche Wiederholungen (z.B. Art. 217 und 218) sind nicht ausgeschlossen.

Im Gegensatz zur Qadrī-Pāšā-Kodifikation zum Personalstatut gibt der Autor des Muršid al-ḥairān in Fußnoten an, auf welche (zumeist) *ḥanafitische* Quelle er sich in der jeweiligen Bestimmung stützt. Besonders ab Art. 168 kann so gut nachvollzogen werden, welche konkrete Regelung er aus *fiqh*-Werken, Kom-

---

52 Einige Druckfehler können wie im Falle des Art. 50 der jordanischen Ausgabe von 1987 durchaus sinnentstellend sein. Auch in den anderen Ausgaben tauchen vereinzelt Fehler auf, so im Muršid al-ḥairān ilā maʿrifat aḥwāl al-insān fi-l-muʿāmalāt aš-šarʿīya. Šarḥ wadirāsa…, a.a.O., S. 329 in Bezug auf den Art. 106.

53 So z.B. im Art. 911 der jordanischen Ausgabe von 1987.

54 Im 4. Buch zu den Schuldverhältnissen fehlt der Terminus „kitāb".

55 Die Abschnitte sind auch z.T. direkt den Büchern untergliedert. Nicht immer liegt eine schlüssige Zählung der Abschnitte vor.

56 Vgl. al-aḥkām aš-šarʿīya..., 2007, S. 10.

57 Vgl. dazu Scholz, P., Scharia in Tradition und Moderne - Eine Einführung in das islamische Recht. In: JURA, Berlin, New York 23(2001)8, S. 528.

mentaren und *Fatwā*-Sammlungen für seinen Text bevorzugt. Diese Fußnoten wurden mit übersetzt und kenntlich gemacht.[58] Aus den verwendeten Quellen lassen sich ferner Rückschlüsse ziehen, welcher Interpretation Muḥammad Qadrī Pāšā in Bezug auf den Namensgeber der *ḥanafitischen* Rechtsschule, Abū Ḥanīfa (gest. 767), bzw. in Bezug auf dessen Schüler Abū Yūsuf (gest. 795) und Muḥammad b. al-Ḥasan aš-Šaibānī (gest. 805) folgt. Die *ḥanafitische* Rechtsschule selbst ist keineswegs homogen, sondern weist bei Anerkennung einheitlicher grundlegender Regelungen durchaus unterschiedliche Einzelbestimmungen auf. Ein solcher Prozess des *taḫaiyur* (Auswahl) und *talfīq* (Kombination), der im Allgemeinen für den *sunnitischen* Islam angenommen wird, wirkt somit auch innerhalb der *ḥanafitischen* Lehre.[59] Muḥammad Qadrī Pāšā bevorzugt z.B. im Art. 514 die Auffassung von Abū Ḥanīfa, im Art. 805 die Auffassung von aš-Šaibānī und Abū Yūsuf, stellt sich im Art. 840 gegen die Meinung von Abū Yūsuf, folgt ihr aber im Art. 948. Im Art. 633 favorisiert er beispielsweise eine von zwei Meinungen aš-Šaibānīs. So entsteht ein „neues" *ḥanafitisches* Werk, ohne indes die Rechtsschule in Frage zu stellen.

Die in den Fußnoten des Autors angegebenen Quellenwerke sind vor allem folgende:

- „Ḥāšiyat Ibn ʿĀbidīn" (auch als „Ḥāšiyat radd al-muḥtār ʿalā ad-durr al-muḫtār šarḥ tanwīr al-abṣār" bezeichnet). Das Werk enthält vier Bücher: „Matn tanwīr al-abṣār" (den Ausgangstext von A. b. ʿA. at-Timurtašī <gest. 1595>), „Ad-durr al-muḫtār šarḥ matn tanwīr al-abṣār" (den Kommentar von M. b. ʿA. al-Ḥaṣkafī <gest. 1677>), „Radd al-muḥtār ʿalā ad-durr al-muḫtār" (die eigentliche Glosse von Ibn ʿĀbidīn) und „Takmilat radd al-muḥtār" (Ergänzung zum „Radd al-muḥtār" eines Nachkommen von Ibn ʿĀbidīn). M. A. Ibn ʿĀbidīn (gest. 1836) gilt als einer der einflussreichsten Gelehrten der *ḥanafitischen* Rechtsschule.[60] Der Verfasser

---

[58] Sie sind in den Fußnoten der Übersetzung mit dem Hinweis (Fn.-Qadrī) kenntlich gemacht. Nicht immer sind diese Fußnoten eindeutig und fehlerfrei. Hin und wieder fehlt auch ein Verweis, so im Art. 238, oder im Manuskript ist die fehlende Quellenangabe selbst vermerkt (z.B. Art. 224).

[59] Vgl. Ebert, H.-G., Wider die Schließung des „Tores des *iǧtihād*": Zur Reform der *šarīʿa* am Beispiel des Familien- und Erbrechts. In: Orient. Deutsche Zeitschrift für Politik und Wirtschaft des Orients, Opladen 43(2002)3, S. 369-370.

[60] Spies, O., Pritsch, E., Klassisches Islamisches Recht. In: Handbuch der Orientalistik. Hrsg. von B. Spuler. Erste Abteilung: Der Nahe und Mittlere Osten. Ergänzungsband III: Orientalisches Recht, Leiden, Köln 1964, S. 246-247. Diese und weitere Textquellen sind im Internet auch in der Datenbank Al-maktaba aš-šāmila. Al-iṣdār aṯ-ṯānī 2.11 (http://www.shamela.ws <zuletzt abgerufen: 25.06.2013>) verfügbar. Vgl. auch die URL http://al5aatr.com/catplay.php?catsmktba=299&page=1 (zuletzt abgerufen: 11.04.2013). Zu den entsprechenden Druckwerken vgl. Muršid al-ḥairān ilā maʿrifat aḥwāl al-insān fi-l-muʿāmalāt aš-šarʿīya. Šarḥ wa-dirāsa..., a.a.O., 3. Bd., S. 1463-1468.

bezieht sich insbesondere auf den „Ad-durr“ (Die Perlen) und den „Radd al-muḥtār“ (Die Erwiderung des Ratlosen).

- „Tanqīḥ al-ḥāmidīya“ (Die Korrektur der „Al-ḥāmidīya“) von Ibn ʿĀbidīn.[61]
- „Nūr al-ʿain fī iṣlāḥ ǧāmiʿ al-fuṣūlain“ (Das Augenlicht zur Verbesserung des Werkes „Ǧāmiʿ al-fuṣūlain“) von M. b. Ismāʿīl, genannt Ibn Qāḍī Samauna (gest. 1420).[62]
- Die Fatwā-Sammlung „Kitāb al-fatāwā al-ḫānīya“ (auch als „Fatāwā Qāḍīḫān“ oder „Al-ḫānīya“ bezeichnet) von Faḫr ad-Dīn al-Ḥasan b. Manṣūr Qāḍīḫān (gest. 1196).[63]
- Die Fatwā-Sammlung „Al-hindīya“ (auch als „ʿĀlamkīrīya“ bezeichnet). Die „Al-hindīya“ wurde von einer Gruppe indischer Gelehrter Ende des 17. Jh. erstellt.[64]
- Die Fatwā-Sammlung „Al-fatāwā al-ḫairīya“ des Ḫair ad-Dīn b. Aḥmad al-Fārūqī ar-Ramlī (gest. 1671).[65]
- Die Fatwā-Sammlung „Fatāwā al-Anqarāwī“ (auch als Al-anqarāwīya bezeichnet) des Muḥammad b. Ḥusain al-Anqarāwī (gest. 1687).[66]

Muḥammad Qadrī Pāšā benutzt noch weitere Quellen, die in den jeweiligen Fußnoten der Übersetzung erläutert werden. Auf eine nochmalige Erklärung der aufgeführten Quellen wird verzichtet.

---

61 Dabei handelt es sich um einen Kommentar zur Fatwā-Sammlung des Saʿdī Efendī Ḥāmid (gest. 1577) von M. A. Ibn ʿĀbidīn (gest. 1836), in Kairo 1853/1854 gedruckt. Vgl. die URL http://shamela.ws/index.php/book/21687 (zuletzt abgerufen: 15.02.2013) und Spies, O, Pritsch, E., Klassisches Islamisches..., a.a.O., S. 248.

62 „Ǧāmiʿ al-fuṣūlain“ gilt als ein praktisches Handbuch für den Richter. Der osmanische Rechtsgelehrte wird auch Şeyh Bedreddin genannt. Vgl. GAL, Bd. 2, Rz. 225, S. 290 und die URL http://de.enc.tfode.com/Ibn_Qadi_Samauna (zuletzt abgerufen: 17.04.2013). Dazu gibt es auch einen Kommentar (vgl. Fn. 609).

63 Al-Qāhira 1865/66 4 Bde. Spies, O., Pritsch, E., Klassisches Islamisches..., a.a.O., S. 247. Vgl. die URL http://barelwism.wordpress.com/tag/fatawa-qadi-khan/ (zuletzt abgerufen: 15.6.2012). Zur Person des Verfassers vgl. die URL http://www.islamweb.net/newlibrary/display_book.php?idfrom=5490&idto=5490&bk_no=60&ID=5353 (zuletzt abgerufen: 25.02.2013)

64 Al-Qāhira 1892/93. Spies, O., Pritsch, E., Klassisches Islamisches..., a.a.O., S. 82. Vgl. auch GAL, S 2, S. 604.

65 Vgl. Spies, O., Pritsch, E., Klassisches Islamisches..., a.a.O., S. 248. Dazu die URL http://khizana.blogspot.de/2008/05/blog-post_9970.html (zuletzt abgerufen: 12.07.2013).

66 Būlāq 1864/65. Vgl. Spies, O., Pritsch, E., Klassisches Islamisches..., a.a.O., S. 248 und die URL http://www.feqhweb.com/dan3/uploads/13597769631.pdf (zuletzt abgerufen: 13.07.2013).

II. Der Führer für den Ratlosen zur Kenntnis über die Angelegenheiten des Menschen in den islamischen Rechtsgeschäften nach der Rechtsschule des ehrwürdigen Imāms Abū Ḥanīfa an-Nuʿmān in Übereinstimmung mit dem in Ägypten und anderen islamischen Gebieten existierenden Gewohnheitsrecht

Im Namen des barmherzigen und gnädigen Gottes
Auf ihm ruht die Hoffnung und das Vertrauen, der Auserwählte (Muḥammad) möge mir seine Gunst erweisen

1. Buch
Sachen

1. Kapitel
Arten von Sachen

Art. 1
Die Sache[67] ist etwas, was aufbewahrt werden kann, um es bei Bedarf zu nutzen. Sie wird in zwei Arten unterteilt: Eine unbewegliche Sache[68] und eine bewegliche Sache[69].

Art. 2
Die unbewegliche Sache ist etwas, was einen festen Grund und Boden hat und nicht bewegt und verschoben werden kann.

Art. 3
Als bewegliche Sache gilt das, was man bewegen und verschieben kann. Dies umfasst Handelsgüter[70], Tiere, messbare Sachen[71], wägbare Sachen[72], Gold und Silber sowie Gebäude und Pflanzen, die sich auf Eigentumsland oder auf dem Land einer Religiösen Stiftung[73] befinden.

---

[67] Arab. māl (Pl. amwāl). Der Terminus bezeichnet in diesem Zusammenhang nicht die Steuern und Abgaben bzw. die Einnahmen des Staates, die in frühʿabbāsidischer Zeit damit gemeint waren. Vgl. Scheiner, J., Steuern und Gelehrsamkeit in der frühen ʿAbbāsidenzeit: Das *Kitāb al-amwāl* des Abū ʿUbaid al-Qāsim b. Sallām. In: Zeitschrift der Deutschen Morgenländischen Gesellschaft (ZDMG), Wiesbaden 162(2012)1, S. 53-93.
[68] Arab. ʿaqār.
[69] Arab. manqūl.
[70] Arab. ʿurūḍ.
[71] Arab. makīlāt.
[72] Arab. mauzūnāt.
[73] Arab. waqf. Vgl. dazu die Art. 5 ff.

Art. 4
Die Verfügungs- und Nutzungsrechte von Sachen beziehen sich auf drei Arten: Erstens - Das Eigentumsrecht an der Sachsubstanz[74] und am Nutzen der Sache; Zweitens - Das Eigentumsrecht an der Nutzung der Sache ohne Eigentumsrecht an der Sachsubstanz;
Drittens - Das Wasserentnahmerecht[75], das Abflussrecht, das Durchgangsrecht und das Recht der Aufstockung von Gebäuden sowie ähnliche Rechte.[76]

Art. 5
Sachen, an denen Eigentum an der Sachsubstanz und am Nutzen besteht, sind solche, bei denen der Eigentümer das freie Verfügungsrecht an der Sache und am Nutzen hat. Dazu gehört das *'ušr*-Land.[77] Dieses Land kann verkauft, verpachtet, verliehen, verschenkt, in eine Religiöse Stiftung verwandelt[78], verpfändet oder vererbt werden.

Art. 6
Die ägyptischen Ländereien sind *ḫarāğ*-Land. Sie stehen dem Grunde nach ihren Inhabern zu. Der Teil, der z.B. wegen des Todes seines Eigentümers bei Nichtexistenz eines gesetzlichen Erben an den Fiskus[79] geht, ist Eigentum des Fiskus in Bezug auf die Sachsubstanz. Der Herrscher[80] kann den Nutzen daran den Bauern gegen die Zahlung der *ḫarāğ*-Steuer übertragen.[81]

---

74 Arab. raqaba. Als nuda proprietas zu verstehen. Vgl. Spies, O., Pritsch, E., Klassisches Islamisches..., a.a.O., S. 227.

75 Vgl. Art. 38.

76 Hierbei handelt es sich um Lasten.

77 Vgl. Debs, R. A., Farhat, J. Z. mit Dilger, K., Der Begriff des Eigentums im islamischen Recht. In: Beiträge zu Islamischem Rechtsdenken. Fachwissenschaftliche Betreuung: A. Falaturi, Redaktion: R. May, Stuttgart 1986, S. 97-99. „Der Zehnte" (al-ʿušr), der auf landwirtschaftliche Erträge des jeweiligen Fläche erhoben wurde, war ursprünglich ein Teil der religiösen Steuer der Muslime, der zakāt. Siehe Encyclopaedia of Islam, Second Edition. Ed. By. P. Bearman, Th. Bianquis, C. E. Bosworth, E. van Donzel and W. P. Heinrichs. Im Folgenden: EI² (Stichwort: ʿUSHR - T. Sato). "ʿUshr". Encyclopaedia of Islam, Second Edition. Brill Online, 2012. Reference. UNIVERSITÄTSBIBLIOTHEK LEIPZIG. 05 November 2012.
<http://referenceworks.brillonline.com/entries/encyclopaedia-of-islam-2/ushr-COM_1309>. Zur „klassischen" Theorie der ʿušr-Steuer und ihrer Abgrenzung von der ḫarāğ-Steuer vgl. Abū Yūsuf, Kitāb al-ḫarāğ. In: Kitāb al-ḫarāğ, Bairūt o.J., S. 132-137.

78 D.h. in waqf-Land verwandelt werden.

79 Arab. bait al-māl.

80 Hier arab. imām.

81 Die ḫarāğ-Steuer war ursprünglich eine Steuer, die von Nichtmuslimen zu zahlen war. Im Laufe der Zeit wurde daraus im Allgemeinen eine Grundsteuer ohne Berücksichtigung der religiösen Zugehörigkeit. In Ägypten wurde das ḫarāğ-Land durch das Gesetz von 1858, in welchem das Land als Eigentumsland deklariert wurde, durch das Dekret von 1866 und

Art. 7

Mīrī-Land[82], welches der Herrscher[83] mit einem Rechtfertigungsgrund verkauft und den Käufern bei Vorliegen eines Gemeinwohls für den Verkauf als Eigentum überträgt, wird zu deren Eigentum in Bezug auf die Sachsubstanz und den Nutzen.

Art. 8

An Immobilien einer Religiösen Stiftung, unabhängig davon, ob es sich um eine ursprünglich private Familienstiftung oder um eine dauerhaft bestehende wohltätige Stiftung handelt, darf kein bloßes Eigentum erworben werden. Diese Immobilien dürfen nicht verkauft, verschenkt, verpfändet und vererbt werden. Jedoch steht den bestifteten Personen oder Institutionen[84] einer Religiösen Stiftung die freie Verfügung zur Nutzung und Fruchtziehung unter Beachtung der von den Stiftern gestellten Bedingungen zu.[85]

---

die Gesetze von 1871 und 1891 schrittweise in milk-Land (Eigentumsland) verwandelt und damit die Unterscheidung zwischen milk-Land und ḫarāǧ-Land aufgehoben. Zum Zeitpunkt des Erscheinens dieses Gesetzbuches war der Prozess noch nicht abgeschlossen. Vgl. den diesbezüglichen Kommentar in: Muršid al-ḥairān ilā maʿrifat aḥwāl al-insān fi-l-muʿāmalāt aš-šarʿīya. Šarḥ wa-dirāsa..., a.a.O., 1. Bd, S. 47-53. Dazu erläuternd: Ziadeh, F. J., Land Reform and Economic Development in Arab Countries. In: The American Journal of Comparative Law, Ann Arbor, Michigan 33/1985, S. 97-98. Vgl. auch EI^2 (KHARĀDJ - A. Subhan). "Kharādj". Encyclopaedia of Islam, Second Edition. Brill Online, 2012. Reference. UNIVERSITÄTSBIBLIOTHEK LEIPZIG. 05 November 2012 <http://referenceworks.brillonline.com/entries/encyclopaedia-of-islam-2/kharadj-COM_0496>. In der jordanischen Ausgabe von 1987 wird auf den diesbezüglichen Widerspruch in Bezug auf das Eigentum an der Sachsubstanz in den beiden Teilen des Artikels hingewiesen. Siehe auch Kitāb muršid al-ḥairān..., a.a.O., S. 10.

82 Mīrī-Land ist eine Form des Landeigentums im Osmanischen Reich und bezieht sich im Allgemeinen auf Land in Staatshand. Vgl. Ziadeh, F. J., Land Reform..., a.a.O., S. 98-99, Liebesny, H. J., Stability and Change in Islamic Law. In: The Middle East Journal, Washington D. C., 21/1967, S. 20-25.

83 Arab. walī al-amr.

84 Arab. al-ǧihāt al-mauqūfa ʿalaihā.

85 Zu den Religiösen Stiftungen in Ägypten siehe Kemke, A. H. E., Stiftungen im muslimischen Rechtsleben des neuzeitlichen Ägypten. Die schariatrechtlichen Gutachten (Fatwas) von Muḥammad ʿAbduh (st. 1905) zum Wakf. Frankfurt am Main, Bern, New York, Paris 1991, S. 5-28, Kogelmann, Fr., Islamische Fromme Stiftungen und Staat. Der Wandel in den Beziehungen zwischen einer religiösen Institution und dem marokkanischen Staat seit dem 19. Jahrhundert bis 1937. Würzburg 1999, S. 38-42.

Art. 9
Befestigungswerke und Häfen[86] sowie weitere Anlagen zum Schutz der Grenzen und Städte können kein Privateigentum sein.

Art. 10
Brücken, Durchgangswege und öffentliche Straßen können nicht Eigentum einer Person sein. Es ist nicht zulässig, dass irgendjemand diese nur für sich in Anspruch nimmt und einem anderen die Nutzung verwehrt. Sie verbleiben im öffentlichen Nutzen.

2. Kapitel
Eigentum

Art. 11
Über das Volleigentum[87] kann der Eigentümer uneingeschränkt verfügen. Dies gilt für die Sachsubstanz, den Nutzen und die Fruchtziehung. Er kann die Sache, den Ertrag, die Früchte und die Produkte nutzen und alle zulässigen Verfügungen in Bezug auf diese Sache treffen.

Art. 12
Wenn die Sache gemeinsames[88] Eigentum von zwei oder mehr Personen ist, hat jeder der Miteigentümer das Recht, seinen Anteil so zu nutzen und darüber so zu verfügen, dass er dem Miteigentümer keinen Schaden zufügt. Ihm steht für diesen Anteil die Fruchtziehung zu. Er kann seinen Anteil am gemeinsamen Eigentum ohne Einwilligung des Miteigentümers verkaufen, wenn der Umfang des Anteils festliegt.

3. Kapitel
Eigentum am Nutzen und Nutzungsrecht

Art. 13
Die zulässige Nutzung ist das Recht des Nutznießers, die Sache zu gebrauchen und Früchte daraus zu ziehen, solange sie unverändert existiert, auch wenn kein Eigentum an der Sachsubstanz besteht.

---

[86] Das Wort rafa'a: Das Schiff in den Hafen bringen. Dies bedeutet zu verhindern, dass das Schiff auf Grund läuft. Dieser Platz heißt Hafen. Wörterbuch (Fn-Qadrī). Gemeint sein könnte das arabische Wörterbuch Al-qāmūs al-muḥīṭ von al-Fairūzābādī (gest. 1414). Al-maktaba aš-šāmila: T. 1, S. 52.
[87] Arab. mulk (auch: milk) tāmm.
[88] Arab. muštarak.

Art. 14
Die Übertragung des Nutzens von Sachen ohne Übertragung der Sachsubstanz ist sowohl für unbewegliche als auch für bewegliche Sachen wirksam.

Art. 15
Der Nutzen kann mit oder ohne Gegenleistung[89] übertragen werden.

Art. 16
Die eingeschränkte[90] Übertragung des Nutzens auf die Fruchtziehung, auf das Wohnrecht[91] oder auf beides zusammen ist wirksam.

Art. 17
Es ist zulässig, dass der Nutzen von Sachen, die Eigentum der Religiösen Stiftung sind, dem Stifter der Religiösen Stiftung selbst zugeordnet wird. Er kann sie nutzen, wenn er dies für sich selbst lebenslänglich ausbedungen hat. Nach ihm geht die Nutzung an die Institution, die er vorgesehen hat.
Die Zuordnung des Nutzens an eine bestimmte Person oder mehrere bestimmte Personen ist wirksam, unabhängig davon, ob es sich um die Kinder des Stifters, Verwandte des Stifters oder Familienfremde[92] handelt.
Es ist zulässig, den Nutzen an einer Sache einer Person zuzuordnen, die noch nicht existiert. Bedingung hierfür ist, dass der Nutzen in allen Fällen zuletzt einer wohltätigen und dauerhaften Institution zufällt.

Art. 18
Es ist zulässig, den Nutzen an einer Sache an eine bestimmte Person per Vermächtnis zu übertragen, auch wenn die Sachsubstanz bei den gesetzlichen Erben des Testators[93] verbleibt. Ebenso ist es zulässig, ein Vermächtnis über die Sachsubstanz für eine bestimmte Person zu errichten und den Nutzen an der Sache an eine andere Person per Vermächtnis zu übertragen, sofern es sich um zwei Familienfremde in Bezug auf den Spender handelt. Es ist aber nicht zulässig, den Nutzen an der Sache von der Sachsubstanz, die an einen Familienfremden geht, per Vermächtnis abzutrennen, sodass der Nutzen im Eigentum der gesetzlichen Erben verbleibt.[94]

---

89 Arab. ʿiwaḍ. Engl. countervalue, compensation oder consideration. Vgl. Schacht, J., An Introduction to Islamic Law. Oxford 1964, S. 145 und 152.

90 Arab. qāṣir.

91 Vgl. Art. 24-27.

92 Arab. aǧānib. Bezieht sich nicht - wie im modernen Sprachgebrauch - auf Ausländer.

93 Arab. waraṯat al-mūṣī oder waraṯat al-muwaṣṣī.

94 Die Bestimmung über die Wirksamkeit der erwähnten Ausnahme ist dem „Ad-durr“ und dem „Radd al-muḥtār“ im mittleren Abschnitt zu den Zusatzbestimmungen des Verkaufs S. 40 und S. 41 entnommen. Der oberste Abschnitt dieses Artikels ist dem ersten Teil des

Art. 19
Die vom Spender gestellten Bedingungen des Vertrages, aus denen sich das Nutzungsrecht hinsichtlich der Rechte und Pflichten des Nutznießers ergibt, müssen beachtet werden.

Art. 20
Wer durch ein Vermächtnis Anspruch auf den Ernteertrag aus einem Stück Land oder aus einem Garten hat, erwirbt den Ernteertrag zum Zeitpunkt des Todes des Testators und die zukünftigen Ernteerträge. Er kann das Land oder den Garten zeit seines Lebens nutzen, wenn dies im Vertrag für ewige Zeit festgeschrieben ist oder keine Zeitbestimmung erfolgt. Falls der Testator aber im Vermächtnis die Früchte festlegt und keine Zeit bestimmt, so stehen ihm nur die Früchte zum Zeitpunkt des Todes zu, nicht aber die zukünftigen Früchte. Wenn eine Befristung erfolgt, stehen dem Vermächtnisnehmer die Nutzung durch den Ernteertrag und die Früchte bis zum Ablauf der jeweiligen Frist zu. Danach fallen der Ernteertrag und die Früchte an den Eigentümer der Sachsubstanz.
Unter Ernteertrag sind die Erträge aus dem Land und aus der Verpachtung[95] des Landes sowie die Früchte aus einem Garten zu verstehen.

Art. 21
Es ist zulässig, die beweglichen Sachen einer Religiösen Stiftung wie die messbaren und wägbaren Sachen zu verkaufen und ihren Preis[96] zur Bezahlung einer *muḍāraba*-Gesellschaft[97] oder von Waren zu verwenden, wenn sie gemäß Gewohnheitsrecht[98] gestiftet werden können. Ebenso können gestiftete Gelder dazu dienen. Der Zuwachs daraus wird dem Nutznießer der Religiösen Stiftung zuerkannt.

---

7. Kapitels zum Vermächtnis beim Wohnrecht u.a. in der „Al-hindīya“ S. 125 und 126 entnommen. (Fn.-Qadrī) Die Texte finden sich in der erwähnten Al-maktaba aš-šāmila T. 18, S. 351 bzw. T. 48, S. 344. Im Folgenden wird auf die Erwähnung dieser Quellenangaben zumeist verzichtet (siehe dazu den 3. Abschnitt in der Einführung in dieses Buch).

95 Arab. kirā'. Dieser Terminus ist vor allem in Nordafrika verbreitet, wird im arabischen Osten seltener benutzt.

96 Arab. ṯaman. Hier im Sinne von Wert.

97 Oft vereinfacht als „Stille Gesellschaft“ übersetzt. Tatsächlich handelt es sich um eine spezifische islamische Rechtsfigur. Dazu: Ebert, H.-G., Islamische Bankprodukte: Quellen, Normen und Begriffe. In: Ebert, H.-G., Thießen, Fr., Das islamkonforme Bankgeschäft. Aspekte von Islamic Finance für den deutschen Privatkundenmarkt, Stuttgart 2010, S. 76-77, Heckel, M., Integration islamischer Rechtsinstitute im Inland? - das Beispiel Mudarabavertrag. In: Heckel, M. (Hrsg.), Rechtstransfer. Beiträge zum islamischen Recht VIII, Frankfurt am Main, Berlin, Bern, Bruxelles, New York, Oxford, Wien 2011, S. 61-84.

98 Arab. 'urf.

Art. 22
Der Nutznießer kann entliehene bewegliche Sachen, die nur durch Verbrauch ihrer Substanz nutzbar sind wie Gold- oder Silbergeld, messbare Sachen, wägbare Sachen u.ä., verbrauchen. Er muss eine vergleichbare Sache oder ihren Wert nach der Nutznießung zurückerstatten und übernimmt die Haftung[99], wenn die Sache vor der Nutzung untergeht, auch wenn keine schuldhafte Rechtsverletzung vorliegt, weil diese Sachen als Darlehen[100] gelten.

Art. 23
Wenn der Nutznießer der zuvor erwähnten beweglichen Sachen vor ihrer Rückgabe an ihren Inhaber[101] verstirbt, erfolgt die Haftung durch ein Äquivalent oder durch Wertausgleich aus dem Nachlass des Nutznießers.

4. Kapitel
Wohnrecht

Art. 24
Derjenige, der Anspruch auf ein Wohnrecht in einem Haus einer Religiösen Stiftung hat, kann zeit seines Lebens mit seiner Familie[102], seinem Personal und seiner Dienerschaft darin wohnen. Er kann andere Personen ohne Gegenleistung wohnen lassen, auch wenn es sich um Familienfremde handelt. Nach seinem Tod wird das Wohnrecht auf seinen Nachkommen übertragen, wenn der Stifter ihm dieses Recht übertragen hat. Anderenfalls wird das Wohnrecht auf denjenigen übertragen, dem der Stifter ein Verfügungsrecht gegeben hat.

Art. 25
Wenn jemand aufgrund eines Vermächtnisses Anspruch auf ein Wohnrecht in einem Haus hat und die Sachsubstanz des Hauses dem Drittel des Vermögens des Testators entspringt, kann er mit seinen unterhaltsberechtigten Familienmitgliedern[103], seinem Personal und seiner Dienerschaft zeit seines Lebens darin wohnen, wenn das Vermächtnis uneingeschränkt oder für ewige Zeit festgeschrieben ist. Er kann bis zum Ablauf der Frist darin wohnen, wenn die Nutzung

---

99 Arab. ḍamān.

100 Arab. qarḍ. Vgl. die Bemerkung von J. Chr. Wichard, dass sich ein Darlehen gemäß ḥanafitischer Lehre nur auf vertretbare Gegenstände beziehen kann. Wichard, J. Chr., Zwischen Markt und Moschee. Wirtschaftliche Bedürfnisse und religiöse Anforderungen im frühen islamischen Vertragsrecht. Paderborn, München, Wien, Zürich 1995, S. 140, Fn. 36.

101 Arab. ṣāḥib. Damit ist der Eigentümer gemeint.

102 Arab. ahl.

103 Arab. ʿiyāl.

befristet ist. Danach fällt das Wohnrecht an die gesetzlichen Erben des Testators.[104]

Wenn aber die Sachsubstanz nicht dem Drittel des Vermögens des Testators entspringt, kann der Vermächtnisnehmer in dem Teil wohnen, der dem Drittel entspringt, sofern die gesetzlichen Erben dem gesamten Vermächtnis nicht zustimmen. Die gesetzlichen Erben können den Teil, der über das Drittel des Nachlasses hinausgeht, nutzen.

Dennoch dürfen die gesetzlichen Erben den Teil des Hauses, der in ihrem Besitz ist, nicht verkaufen.

Wenn sie das Haus unter sich zur gemeinsamen Nutzung[105] in zeitlicher Reihenfolge aufteilen, ist dies wirksam. Die erste Variante ist jedoch zu bevorzugen.[106]

Art. 26

Wenn es mehrere Personen gibt, die Anspruch auf ein Wohnrecht in einem Haus einer Religiösen Stiftung haben, dieses Haus groß ist und über mehrere separate Wohnungen verfügt, können die anspruchsberechtigten Männer mit ihren Ehefrauen bzw. die anspruchsberechtigten Frauen mit ihren Ehemännern dort wohnen. Wenn das Haus aber klein ist und nicht genügend Wohnmöglichkeit bietet, können nur die anspruchsberechtigten Männer ohne ihre Frauen bzw. die anspruchsberechtigten Frauen ohne ihre Männer dort wohnen.

Art. 27

Wenn das für das Wohnrecht gestiftete Haus einer Instandsetzung bedarf, ist der Wohnberechtigte verpflichtet, diese Instandsetzung aus seinem Vermögen zu bezahlen. Das, was er mit seinem Vermögen baut, wird sein Eigentum und danach das Eigentum seiner gesetzlichen Erben. Wenn er die Reparatur des Hauses verweigert, kann der Richter das Haus an eine andere Person vermieten und die Reparatur aus der Miete durchführen. Nach Ablauf der Frist wird das Wohnrecht an seinen Inhaber zurückgegeben.

---

[104] Die Bestimmung der Absätze des Artikels ist dem Beginn des siebten Kapitels zum Vermächtnis beim Wohnrecht u.a. in der „Al-hindīya“ S. 126 entnommen. (Fn.-Qadrī)

[105] Arab. muhāya'atan.

[106] Zu den Einschränkungen zum Vermächtnis vgl. Ebert, H.-G., Das Erbrecht arabischer Länder. Frankfurt am Main, Berlin, Bern, Bruxelles, New York, Oxford, Wien 2004, S. 141-143.

Abschnitt
Verfügung und Haftung des Nutzungsinhabers[107]

Art. 28
Der Nutzungsinhaber hat für die Bewahrung und die Pflege der genutzten Sache Sorge zu tragen.

Art. 29
Derjenige, der aufgrund eines unentgeltlichen Vertrages oder eines Mietvertrages Eigentümer am Nutzen, aber nicht an der Sachsubstanz ist, kann über die genutzte Sache in üblicher Weise verfügen, wenn der Nutzungsvertrag uneingeschränkt ist und keine Klausel enthält.
Wenn der Nutzungsvertrag aber eine Klausel enthält, kann der Eigentümer am Nutzen wie festgelegt, in ähnlicher Weise oder in geringerem Maße, nicht aber in größerem Umfang über die Sache verfügen.

Art. 30
Derjenige, der durch einen unentgeltlichen Vertrag Eigentümer am Nutzen ist, darf die Sache, für die er ein Wohnrecht besitzt, nicht vermieten und verpfänden. Er kann sie jedoch verleihen.

Art. 31
Die anfallenden Kosten für die Aufrechterhaltung und Bewahrung der genutzten Sache obliegen dem Nutzungsinhaber. Die Kosten für die Bekleidung[108] hat der Eigentümer zu tragen.

Art. 32
Wenn der Nutzen an einem Stück Land per Vermächtnis einer Person übertragen wird, das Eigentum an der Sachsubstanz aber einer anderen Person zusteht und sich auf diesem Land etwas befindet, woraus ein Ertrag gezogen werden kann, so obliegen die *ʿušr*-Steuer bzw. die *ḫarāǧ*-Steuer[109] und die anfallenden Kosten für die Bewässerung[110] und die Urbarmachung dem Nutzungsinhaber.

---

[107] Arab. ṣāḥib al-manfaʿa.

[108] Arab. kiswa. Dieser Ausdruck bezieht sich im historischen Kontext auf die Bekleidung des Sklaven, die von dessen Herrn gestellt werden musste. Vgl. Muršid al-ḥairān ilā maʿrifat aḥwāl al-insān fi-l-muʿāmalāt aš-šarʿīya. Šarḥ wa-dirāsa..., a.a.O., 1. Bd., S. 135. Siehe auch Fn. 1120.

[109] Vgl. Fn. 77 und 81.

[110] Arab. saqī. Zur Wasserwirtschaft in Ägypten im 19. Jh. siehe Knörnschild, L., Zur Geschichte der Nilwassernutzung in der ägyptischen Landwirtschaft von den Anfängen bis zur Gegenwart. Frankfurt am Main, Berlin, Bern, New York, Paris, Wien 1993, S. 97-123.

Wenn es aber nichts gibt, woraus ein Ertrag gezogen werden kann, so gehen die Ausgaben zu Lasten des Inhabers der Sachsubstanz.

Art. 33
Wenn die genutzte Sache ohne eine schuldhafte Rechtsverletzung oder ein Versäumnis bei der Bewahrung durch den Nutzer vernichtet wird oder untergeht, so haftet der Nutzer dafür nicht.

Art. 34
Wenn der Nutzen an eine festgesetzte Frist gebunden ist, der Nutzer die Sache nach Ablauf dieser Frist behält und sie nicht an ihren Eigentümer zurückgibt, obwohl er sie hätte zurückgeben können, und die Sache untergeht, so haftet der Nutzer für ihren Wert, auch wenn er die Sache nach Ablauf der Frist nicht mehr gebraucht hat und der Eigentümer sie nicht zurückgefordert hat.[111]

Abschnitt
Beendigung des Nutzungsrechts

Art. 35
Das Nutzungsrecht endet mit dem Tod des Nutzers, mit Ablauf der festgelegten Nutzungsfrist, so vorhanden, und mit dem Untergang der genutzten Sache.

Art. 36
Wenn die festgelegte Frist für die Nutzung abgelaufen ist oder der Nutzer während dieser Frist verstirbt, das Stück Land landwirtschaftlich genutzt wird und die Pflanzen aufgegangen, aber noch nicht reif sind, so gehen die Pflanzen bis zur Reife und Ernte gegen eine angemessene Pacht im ersten Fall auf den Nutzer, im zweiten Fall auf seine gesetzlichen Erben über, es sei denn, dass der Nutzer Pächter war. Hierbei stehen die Pflanzen seinen gesetzlichen Erben gegen Zahlung der festgelegten Pacht bis zu ihrer Reife und Ernte zu.

---

[111] Die Bestimmung des Artikels ist dem letzten Abschnitt des siebten Kapitels zum Rückgabeanspruch bei der Leihe u.a. in der „Al-hindīya“ S. 352 entnommen. (Fn.-Qadrī)

5. Kapitel
Grunddienstbarkeiten[112]

1. Abschnitt
Wasserentnahmerecht[113]

Art. 37
Die Grunddienstbarkeit ist ein Recht an einer Immobilie in Bezug auf deren Nutzung durch eine andere Person.[114]

Art. 38
Das Wasserentnahmerecht[115] ist die zeitliche Nutzung des Wassers zur Bewässerung des Landes, der Bäume oder der Pflanzen.

Art. 39
Das Wasser eines großen Flusses[116], seiner Nebenflüsse und Kanäle, die gemeinnützig und nicht Eigentum eines Einzelnen sind, sind jedermann zugänglich. Jedermann hat ein Recht darauf, seine Tiere zu tränken und sein Land zu bewässern sowie einen kleinen Wasserlauf zur Bewässerung seines Landes zu graben, solange dies nicht der Allgemeinheit schadet.

Art. 40
Jedermann kann seine Tiere aus den öffentlichen und privaten Kanälen und Wasserläufen tränken, es sei denn, die Anzahl der Tiere lässt eine Zerstörung befürchten. Eine Person, die nicht Miteigentümer ist, darf ihr Land daraus nicht bewässern, es sei denn, dass die Eigentümer der Kanäle und Wasserläufe einwilligen. Kein Miteigentümer darf ohne Genehmigung der anderen Miteigentümer Wasserrohre[117] installieren, Dampfmaschinen errichten oder Schöpfräder[118] an-

---

[112] Arab. ḥuqūq al-irtifāq.

[113] Der Abschnitt beginnt erst mit Art. 38. Die Überschrift ist in allen arabischen Ausgaben an der falschen Stelle eingefügt.

[114] Vgl. zur Definition der Grunddienstbarkeit die URL http://islamtoday.net/nawafeth/artshow-32-10886.htm (zuletzt abgerufen: 01.02.2013)

[115] Arab. širb. Vgl. die Vokalisierung im Muršid al-ḥairān ilā maʿrifat aḥwāl al-insān fi-l-muʿāmalāt aš-šarʿīya. Šarḥ wa-dirāsa…, a.a.O., 1. Bd., S. 150. Dieses Wort erscheint auch im Koran Sure 26, Vers 155 (26:155) und 54:28. Text bei Paret, R., Der Koran. Stuttgart 2007, 10. Aufl. Dgl., Der Koran. Kommentar und Konkordanz. Stuttgart 2005. 7., unveränderter Nachdruck 1977. Beide genannten Koranverse legitimieren grundsätzlich die zeitliche Nutzung des Wassers.

[116] Damit ist auch der Nil, die Lebensader Ägyptens, gemeint.

[117] Arab. barbaḫ (Sg.).

[118] Arab. tābūt (Sg.). Ein Bild dieser Anlagen ist unter folgender URL zu finden: http://up.g4z4.com/uploads/ca77bc8db4.jpg (zuletzt abgerufen: 01.02.2013)

bringen, es sei denn, die Anlage wird auf seinem Privateigentum errichtet, die beiden Flussufer und das Flussbett gehören ihm und der Fluss und das Wasser werden nicht geschädigt.

Art. 41
Eine Person darf nur mit Einwilligung des Inhabers das Wasser nutzen, welches in Behältern wie Bassins[119] und Zisternen, die Privateigentum sind, gespeichert ist.

Art. 42
Derjenige, der aus seinem Vermögen einen Kanal zur Bewässerung seines Landes errichtet, kann das darin befindliche Wasser nach seinem Willen nutzen. Eine andere Person darf ihr Land nur mit Einwilligung desjenigen, der den Kanal errichtet hat, bewässern. Diese andere Person kann aber das Wasser als Trinkwasser und zur Tränkung ihrer Tiere nutzen.

Art. 43
Das Recht, das Wasser aus öffentlichen Kanälen zu gebrauchen und zu verteilen, richtet sich nach der Größe des zu bewässernden Landes. Dabei ist zu beachten, dass kein Schaden für die Allgemeinheit entsteht.

Art. 44
Der Inhaber des Landes, der dieses mit Maschinen oder durch Kanäle bewässert, kann die Inhaber der unterhalb gelegenen Ländereien nicht zwingen, das Wasser auf ihr Land abfließen zu lassen, wenn er kein Abflussrecht[120] hat.

Art. 45
Wenn jemand das Recht besitzt, einen Bewässerungskanal[121] durch das Land eines anderen zu führen, darf der Landeigentümer ihm die Ausübung dieses Rechts auf seinem Land nicht verwehren.

Art. 46
Wenn jemand sein Land in herkömmlicher und für das Land verträglicher Weise bewässert und das Wasser dabei auf das Land eines anderen fließt und dessen Pflanzen vernichtet, haftet dafür nicht. Wenn aber die Bewässerung nicht in herkömmlicher Weise erfolgt, so haftet er.[122]

---

[119] Arab. ḥiyāḍ. Bezeichnet u.a. in Ägypten solche Bassins, welche durch Erdwälle das Flutwasser des Nils zurückhalten.

[120] Arab. ḥaqq al-masīl.

[121] Arab. misqā oder masqā.

[122] Zur Bewässerung vgl. den entsprechenden Artikel in Lexikon Arabische Welt. Kultur, Lebensweise, Wirtschaft, Politik und Natur im Nahen Osten und Nordafrika. Hrsg. von G.

Art. 47
Das Wasserentnahmerecht kann vererbt und per Vermächtnis zur Nutzung übertragen werden. Es kann aber - wie das Abflussrecht - nur mit dem Land selbst verkauft, nicht aber verschenkt oder verpachtet werden.

2. Abschnitt
Durchgangsrecht[123], Recht am Wasserlauf[124] und Abflussrecht

Art. 48
Das von alters her bestehende Durchgangsrecht, Recht am Wasserlauf und Abflussrecht bleibt erhalten, solange es nicht vom Grundsatz her ungesetzlich ist. Wenn dem so ist, wird es nicht beachtet. Wenn ein offensichtlicher Schaden damit verbunden ist, entfällt das Recht.
Wenn also ein Haus einen Abfluss hat, der einen öffentlichen Weg verschmutzt und die Allgemeinheit schädigt, ist der Schaden zu beheben, auch wenn das Recht von alters her besteht. Dieses Recht findet keine Beachtung.[125]

Art. 49
Wenn jemand ein Durchgangsrecht in Bezug auf das Land eines anderen hat, darf dessen Inhaber den Durchgang nicht verwehren. Wenn dieses Recht existiert, kann er auch seine Tiere und seine Kutsche[126] hindurchführen.

Art. 50
Derjenige, der eine Erlaubnis erteilt hat,[127] kann diese zurückziehen. Er ist nicht zur Einwilligung oder zum Einverständnis verpflichtet. Wenn also jemand kein Durchgangsrecht in Bezug auf den Hof eines anderen hat und mit Einwilligung seines Inhabers den Hof eine Zeit lang passiert, so folgt daraus kein Rechtsanspruch für ihn. Der Inhaber des Hofes kann ihm den Durchgang jederzeit verwehren.

Barthel und Kr. Stock. Wiesbaden 1994, S. 109. Art. 46 wird in der jordanischen Ausgabe von 1987 auf altbabylonisches Recht zurückgeführt.

[123] Arab. ḥaqq al-murūr.

[124] Arab. ḥaqq al-maǧrā. In der jordanischen Ausgabe von 1987 fehlerhaft vokalisiert.

[125] Vgl. Art. 53.

[126] Arab. ʿaraba. Bezieht sich auf Wagen und Kutschen, die von Tieren oder durch Muskelkraft gezogen werden. Analog wäre dies in der modernen Zeit auch auf Kraftwagen anwendbar.

[127] Arab. mubīḥ.

Art. 51
Demjenigen, der von alters her auf dem Eigentum eines anderen ein Recht am Wasserlauf oder an einer Wasserleitung hat, darf der Inhaber dieses Recht nicht verwehren.

Art. 52
Wenn ein Haus einen Regenabfluss hat, der von alters her über das Haus des Nachbarn verläuft, darf der Nachbar ihm dieses Recht nicht verwehren.

Art. 53
Wenn jemandem ein Wasserlauf oder eine Wasserleitung im Haus eines anderen zusteht und wegen eines Defekts daraus ein Schaden für den Nachbarn resultiert, kann der Nachbar den Inhaber zwingen, den Schaden von ihm abzuwenden, indem der Inhaber eine Reparatur und Instandhaltung durchführt oder den Wasserlauf bzw. die Wasserleitung nicht weiter betreibt. Wenn der Inhaber des Wasserlaufs bzw. der Wasserleitung eine Instandhaltung beabsichtigt, der Nachbar ihm aber das Betreten seines Hauses verwehrt, kann der Inhaber des Hauses wählen, ob er ihn das Haus zur Instandhaltung betreten lässt oder aber die Instandhaltung aus dem eigenen Vermögen bezahlt.

Art. 54
Wenn ein Haus einen Abfluss hat, der einen privaten Weg verschmutzt und seine Anwohner schädigt, ist der Schaden zu beheben, auch wenn er von alters her besteht. Das Alter ist unbeachtlich.

Art. 55
Es ist nicht zulässig, dass jemand den Abfluss seines neu errichteten Anwesens in das Haus eines anderen ohne dessen Einwilligung leitet, wenn hierfür kein Rechtsanspruch besteht.

Art. 56
Es ist nicht zulässig, dass jemand auf einem Weg, der für die Öffentlichkeit bestimmt ist, Abflussrohre[128] anbringt und Gullys gräbt, wenn die Allgemeinheit geschädigt wird. In einer Sackgasse[129] ist dies nur mit Einwilligung der Anwohner zulässig, unabhängig davon, ob diese geschädigt werden oder nicht.

---

[128] Arab. mayāzīb. Gemeint sind die Abflussrohre und Dachrinnen eines Hauses.
[129] Arab. zuqāq ġair nāfiḏ.

3. Abschnitt
Nachbarschaftsrechtliche Geschäfte[130]

Art. 57
Der Eigentümer kann über sein volles Eigentum, an welchem ein anderer kein Recht besitzt, frei verfügen. So kann er es mit einer Mauer einfassen bzw. diese erhöhen und nach seinem Wunsch Bauten errichten, solange seine Verfügung dem Nachbarn keinen beträchtlichen Schaden zufügt.

Art. 58
Wenn sich das Recht eines anderen auf das Eigentum bezieht, darf der Eigentümer nur mit Einwilligung des Inhabers des Rechts zum Nachteil für diesen verfügen.[131]

Art. 59
Ein beträchtlicher Schaden liegt vor, wenn sich dieser auf die Statik des Gebäudes oder seine Zerstörung auswirkt bzw. wenn grundlegende Funktionen, d.h. die angestrebten Nutzungen des Gebäudes, verhindert werden. Wenn aber Nutzungen verhindert werden, die nicht grundlegend sind, liegt kein beträchtlicher Schaden vor.

Art. 60
Der beträchtliche Schaden ist unabhängig davon, ob er bereits seit langem vorliegt oder erst neu entstanden ist, zu beseitigen.

Art. 61
Die vollständige Verhinderung des Lichteinfalls für den Nachbarn gilt als beträchtlicher Schaden. So ist es niemandem erlaubt, durch die Errichtung eines Gebäudes ein Fenster des Nachbarhauses zu verdecken, sodass kein Licht einfallen kann. Widrigenfalls kann der Nachbar vom Verursacher die Beseitigung des Gebäudes verlangen, um den Schaden von ihm abzuwenden.

Art. 62
Der Einblick in einen Raum, welcher ein Ort für die Frauen ist, gilt als beträchtlicher Schaden.[132] So ist es nicht erlaubt, ein Fenster einzubauen oder ein Gebäude mit einem Fenster zu errichten, das den Blick auf den Frauenraum des Nachbarn freigibt. Wenn dies geschieht, wird die Abwendung des Schadens an-

---

130 Zu den Nachbarschaftsrechten (ḥuqūq al-ǧiwār) vgl. Šaraf ad-Dīn, ʿA. al-ʿA., Tārīḫ at-tašrīʿ al-islāmī wa-aḥkām al-milkīya wa-š-šufʿa wa-l-ʿaqd. Binġāzī 1978, S. 433-437.

131 Vgl. Art. 59, 61 und 62.

132 Zu den kulturellen und religiösen Hintergründen siehe Heller, E., Mosbahi, H., Hinter den Schleiern des Islam. Erotik und Sexualität in der arabischen Kultur. München 1993.

geordnet, entweder durch die Verdeckung oder durch das Vermauern[133] des Fensters. Wenn das Fenster aber über der Höhe eines Menschen angebracht ist, kann der Nachbar keine Verdeckung fordern.

Art. 63
Wenn jemand über sein Haus in gesetzlicher Weise verfügt, aber ein anderer in seiner Nachbarschaft ein neues Gebäude errichtet, so kann dieser nicht durch die Fenster des alten Hauses geschädigt werden, auch wenn diese den Blick auf den Frauenraum freigeben. Er ist selbst verpflichtet, den Schaden von sich abzuwenden.

Art. 64
Wenn jemand Inhaber des oberen Stockwerkes eines Hauses und ein anderer derjenige des unteren Stockwerkes ist, so hat der Inhaber des oberen Stockwerkes ein Bodenrecht[134] auf dem unteren Stockwerk. Die Decke ist Eigentum des Inhabers des unteren Stockwerkes. Der Inhaber des oberen Stockwerkes hat ein gewöhnliches Nutzungsrecht der Oberfläche[135]. Der Inhaber des unteren Stockwerkes hat ein Recht auf das obere Stockwerk hinsichtlich des Schutzes vor der Sonne und vor Regen.[136]

Art. 65
Wenn das untere und das obere Stockwerk eine gemeinsame Eingangstür haben, so kann jeder der beiden Inhaber diese gemeinsam benutzen. Es ist nicht erlaubt, dass einer von beiden den anderen an der Nutzung als Ein- und Ausgang hindert.

Art. 66
Wenn der Inhaber des unteren Stockwerkes dieses schuldhaft zerstört, muss er es zwangsweise wieder errichten.

---

133 Arab. binā‘ sātir.

134 Arab. ḥaqq al-qarār. Bis heute sind diese Bestimmungen im Immobilienbereich für Ägypten von Bedeutung. Vgl. auch Šaraf ad-Dīn, ʿA. al-ʿA., Tārīḫ..., a.a.O., S. 429-433. Art. 64 bis 68 basieren nach islamischer Auffassung auf einer Überlieferung des Propheten, wonach die Reisenden auf einem Schiff das obere und das untere Deck aufteilen und ihren Wasserverbrauch gemeinsam regeln müssen, damit das Schiff nicht untergeht. Der Wortlaut ist im „Ṣaḥīḥ al-Buḫārī“ (al-Buḫārī; gest. 870) unter der Nr. 2361 zu finden. Vgl. http://www.islamweb.net/newlibrary/display_book.php?bk_no=0&ID=1584&idfrom=2354&idto=2375&bookid=0&startno=10 (zuletzt abgerufen: 01.02.2013).

135 Arab. saṭḥ. In einigen Zivilgesetzbüchern der arabischen Welt als ḥaqq al-musāṭaḥa bezeichnet. Dazu: Küppers, N. F., Das irakische Zivilgesetzbuch. In: Zeitschrift für Vergleichende Rechtswissenschaft (ZVglRWiss), Stuttgart 63/1961, S. 31.

136 In der jordanischen Ausgabe von 1987 wird darauf hingewiesen, dass diese Bestimmungen die heutigen Erfordernisse beim Kauf von Wohnungen in Häusern nicht mehr erfüllen.

Art. 67
Wenn das untere Stockwerk ohne Zutun seines Inhabers zerstört wird, hat er dieses wieder zu errichten. Er kann aber nicht dazu gezwungen werden. Wenn sich der Inhaber des unteren Stockwerkes weigert, die Rekonstruktion des unteren Stockwerkes durchzuführen und der Inhaber des oberen Stockwerkes das untere Stockwerk mit Einwilligung dessen Inhabers oder des Richters rekonstruiert, hat er einen Rückforderungsanspruch gegenüber dem Inhaber des unteren Stockwerkes unabhängig von der Höhe der Instandsetzungskosten.
Wenn er ohne Einwilligung des Inhabers des unteren Stockwerkes oder des Richters das untere Stockwerk rekonstruiert, hat er lediglich einen Rückforderungsanspruch in wertmäßiger Höhe des Baus. Dieser Wert wird durch Spezialisten[137] zum Zeitpunkt des Baus, nicht aber zum Zeitpunkt des Rückforderungsanspruchs festgelegt.
Der Inhaber des oberen Stockwerkes kann in den beiden Fällen dem Inhaber des unteren Stockwerkes das Wohnrecht und das Nutzungsrecht verweigern, bis dieser seine Forderung begleicht. Er kann das untere Stockwerk auch mit Einwilligung des Richters vermieten und seinen Anspruch aus der Miete befriedigen.

Art. 68
Der Eigentümer des oberen Stockwerkes darf nicht ohne Einwilligung des Inhabers des unteren Stockwerkes auf dem oberen Stockwerk ein weiteres errichten oder dieses erhöhen, es sei denn, es steht fest, dass das untere Stockwerk nicht beschädigt wird. Dann kann er dies ohne Einwilligung des Inhabers des unteren Stockwerkes tun.

Art. 69
Es ist nicht zulässig, dass der Nachbar seinen Nachbarn zwingt, eine Mauer o.Ä. zur Abgrenzung seines Eigentums zu errichten oder ihm einen Teil seiner Mauer oder einen Teil des Bodens, auf dem sich die Mauer befindet, zu überlassen.

Art. 70
Wenn die Mauer gemeinsames Eigentum von zwei Personen ist, ist es nicht zulässig, dass einer von beiden eine Erhöhung oder Vergrößerung des Baus ohne Einwilligung des anderen verfügt. Dies gilt unabhängig davon, ob der andere geschädigt wird oder nicht.

Art. 71
Jeder der beiden Miteigentümer an der Mauer kann entsprechend seinem Anteil Holzbalken darauf anbringen. Bedingung hierfür ist, dass keiner von beiden die Belastungsfähigkeit der Mauer überschreitet und ohne Einwilligung des anderen

[137] Arab. arbāb al-ḫibra.

seine Holzbalken erweitert. Ferner ist es nicht zulässig, dass einer von beiden seine Holzbalken auf der Mauer nach rechts oder links bzw. von unten nach oben verrückt. Allerdings ist das Verrücken von oben nach unten zulässig. Wenn jeder der beiden Miteigentümern Holzbalken angebracht hat, so kann der Inhaber der unteren bzw. der oberen Holzbalken diese auf das Niveau der jeweils anderen erhöhen bzw. absenken, wenn damit die Mauer nicht beschädigt wird.

2. Buch
Gründe für den Eigentumserwerb

Art. 72
Die Gründe für den Eigentumserwerb sind Verträge, die den Übergang einer Sache von einem Eigentümer auf einen anderen bewirken, so der Verkauf, die Schenkung, das Vermächtnis, die Erbschaft, die Besitzergreifung einer zulässigen Sache, die keinen Eigentümer hat,[138] und das Vorkaufsrecht.

1. Abschnitt
Verträge

Art. 73
Die Übertragung von Sachen mit oder ohne Gegenleistung ist wirksam, unabhängig davon, ob es sich um unbewegliche oder bewegliche Sachen handelt.

Art. 74
Das Eigentum an der verkauften Sache geht unmittelbar mit Abschluss des gegenseitigen Vertrages zum Austausch von Vermögenswerten[139], der wirksam[140], endgültig[141], rechtskräftig[142] und bindend[143] ist, auf den Käufer über, unabhängig davon, ob es sich um eine unbewegliche oder eine bewegliche Sache handelt.[144]

Art. 75
Der Käufer kann die verkaufte Sache vor ihrer Entgegennahme weiterverkaufen, wenn es sich um eine unbewegliche Sache handelt, deren Untergang nicht zu be-

---

138 Vgl. Art. 151 bis 153. Die Zeitdauer der Besitzergreifung ist entsprechend zu berücksichtigen.

139 Arab. ʿaqd al-muʿāwaḍa. Vgl. Muršid al-ḥairān ilā maʿrifat aḥwāl al-insān fi-l-muʿāmalāt aš-šarʿīya. Šarḥ wa-dirāsa..., a.a.O., 1. Bd., S. 228. In der jordanischen Ausgabe von 1987 fehlt der Art. 74 in dieser Form. Stattdessen wurde versehentlich der Art. 75 doppelt eingefügt.

140 Arab. ṣaḥīḥ.

141 Arab. bātt.

142 Arab. nāfiḏ. Die Wirkung des Vertrages tritt sofort ein. Zu rechtlichen und sprachlichen Aspekten der Kategorie nafāḏ vgl. Al-mausūʿa al-fiqhīya. Hrsg. vom wizārat al-auqāf wa-š-šuʾūn al-islāmīya. Daulat al-Kuwait. Al-iṣdār al-auwal. Al-aǧzāʾ 1-45 (DVD), Bd. 40, S. 382. Diese Enzyklopädie enthält wichtige islamisch-rechtliche Termini und verweist dabei auch auf die einschlägigen „klassischen" arabischen Sprachlexika. Die Begriffe sind nach dem arabischen Alphabet geordnet. Der Übersichtlichkeit wegen wird bei der Erläuterung von Termini auf die Nennung dieser Quelle im Einzelnen verzichtet.

143 Arab. lāzim.

144 Vgl. Wichard, J. Chr., Zwischen Markt..., a.a.O., S. 92. Im Ausdruck muʿāwaḍa (gegenseitiger Austausch von Vermögenswerten; do ut des) zeige sich die „Urform aller anderen Vertragstypen".

fürchten ist. Er darf sie jedoch vor ihrer Inbesitznahme nicht vermieten. Ebenso darf er über die verkaufte Sache, wenn es sich um eine bewegliche Sache handelt, vor ihrer Inbesitznahme weder durch einen Verkauf noch durch eine Vermietung verfügen.

Art. 76
Wenn der Käufer die verkaufte Sache, unabhängig davon, ob es sich um eine unbewegliche oder eine bewegliche Sache handelt, in der Annahme entgegennimmt, dass der Verkäufer ihr Eigentümer sei, kann er darüber voll verfügen. Seine Verfügung schließt den Rückgabeanspruch auf die Sache durch ihren Anspruchsberechtigten nicht aus, wenn sich dessen Anspruch herausstellt und dieser sein Recht an der Sache nachweist.

2. Abschnitt
Schenkung[145]

Art. 77
Die Schenkung ist die Eigentumsübertragung einer Sache ohne Gegenleistung, unter Umständen aber auch mit einer Gegenleistung.

Art. 78
Die Wirksamkeit der Schenkung setzt voraus, dass der Schenker frei, volljährig, im Vollbesitz seiner geistigen Kräfte, Eigentümer der verschenkten Sache sowie nicht entmündigt ist.[146]

Art. 79
Wenn der Eigentümer fähig ist, eine freiwillige Spende zu leisten, und nicht wegen einer Schuld oder wegen Verschwendungssucht entmündigt ist, kann er eine Schenkung vornehmen. Er kann im gesunden Zustand sein gesamtes Vermögen oder einen Teil desselben an eine oder mehrere Personen seiner Wahl verschenken.

Art. 80
Das Eigentum an der Sache wird erst mit der vollständigen Inbesitznahme[147] der verschenkten Sache durch den Beschenkten festgestellt, unabhängig davon, ob

[145] Vgl. die Bestimmungen zum Personalstatut. Dieser Hinweis im Manuskript bezieht sich auf die Qadrī-Pāšā-Kodifikation von 1875. Ebert, H.-G., Die Qadrî-Pâshâ-Kodifikation. A.a.O. Die Schenkung wird in den Art. 500 bis 529 behandelt.
[146] Diese Kategorien werden in der Qadrī-Pāšā-Kodifikation entsprechend festgelegt. Auf eine Erläuterung wird daher an dieser Stelle verzichtet.
[147] Arab. qabḍ kāmil.

es sich um geteilten Besitz oder um gemeinsames und unteilbares Eigentum handelt.

Art. 81
Wenn die verschenkte Sache gemeinsames teilbares Eigentum ist, führt die Schenkung mit der Inbesitznahme erst dann zum Eigentum, wenn der Schenker die Schenkung teilt und sie gesondert übergibt, sodass sie mit dem Eigentum des Schenkers weder verbunden ist noch darauf basiert. Wenn er sie aber ungeteilt an den Beschenkten übergibt, wird der Beschenkte nicht zum Eigentümer, ist die Verfügung des Beschenkten nicht rechtskräftig und haftet der Beschenkte, wenn die Sache untergeht oder verbraucht wird.
Der Schenker hat das Recht, über die Sache zu verfügen. Er oder seine gesetzlichen Erben haben einen Rückgabeanspruch auf die Sache.

Art. 82
Wenn der Schenker vor der Übergabe der Sache an den Beschenkten verstirbt, ist die Schenkung nichtig.

Art. 83
Wenn der Beschenkte vor der Entgegennahme der geschenkten Sache verstirbt, ist die Schenkung nichtig. Die gesetzlichen Erben haben keinen Anspruch darauf.

Art. 84
Wenn eine Person eine Schenkung an jemanden leistet, der nicht fähig ist, diese anzunehmen, ist es zulässig, dass dessen gesetzlicher Vormund[148], dessen ernannter Vormund[149] oder dessen Vertreter die Schenkung annimmt und für ihn in Besitz nimmt.
Wenn der beschenkte Minderjährige[150] unterscheidungsfähig ist, dann werden seine Annahme und Inbesitznahme auch bei Existenz seines Vaters berücksichtigt.

Art. 85
Die Bestimmung der Schenkung im Zustand der Todeskrankheit[151] wird bei vorheriger Erfüllung der Voraussetzungen hierfür wie die Bestimmung zum Vermächtnis behandelt und auf das Drittel beschränkt. Wenn die Schenkung zugunsten eines gesetzlichen Erben erfolgt, ist sie schwebend unwirksam.

[148] Arab. walī.
[149] Arab. waṣī.
[150] Arab. ṣabī.
[151] Arab. maraḍ al-maut. Siehe dazu Ebert, H.-G., „Die letzte Krankheit“: A.a.O., S. 303-351.

3. Abschnitt
Vermächtnis[152]

Art. 86
Das Vermächtnis ist eine durch eine Schenkung vorgenommene Eigentumsübertragung, die auf die Zeit nach dem Tod gerichtet ist.[153]

Art. 87
Voraussetzung für die Wirksamkeit des Vermächtnisses ist, dass der Vermächtnisgeber frei, volljährig und im Vollbesitz seiner geistigen Kräfte ist, freiwillig handelt und fähig ist, eine Schenkung vorzunehmen. Der Vermächtnisnehmer muss tatsächlich oder mutmaßlich am Leben sein. Der Gegenstand des Vermächtnisses muss nach dem Tode des Vermächtnisgebers zur Eigentumsübertragung geeignet sein.[154]

Art. 88
Derjenige, der keine Schulden und keinen gesetzlichen Erben hat, kann über sein gesamtes Vermögen oder über einen Teil desselben per Vermächtnis zugunsten einer oder mehrerer Personen seiner Wahl verfügen.

Art. 89
Nehmen die Schulden das gesamte Vermögen einer Person in Anspruch, ist deren Vermächtnis nicht zulässig, solange sie ihre Gläubiger davon nicht befreien.[155]

Art. 90
Das Vermächtnis zugunsten eines gesetzlichen Erben ist nur zulässig, wenn die anderen gesetzlichen Erben nach dem Tod des Vermächtnisgebers zustimmen.[156] Sie müssen in der Lage sein, eine Schenkung vorzunehmen.[157]

Art. 91
Das Vermächtnis zugunsten eines Familienfremden[158] ist ohne Zustimmung der gesetzlichen Erben für ein Drittel des Vermögens zulässig, sofern kein Hinde-

---

152 Vgl. die Bestimmungen zum Personalstatut (Hinweis im Manuskript).

153 Entspricht dem Wortlaut des Art. 530 der Qadrī-Pāšā-Kodifikation.

154 Entspricht dem Wortlaut der beiden ersten Absätze des Art. 531 der Qadrī-Pāšā-Kodifikation.

155 Art. 88 und 89 entsprechen mit einigen kleineren stilistischen Veränderungen den Art. 534 und 535 der Qadrī-Pāšā-Kodifikation.

156 Diese Relegung bezieht sich auf eine bekannte Überlieferung. Vgl. Ebert, H.-G., Das Erbrecht..., a.a.O., S. 14.

157 Entspricht dem 1. Absatz des Art. 536 der Qadrī-Pāšā-Kodifikation.

rungsgrund vorliegt. Das Vermächtnis über das, was über das Drittel hinausgeht, ist nur mit Zustimmung der gesetzlichen Erben nach dem Tod des Vermächtnisgebers zulässig. Sie müssen fähig sein, eine Schenkung vorzunehmen. Ihre Zustimmung zu Lebzeiten des Vermächtnisgebers ist unbeachtlich.[159]

Art. 92
Die Verschiedenheit von Religion und Religionsgemeinschaft[160] ist kein Hinderungsgrund für die Wirksamkeit des Vermächtnisses. Das Vermächtnis des Muslims zugunsten eines Angehörigen einer Buchreligion[161] oder zugunsten einer nichtmuslimischen Person mit einer befristeten Sicherheitszusage für ihren Aufenthalt im islamischen Gebiet[162] ist zulässig, ebenso das eines Angehörigen einer Buchreligion oder einer nichtmuslimischen Person mit einer befristeten Sicherheitszusage für ihren Aufenthalt im islamischen Gebiet zugunsten eines Muslims.[163]

Art. 93
Der Gegenstand des Vermächtnisses wird nur durch die ausdrückliche Annahme des Vermächtnisses oder seine stillschweigende Annahme, so beim Tod des Vermächtnisnehmers nach dem Tod des Vermächtnisgebers ohne Annahme oder Ausschlagung, zum Eigentum des Vermächtnisnehmers. Die Annahme des Vermächtnisses ist nur nach dem Tod des Vermächtnisgebers wirksam. Wenn also der Vermächtnisnehmer nach dem Tod des Vermächtnisgebers annimmt, wird dessen Eigentum am Vermächtnisgegenstand festgestellt, unabhängig davon, ob er diesen in Besitz genommen hat oder nicht.
Wenn der Vermächtnisnehmer nach dem Vermächtnisgeber, aber vor Annahme oder Ausschlagung verstirbt, wird der Gegenstand des Vermächtnisses zum Eigentum der gesetzlichen Erben des Vermächtnisnehmers.[164]

---

158 Arab. aǧnabī. Meint hier eine nicht erbberechtigte Person. Dazu Ḥusain, A. F., Aḥkām al-waṣāyā wa-l-auqāf fi-š-šarī'a al-islāmīya. Bairūt 1989, S. 138-144.

159 Entspricht Art. 537 der Qadrī-Pāšā-Kodifikation.

160 Arab. milla. Damit ist die orthodoxe, katholische oder evangelische christliche Religionsgemeinschaft gemeint. Diesen Religionsgemeinschaften werden verschiedene Konfessionen (Sg. ṭā'ifa) zugeordnet, z.B. die armenisch-orthodoxe Kirche innerhalb der Orthodoxie. Dieses Verständnis gilt in Ägypten bis heute. Dazu Iskander, S., Hinkende Ehen zwischen islamischem Recht und europäischem internationalen Privatrecht. Hamburg 2008, S. 60-64, S. 198-204, S. 292-293.

161 Arab. ḏimmī.

162 Arab. musta'man.

163 Entspricht mit geringen Abweichungen dem 1. Absatz des Art. 542 der Qadrī-Pāšā-Kodifikation.

164 Entspricht mit einigen Kürzungen dem Art. 543 der Qadrī-Pāšā-Kodifikation.

4. Abschnitt
Erbschaft[165]

Art. 94
Die Erbschaft folgt den Bestimmungen des islamischen Rechts[166] in Bezug auf die Muslime. Die Angehörigen der Buchreligionen folgen in der Erbschaft den Bestimmungen ihres jeweiligen Personalstatuts. Wenn sich diese im gegenseitigen Einvernehmen für ein islamisches Gerichtsverfahren entscheiden, wird zwischen ihnen das islamische Gesetz angewendet.[167]

---

[165] Vgl. dazu Art. 582-647 der Qadrī-Pāšā-Kodifikation.

[166] Arab. šarī'a islāmīya.

[167] Zu Recht weist P. Scholz darauf hin, dass das ägyptische Recht zur Erbfolge und zum Vermächtnis bis heute (im Gegensatz zum Familienrecht) keine religiöse Rechtsspaltung vorsieht. Scholz, P., Ägypten. In: Internationales Erbrecht. Quellensammlung mit systematischen Darstellungen des materiellen Erbrechts sowie des Kollisionsrechts der wichtigsten Staaten. Begründet von M. Ferid und K. Firsching. Herausgegeben von H. Dörner und R. Hausmann. München Lfg. LI, Stand: 01.01.2003, S. 5.

Das Buch zum Vorkaufsrecht[168]

1. Abschnitt
Definition, Gründe und Anspruchsberechtigung des Vorkaufsrechts

Art. 95
Das Vorkaufsrecht ist das auch zwangsweise durchsetzbare Recht auf den Eigentumserwerb in Bezug auf die verkaufte Immobilie oder einen Teil derselben gegenüber dem Käufer nach Maßgabe des von diesem bezahlten Preises und der geleisteten Aufwendungen.[169]

Art. 96
Der Grund für das Vorkaufsrecht ist die Verbindung des Eigentums des Vorkaufsberechtigten[170] mit der verkauften Immobilie durch eine Teilhaberschaft[171] oder eine Nachbarschaft.

Art. 97
Die Teilhaberschaft tritt beim Vorkaufsrecht in zwei Formen auf: Miteigentum an der Immobilie selbst und Miteigentum an den Rechten der Immobilie.

Art. 98
Die Teilhaberschaft an der verkauften Immobilie selbst liegt vor, wenn der Vorkaufsberechtigte Miteigentümer an der Immobilie unabhängig von der Größe seines Anteils ist.
Wenn er aber einen gesonderten Anteil an der Immobilie hat, ist er kein Miteigentümer.
Der Teilhaber am Boden der Hauswand gilt als Teilhaber der Immobilie selbst.

Art. 99
Die Teilhaberschaft an den Rechten der verkauften Immobilie bedeutet eine Teilhaberschaft des privaten Wasserentnahmerechts oder des privaten Wege-

[168] Zu ḥanafitischen Regelungen zum Vorkaufsrecht vgl. Ullah ibn S. Jung, M., The Muslim Law of Pre-Emption: With Original Arabic Text and Translation from Kitab-al-Shufa of Fatawa-i-Alamgiri & Fatawa-i-Kazee Khan. Lahore 1942.

[169] Dieser Wortlauf entspricht mit geringfügigen Änderungen dem Art. 1150 des jordanischen Zivilgesetzbuches (ZGB) Nr. 43/1976. Eine englische Übersetzung in: The Jordan Ci-vil Code of Moslem Jurisprudence. Translated and annotated by H. R. Hashem. Amman 1990, S. 174. Der bei Qadrī Pāšā verwendete Ausdruck mu'an wird allerdings durch nafaqāt ersetzt. In verschiedenen Interpretationen ist allgemein auch von Kosten (takālīf) die Rede. Dazu: Šaraf ad-Dīn, ʿA. al-ʿA., Tārīḫ..., a.a.O., S. 440.

[170] Arab. šafīʿ.

[171] Arab. šarika. Vgl. Art. 744-772 zur Gesellschaft..

rechts, unabhängig davon, ob das Wegerecht für ein Haus oder für mehrere Häuser, deren Tore auf eine Sackgasse führen, gilt.
Wenn also ein Haus in einer Sackgasse verkauft wird, sind alle Anwohner Vorkaufsberechtigte, wobei der angrenzende Nachbar, der gegenüberliegende Anwohner, der im oberen Teil und der im unteren Teil der Gasse wohnende Anlieger gleich behandelt werden.[172]

Art. 100
Der angrenzende Nachbar[173] ist derjenige, dessen Immobilie mit der verkauften Immobilie direkt verbunden ist. Falls aber die Immobilie des Nachbarn von der verkauften Immobilie vollständig getrennt ist, und sei es nur eine Handbreit oder weniger, ist der Nachbar nicht vorkaufsberechtigt.
Wenn aber eine Wohnung in einem Haus verkauft wird, gilt das Vorkaufsrecht für die anliegende Wohnung und die entfernteste Wohnung im Haus in gleicher Weise, da es sich um eine anliegende Wohnung im rechtlichen Sinne[174] handelt.

Art. 101
Wenn das untere Stockwerk einer Person gehört und das obere einer anderen, gelten beide als angrenzende Nachbarn.
Dies gilt auch, wenn jemand einen Holzbalken auf einer Mauer verankert hat, an der er kein Eigentum hat,[175] oder Miteigentümer eines auf einer Mauer verankerten Holzbalkens ist. Er wird so als angrenzender Nachbar, nicht aber als Miteigentümer, behandelt.

Art. 102
Der Eigentümer einer Immobilie, die gegenüber der verkauften Immobilie an einem öffentlichen Weg liegt, hat kein Vorkaufsrecht, auch wenn die Eingangstore nahe beieinander liegen.
Dagegen hat der angrenzende Nachbar ein Vorkaufsrecht, unabhängig davon, ob das Eingangstor seines Hauses auf diesen oder auf einen anderen Weg führt.

Art. 103
Wenn mehrere Gründe für das Vorkaufsrecht vorliegen, wird der jeweils stärkere Grund bevorzugt. Der Miteigentümer der Immobilie selbst steht an der Spitze,

[172] Im Kommentar zur jordanischen Ausgabe von 1987 wird darauf hingewiesen, dass die šāfiʿitische Rechtsschule eine derartige Konstruktion nicht akzeptiert.
[173] Arab. al-ǧār al-mulāṣiq.
[174] Arab. ḥukman.
[175] Im Text mit Kommentar des Muršid al-ḥairān ilā maʿrifat aḥwāl al-insān fi-l-muʿāmalāt aš-šarʿīya. Šarḥ wa-dirāsa…, a.a.O., 1. Bd., S. 315 heißt es dagegen: „an der er Eigentum oder kein Eigentum hat".

danach folgt der Miteigentümer des Bodens der gemeinsamen Mauer[176], danach der Miteigentümer an den privaten Rechten der verkauften Immobilie, danach der angrenzende Nachbar.
Bei einem Verzicht auf das Vorkaufsrecht oder bei Erlöschen des Vorkaufsrechts geht das Vorkaufsrecht an den Nächsten in der Rangfolge über.

Art. 104
Der Anspruch auf das Vorkaufsrecht der Miteigentümer erfolgt personenbezogen, nicht aber nach der Höhe ihrer Anteile. Wenn also einer der Miteigentümer seinen Anteil an einen anderen Miteigentümer verkauft, wird der Käufer als einer von den Vorkaufsberechtigten behandelt und der verkaufte Anteil unter ihnen aufgeteilt.

2. Abschnitt
Bestätigung und Nichtbestätigung des Vorkaufsrechts[177]

Art. 105
Das Vorkaufsrecht wird erst nach dem Verkauf bei Vorliegen eines Grundes dafür ausgeübt.

Art. 106
Das Verkaufsobjekt[178], für welches das Vorkaufsrecht ausgeübt wird, muss eine Immobilie sein, an der Volleigentum besteht, auch wenn sie nicht teilbar ist. Der Verkauf muss wirksam und rechtskräftig bzw. fehlerhaft, aber ohne Aufhebungsrecht sein. Es darf kein Rücktrittsrecht[179] für den Verkäufer vorliegen. Die Gegenleistung muss ein Vermögenswert[180] sein. Es macht keinen Unterschied, ob die Immobilie ein Haus, ein Ladengeschäft[181], ein Stück Land, ein Garten, ein oberes oder ein unteres Stockwerk ist.

Art. 107
Die Immobilie, auf die sich das Vorkaufsrecht gründet, muss zum Zeitpunkt des Kaufs der Immobilie, für die das Vorkaufsrecht besteht, Eigentum des Vor-

---

176 Der Wortlaut „danach folgt der Miteigentümer des Bodens der gemeinsamen Mauer…“ findet sich in der „Al-hindīya“ am Ende des zweiten Kapitels zu den Rangstufen der Vorkaufsberechtigten S. 174 (Fn.-Qadrī).

177 Zum islamischen Vorkaufsrecht im Allgemeinen und zu den Besonderheiten in den einzelnen Rechtsschulen siehe as-Saiyid Sābiq, Fiqh as-sunna. Bairūt 1985, 7. Aufl., Bd. 3, S. 214-227.

178 Im Muršid al-ḥairān ilā maʿrifat aḥwāl al-insān fi-l-muʿāmalāt aš-šarʿīya. Šarḥ wadirāsa…, a.a.O., 1. Bd., S. 329 fehlerhaft.

179 Arab. ḫiyār aš-šarṭ.

180 Arab. māl, vgl. dazu Art. 1-3.

181 Arab. ḥānūt.

kaufsberechtigten sein. Der Vorkaufsberechtigte darf keine ausdrückliche oder stillschweigende Genehmigung zum Verkauf erteilen.

Art. 108
Das Vorkaufsrecht ist bei einer Schenkung ohne eine daran geknüpfte Gegenleistung, bei einer freiwilligen Spende[182], bei einer Erbschaft und bei einem Vermächtnis ausgeschlossen. Das Vorkaufsrecht ist auch ausgeschlossen, wenn eine Immobilie nicht für eine Sache übertragen wird, so für die Anmietung eines Teils eines Hauses oder Ladengeschäfts.[183]

Art. 109
Das Vorkaufsrecht ist bei einem Gebäude und bei Bäumen, die absichtlich ohne das Stück Land, auf dem sich das Gebäude oder die Bäume befinden, verkauft werden, ausgeschlossen. Wenn aber der Verkauf des Gebäudes oder der Bäume zusammen mit dem Land erfolgt, wird das Vorkaufsrecht ausgeübt.

Art. 110
Das Vorkaufsrecht für ein Gebäude oder für Bäume auf *ḥikr*-Land[184] oder *mīrī*-Land[185] ist ausgeschlossen.

Art. 111
Mīrī-Land, welches sich im Besitz seiner Nutzer befindet, kann von diesen nicht wirksam verkauft werden. Ein Vorkaufsrecht für dieses Land ist ausgeschlossen.

---

182 Arab. ṣadaqa. Das im Koran vorkommende arabische Wort ṣadaqa ist hier - wie in der Überlieferung - in der Bedeutung einer freiwilligen Spende zu verstehen. Im Koran (vgl. 4:114, 9:104, 58:13) wird das Wort dagegen im Sinne der pflichtgemäßen Abgabe (zakāt) verwendet. Vgl. auch EI² (ṢADAḲA - T. H. Weir/A. Zysow). "Ṣadaḳa". Encyclopaedia of Islam, Second Edition. Brill Online, 2012. Reference. UNIVERSITÄTSBIBLIOTHEK LEIPZIG. 16 November 2012 <http://referenceworks.brillonline.com/entries/encyclopaedia-of-islam-2/sadaka-COM_0956>.

183 Hierbei kann es sich auch um die Brautgabe (mahr) oder eine Entschädigung beim Freikauf aus der Ehe (ḫulʿ) handeln. Muršid al-ḥairān ilā maʿrifat aḥwāl al-insān fi-l-muʿāmalāt aš-šarʿīya. Šarḥ wa-dirāsa…, a.a.O., 1. Bd., S. 337.

184 Langfristig oder dauerhaft verpachtetes Land, nicht selten als Erbbaurecht bezeichnet. Vgl. dazu: Baer, G., The Dismemberment of Awqāf in Early 19th Century Jerusalem. In: Ottoman Palestine, 1800-1914. Studies in Economic and Social History, Leiden 1990, S. 306, Horii, S., Pre-emption and Private Land Ownership in Modern Egypt: No Revival of Islamic Legal Tradition. In: Islamic Law and Society (ILS), Leiden 18(2011)2, S. 177-218, Ziadeh, F. J., Land Reform…, a.a.O., S. 96. Ḥikr-Land kann langfristig oder für eine unbestimmte Zeitdauer verpachtet werden. Vgl. Art. 700-705 und Fn. 824.

185 Vgl. Art. 7.

Art. 112
Wenn der Herrscher[186] ein Stück des *mīrī*-Landes, welches sich nicht im Besitz[187] eines der Bauern befindet, oder ein Stück des *mīrī*-Landes, welches sich im Besitz der Bauern befindet, an diese aufgrund einer gesetzlichen Rechtfertigung verkauft, dann ist sein Verkauf wirksam und kann das Vorkaufsrecht ausgeübt werden. So handelt er wie der ernannte Vormund des Mündels[188].

Art. 113
Für das Land der Religiösen Stiftung und zugunsten einer Religiösen Stiftung gibt es kein Vorkaufsrecht. Wenn also eine Immobilie, die in der Nachbarschaft der Religiösen Stiftung liegt, verkauft wird oder wenn ein Teil des Verkaufsobjektes Privateigentum ist und verkauft wird und ein anderer Teil der Religiösen Stiftung untersteht, gibt es kein Vorkaufsrecht für die Religiöse Stiftung.

Art. 114
Bei einer Teilung liegt kein Vorkaufsrecht vor. Wenn also ein gemeinsames Haus oder gemeinsames Land zwischen zwei Personen geteilt wird, ist der Nachbar nicht vorkaufsberechtigt.

Art. 115
Bei einem fehlerhaften Verkauf entsteht nur dann ein Vorkaufsrecht, wenn das Recht des Verkäufers daran erlischt, indem der Käufer die Immobilie in Besitz nimmt und so darüber verfügt, dass eine Aufhebung ausgeschlossen ist. Dies liegt u.a. vor, wenn er die Immobilie verschenkt, bebaut oder bepflanzt.[189]

Art. 116
Bei einem Verkauf mit Rücktrittsrecht für den Verkäufer liegt nur dann ein Vorkaufsrecht vor, wenn der Verkäufer bis zur Verbindlichkeit des Verkaufs auf sein Rücktrittsrecht verzichtet. Das Vorkaufsrecht wird dadurch für den Vorkaufsberechtigten maßgeblich, wenn er dieses unter Einhaltung der Bedingungen zum Zeitpunkt des Verkaufs fordert.

---

186 Vgl. Art. 7

187 Arab. fī yad.

188 Arab. yatīm (Waisenkind). Damit ist das Kind ohne Vater, d.h. ohne gesetzlichen Vormund, gemeint. Im Folgenden auch mit „Mündel" übersetzt. Insofern benötigt diese Person einen ernannten Vormund. Zur ḥanafitischen Reihenfolge in der gesetzlichen Vormundschaft vgl. Art 35 und 434 der Qadrī-Pāšā-Kodifikation. Ebert, H.-G., Die Qadrî-Pâshâ-Kodifikation. A.a.O., S. 30 und 145-146.

189 Vgl. Art. 106.

3. Abschnitt
Forderung des Vorkaufsrechts[190]

Art. 117
Die Forderung des Vorkaufsrechts erfolgt in drei Stufen: Die sofortige Erhebung des Anspruchs[191], die Forderung durch Zeugenbeweis und Entscheidung[192] und die Forderung durch ein gerichtliches Verfahren[193].

Art. 118
Bei der sofortigen Erhebung des Anspruchs stellt der Vorkaufsberechtigte unverzüglich den Antrag, wenn er über den Verkauf, den Käufer und den Preis unmittelbar Kenntnis erlangt. Das gilt auch, wenn er darüber später informiert wird, ohne dass seinerseits etwas auf einen Verzicht auf das Vorkaufsrecht hindeutet. Er muss seine Forderung durch Zeugen nur dann beweisen, wenn er fürchtet, der Käufer könne diese abstreiten.

Art. 119
Bei der Forderung durch Entscheidung erbringt der Vorkaufsberechtigte gegenüber dem Verkäufer, wenn die Immobilie in dessen Besitz ist, oder anderenfalls gegenüber dem Käufer den Zeugenbeweis. Wenn die Immobilie nicht im Besitz des Verkäufers ist oder die Forderung beim Verkauf erhoben wurde, erhebt er nunmehr eine weitere Forderung auf das Vorkaufsrecht. Der Zeitraum zwischen den beiden Forderungen ist so zu bemessen, dass es grundsätzlich möglich ist, diese Forderung zu erheben. Wenn es also möglich ist, ein Schriftstück oder die Aussage einer Person vorzubringen, aber der Beweis nicht gelingt, ist das Vorkaufsrecht für den Vorkaufsberechtigten nichtig. Wenn es grundsätzlich nicht möglich war, eine solche Forderung zu erheben, erlischt das Vorkaufsrecht nicht.
Wenn der Vorkaufsberechtigte im Falle der sofortigen Erhebung des Anspruchs bei einer der erwähnten Personen den Beweis erbringt, ist diese Beweisführung für ihn ausreichend und tritt an die Stelle der beiden Forderungen.[194]

---

190 Šaraf ad-Dīn, ʿA. al-ʿA., Tārīḫ..., a.a.O., S. 460-469. Qadrī Pāšā orientiert sich dabei an der „klassischen" ḥanafitischen Lehre.

191 Arab. muwāṯaba.

192 Arab. taqrīr.

193 Diese Formulierung folgt den Erläuterungen im Muršid al-ḥairān ilā maʿrifat aḥwāl al-insān fi-l-muʿāmalāt aš-šarʿīya. Šarḥ wa-dirāsa..., a.a.O., 1. Bd., S. 347-349. Arab. ṭalab at-tamalluk. Vgl. auch Art. 120.

194 Die beiden ersten Wege für eine Forderung sind damit eng verbunden. Dies wird auch vom ḥanafitischen Gelehrten Š. al-A. Muḥammad as-Saraḫsī (gest. 1097) im „Al-mabsūṭ" unterstrichen. Arabischer Text gemäß Al-maktaba aš-šāmila. Vgl. Fn. 778.

Art. 120
Die Forderung durch ein gerichtliches Verfahren ist eine Forderung im streitigen Prozessverfahren vor dem Richter. Wenn der Vorkaufsberechtigte nach der sofortigen Erhebung des Anspruchs und nach der Forderung durch Entscheidung ohne Rechtfertigungsgrund einen Monat verstreichen lässt, ist sein Vorkaufsrecht nichtig, bei Vorliegen eines akzeptablen Rechtfertigungsgrundes erlischt es nicht.

Art. 121
Der gesetzliche oder der ernannte Vormund eines Minderjährigen kann das Vorkaufsrecht wahrnehmen. Wenn er das Vorkaufsrecht aber nicht fordert, steht es dem Minderjährigen nach Erlangung der Volljährigkeit[195] nicht zu.
Wenn der Minderjährige jedoch keinen gesetzlichen oder ernannten Vormund hat, setzt der Richter einen Betreuer[196] ein, damit er für ihn das Vorkaufsrecht wahrnimmt. Wenn er keinen Betreuer einsetzt, besteht das Vorkaufsrecht bis zur Erlangung der Volljährigkeit fort. Diese Person kann es wahrnehmen, auch wenn nach dem Verkauf der Immobilie, für die das Vorkaufsrecht besteht, Jahre vergangen sind.

Art. 122
Der Prozessgegner des Vorkaufsberechtigten zur Feststellung des Vorkaufsrechts ist vor der Übergabe des Verkaufsobjektes an den Käufer sowohl der Käufer als auch der Verkäufer, nach der Übergabe an den Käufer nur noch der Käufer.

Art. 123
Wenn sich der Verkaufsobjekt im Besitz des Verkäufers befindet und der Vorkaufsberechtigte gegen ihn prozessiert, ist der Zeugenbeweis gegen ihn nur in Anwesenheit des Käufers zulässig. Wenn das Vorkaufsrecht ausgeübt wird, indem die Voraussetzungen hierfür erfüllt sind, hebt der Richter den Kauf durch den Käufer auf und entscheidet in Bezug auf die Immobilie, für die das Vorkaufsrecht besteht, zugunsten des Vorkaufsberechtigten auf dessen Forderung hin.

Art. 124
Wenn eine von zwei Personen, die ein gemeinsames Vorkaufsrecht haben, abwesend ist, wird das Erscheinen des Abwesenden nicht abgewartet und dessen Anteil zurückgehalten, sondern es wird zugunsten des Anwesenden über das gesamte Verkaufsobjekt entschieden. Wenn der Abwesende erscheint und das

[195] Arab. balaġa (verbal). Vgl. zur Volljährigkeit die Qadrī-Pāšā-Kodifikation Art. 494-499. Ebert, H.-G., Die Qadrî-Pâshâ-Kodifikation. A.a.O., S. 162-163.
[196] Arab. qaiyim.

Vorkaufsrecht fordert, indem er die Voraussetzungen der Forderung erfüllt, wird zugunsten seines Anspruchs entschieden, wenn das Vorkaufsrecht für ihn nicht erloschen ist. Wenn der Anspruch in Bezug auf den ersten Berechtigten gleichrangig ist, wird für ihn auf die Hälfte entschieden, wenn der Anspruch höherrangig ist, wird auf die gesamte verkaufte Sache entschieden und das Vorkaufsrecht des Ersten für nichtig erklärt. Wenn der Anspruch niedriger im Rang ist, entfällt der Anspruch.

4. Abschnitt
Wirkung des Vorkaufsrechts

Art. 125
Das Eigentum des Vorkaufsberechtigten am Verkaufsobjekt wird erst nach einer Entscheidung des Richters oder durch die Übernahme vom Käufer im gegenseitigen Einvernehmen bestätigt.

Art. 126
Die Eigentumsübertragung der Immobilie gilt unabhängig davon, ob sie durch richterliche Entscheidung oder Einverständnis erfolgte, als ein neuer Kauf in Bezug auf den Vorkaufsberechtigten. So hat dieser ein Rücktrittsrecht wegen fehlender Inaugenscheinnahme[197] und wegen eines Mangels[198], auch wenn der Käufer mit dem Verkäufer eine Befreiung von diesen Rücktrittsrechten vereinbart hat.

Art. 127
Wenn zugunsten des Vorkaufsberechtigten über die verkaufte Sache entschieden wurde und der Preis der verkauften Sache für den Käufer gestundet ist, übernimmt der Vorkaufsberechtigte die Sache zum sofort fälligen Preis. Wenn er ihn an den Verkäufer bezahlt, wird er für den Käufer hinfällig. Wenn er ihn an den Käufer bezahlt, darf ihn der Verkäufer erst mit Fälligkeit der vereinbarten Frist fordern.

Art. 128
Wenn zugunsten des Vorkaufsberechtigen über die Immobilie, für die das Vorkaufsrecht besteht, entschieden wurde und dieser den Preis hierfür bezahlt hat, dann aber ein anderweitiger Anspruch auf die verkaufte Sache entsteht, haftet der Käufer dafür, wenn der Preis an den Käufer bezahlt wurde. Dies gilt unabhängig davon, ob der Anspruch vor oder nach der Übergabe an den Vorkaufsberechtigten entstanden ist. Wenn er aber den Preis an den Verkäufer bezahlt hat

---

197 Arab. ḫiyār ar-ru'ya. Vgl. Wichard, J. Chr., Zwischen Markt..., a.a.O., S. 153-158.
198 Arab. ʿaib. Vgl. zu den Rücktrittsrechten Art. 339-342.

und sich das beanspruchte Verkaufsobjekt im Besitz des Verkäufers befindet, haftet dieser für den Preis gegenüber dem Vorkaufsberechtigten.

Art. 129
Der Vorkaufsberechtigte kann alle Verfügungen des Käufers annullieren, selbst wenn dieser die Immobilie, für die das Vorkaufsrecht besteht, in eine Religiöse Stiftung umgewandelt oder in eine Moschee umgewidmet hat. Er kann diese Verfügung annullieren.[199]

Art. 130
Wenn der Käufer einen Bau auf einem Haus, für das ein Vorkaufsrecht besteht, oder auf einem Stück Land, für das ein Vorkaufsrecht besteht, errichtet hat bzw. auf einem solchen Land Bäume angepflanzt hat, dann hat der Vorkaufsberechtigte die Wahl, auf das Vorkaufsrecht zu verzichten oder aber die Immobilie zum festgelegten Preis mit dem Wert des Baus und der Bäume, deren Beseitigung beansprucht werden kann, zu übernehmen bzw. den Käufer zu beauftragen, den Bau oder die Bäume zu beseitigen. Wenn der Käufer die Immobilie, für die das Vorkaufsrecht besteht, aus seinem Vermögen aufbessert, indem er sie weiß tüncht oder farblich gestaltet, hat der Vorkaufsberechtigte die Wahl, auf die Immobilie zu verzichten oder sie zu ihrem Preis und dem Wert der Verbesserung zu übernehmen.

Art. 131
Wenn der Käufer oder eine andere Person ein Haus, für das ein Vorkaufsrecht besteht, zerstört oder die Bäume, die auf dem Stück Land, für das ein Vorkaufsrecht besteht, gepflanzt wurden, beseitigt, übernimmt der Vorkaufsberechtigte das Grundstück[200] bzw. das Stück Land zu einem anteiligen Preis. Der Preis wird entsprechend dem Wert des Grundstücks bzw. des Landes und dem Wert des Hauses bzw. der Bäume aufgeteilt. Den Teil, der sich auf das Grundstück und das Stück Land bezieht, bezahlt der Vorkaufsberechtigte. Die Trümmer und das Holz gehören dem Käufer.

Art. 132
Wenn ohne schuldhafte Rechtsverletzung einer Person das Haus, für das ein Vorkaufsrecht besteht, verwüstet wird oder die Bäume des Obstgartens, für den ein Vorkaufsrecht besteht, vertrocknen, übernimmt der Vorkaufsberechtigte dieses Haus bzw. diese Bäume zum festgelegten Preis.
Wenn sich aber Trümmer und Holz darauf befinden und der Käufer sie übernimmt, wird dieser Anteil vom Preis abgezogen, indem der Preis aus der Diffe-

---

199 Vgl. Art. 141.
200 Arab. al-ʿarṣa.

renz zwischen dem Wert des Hauses oder des Obstgartens zum Zeitpunkt des Vertrages und dem Wert der Trümmer und des Holzes zum Zeitpunkt der Übernahme durch den Käufer bestimmt wird.

Art. 133
Wenn ein Teil des Landes, für das das Vorkaufsrecht besteht, durch Überschwemmung o.Ä. vernichtet wird, ist dieser vernichtete Anteil vom ursprünglichen Kaufpreis abzuziehen.

Art. 134
Wenn der Vorkaufsberechtigte die Immobilie, für die das Vorkaufsrecht besteht, übernimmt, darauf ein Gebäude errichtet oder Bäume pflanzt und erst danach ein Anspruch auf die Immobile erhoben wird, kann er nur den Preis der Immobilie zurückfordern. Der Vorkaufsberechtigte hat keinen Rückforderungsanspruch gegenüber irgendeiner Person, d.h. er kann den Verlust, der durch die Beseitigung entsteht, nicht geltend machen.[201]

Art. 135
Das Vorkaufsrecht ist nicht teilbar. So darf der Vorkaufsberechtigte nicht einen Teil der Immobilie, für die ein Vorkaufsrecht besteht, übernehmen, auf den anderen aber verzichten und ihn dem Käufer zwangsweise überlassen. Wenn dagegen mehrere Käufer existieren, der Verkäufer eine Einzelperson ist und die Käufer von diesem den Verkaufsgegenstand in ihren Besitz genommen haben bzw. noch nicht in Besitz genommen, aber den Preis bezahlt haben, kann der Vorkaufsberechtigte den Anteil von einigen von ihnen übernehmen und auf den Rest verzichten.

5. Abschnitt
Erlöschen und Nichtigkeit des Vorkaufsrechts

Art. 136
Das Vorkaufsrecht ist durch Verzicht auf die sofortige Erhebung des Anspruchs oder bei Verletzung einer der Bedingungen für seine Wirksamkeit nichtig. Es erlischt außerdem durch den Verzicht auf die Forderung durch Entscheidung und Zeugenbeweis, obwohl dafür die Möglichkeit und die Fähigkeit vorhanden wa-

---

[201] Die Bestimmung des Artikels ist dem Beginn des 17. Kapitels zu verschiedenen Themen des Vorkaufsrechts in der „Al-hindīya" S. 206 und dem Beginn des 16. Abschnitts über den Anspruch, die Täuschung u.a. im „Ǧāmiʿ al-fuṣūlain" S. 212 entnommen. (Fn.-Qadrī) Die Angaben in der jordanischen Ausgabe von 1987 und in der ägyptischen Ausgabe von 2003 sind fehlerhaft.

ren, und bei einer Verzögerung der Forderung im streitigen Prozessverfahren ohne Rechtfertigungsgrund um einen Monat.[202]

Art. 137
Wenn der Vorkaufsberechtigte auf sein Vorkaufsrecht verzichtet und vor der richterlichen Entscheidung seinen Anspruch zurückzieht, erlischt sein Anspruch. Die anderen Vorkaufsberechtigten können die verkaufte Immobilie übernehmen, wenn sie das Vorkaufsrecht zu dessen Bedingungen fordern. Wenn der Vorkaufsberechtigte aber seinen Anspruch nach der richterlichen Entscheidung für ihn zurückzieht, erlischt sein Recht nicht. Kein anderer hat dann ein Vorkaufsrecht.

Art. 138
Voraussetzung für die Wirksamkeit des Vorkaufsrechts ist, dass der Vorkaufsberechtigte das gesamte Verkaufsobjekt fordert. Wenn also einer von zwei Miteigentümern nur seine ihm vermeintlich zustehende Hälfte fordert, ist sein Vorkaufsrecht nichtig.

Art. 139
Das Vorkaufsrecht wird durch den Tod des Käufers nicht unwirksam.

Art. 140
Das Vorkaufsrecht wird durch den Tod des Vorkaufsberechtigten vor der durch eine gerichtliche Entscheidung oder durch Einverständnis erfolgten Eigentumsübertragung der Immobilie, für die das Vorkaufsrecht besteht, an ihn nichtig. Dies gilt unabhängig davon, ob sein Tod vor oder nach der Forderung eingetreten ist. Sein Recht darauf wird nicht an seine gesetzlichen Erben übertragen.[203]

Art. 141
Wenn der Vorkaufsberechtigte die Immobilie, für die das Vorkaufsrecht besteht, vor ihrer Eigentumsübertragung an ihn verkauft, in eine Religiöse Stiftung umwandelt oder als Moschee umwidmet, ist sein Vorkaufsrecht nichtig.

Art. 142
Wenn der Vorkaufsberechtigte die Immobilie, für die das Vorkaufsrecht besteht, vom Käufer kauft, erlischt sein Vorkaufsrecht. Wenn sein Vorkaufsrecht erlischt, kann eine Person unterhalb seiner Rangstufe oder auf gleicher Rangstufe diese Immobilie gemäß dem Vertrag übernehmen.

---

[202] Vgl. Art. 117-120.

[203] Dies steht im Zusammenhang mit der Fragmentierung des Eigentums infolge der islamischen erbrechtlichen Regelungen.

Art. 143
Wenn der Vorkaufsberechtigte die verkaufte Sache mietet, über ihren Verkauf oder die Vermietung verhandelt oder vom Käufer den Verkauf an sich selbst als Weiterverkauf zum gleichen, d.h. zum ursprünglichen, Preis[204], fordert, erlischt sein Vorkaufsrecht.

Art. 144
Wenn der Vorkaufsberechtigte über die Höhe des Preises in Kenntnis gesetzt wurde, den Preis als zu hoch bewertet und auf das Vorkaufsrecht deswegen verzichtet, sich danach aber für ihn herausstellt, dass der Preis geringer als mitgeteilt war, so steht ihm das Vorkaufsrecht zu.

Art. 145
Wenn der Vorkaufsberechtigte den Namen des Käufers erfährt und auf das Vorkaufsrecht deswegen verzichtet, sich danach aber für ihn herausstellt, dass der Käufer ein anderer als derjenige ist, der genannt wurde, besitzt er weiterhin das Vorkaufsrecht.

Art. 146
Wenn der Vorkaufsberechtigte vom Kauf der Hälfte der Immobilie, für die das Vorkaufsrecht besteht, erfährt und auf das Vorkaufsrecht verzichtet, sich danach aber für ihn herausstellt, dass der Kauf des gesamten Verkaufsobjektes erfolgte, besitzt er weiterhin das Vorkaufsrecht. Im umgekehrten Fall steht ihm kein Vorkaufsrecht zu.[205]

Kapitel
Eigentumsübertragung durch Besitzergreifung von herrenlosen Sachen[206]

Art. 147
Ödland[207], d.h. herrenloses Land, welches nicht genutzt wird und niemandes Eigentum ist, wird zum Eigentum desjenigen, der es mit Einwilligung des Herrschers in Besitz nimmt und kultiviert[208]. Er kann Muslim oder Angehöriger einer Buchreligion, nicht aber eine nichtmuslimische Person mit einer befristeten Sicherheitszusage für ihren Aufenthalt im islamischen Gebiet sein.

---

204 Arab. tauliya.

205 Dies meint, dass der Vorkaufsberechtigte vom Verkauf der gesamten Immobilie erfuhr, aber tatsächlich nur die Hälfte verkauft wurde.

206 Arab. amwāl mubāḥa.

207 Arab. al-arāḍī al-mawāt („Totes Land"). Vgl. Debs, R. A., Farhat, J. Z. mit Dilger, K., Der Begriff des Eigentums..., a.a.O., S. 101.

208 Arab. aḥyāhā.

Wenn ein Muslim oder ein Angehöriger einer Buchreligion mit Einwilligung zur Kultivierung des Ödlandes dieses bebaut, bepflanzt oder ein Gebäude darauf errichtet, wird er zum Eigentümer. Das Land kann ihm nicht entzogen werden, sondern es wird darauf der Zehnte (*ʿušr*) als Steuer erhoben, wenn es dem *ʿušr*-Land entspricht und der, der es kultiviert, Muslim ist. Anderenfalls wird es *ḫarāǧ*-Land.[209]

Art. 148

Wenn auf *ʿušr*- oder *ḫarāǧ*-Land, welches Eigentum einer bestimmten Person ist, Gold, Silber, Eisen, Kupfer oder ein anderes schmiedbares Metall gefunden wird, ist es Eigentum des Landeigentümers. Das Fünftel (*ḫums*)[210] geht an den Staat.[211]

Wenn diese Bodenschätze auf dem Land, welches nicht Eigentum einer bestimmten Person - wie bei Staatsland[212] - ist, gefunden werden, gehören sie vollständig dem Staat.[213]

Art. 149

Demjenigen, der auf herrenlosem Land - so im Gebirge oder in der Wüste[214] - einen verborgenen Schatz findet, der ein Zeichen oder eine Prägung aus vorislamischer Zeit[215] trägt, stehen vier Fünftel davon zu. Ein Fünftel erhält der Staat. Wenn eine islamische Prägung erkennbar ist, gehört der Schatz dem Eigentümer des Landes, auf dem er gefunden wurde, wenn dieser den Eigentumsanspruch erhebt. Wenn nicht, ist er eine Fundsache.[216]

---

209 Vgl. Art. 5 und 6 sowie Fn. 77 und 81. Die Kultivierung von Ödland wird in einer Überlieferung, die sich auf den Propheten bezieht, religiös legitimiert. Vgl. die URL http://www.islamweb.net/newlibrary/display_book.php?idfrom=2211&idto=2213&bk_no=0&ID=1482 (zuletzt abgerufen: 15.02.2013).

210 D.h. als Steuer.

211 Ṣ. ad-D. ʿA. al-L. an-Nāhī weist in der jordanischen Ausgabe von 1987 darauf hin, dass dieser Absatz den heutigen gültigen Gesetzen im Allgemeinen widerspricht und auf der Grundlage von Verfassungsbestimmungen spezielle Gesetze zur Ausbeutung von Bodenschätzen im Interesse des jeweiligen Staates geschaffen worden sind. Die besondere Abhängigkeit einiger Länder von den Erdöl- und Erdgasvorkommen ist dabei von besonderer Bedeutung. Vgl. die jordanische Ausgabe S. 43.

212 Arab. araḍī al-ḥukūma.

213 Die Auseinandersetzung im heutigen Ägypten um Eigentumsrechte an Bodenschätzen und Fundsachen wird streitig geführt. Vgl. dazu die Auffassung des einflussreichen salafistischen Predigers Muḥammad Ḥassān unter der URL http://www.isyoutube.com/musicvideo.php?vid=7d173597a (zuletzt abgerufen: 15.02.2013).

214 Arab. mafāwiz.

215 Arab. ǧāhilīya. Eigentlich: Zeit der Unwissenheit, in islamischer Vorstellung mit der Zeit vor dem Islam in Verbindung gebracht.

Art. 150
Das Jagen zu Lande und zu Wasser ist erlaubt. Es ist zulässig, dieses als Gewerbe zu betreiben.

Kapitel
Besitzergreifung und Unzulässigkeit der Klage durch Verjährung

Art. 151
Wenn jemand an einer Immobilie oder einer anderen Sache Besitz ergriffen hat, als Eigentümer darüber verfügt und fünfzehn Jahre kein Einwand oder Widerspruch dagegen vorgebracht wurde, dann ist eine Eigentumsklage von demjenigen, der keinen gesetzlichen Rechtfertigungsgrund hat und den Anspruch bestreitet, nicht zulässig. Eine Ausnahme bildet die Klage in Bezug auf die Erbschaft.[217]

Art. 152
Wenn jemand an einer Immobilie Besitz ergriffen hat, als Eigentümer darüber verfügt und dreiunddreißig Jahre kein Einwand dagegen vorgebracht wurde, dann sind die Erbschaftsklage und die Klage in Bezug auf den Grundbesitz der Religiösen Stiftung ohne gesetzlichen Rechtfertigungsgrund nicht zulässig.

Art. 153
Derjenige, der Besitz an einer Immobilie ergriffen hat, kann der Frist seiner Besitzergreifung die Frist der Besitzergreifung durch eine Person hinzufügen, die das Grundstück an ihn durch Kauf, Schenkung, Vermächtnis, Erbschaft u.a. übertragen hat. Wenn also beide Fristen zusammengezählt werden und die festgelegte Frist für die Unzulässigkeit der Klage erreicht wird, sind die Klage in Bezug auf das uneingeschränkte Eigentum, die Erbschaftsklage und die Klage in Bezug auf die Religiöse Stiftung gegen denjenigen, der daran Besitz ergriffen hat, nicht zulässig.

Art. 154
Wenn jemand ein Kaufangebot[218] unterbreitet, die Sache zur Verwahrung, zur Miete, zur Entleihe oder als Geschenk fordert[219], gilt dies als Anerkenntnis dafür, dass diese Person nicht Eigentümer der Sache ist. Eine Klage zu eigenen Gunsten gegen denjenigen, der daran Besitz ergriffen hat, ist nicht zulässig, auch

---

216 Auch diese Regelung entspricht nicht mehr den aktuellen Gegebenheiten und Erfordernissen. Vgl. S. 43 der jordanischen Ausgabe von 1987.

217 N. F. Küppers spricht hier zutreffend von „Ersitzung“. Küppers, N. F., Das irakische Zivilgesetzbuch. A.a.O., 63/1961, S. 31.

218 Arab. istiyām.

219 Arab. istīhāb.

wenn die festgelegte Frist für die Unzulässigkeit der Klage gegen ihn noch nicht abgelaufen ist.

Art. 155
Derjenige, der durch Vermietung oder Leihe an einer Immobilie Besitz ergriffen hat und diese Vermietung oder Leihe anerkennt, ist nicht mit Ablauf von fünfzehn Jahren nach der Besitzergreifung von der Zulässigkeit der Klage des Vermieters oder des Verleihers gegen ihn verschont. Wenn er aber die Vermietung oder Leihe während der gesamten Zeit abstreitet, der Kläger anwesend ist und auf die Klage verzichtet, obwohl er dazu in der Lage gewesen wäre und die Klage erforderlich ist, wird dessen Klage danach unzulässig.

Art. 156
Die Eigentumsklage, die Erbschaftsklage oder die Klage in Bezug auf eine Religiöse Stiftung gegen denjenigen, der Besitz an der Immobilie ergriffen hat, ist jedoch nicht zulässig, wenn sich in der festgelegten Zeit ein Verzicht auf die Klage ohne gesetzlichen Rechtfertigungsgrund herausstellt.

Art. 157
Wenn der Verzicht in der festgelegten Zeit wegen eines gesetzlichen Rechtfertigungsgrundes erfolgte, etwa dass der Kläger abwesend, minderjährig oder geisteskrank war und im Falle der Minderjährigkeit oder Geisteskrankheit keinen gesetzlichen oder ernannten Vormund hatte, dann ist dies kein Hinderungsgrund für die Zulässigkeit der Eigentumsklage, der Erbschaftsklage oder der Klage in Bezug auf eine Religiöse Stiftung, es sei denn, der Abwesende erscheint, der Minderjährige wird volljährig und der Geisteskranke wird gesund und verzichtet nach seiner Anwesenheit, Volljährigkeit oder Gesundung auf die Klage innerhalb einer Frist, die mit der festgelegten Frist identisch ist.

Art. 158
Wenn innerhalb der Frist gegen denjenigen, der Besitz an der Immobilie ergriffen hat, Klage bei Gericht[220] erhoben wurde, aber über die Klage nicht entschie-

[220] Arab. maǧlis al-qaḍā'. Im 19. Jh. wurden in Ägypten durch den Einfluss der Osmanen, Franzosen und Briten weitreichende Veränderungen des Gerichtssystems durchgeführt. Die Bildung von Gemischten Gerichten ab 1875 und von Einheimischen Gerichten ab 1883 sowie die Schaffung von Gerichten außerhalb der šarīʻa-Gerichtsbarkeit (maǧālis) erfolgte aufgrund zahlreicher gesetzlicher Regelungen. Eine chronologische Auflistung der Bildung solcher Gerichte findet sich bei Eccel, A. Ch., Egypt, Islam and Social Change: Al-Azhar in Conflict and Accomodation. Berlin 1984, S. 96-102 (Tafel 9). Diese Auflistung basiert u.a. auf den bei F. b. Y. Ǧallād enthaltenen Dokumenten: Ǧallād, F. b. Y., Qāmūs al-idāra wa-l-qaḍā'. Al-Iskandarīya 1899-1902 (5 Bde.). Zur Geschichte dieses Begriffes vgl. Hallaq, W. B., The Origins and Evolution of Islamic Law. Cambridge 2005, S. 59. Zur Entwicklung der Gerichtsbarkeit in Ägypten im 19. Jh. vgl. Peters, R., Admi-

den wurde, ist dies kein Hinderungsgrund für die Zulässigkeit einer zweiten Klage, auch wenn die festgelegte Frist abgelaufen ist, es sei denn, zwischen der ersten und der zweiten Klage ist die festgelegte Frist abgelaufen.

Art. 159
Die außergerichtliche Forderung innerhalb der festgelegten Frist wird nicht berücksichtigt, auch wenn sie mehrfach gestellt wurde.

Art. 160
Die Eigentumsklage gegen denjenigen, der Besitz an einer von ihm gekauften Immobilie ergriffen hat, ist nicht zulässig, wenn der Kläger in demselben Ort wohnt, vom Verkauf wusste, Gebäude, Pflanzen o.a. darauf tolerierte und seine Klage nicht eingereicht hat, auch wenn fünfzehn Jahre seit der Besitzergreifung noch nicht vergangen sind. Dies gilt auch für den gesetzlichen Erben der Person, die anwesend war, vom Verkauf wusste und die Verfügung billigte. Der gesetzliche Erbe wird wie sein Erblasser in Bezug auf die Unzulässigkeit der Klage behandelt.

Art. 161
Die Eigentumsklage gegen jemanden, der eine Immobilie in Besitz genommen hat, ist weder von einem Abkömmling des Verkäufers noch von dessen Verwandten oder dessen Ehefrau zulässig, wenn diese zum Zeitpunkt des Verkaufs an ihn anwesend waren, davon wussten und keine Klage eingereicht haben, auch wenn fünfzehn Jahre seit dem Verkauf noch nicht vergangen sind.

Kapitel
Enteignung

Art. 162
Die Enteignung einer Person erfolgt nur aufgrund eines gesetzlichen Anspruchs.

Art. 163
Das Eigentum wird jedoch seinem Inhaber entzogen, wenn dieser eine solche Verfügung trifft, die für ihn aufgrund des Vertrages den Verlust des Eigentums bedeutet, so beim Verkauf.

Art. 164
Wenn der Eigentümer durch gerichtliche Feststellung verschuldet ist, ist es zulässig, dass sein Eigentum, welches die notwendigen Grundbedürfnisse - so sei-

---

nistrators and Magistrates: The Development of a Secular Judiciary in Egypt, 1842-1871. In: Die Welt des Islams (WI), Leiden 39(1999)3, S. 378-397.

nen Wohnbedarf - übersteigt, eingezogen wird, sollte kein Vermögen von der Gattung der gesetzlichen Schuld vorhanden sein. Es wird durch richterliche Entscheidung verkauft, wenn er den Verkauf selbst verweigert, um mit dem Preis seine Schuld zu begleichen. Der Verkauf beginnt mit der Sache, auf die er am leichtesten verzichten kann.

Art. 165
Wenn das Gemeinwohl[221] das Einziehen des Eigentums erforderlich macht, um einen öffentlichen Weg zu erweitern, erfolgt dies zum Wert des Eigentums. Es wird seinem Inhaber aber nur nach Zahlung seines Preises entzogen, der nach dem Kenntnisstand von nachweislich unbescholtenen Spezialisten[222] festgelegt wird.[223]

Art. 166
Das Wohl der Nutznießer einer Religiösen Stiftung muss Beachtung finden. So kann die Örtlichkeit einer Religiösen Stiftung für die Erweiterung eines öffentlichen Weges[224] nur eingezogen werden, wenn diese durch ein besser gelegenes, ein nützlicheres oder ein ertragreicheres Land ersetzt wird.

Art. 167
Wenn die Situation das Einziehen von *mīrī*-Land aus dem Besitz einer Person, die es landwirtschaftlich nutzt, erforderlich macht, um es für einen öffentlichen Weg oder für ein anderes Gemeinwohl zu verwenden, wird der Nutzungsinhaber von den Abgaben entsprechend der Größe des eingezogenen Vermögens entlastet.

---

221 Arab. al-maṣlaḥa al-ʿāmma.

222 Arab. ahl al-ḫibra.

223 In der „Ḥāšiyat Abī Suʿūd ʿalā (Munlā oder Mullā) Miskīn" (Kommentar des Abū as-Suʿūd zum Gelehrten Munlā Miskīn) über die Religiöse Stiftung S. 519 Suppl. heißt es: „Die Moschee wurde für die Menschen zu eng. In ihrer Nachbarschaft befand sich ein Stück Land eines Mannes. Dieses wurde zum Wert unter Zwang eingezogen, weil die Prophetengenossen im Falle der Heiligen Moschee von Mekka (al-masǧid al-ḥarām), die zu eng wurde, zwei Stücken Land durch Zwang eingezogen haben und in die Moschee integrierten. Dies ist nach az-Zailaʿī (gest. 1343 - die Übers.) ein zulässiger Zwang". (Fn.-Qadrī) Bei den genannten Personen handelt es sich um ḥanafitische Rechtsgelehrte. Das betreffende Werk von Abū as-Suʿūd (gest. 1758) findet sich unter der URL http://www.ahlalhdeeth.com/vb/showthread.php?t=144836 (zuletzt abgerufen: 15.02.2013). Munlā Miskīn (gest. 1408) stammt aus Herat (Afghanistan) und ist Verfasser des Werkes „Šarḥ Munlā Miskīn ʿalā kanz ad-daqāʾiq fī furūʿ al-ḥanafīya li-Ḥāfiẓ ad-Dīn Abī al-Barakāt an-Nasafī" (A. al-B. an-Nasafī; gest. 1310). Vgl. die URL http://www.worldcat.org/title/sharh-munla-miskin-ala-kanz-al-daqaiq-fi-furu-al-hanafiyah-li-hafiz-al-din-abi-al-barakat-al-nasafi/oclc/776779237?referer=di&ht=edition (zuletzt abgerufen: 15.02.2013). Vgl. auch Fn. 512.

224 Arab. ṭarīq li-l-ʿāmma. Dagegen in Art. 165 und 167 ṭarīq al-ʿāmma.

Schuldverhältnisse, Verträge, Treuhandschaft und Haftung

1. Kapitel
Formen der Schuldverhältnisse

1. Abschnitt
Forderungen[225]

Art. 168
Die Schuld ist die in der Person des Schuldners[226] liegende Verpflichtung aufgrund eines Vertrages in Bezug auf den Verbrauch einer Sache oder eine Haftung für eine widerrechtliche Aneignung. Die Schuld tritt als Gesamtschuld oder Einzelschuld in Erscheinung.[227]

Art. 169
Eine Gesamtforderung liegt vor, wenn sie auf eine gemeinsame Quelle zurückgeführt wird, so bei einem Verkauf in einem einzigen Vertrag, wenn ein Preis für ein Verkaufsobjekt, das zwei oder mehr Personen gehört, vorliegt, aber die Höhe des Anteils des einzelnen Partners daran nicht bekannt ist, oder bei der Forderung aus einer Erbschaft, die mehreren gesetzlichen Erben zufällt. Eine Gesamtforderung liegt auch für den Wert beim Verbrauch einer gemeinsamen Sache oder für den Gegenwert eines zinslosen Darlehens, das aus dem gemeinsamen Vermögen von zwei oder mehr Personen gewährt wird, vor.[228]

---

225 Arab. dain (Sg.). Der Begriff dain steht einerseits für einen abstrakten Gegenstand (im Unterschied zu ʿain), andererseits aber auch für das Schuldverhältnis selbst und bezieht sich insofern auch auf die Forderung. Vgl. Muršid al-ḥairān ilā maʿrifat aḥwāl al-insān fi-l-muʿāmalāt aš-šarʿīya. Šarḥ wa-dirāsa..., a.a.O., 2. Bd., S. 453-455. Es handelt sich damit in den folgenden Artikeln auch um Gesamtforderungen oder Einzelforderungen. Dieser Logik kommt die französische Übersetzung entgegen, indem sie die Art. 168-261 als „2. Buch" unter der Überschrift „Obligations" fasst und u.a. in die Abschnitte zu Gesamt- und Einzelforderungen (Art. 169-189) und zur Solidarhaftung (Art. 190-194) unterteilt.

226 Arab. fī ḏimmat al-madyūn. J. Chr. Wichard macht darauf aufmerksam, dass die ḏimma (auch: Verantwortung) des Schuldners nicht mit seiner Person vewechselt werden darf. Er haftet zwar mit seinem gesamten Vermögen, die Person des Schuldners bleibt aber unberührt. Wichard, J. Chr., Zwischen Markt..., a.a.O., S. 146.

227 Die Bestimmung des Artikels stammt von Ibn ʿĀbidīn im vierten Teil S. 234. (Fn.-Qadrī) Ab dem Artikel 168 werden viele Artikel von Qadrī Pāšā auf eine Quelle eines ḥanafitischen Werkes zurückgeführt.

228 Die Bestimmung des Artikels ist dem „Šarḥ at-tanwīr" im vierten Teil S. 662 entnommen. (Fn.-Qadrī) Dies bezieht sich auf das Werk von Ibn ʿĀbidīn „Ḥāšiyat radd al-muḥtār ʿalā ad-durr al-muḫtār šarḥ tanwīr al-abṣār". Vgl. Abschnitt 3 der Einführung in dieses Buch.

Art. 170
Eine Einzelforderung liegt vor, wenn sie nicht auf eine gemeinsame Quelle zurückgeführt wird, so wenn zwei Personen getrennt voneinander jeweils eine Summe Geldes an eine andere Person verleihen oder wenn sie ihr eine gemeinsame Sache verkaufen und jeder Einzelne beim Verkauf für seinen jeweiligen Anteil einen Preis nennt.[229]

Art. 171
Wenn zwei Personen aufgrund eines Bürgschaftsvertrages verpflichtet sind, die Schuld zu bezahlen, und sie diese aus dem gemeinsamen Vermögen bestreiten, dann ist ihre Forderung gegenüber dem Schuldner eine Gesamtforderung.[230]

Art. 172
Wenn die Forderungen gegenüber dem Schuldner Einzelforderungen sind, so kann jeder Gläubiger für sich allein die Erfüllung seiner Forderung vom Schuldner verlangen. Das, was der Gläubiger in Besitz nimmt, wird nur auf seine Forderung angerechnet. Kein anderer Gläubiger kann mit ihm daran teilhaben.[231]

Art. 173
Wenn die Forderung gegenüber dem Schuldner eine Gesamtforderung von zwei oder mehr Personen ist, kann jeder Einzelne seinen Anteil vom Schuldner fordern. Der von einer Person in Besitz genommene Teil steht ihm nicht zu, sondern wird zwischen den Partnern entsprechend der Höhe des Anteils aufgeteilt. Wenn einige der Partner abwesend sind und die anwesenden Partner ihren Anteil fordern, ordnet der Richter an, dass der Schuldner die Schuld gegenüber den Anwesenden zu begleichen hat.[232]

Art. 174
Wenn einer von zwei Partnern einen Teil der Gesamtforderung in Besitz genommen hat, hat der andere Partner die Wahl: Er kann sich an der in Besitz genommenen Sache beteiligen und den ihm zustehenden Teil annehmen, sodass beide den Schuldner für den Rest in die Pflicht nehmen können. Er kann aber

229 Die Bestimmung des Artikels ist dem „Šarḥ at-tanwīr" im vierten Teil S. 662 entnommen. (Fn.-Qadrī)

230 Die Bestimmung des Artikels ist den „Al-fatāwā al-hindīya" im zweiten Teil S. 288 entnommen. (Fn.-Qadrī)

231 Die Bestimmung des Artikels ist der „Ḥāšiyat Abī as-Su'ūd 'alā Munlā Miskīn" S. 184 und der „Al-hindīya" im zweiten Teil S. 288 entnommen. (Fn.-Qadrī)

232 Der Beginn des Artikels ist dem Abschnitt zur Schuldforderung im Werk „At-tanwīr" und der andere Teil des Artikels den „Al-fatāwā al-hindīya" im zweiten Teil S. 290 entnommen. (Fn.-Qadrī)

auch dem Partner den in Besitz genommenen Teil zugestehen und sich für seinen Anteil an den Schuldner wenden.
Wenn er die Wahl getroffen hat, sich an den Schuldner zu wenden, hat er keinen Rückforderungsanspruch gegenüber demjenigen, der die Sache in Besitz genommen hat, es sei denn, sein Anteil geht unter, weil der Schuldner unvermögend verstirbt. In diesem Falle hat er für seinen Anteil einen Rückforderungsanspruch gegenüber demjenigen, der die Sache in Besitz genommen hat, wobei sich der Anspruch auf eine vergleichbare Sache bezieht.[233]

Art. 175
Wenn einer von zwei Partnern seinen Anteil an der Gesamtforderung in Besitz nimmt, diesen Anteil in irgendeiner Form aus der Hand gibt oder ihn aufbraucht, dann kann ihn der andere Partner für seinen Anteil daran in Haftung nehmen.[234]

Art. 176
Wenn einer von zwei Partnern seinen Anteil an der Gesamtforderung in Besitz nimmt und der Anteil ohne Vernachlässigung seinerseits untergeht, dann haftet er nicht für den Anteil seines Partners an der in Besitz genommenen Sache. Dessen Anspruch gilt anteilig als erfüllt. Die verbliebene Restschuld des Schuldners steht dem anderen Partner zu.[235]

Art. 177
Wenn einer von zwei Gläubigern bei einer Gesamtforderung eine Sache des Schuldners zerstört und die Haftung durch eine Kompensation mit seinem Anteil erfolgt, kann sein Partner seinen Anteil von ihm nehmen.[236]

Art. 178
Wenn einer von zwei Partnern für seinen Anteil an der Gesamtforderung eine Sache vom Schuldner kauft, hat der andere Partner die Wahl, ihn für den ihm zustehenden Teil am Preis der gekauften Sache in Haftung zu nehmen oder sei-

---

[233] Die Bestimmung des Artikels ist dem „Šarḥ at-tanwīr“ im vierten Teil S. 662 und 663, der „Ḥāšiyat Abī as-Suʿūd ʿalā Munlā Miskīn“ im dritten Teil S. 184 und den „Al-fatāwā al-hindīya“ im zweiten Teil S. 288 entnommen. (Fn.-Qadrī)

[234] Die Bestimmung des Artikels ist den „Al-fatāwā al-hindīya“ im zweiten Teil S. 288 entnommen. (Fn.-Qadrī)

[235] Die Bestimmung des Artikels ist den „Al-fatāwā al-hindīya“ im zweiten Teil S. 288 entnommen. (Fn.-Qadrī) Vgl. dazu den Wortlaut des Art. 420 im jordanischen Zivilgesetzbuch Nr. 43/1976.

[236] Die Bestimmung des Artikels ist dem „Ad-durr“ im vierten Teil S. 663 und den „Al-Fatāwā al-hindīya“ im zweiten Teil S. 289 entnommen. (Fn.-Qadrī)

nen Anteil vom Schuldner zurückzufordern. Er kann auch im gegenseitigen Einvernehmen Teilhaber an der gekauften Sache werden.[237]

Art. 179
Wenn einer von zwei Partnern den Schuldner von seinem Anteil an der Gesamtforderung befreit, ist seine Befreiung wirksam. Sein Partner kann von ihm nichts davon zurückfordern.
Wenn einer von beiden den Schuldner aber nur von einem Teil seiner Schuld befreit, wird der Rest anteilmäßig aufgeteilt.
Dies gilt auch, wenn einer von beiden seinen Anteil an den Schuldner verschenkt. Die Schenkung ist wirksam. Er haftet nicht für den Anteil seines Partners an der Forderung.
Wenn einer von zwei Partnern gegenüber dem Schuldner für dessen Forderung gegenüber einem Dritten haftet, wird sein Anteil mit der Forderung, für die er haftet, verrechnet. Dem Partner steht ihm gegenüber nichts zu.
Wenn er gegenüber dem Schuldner einer Bürgschaft einen Rückforderungsanspruch erhebt und von ihm die Haftungssumme in Besitz nimmt, kann der andere Partner daran nicht teilhaben, insofern es sich um die Bürgschaft im Auftrag des Schuldners handelt.[238]

Art. 180
Wenn einer von zwei Partnern vom Schuldner ein Pfand für die Forderung als Ausgleich für seinen Anteil nimmt und das Pfand untergeht, so kann ihn sein Partner für den Teil, der seinen Anteil an der Forderung betrifft, in Haftung nehmen.[239]

Art. 181
Wenn einer von zwei Gläubigern[240] vom Schuldner für seinen Anteil einen Bürgen nimmt oder der Schuldner diesen Anteil einer anderen Person überträgt, kann der andere Partner an der vom Bürgen oder vom neuen Schuldner in Empfang genommenen Summe teilhaben.[241]

---

[237] Die Bestimmung des Artikels ist dem „At-tanwīr" im vierten Teil S. 663 und den „Al-fatāwā al-hindīya" im zweiten Teil S. 288 entnommen. (Fn.-Qadrī) Die Angabe in der jordanischen Ausgabe von 1987 ist fehlerhaft.

[238] Die Bestimmung des Artikels ist dem „At-tanwīr" im vierten Teil S. 663 und den „Al-fatāwā al-hindīya" im zweiten Teil S. 289 und 290 entnommen. (Fn.-Qadrī)

[239] Die Bestimmung des Artikels ist den „Al-fatāwā al-hindīya" im zweiten Teil S. 290 entnommen. (Fn.-Qadrī)

[240] Arab. aḥad rabbai ad-dain.

[241] Die Bestimmung des Artikels ist den „Al-fatāwā al-hindīya" im zweiten Teil S. 290 und dem Werk von Ibn ʿĀbidīn S. 375 entnommen. (Fn.-Qadrī)

Art. 182
Wenn einer von zwei Partnern vom Schuldner für eine bestimmte Zeit etwas als Ausgleich für seine Forderung mietet, dann gilt er als derjenige, der die Sache in Besitz genommen hat. Sein Partner hat die Wahl, seinen ihn betreffenden Anteil an der Forderung von ihm zurückzufordern oder sich für seinen Anteil an den Schuldner zu wenden.[242]

Art. 183
Wenn einer von zwei Gläubigern mit dem Schuldner einen Vergleich über seinen hälftigen Anteil schließt und der Gegenwert des Vergleichs der Gattung der Schuld entspricht, hat der Partner die Wahl, an der in Besitz genommenen Sache teilzuhaben und seinen hälftigen Teil zu nehmen oder sich an den Schuldner zu wenden. Wenn der Gegenwert des Vergleichs nicht der Gattung der Schuld entspricht, hat der Partner ebenfalls die Wahl, sich an den Schuldner oder an den Partner, der den Vergleich anstrengt, zu wenden. Der Partner, der den Vergleich anstrengt, hat in diesem Falle die Wahl, ihm die Hälfte der in Besitz genommenen Sache zu übergeben oder ihm ein Viertel der Schuld zu bezahlen.[243]

Art. 184
Wenn der Schuldner gegenüber einem von zwei Partnern einer Gesamtforderung eine Einzelforderung hat und diese vor der Gesamtforderung besteht, sodass seine Einzelforderung aufgerechnet wird, kann der andere Partner für seinen Anteil daran nichts zurückfordern.[244]

Art. 185
Wenn der Schuldner gegenüber einem von zwei Partnern einer Gesamtforderung eine Einzelforderung hat, die erst nach der Gesamtforderung entstanden ist, so hat bei Aufrechnung seiner Einzelforderung der andere Partner einen Rückforderungsanspruch gegenüber seinem Partner entsprechend seinem Anteil.[245]

---

[242] Die Bestimmung des Artikels ist dem „Ad-durr“ im vierten Teil S. 663 entnommen. (Fn.-Qadrī)

[243] Die Bestimmung des Artikels ist dem „Ad-durr“ im vierten Teil S. 663 entnommen. (Fn.-Qadrī)

[244] Die Bestimmung des Artikels ist dem „Ad-durr“ im vierten Teil S. 663 und den „Al-fatāwā al-hindīya“ im zweiten Teil S. 289 entnommen. (Fn.-Qadrī)

[245] Die Bestimmung des Artikels ist dem „Ad-durr“ im vierten Teil S. 663 und den „Al-fatāwā al-hindīya“ im zweiten Teil S. 289 entnommen. (Fn.-Qadrī)

Art. 186
Wenn der Schuldner verstirbt und einer der beiden Partner sein Erbe ist, der Nachlass aber zur Begleichung der Forderung der beiden Partner nicht ausreicht, so teilen sie sich entsprechend ihrem Anteil an der Forderung den Erbteil.[246]

Art. 187
Wenn die Gesamtforderung durch Erbschaft entsteht, kann jeder der beiden Partner seinen eigenen Anteil, jedoch nicht den Anteil seines Partners, ohne dessen Einwilligung stunden.[247]

Art. 188
Wenn die Gesamtforderung durch eine Leistung von einem von zwei Partnern in einer *'inān*-Gesellschaft entsteht und derjenige, der die Leistung erbringt, die Schuld stundet, so ist seine Stundung für die Gesamtforderung wirksam. Die Stundung durch denjenigen, der die Leistung nicht erbringt, ist weder vorrangig für den eigenen Anteil noch für den Anteil seines Partners wirksam. Wenn die beiden aber Partner in einer *mufāwaḍa*-Gesellschaft[248] sind, so ist die Stundung der Gesamtforderung durch jeden von ihnen wirksam.[249]

Art. 189
Wenn die Gesamtforderung durch einen Darlehensvertrag entsteht, darf weder der Partner, der den Vertrag schließt, noch der andere Partner die Schuld stunden. Wenn ihn einer von beiden stundet, ist die Stundung nicht bindend. Jeder von beiden kann die sofortige Erfüllung fordern.[250]

---

246 Die Bestimmung des Artikels ist den „Al-fatāwā al-hindīya" im zweiten Teil S. 290 entnommen. (Fn.-Qadrī)

247 Die Bestimmung des Artikels ist den „Al-fatāwā al-hindīya" im vierten Teil S. 216 entnommen. (Fn.-Qadrī) Statt „fa-lā" muss es in der jordanischen Ausgabe von 1987 „bi-lā" heißen (S. 53).

248 Es handelt sich um islamische Gesellschaftsformen. Bei der 'inān („Zügel")-Gesellschaft können die Investitionsanteile der Gesellschafter unterschiedlich sein. Im Gegensatz zu dieser Gesellschaftsform bevollmächtigen sich die Gesellschafter bei der mufāwaḍa gegenseitig. Dazu die URL http://www.hadielislam.com/arabic/index.php?pg=articles%2Farticle&id=30898 (zuletzt abgerufen: 15.02.2013). Vgl. statt aller Grabau, Fr.-R., Der Gesellschaftsvertrag im klassischen Islamrecht und das geltende Gesellschaftsrecht der islamischen Staaten. In: Zeitschrift für Vergleichende Rechtswissenschaft (ZVglRWiss), Heidelberg 89/1990, S. 334-336. Vgl. Art. 747.

249 Die Bestimmung des Artikels ist den „Al-fatāwā al-hindīya" im vierten Teil S. 216 entnommen. (Fn.-Qadrī)

250 Die Bestimmung des Artikels ist dem „At-tanwīr" im vierten Teil S. 234 entnommen. (Fn.-Qadrī) Diese Regelung steht im Zusammenhang mit der Vermeidung von Zinsen bei Kreditgeschäften.

2. Abschnitt
Solidarhaftung

Art. 190
Wenn mehrere Personen zusammen eine Schuld haben, für deren Gesamtheit sich jeder Einzelne von ihnen gegenüber den Mitschuldnern verbürgt, kann der Gläubiger sie von jedem von ihnen fordern.
Seine Forderung gegenüber einem von ihnen verhindert nicht die Forderung gegenüber den anderen. Wenn einer von ihnen die Schuld vollständig bezahlt, sind die anderen davon befreit. Derjenige, der die Schuld bezahlt, hat einen Rückforderungsanspruch gegenüber seinen Mitschuldnern in Bezug auf das, was er über seine Pflicht hinaus gezahlt hat. Dies gilt, wenn die Bürgschaft im Auftrag der Schuldner gestellt wurde. Wenn einer von ihnen mittellos ist, müssen die anderen für seinen Teil nicht aufkommen.[251]

Art. 191
Wenn der Schuldner einen Bürgen für die von ihm geforderte Schuld hat, kann der Gläubiger bei Fälligkeit diese vom ursprünglichen Schuldner oder vom Bürgen fordern. Er kann sie auch von beiden gleichzeitig fordern.[252]

Art. 192
Wenn eine Schuld von zwei oder mehr Bürgen aufeinanderfolgend abgesichert wird, sodass jeder von ihnen für die Gesamtschuld bürgt, ohne für den anderen zu bürgen, kann der Gläubiger die Schuld sowohl vom ursprünglichen Schuldner als auch von den Bürgen fordern. Wenn einer von ihnen die Schuld bezahlt, sind die anderen davon befreit. Der zahlende Bürge kann für seine Zahlung von den anderen Bürgen nichts zurückfordern. Er hat aber einen Rückforderungsanspruch gegenüber dem ursprünglichen Schuldner, wenn die Bürgschaft in dessen Auftrag gestellt wurde.[253]

Art. 193
Wenn der Schuldner zwei oder mehr Bürgen hat, die für seine Schuld zusammen in einem Vertrag bürgen, kann der Gläubiger von jedem der beiden Bürgen die

[251] Die Bestimmung des Artikels ist dem „At-tanwīr“ zur Solidarhaftung im fünften Teil S. 396 und den „Al-fatāwā al-hindīya“ im dritten Teil S. 233 entnommen. (Fn.-Qadrī)
[252] Die Bestimmung des Artikels ist den „Al-fatāwā al-hindīya“ im dritten Teil S. 229 und der „Ḥāšiyat Abī as-Su'ūd“ im dritten Teil S. 9 entnommen. (Fn.-Qadrī)
[253] Die Bestimmung des Artikels ist dem Werk von Ibn 'Ābidīn im vierten Teil S. 397, der „Al-hindīya“ zur solidarischen Haftung S. 234 und aus ihrem dritten Teil S. 229 sowie der „Al-ḥāmidīya“ im ersten Teil S. 287 entnommen. (Fn.-Qadrī)

Hälfte der Schuld fordern, bei drei Bürgen entsprechend ein Drittel, nicht aber die gesamte Schuld.[254]

Art. 194
Wenn mehrere Bürgen für die Schuld aufeinanderfolgend in verschiedenen Verträgen bürgen und danach jeder von ihnen für den anderen bürgt und für die Gesamtschuld verpflichtend haftet, kann der Gläubiger von jedem von ihnen die gesamte Schuld fordern. Wenn sie einer von ihnen begleicht, sind die anderen davon befreit. Der die Schuld Leistende hat gegenüber den anderen Bürgen einen Rückforderungsanspruch in Bezug auf deren Anteile. Falls also drei Bürgen existieren, hat er einen Rückforderungsanspruch gegenüber zwei Bürgen in Höhe von zwei Dritteln. Dies gilt, wenn er die beiden Bürgen erreichen kann. Wenn er nur einen erreichen kann, hat er einen Rückforderungsanspruch hinsichtlich der Hälfte. Danach haben beide einen Rückforderungsanspruch gegenüber dem dritten Bürgen, danach können sie die gesamte Summe vom ursprünglichen Schuldner zurückfordern.
Wenn der die Schuld Leistende den ursprünglichen Schuldner vor den anderen erreicht, hat er ihm gegenüber einen Rückforderungsanspruch auf das im Auftrag des Schuldners Gezahlte.[255]

2. Kapitel
Begleichung der Schuld, Aufrechnung, Befreiung von der Schuld, Verlängerung des Schuldvertrages u.a.

1. Abschnitt
Begleichung der Schuld

Art. 195
Die Schulden erlöschen mit ihrer Bezahlung durch Geld, mit einer Aufrechnung, mit der Befreiung von der Verpflichtung des Schuldners durch den Gläubiger, mit der Schuldanweisung und der Übertragung aus der Verpflichtung des Schuldners in die Verpflichtung einer dritten Person, mit der Verlängerung des Schuldvertrages oder mit der Aufhebung des Vertrages, aus dem die Verpflichtung resultiert. Die Schuldklage gegen den Schuldner ist nach Ablauf von fünf-

[254] Die Bestimmung des Artikels ist dem Kommentar zum „Ad-durr“ zur solidarischen Haftung S. 397 und der „Al-ḥāmidīya“ im ersten Teil S. 291 entnommen. (Fn.-Qadrī)

[255] Die Bestimmung des Artikels ist dem Werk von Ibn ʿĀbidīn im vierten Teil S. 397 und der „Al-hindīya“ im dritten Teil S. 234 entnommen. (Fn.-Qadrī) In der jordanischen Ausgabe von 1987 fehlerhaft.

zehn Jahren ohne Rechtfertigungsgrund unzulässig, auch wenn das Recht fortbesteht.[256]

Art. 196
Die Begleichung der Schuld kann durch den ursprünglichen Schuldner und durch den Bürgen erfolgen, wenn ein solcher existiert. Wenn es sich um eine Gesamtschuld handelt, kann sie auch von seinem Partner beglichen werden.[257]

Art. 197
Die Begleichung der vom Schuldner geforderten Schuld kann durch eine andere Person erfolgen, unabhängig davon, ob dies im Auftrag des Schuldners geschieht oder nicht.[258]

Art. 198
Derjenige, der für einen anderen eine zivile Aufgabe[259] übernimmt, wenn er etwa in dessen Auftrag für ihn eine Schuld begleicht oder wenn er aus dem eigenen Vermögen den Unterhalt von Familienmitgliedern und unterhaltsberechtigten Personen eines anderen in dessen Auftrag bestreitet, hat gegenüber demjenigen, der den Auftrag erteilt, einen Rückforderungsanspruch auf seine Leistung für ihn. Er hat unabhängig davon, ob der Rückforderungsanspruch ausbedungen ist oder nicht, das Recht der Forderung wie der ursprüngliche Gläubiger.[260]

Art. 199
Derjenige, der für einen anderen in dessen Auftrag eine Schuld[261] begleicht, von ihm geforderte Abgaben[262] bzw. Gebühren[263] bezahlt oder für ihn gegenüber seinem Gläubiger bürgt und bezahlt, hat einen Rückforderungsanspruch auf das an

---

256 Kein Hinweis auf eine Quelle. (Fn.-Qadrī) Diese sieben Gründe für den Wegfall der Schuld werden in den arabischen Zivilgesetzbüchern des „ägyptischen Rechtskreises" ebenfalls genannt. Vgl. Muršid al-ḥairān ilā maʿrifat aḥwāl al-insān fi-l-muʿāmalāt aš-šarʿīya. Šarḥ wa-dirāsa…, a.a.O., 2. Bd., S. 475-476.

257 Die Bestimmung des Artikels ist der „Al-ḫānīya" S. 58 entnommen. (Fn.-Qadrī)

258 Die Bestimmung des Artikels ist dem „Tanqīḥ al-ḥāmidīya" im zweiten Teil S. 229 entnommen. (Fn.-Qadrī)

259 Arab. wāǧib min al-wāǧibāt ad-dunyawīya, d.h. eine Handlung im Gegensatz zur religiös-rituellen Handlung.

260 Die Bestimmung des Artikels ist dem Werk von Ibn ʿĀbidīn im zweiten Teil S. 928 und im vierten Teil S. 394 entnommen. (Fn.-Qadrī)

261 Arab. maġārim. Das Wort findet auch im Koran im Sinne von Schuld Erwähnung: Koran 52:40 und 68:46.

262 Arab. ʿawāʾid. Gemeint sind vor allem Steuern.

263 Arab. rusūm.

den Auftraggeber Gezahlte, auch wenn der Rückforderungsanspruch nicht ausbedungen ist.[264]

Art. 200

Wenn jemand einen anderen zum Kauf einer Sache für ihn oder zum Bau seines Hauses mit dessen Geld beauftragt und der Beauftrage dies ausführt, hat er einen Rückforderungsanspruch gegenüber dem Auftraggeber in Bezug auf den Preis der für ihn gekauften Sache und die Baukosten, auch wenn der Rückforderungsanspruch ihm gegenüber nicht ausbedungen ist.[265]

Art. 201

Wenn jemand einen anderen beauftragt, für ihn eine festgelegte Summe an eine bestimmte Person zu bezahlen, der zur Zahlung Beauftragte ein Geldwechsler[266], ein Partner der Auftraggebers, ein Geschäftsfreund[267], der mit ihm im Austausch steht, indem er auf Verlangen des Vertreters oder des Bevollmächtigten des Auftraggebers etwas an diesen verkauft oder ihm ein gefordertes Darlehen gewährt, ein unterhaltsberechtigter Familienangehöriger des Auftraggebers bzw. der Auftraggeber ein unterhaltsberechtigter Familienangehöriger des Beauftragten - etwa sein Kind, sein Vater, seine Ehefrau, sein Cousin väterlicherseits - oder sein Hausangestellter ist und der Beauftragte die entsprechende Summe bezahlt, hat dieser für die Zahlung einen Rückforderungsanspruch gegenüber dem Auftraggeber. Dies gilt, wenn im Auftrag ausgeführt ist, dass er die Summe für ihn bezahlt, dass das Bezahlte eine Schuld des Auftraggebers ihm gegenüber ist oder dass der Beauftragte für ihn haftet, bzw. wenn nichts dergleichen festgelegt ist, unabhängig davon, ob sich der Haftende den Rückforderungsanspruch gegenüber dem Auftraggeber ausbedungen hat oder nicht.[268]

Art. 202

Wenn jemand einen anderen beauftragt, seine Schuld zu tilgen, und danach die Schuld gegenüber dem Gläubiger selbst tilgt, der Beauftragte aber bereits an den Gläubiger bezahlt hat, hat der Beauftragte einen Rückforderungsanspruch auf das Gezahlte gegenüber demjenigen, der die Summe in Besitz genommen hat, nicht aber gegenüber dem Auftraggeber.

---

264 Die Bestimmung des Artikels ist dem „At-tanwīr“ im vierten Teil S. 391 und 392 entnommen. (Fn.-Qadrī)

265 Die Bestimmung des Artikels ist dem „Ad-durr“ zur Bevollmächtigung zum Verkauf und Kauf S. 559 und zur Schenkung S. 712 entnommen. (Fn.-Qadrī)

266 Arab. ṣairafī.

267 Arab. ḫalīṭ.

268 Die Bestimmung des Artikels ist dem „Ad-durr“ im zweiten Teil S. 928 und im vierten Teil S. 376 und dem „Tanqīḥ al-ḥāmidīya“ S. 286 und 287 entnommen. (Fn.-Qadrī)

Wenn der Beauftragte den Beweis erbringt, dass er die Schuld nach dem Auftrag[269], aber vor der Zahlung durch den Auftraggeber, getilgt hat, hat er einen Rückforderungsanspruch auf sein Vermögen gegenüber demjenigen, der die Summe in Besitz genommen hat, oder gegenüber dem Auftraggeber.[270]

Art. 203
Wenn der zur Zahlung Beauftragte kein Geldwechsler, Partner des Auftraggebers, Geschäftsfreund oder Verwandter ist und die beauftragte Summe bezahlt, hat er dafür gegenüber dem Auftraggeber einen Rückforderungsanspruch, wenn im Auftrag tatsächlich ausgeführt ist, dass er für den Auftraggeber zahlt, dass er die Schulden für ihn begleicht, dass er unter der Bedingung zahlt, dass der Auftraggeber ihm die Summe schuldet, oder dass der Auftraggeber für seine Zahlung haftet. In diesem Falle hat er für seine Zahlung einen Rückforderungsanspruch gegenüber dem Auftraggeber, auch wenn der Rückforderungsanspruch nicht ausbedungen ist. Wenn er ihn aber uneingeschränkt beauftragt, ohne dass der Auftrag das Erwähnte enthält, dann hat der Beauftragte keinen Rückforderungsanspruch gegenüber dem Auftraggeber, sondern einen solchen gegenüber demjenigen, der die Summe in Besitz genommen hat, auf Rückgabe der in Besitz genommenen Summe. Dies gilt, wenn die Inbesitznahme ohne Rechtsanspruch gegenüber dem Auftraggeber erfolgte. Wenn die Inbesitznahme aufgrund eines Rechtsanspruches erfolgte, hat der Zahlende gegenüber demjenigen, der die Zahlung in Besitz genommen hat, keinerlei Rückforderungsanspruch.[271]

Art. 204
In allen Fällen, in denen derjenige, der eine Zahlung erhält, keine sächliche Gegenleistung erbringt, hat der Beauftragte gegenüber den Auftraggebern keinen Rückforderungsanspruch für seine Ausgaben, es sei denn, der Rückforderungsanspruch ist ausbedungen.
Wenn also jemand einen anderen beauftragt, für ihn eine Summe an eine bestimmte Person zu verschenken bzw. an diese eine Darlehen[272] zu geben, oder einen anderen beauftragt, für ihn die Pilgerfahrt zu absolvieren, die Almosensteuer[273] für sein Kapital zu bezahlen oder andere derartige jenseitige Pflichten[274]

[269] Im Muršid al-ḥairān ilā maʿrifat aḥwāl al-insān fi-l-muʿāmalāt aš-šarʿīya. Šarḥ wadirāsa..., a.a.O., 2. Bd., S. 480 fehlerhaft.

[270] Die Bestimmung des Artikels ist dem „Ad-durr" im vierten Teil S. 377 und der „Alanqarawīya" im zweiten Teil S. 50 entnommen. (Fn.-Qadrī)

[271] Die Bestimmung des Artikels ist dem „Tanqīḥ al-ḥāmidīya" im ersten Teil S. 286 und 287 entnommen. (Fn.-Qadrī)

[272] Selbstverständlich ein „zinsloses Darlehen" im Sinne einer Leihe.

[273] Zur wirtschaftlichen Bedeutung der Almosensteuer vgl. Farschid, O., *Zakāt* in der Islamischen Ökonomik. Zur Normenbildung im Islam. Beiruter Texte und Studien 87. Würzburg 2012.

[274] Arab. wāǧibāt uḫrawīya. Gemeint sind vor allem die kultischen Pflichten.

zu erfüllen, und der Beauftragte dies realisiert und den Auftrag auf seine Kosten ausführt, hat dieser gegenüber dem Auftraggeber keinerlei Rückforderungsanspruch in Bezug auf die Kosten, es sei denn, eine Haftung oder ein Rückforderungsanspruch ist ausbedungen.[275]

Art. 205
Wenn jemand die Schuld eines anderen ohne dessen Auftrag tilgt, erlischt die Schuld beim Schuldner, unabhängig davon, ob er dies akzeptiert oder nicht. Der Zahlende wird als freiwilliger Spender angesehen, der weder gegenüber dem Schuldner für seine Zahlung ohne dessen Auftrag noch gegenüber dem Inhaber der in Besitz genommenen Forderung einen Rückforderungsanspruch geltend machen kann, um das Gezahlte zurückzuerhalten. Wenn aber der Gläubiger den Schuldner nach Erhalt der Forderung vom Spender freistellt, hat der Spender in diesem Falle einen Rückforderungsanspruch gegenüber demjenigen, der die Zahlung in Besitz genommen hat.[276]

Art. 206
Wenn der Schuldner die Schuldsumme durch seinen Abgesandten an den Forderungsinhaber sendet und die Summe im Besitz des Abgesandten vor dem Eintreffen beim Forderungsinhaber verloren geht, so geht sie als Vermögen des Schuldners verloren. Wenn[277] der Forderungsinhaber den Schuldner beauftragt, die Schuld an den durch ihn bestimmten Abgesandten zu bezahlen, und die Summe in dessen Besitz verloren geht, dann geht sie im Vermögen des Forderungsinhabers verloren und der Schuldner ist von seiner Schuld befreit.[278]

Art. 207
Wenn jemand im Glauben daran, dies tun zu müssen, zahlt, und sich herausstellt, dass er dazu nicht verpflichtet war, so hat er einen Rückforderungsanspruch gegenüber demjenigen, der die Zahlung ohne Rechtsanspruch in Besitz genommen hat.[279]

---

[275] Die Bestimmung des Artikels ist dem „Tanqīḥ al-ḥāmidīya“ im ersten Teil S. 286 und 287 entnommen. (Fn.-Qadrī)

[276] Die Bestimmung des Artikels ist dem „Tanqīḥ al-ḥāmidīya“ im ersten Teil S. 286 und 287 entnommen. (Fn.-Qadrī)

[277] Im Arabischen die Partikel „in“, nicht „an“, wie in der jordanischen Ausgabe von 1987 fälschlicherweise angegeben.

[278] Die Bestimmung des Artikels ist der „Al-ḥāmidīya“ im ersten Teil S. 343 entnommen. (Fn.-Qadrī) Die Angabe in der jordanischen Ausgabe von 1987 ist fehlerhaft.

[279] Die Bestimmung des Artikels ist der „Al-ḥāmidīya“ im zweiten Teil S. 227 entnommen. (Fn.-Qadrī)

Art. 208
Wenn der Inhaber der Forderung etwas bei seinem Schuldner oder seinem Bürgen vorfindet, was der Gattung seines Anspruchs ihm gegenüber entspricht, kann er es ohne Einverständnis an sich nehmen.[280]

Art. 209
Wenn der Schuldner seinem Gläubiger die Schuldsumme anbietet und dieser die Inbesitznahme ablehnt, kann der Schuldner die Angelegenheit vor den Richter bringen, damit dieser die Inbesitznahme durch den Gläubiger anordnet.[281]

Art. 210
Wenn der Schuldner mehrere Gläubiger hat und dessen Vermögen nicht ausreicht, alle Forderungen der Gläubiger zu erfüllen, kann er einen von ihnen beliebig bevorzugen. Wenn er also die Schuld gegenüber einem Gläubiger tilgt, können die anderen denjenigen, der die Summe in Besitz genommen hat, nicht dazu zwingen, das in Besitz Genommene zwischen ihm und ihnen zu teilen.[282]

Art. 211
Wenn der Inhaber einer Forderung, die wirksam gestundet werden kann, diese stundet oder in festgelegte Raten aufteilt und der Schuldner dies akzeptiert, ist die Stundung bindend. Der Gläubiger kann danach die Stundung oder Ratenzahlung[283] nicht rückgängig machen und vom Schuldner erst mit Fälligkeit die Schuld oder die Rate fordern.[284]

Art. 212
Wenn die Schuld gestundet ist, kann der Schuldner sie vor der Fälligkeit bezahlen. Der Gläubiger hat dies zu akzeptieren.[285]

---

[280] Die Bestimmung des Artikels ist dem Werk von Ibn ʿĀbidīn im Abschnitt zum Diebstahl S. 276 und 277 und der „Al-anqarawīya" S. 331 entnommen. (Fn.-Qadrī)

[281] Die Bestimmung des Artikels ist dem „Ad-durr" im vierten Teil S. 241 entnommen. (Fn.-Qadrī)

[282] Die Bestimmung des Artikels ist der „Al-ḥāmidīya" im zweiten Teil S. 222 und der „Al-hindīya" im fünften Teil S. 67 entnommen. (Fn.-Qadrī)

[283] Arab. taqsīṭ.

[284] Die Bestimmung des Artikels ist dem „At-tanwīr" im vierten Teil S. 234 und der „Al-ḥāmidīya" zur Schuld S. 225 und 226 entnommen. (Fn.-Qadrī)

[285] Die Bestimmung des Artikels ist dem Werk von Ibn ʿĀbidīn im vierten Teil S. 241 entnommen. (Fn.-Qadrī) Dieser Artikel steht im Zusammenhang mit dem Verbot des Zinses. Dadurch, dass der Gläubiger keine Zinsen verlangen darf, ist für ihn die vorfristige Schuldentilgung nicht schädlich.

Art. 213
Wenn derjenige, den eine Schuld belastet, diese vor der Fälligkeit tilgt, danach ein Anspruch auf die in Besitz genommene Sache entsteht oder Mängel an der Sache gefunden werden und der Gläubiger sie zurückgibt, bleibt die Stundung erhalten.[286]

Art. 214
Die gestundete Schuld wird nicht durch den Tod des Gläubigers, aber durch den Tod des Schuldners fällig.[287]

Art. 215
Wenn die Schuld sofort fällig ist, kann der Schuldner den Inhaber der Forderung nicht zwingen, nur einen Teil davon zu akzeptieren, auch wenn die Sache aufteilbar ist. Wenn aber der Schuldner mittellos ist und nichts besitzt, um die gesamte Schuld zu tilgen, ist eine Fristgewährung für ihn zulässig. Es wird auf die Verbesserung seiner finanziellen Lage gewartet.[288]

Art. 216
Wenn der Schuldner dem Gläubiger eine von zwei in seiner Verpflichtung liegenden Schulden bezahlt, wobei eine der beiden Schulden uneingeschränkt und die andere mit einer Bürgschaft bzw. mit einem Pfand versehen ist, eine von beiden Schulden ein Darlehen und die andere der Preis für ein Verkaufsobjekt ist oder eine von beiden Schulden sich auf eine Gesamtforderung und die andere auf eine Einzelforderung des Gläubigers bezieht, dann gilt bei einer Meinungsverschiedenheit mit dem Gläubiger hinsichtlich der bezahlten Schuld die Aussage des Schuldners bei der Bestimmung der Art der Schuld, die er bezahlt hat.[289]

Art. 217
Die Bezahlung der Schuld an den Inhaber der Forderung oder an seinen Bevollmächtigten ist wirksam, wenn der Inhaber der Forderung volljährig, im Vollbesitz seiner geistigen Kräfte und nicht entmündigt ist. Wenn der Inhaber der Forderung minderjährig oder volljährig, aber geisteskrank bzw. wegen Verschwendungssucht entmündigt ist, ist die Bezahlung der Schuld an ihn nicht wirksam.

---

[286] Die Bestimmung des Artikels ist dem „Ad-durr" im vierten Teil S. 234 und der „Al-ḫānīya" im dritten Teil S. 77 entnommen. (Fn.-Qadrī)

[287] Die Bestimmung des Artikels ist der „Al-ḥamidīya" im zweiten Teil S. 225 entnommen. (Fn.-Qadrī)

[288] Die Bestimmung des Artikels ist der „Al-ḫānīya" im dritten Teil S. 231 entnommen. (Fn.-Qadrī) Die Formulierung zur Verbesserung der finanziellen Lage des Schuldners bezieht sich auf Koran 2:280.

[289] Die Bestimmung des Artikels ist der „Al-ḥāmidīya" im zweiten Teil S. 222 und der „Al-ḫairīya" S. 68 entnommen. (Fn.-Qadrī)

Die Zahlung erfolgt an denjenigen, der das Recht besitzt, die Summe in Besitz zu nehmen. Dabei kann es sich um den gesetzlichen oder ernannten Vormund des Minderjährigen bzw. des Geisteskranken oder um den Richter bzw. den von ihm ernannten Vormund[290] in Bezug auf den entmündigten Verschwendungssüchtigen handeln.[291]

Art. 218
Wenn der Inhaber der Forderung minderjährig oder volljährig, aber geisteskrank bzw. wegen Verschwendungssucht entmündigt ist und der Schuldner an ihn die geforderte Schuld bezahlt, gilt dies nicht als seine Zahlung. Er wird dadurch nicht von seiner Verpflichtung befreit. Wenn also das Bezahlte beim Minderjährigen bzw. Volljährigen, der geisteskrank oder entmündigt ist, untergeht oder verloren geht, kann der gesetzliche oder ernannte Vormund des Minderjährigen und des Geisteskranken bzw. der Richter oder der von ihm ernannte Vormund des volljährigen Entmündigten vom Schuldner erneut die Schuld fordern.[292]

Art. 219
Wenn der Schuldner ein unterscheidungsfähiger Minderjähriger, ein geistesschwacher Volljähriger oder ein wegen Verschwendungssucht entmündigter Volljähriger ist und die auf ihm lastende Schuld bezahlt, ist seine Zahlung wirksam und wird er von seiner Zahlungsverpflichtung befreit.[293]

Art. 220
Wenn der Schuldner wegen seiner Schulden entmündigt ist und aus seinem betroffenen Vermögen eine auf ihm lastende Schuld an einen seiner Gläubiger bezahlt, können die übrigen Gläubiger seine Verfügung für nichtig erklären und diese Summe für sich zurückverlangen.[294]

Art. 221
Für die rechtskräftige Begleichung der Schuld und der Befreiung von ihr wird vorausgesetzt, dass der Zahlende Eigentümer des Gezahlten ist. Wenn ein An-

---

[290] Arab. min waṣīhi. Das Tā' marbūṭa in der jordanischen Ausgabe von 1987 ist fehlerhaft.

[291] Die Bestimmung des Artikels ist der „Al-hindīya" im fünften Teil S. 60 entnommen. (Fn.-Qadrī)

[292] Die Bestimmung des Artikels ist der „Al-hindīya" im fünften Teil S. 60 entnommen. (Fn.-Qadrī) Die Angabe des Werkes fehlt in der jordanischen Ausgabe von 1987. Die Art. 217 und 218 sind inhaltlich weitgehend identisch.

[293] Die Bestimmung des Artikels ist der „Al-hindīya" im fünften Teil S. 61 entnommen. (Fn.-Qadrī) Die Angaben in der jordanischen Ausgabe von 1987 und in der französischen Übersetzung sind fehlerhaft.

[294] Die Bestimmung des Artikels ist der „Al-hindīya" im fünften Teil S. 65, dem Werk von Ibn ʿĀbidīn im fünften Teil S. 130 und der „Al-ḫānīya" im dritten Teil S. 664 entnommen. (Fn.-Qadrī) Vgl. dagegen Art. 210.

spruch darauf nachweislich besteht und der Anspruchsinhaber die Sache entgegennimmt oder die Sache untergegangen ist und der Anspruchsinhaber einen Ersatz der Sache entgegennimmt, hat der Gläubiger einen Rückforderungsanspruch gegenüber seinem Schuldner in Bezug auf seine Forderung.[295]

Art. 222
Wenn die Forderung der Preis eines Verkaufsobjektes ist und der Preis im Vertrag festgelegt wird, wobei es sich bei diesem Preis um eine konkret bestimmbare Sache handelt, darf der Schuldner ohne Einverständnis des Gläubigers keine andere Sache als Zahlung leisten. Wenn es sich nicht um eine konkret bestimmbare Sache handelt, so um Geld, und dies im Vertrag festgelegt wird, kann der Schuldner eine vergleichbare Sache leisten, auch wenn der Gläubiger nicht einverstanden ist.[296]

Art. 223
Der Erfüllungsort[297] ist der im Vertrag festgelegte Ort, wenn die zu liefernde Sache transport- und lagerfähig ist, so bei messbaren Sachen, wägbaren Sachen, Handelsgütern u.Ä.[298]. Wenn der Vertrag uneingeschränkt ist und kein Ort der Übergabe festgelegt ist, wird die Sache an dem Ort übergeben, an welchem sich die Sache zum Zeitpunkt des Vertrages befand.[299]

2. Abschnitt
Aufrechnung[300]

Art. 224
Die Aufrechnung ist der Verzicht des Gläubigers auf eine Forderung gegenüber einer Person für eine Forderung dieser Person gegenüber dem Gläubiger.[301]

Art. 225
Die Aufrechnung kommt auf zweierlei Art zustande: Durch Gesetzeskraft[302] aufgrund des Vertrages und freiwillig durch Übereinkunft der beiden Seiten.[303]

---

[295] Die Bestimmung des Artikels ist der „Al-anqarawīya“ S. 182 entnommen. (Fn.-Qadrī)

[296] Die Bestimmung des Artikels ist dem Werk von Ibn ʿĀbidīn im vierten Teil S. 230 entnommen. (Fn.-Qadrī)

[297] Arab. maḥall al-wafāʾ.

[298] Vgl. Art. 3.

[299] Die Bestimmung des Artikels ist dem „Radd al-muḥtār“ im vierten Teil S. 287 entnommen. (Fn.-Qadrī)

[300] Arab. muqāṣṣa.

[301] Kein Hinweis auf eine Quelle. (Fn.-Qadrī)

[302] Arab. ǧabrīya.

[303] Die Bestimmung des Artikels ist dem Werk von Ibn ʿĀbidīn im vierten Teil S. 231 und 232 entnommen. (Fn.-Qadrī)

Art. 226
Voraussetzung für die Aufrechnung durch Gesetzeskraft ist die Gleichheit der beiden Schulden in Bezug auf Gattung, Qualität, Fälligkeit, Höhe und Geringfügigkeit. Für die freiwillige Aufrechnung ist dies keine Voraussetzung. Wenn also zwei Schulden verschiedener Gattung oder unterschiedlicher Qualität vorliegen, wenn beide gestundet sind, wenn eine Schuld sofort fällig ist und die andere gestundet ist oder wenn eine Schuld hoch und die andere geringfügig ist, ist die Aufrechnung nur durch Übereinkunft der beiden Seiten möglich, unabhängig davon, ob beide Schulden auf eine gemeinsame Ursache zurückgehen oder nicht.[304]

Art. 227
Die Aufrechnung erfolgt bis zur geringsten der beiden Schulden. Wenn eine von zwei Personen eine Forderung von 100 *Riyāl*[305] gegenüber der anderen hat und der Schuldner 100 Pfund[306] fordert, so wird bei der Aufrechnung vom Wert der Summe in Pfund die Summe in *Riyāl* abgezogen. Dem Inhaber der Forderung in Pfund steht der Rest zu.[307]

Art. 228
Wenn der Verwahrer eine Forderung gegenüber dem Inhaber des hinterlegten Gutes hat und die Forderung und das verwahrte Gut von der gleichen Gattung sind, erfolgt keine Aufrechnung mit der Forderung, es sei denn, beide Seiten einigen sich darauf und vereinbaren eine Aufrechnung. Dies gilt, wenn sich das hinterlegte Gut tatsächlich im Besitz des Verwahrers befindet. Wenn es sich aber nicht im Besitz des Verwahrers befindet, erfolgt die Aufrechnung nur, wenn der Verwahrer den Ort des verwahrten Gutes aufsucht und dieses entgegennimmt.[308]

Art. 229
Wenn derjenige, der sich etwas widerrechtlich angeeignet hat, eine Forderung gegenüber dem Inhaber der widerrechtlich angeeigneten Sache hat und diese von der Gattung her der Forderung entspricht, erfolgt keine Aufrechnung der

---

304 Die Bestimmung des Artikels ist dem Werk von Ibn ʿĀbidīn im vierten Teil S. 231 und 232 entnommen. (Fn.-Qadrī)

305 Es handelt sich dabei um Silbermünzen, die auch in Sudan eingeführt wurden. Ein Riyal entsprach 20 Piaster (qirš) bzw. einem Fünftel eines Pfundes (arab. ǧunaih; ägyptisch gineh). Vgl. Searcy, K., The Formation of the Sudanese Mahdist State. Ceremony and Symbols of Authority: 1882-1898. Leiden 2011, S. 62.

306 Vgl. die vorhergehende Fn.

307 Die Bestimmung des Artikels ist dem „Šarḥ ad-durr“ im vierten Teil S. 231 entnommen. (Fn.-Qadrī)

308 Die Bestimmung des Artikels ist dem „Šarḥ ad-durr“ im vierten Teil S. 231 entnommen. (Fn.-Qadrī)

Sache, es sei denn, beide Seiten vereinbaren eine Aufrechnung und die Sache befindet sich im Besitz desjenigen, der sie sich widerrechtlich angeeignet hat. Wenn sie sich aber nicht in dessen Besitz befindet, erfolgt die Aufrechnung nur, wenn derjenige, der sie widerrechtlich in Besitz genommen hat, den Ort der widerrechtlich angeeigneten Sache aufsucht und diese entgegennimmt.[309]

Art. 230
Wenn der Gläubiger eine Sache aus dem Vermögen des Schuldners zerstört und diese der Gattung der Schuld entspricht, wird sie aufgerechnet. Wenn sie sich von der Gattung der Schuld unterscheidet, erfolgt eine Aufrechnung nur im gegenseitigen Einvernehmen.[310]

Art. 231
Wenn der Bürge des Schuldners eine Forderung gegenüber dem Gläubiger hat und die Forderung der Gattung der Sache, für die gebürgt wird, entspricht, so werden beide Forderungen ohne Zustimmung von Schuldner und Gläubiger aufgerechnet.
Wenn die Forderung nicht der Gattung der Sache, für die gebürgt wird, entspricht, findet eine Aufrechnung nur statt, wenn sich der Gläubiger mit dem Bürgen des Schuldners, nicht aber mit dem Schuldner selbst einigt.[311]

3. Abschnitt
Befreiung von der Schuld

Art. 232
Die Befreiung von der Schuld erfolgt in zweierlei Weise: Durch Verzicht auf die Schuld und durch Entgegennahme der geschuldeten Leistung. Die Befreiung durch Verzicht liegt vor, wenn der Gläubiger seinen Schuldner von der gesamten Schuld befreit und auf die Schuld verzichtet oder die Schuldverpflichtung vermindert. Die Befreiung durch Entgegennahme der geschuldeten Leistung liegt vor, wenn der Gläubiger anerkennt, die in der Verpflichtung seines Schuldners liegende Schuld entgegengenommen zu haben.[312]

---

[309] Die Bestimmung des Artikels ist der „Al-anqarawīya" im ersten Teil S. 311 entnommen. (Fn.-Qadrī)

[310] Die Bestimmung des Artikels ist der „Al-anqarawīya" im ersten Teil S. 311 entnommen. (Fn.-Qadrī)

[311] Die Bestimmung des Artikels ist der „Al-hindīya" im zweiten Teil S. 290 entnommen. (Fn.-Qadrī)

[312] Die Bestimmung des Artikels ist dem „Šarḥ ad-durr" von Ibn ʿĀbidīn im vierten Teil S. 233 entnommen. (Fn.-Qadrī). Die Angaben in der jordanischen Ausgabe von 1987 und im Muršid al-ḥairān ilā maʿrifat aḥwāl al-insān fi-l-muʿāmalāt aš-šarʿīya. Šarḥ wa-dirāsa…, a.a.O., 2. Bd., S. 508 sind fehlerhaft.

Art. 233[313]
Wenn sich der Vergleich auf die Befreiung von einer bestimmten Sache bezieht, indem gesagt wird: „Du bist davon befreit“ oder „Ich bin frei“, dann ist die Klage in Bezug auf diese Sache unzulässig. Hinsichtlich einer anderen Sache ist sie zulässig.[314]

Art. 234
Wenn jemand eine andere Person von seinem Recht ihr gegenüber befreit, erlischt dieses Recht in Bezug auf den Befreiten, wenn die Befreiung grundsätzlich wirksam ist.

Art. 235
Voraussetzung für die Wirksamkeit der Befreiung ist, dass der Befreiende im Vollbesitz seiner geistigen Kräfte, volljährig und fähig ist, eine Schenkung vorzunehmen.[315]

Art. 236
Wenn durch einen Vergleich eine allgemeine Befreiung von allen Rechten und Ansprüchen verbunden ist, ist eine Klage gegen den Befreiten wegen irgendeines vor dem Vergleich existierenden Rechts unzulässig. Die Klage wegen eines nach dem Vergleich entstehenden Rechts ist zulässig.[316]

Art. 237
Wenn mehrere Personen eine Befreiung erklären, ist eine genaue Zuordnung für sie notwendig.[317]

Art. 238
Eine vom Vergleich getrennte Befreiung entfaltet im Allgemeinen und im Besonderen dieselbe Wirkung wie eine Befreiung, die mit dem Vergleich verbunden ist.

---

313 Die folgenden Artikel 233, 234, 236, 237, 238, 239, 241 und 242 entsprechen den Artikeln 934 bis 941 in der arabischen Ausgabe von 1891. Die Überschrift lautet dort nur „Befreiung“. Vgl. auch Fn. 36.

314 Die Bestimmung dieses und des folgenden Artikels ist der Mitte des Buches zum Vergleich im „Ad-durr“ und in der „Takmilat radd al-muḥtār“ S. 213 entnommen. (Fn.-Qadrī)

315 Die Bestimmung des Artikels ist dem „At-tanwīr“ am Ende des Abschnitts zur Schenkung entnommen. (Fn.-Qadrī)

316 Die Bestimmung des Artikels ist der Mitte des Buches zum Anerkenntnis im „Tanqīḥ al-ḥāmidīya“ zum Ursprung des Eigentumserwerbs (qunya) innerhalb der Antwort S. 58 entnommen. (Fn.-Qadrī)

317 Die Bestimmung des Artikels ist der „Al-anqarawīya“ am Ende des achten Abschnitts zur Befreiungsklage, zum Vergleich usw. S. 105 entnommen. (Fn.-Qadrī)

Art. 239
Die Befreiung ist nicht von der Annahme[318] durch den Schuldner abhängig. Wenn er sie jedoch vor der Annahme zurückweist, gilt sie als zurückgewiesen. Wenn der Schuldner vor der Annahme verstirbt, darf die Schuld nicht aus seiner Hinterlassenschaft bezahlt werden.[319]

Art. 240
Voraussetzung für die Wirksamkeit der Befreiung ist das Einverständnis des Gläubigers. Wenn dieser ernsthaft zur Befreiung seines Schuldners gezwungen wird, wird der Schuldner nicht von seiner Verpflichtung befreit.[320]

Art. 241
Die Befreiung seines gesetzlichen Erben durch den Todkranken[321] von seiner gesamten oder teilweisen Schuld ihm gegenüber ist nicht wirksam. Dabei ist unbeachtlich, ob der Todkranke selbst Schuldner ist oder nicht.[322]

Art. 242
Wenn der Todkranke eine andere Person als seinen gesetzlichen Erben von dessen Schuld ihm gegenüber befreit, wird dies aus dem Drittel seines Nachlasses nach Begleichung seiner Schulden genommen. Wenn der Nachlass durch die Schulden ausgeschöpft wird, ist diese Befreiung unbeachtlich. Die Gläubiger können vom Schuldner das ihnen aus der Schuld Zustehende fordern.

Art. 243
Die Befreiung wirkt wie die Eigentumsübertragung. Sie ist nicht wirksam, wenn sie von einer Bedingung abhängig gemacht wird. Wenn also der Gläubiger die Befreiung seines Schuldners von einem Teil der Schuld von der Leistung des anderen Teils abhängig macht, ist dieser nicht befreit, auch wenn er den Teil leistet.[323]

---

318 Hierbei geht es um eine formale Annahme, wie in der französischen Übersetzung (Art. 239) hervorgehoben wird.

319 Die Bestimmung des Artikels ist der Mitte des Abschnitts 34 zur Schenkung der Schuld und damit verbundenen Fragen im „Ǧāmiʿ al-fuṣūlain" S. 216 entnommen. (Fn.-Qadrī)

320 Die Bestimmung des Artikels ist der „Al-anqarawīya" im zweiten Teil S. 323 und der „Al-hindīya" im zweiten Teil S. 143 entnommen. (Fn.-Qadrī)

321 Arab. marīḍ fī maraḍ mautihi. Vgl. dazu Art. 559-570 der Qadrī-Pāšā-Kodifikation und Ebert, H.-G., Das Erbrecht..., a.a.O., S. 148-155.

322 Die Bestimmung dieses und des folgenden Artikels ist dem Beginn des Abschnitts zum Anerkenntnis des Todkranken im „Ad-durr" und in der „Takmilat radd al-muḥtār" S. 154 und 155 entnommen. (Fn.-Qadrī)

323 Die Bestimmung des Artikels ist dem „At-tanwīr" im vierten Teil S. 662 und der „Al-ḫānīya" S. 75 entnommen. (Fn.-Qadrī)

Art. 244
Wenn der Gläubiger seinen Schuldner von einem Teil der Schuld unter der Einschränkung befreit, dass dieser den Rest der Schuld zu einem bestimmten Zeitpunkt leistet, und der Gläubiger erklärt, dass bei einer nicht fristgemäßen Leistung die ursprüngliche Schuld bei ihm verbleibt, so wird der Schuldner befreit, wenn er dem nachkommt und den Rest zum fälligen Zeitpunkt leistet. Wenn er den Rest nicht leistet, wird er nicht befreit und seine ursprüngliche Schuld bleibt bestehen.[324]

Art. 245
Wenn der Gläubiger seinem Schuldner die Schuld um einen Teil unter der Voraussetzung vermindert, dass dieser ihm den Rest leistet, aber keinen Zeitpunkt für die Leistung festlegt, so ist der Schuldner bei Annahme von diesem verminderten Teil befreit.[325] Dies gilt unabhängig davon, ob er den Rest leistet oder nicht.[326]

Art. 246
Die Befreiung des ursprünglichen Schuldners bewirkt die Befreiung des Bürgen von dessen Verpflichtung.[327]

Art. 247
Wenn der Gläubiger einen von zwei Bürgen befreit, befreit er damit nicht den ursprünglichen Schuldner und den anderen Bürgen.[328]

Art. 248
Wenn der Gläubiger einen von zwei gegenseitig bürgenden Schuldnern von der Schuldverpflichtung befreit, dann befreit er ihn von seiner Teilschuld und von der Bürgschaftsschuld. Der andere Schuldner wird nur von seiner Bürgschaftsschuld befreit. Die ursprüngliche Forderung des Gläubigers ihm gegenüber bleibt erhalten.[329]

---

324 Die Bestimmung des Artikels ist dem Werk von Ibn ʿĀbidīn im vierten Teil S. 662 und der „Al-ḫānīya“ S. 75 entnommen. (Fn.-Qadrī)

325 Vgl. Muršid al-ḥairān ilā maʿrifat aḥwāl al-insān fi-l-muʿāmalāt aš-šarʿīya. Šarḥ wa-dirāsa…, a.a.O., 2. Bd., S. 516.

326 Die Bestimmung des Artikels ist dem Werk von Ibn ʿĀbidīn im vierten Teil S. 662 und der „Al-ḫānīya“ S. 75 entnommen. (Fn.-Qadrī)

327 Die Bestimmung des Artikels ist dem „At-tanwīr“ zur Bürgschaft entnommen. (Fn.-Qadrī)

328 Die Bestimmung des Artikels ist dem Werk von Ibn ʿĀbidīn zur Bürgschaft S. 397 entnommen. (Fn.-Qadrī)

329 Kein Hinweis auf eine Quelle. (Fn.-Qadrī)

Art. 249
Wenn mehrere gegenseitig haftende Bürgen vorhanden sind und der Gläubiger nur einen von ihnen befreit, so erlischt für ihn die Schuld, auch wenn einer von ihnen die gesamte Schuld leistet und gegenüber seinen Mitbürgen, für die er in deren Auftrag gebürgt hat, einen Rückforderungsanspruch erhebt. Er kann vom Befreiten nichts zurückfordern, auch wenn die anderen Bürgen mittellos sind und der Befreite vermögend ist.[330]

4. Abschnitt
Schuldumwandlung[331]

Art. 250
Die Aufhebung des Schuldvertrages und seine Ersetzung durch einen anderen Vertrag ist im gegenseitigen Einvernehmen der beiden Parteien zulässig.[332]

Art. 251
Wenn der erste Schuldvertrag aufgehoben und durch einen anderen Vertrag ersetzt wird, ist die nach dem ersten Vertrag zu leistende Schuld hinfällig. Für den Schuldner ergibt sich eine neue Schuld nach dem zweiten Vertrag.[333]

Art. 252
Wenn für die erste Schuld eine Bürgschaft existiert, der Vertrag aufgehoben und durch einen anderen ersetzt wird, ist die Bürgschaft nichtig und der Bürge wird befreit. Die nach dem neuen Vertrag entstandene Schuld kann von ihm nicht gefordert werden, solange die Bürgschaft nicht erneuert wird.[334]

5. Abschnitt
Aufhebung des Vertrages, der eine Verpflichtung begründet

Art. 253
Wenn der Vertrag zum Austausch von Vermögenswerten[335] wegen eines Rücktrittsrechts oder eines anderen Grundes, der zur Aufhebung führt, aufgehoben

---

[330] Die Bestimmung des Artikels ist dem „Ad-durr“ am Ende des Abschnitts zur Bürgschaft entnommen. (Fn.-Qadrī)

[331] Arab. taǧdīd ad-dain.

[332] Die Bestimmung des Artikels ist der „Al-ḫānīya“ im zweiten Teil S. 218 entnommen. (Fn.-Qadrī)

[333] Die Bestimmung des Artikels ist der „Al-ḥāmidīya“ zur Bürgschaft S. 288 entnommen. (Fn.-Qadrī) So auch im Art. 356 des ägyptischen Zivilgesetzbuches S. 131 von 1948.

[334] Die Bestimmung des Artikels ist der „Ḥāšiyat Abī as-Su'ūd 'alā Munlā Miskīn“ im dritten Teil S. 11 und der „Al-ḥāmidīya“ im ersten Teil S. 288 entnommen. (Fn.-Qadrī)

[335] Vgl. Art. 276.

wird, ist die daraus resultierende Verpflichtung nichtig. Die Übergabe des Gegenwertes, welche dem Käufer gemäß Vertrag obliegt, an den Verkäufer ist nicht notwendig. Wenn er ihn übergeben hat, kann er ihn zurückfordern.[336]

Art. 254
Wenn der sich im Besitz seines Inhabers befindliche Vertragsgegenstand bei Verträgen zum Austausch von Vermögenswerten untergeht, ist der Vertrag nichtig, unabhängig davon, ob der Untergang durch eigenes Zutun oder durch höhere Gewalt verursacht ist. Der Inhaber der untergegangenen Sache ist verpflichtet, die Gegenleistung, die er in Besitz genommen hat, an deren Inhaber zurückzugeben.[337]

Art. 255
Wenn sich der Vertrag zum Austausch von Vermögenswerten auf Nutzungen von Sachen bezieht und die beabsichtigte Nutzung wegen des Untergangs der genutzten Sache unmöglich ist, ist die gesamte Miete für den Nutzer nichtig, unabhängig davon, ob der Vertrag aufgehoben wurde oder nicht. Wenn der Nutzer etwas im Voraus bezahlt hat, kann er dieses zurückfordern, insofern es die Miete für die Zeit bis zum Untergang der Sache übersteigt.[338]

6. Abschnitt
Verjährungswirkung

Art. 256
Die Klage in Bezug auf eine Schuld gegen denjenigen, der die Schuld leugnet, ist unabhängig vom Grund für die Schuld unzulässig, nachdem ohne gesetzlichen Rechtfertigungsgrund fünfzehn Jahre darauf verzichtet wurde. Wenn der Kläger mit einem Rechtfertigungsgrund darauf verzichtet hat, ist die Klage zulässig, so bei einem Abwesenden, der dazu aufgrund der Entfernung[339] nicht imstande ist, oder bei dem Minderjährigen bzw. Geisteskranken, der keinen gesetzlichen oder ernannten Vormund hat. Dies gilt nicht, wenn diese Frist nach der Rückkehr des Abwesenden von seiner Reise, nach der Erlangung der Volljäh-

---

336 Kein Hinweis auf eine Quelle. (Fn.-Qadrī)

337 Die Bestimmung des Artikels ist dem Werk von Ibn ʿĀbidīn zum Verkauf S. 57 entnommen. (Fn.-Qadrī)

338 Die Bestimmung des Artikels ist dem „Šarḥ ad-durr“ zur Miete S. 305 und 308 entnommen. (Fn.-Qadrī)

339 Arab. masāfat al-qaṣr. Bezieht sich gemäß einer Mehrheitsmeinung auf die Entfernung, die die Verkürzung des Gebets und die gleichzeitige Verrichtung von zwei Gebeten erlaubt (ca. 83 km). Vgl. dazu die URL http://www.islamweb.net/fatwa/index.php?page=showfatwa&Option=FatwaId&Id=178 (zuletzt abgerufen: 25.02.2013).

rigkeit durch den Minderjährigen oder nach der Genesung des Geisteskranken von seiner Krankheit vergangen ist.[340]

Art. 257
Der Anspruch auf die Religiöse Stiftung ist vergleichbar mit dem Anspruch auf das uneingeschränkte Eigentum. So ist die Klage des Anspruchsberechtigten gegen den Verwalter der Religiösen Stiftung nicht zulässig, wenn ohne Rechtfertigungsgrund fünfzehn Jahre darauf verzichtet wurde.[341]

Art. 258
Als Beginn der Frist für die Unzulässigkeit der Klage bezüglich einer gestundeten Schuld gilt der Zeitpunkt der Fälligkeit, nicht jedoch der Zeitpunkt des Schuldvertrages. Als Beginn der erwähnten Frist für die Unzulässigkeit der Klage hinsichtlich der gestundeten Brautgabe gilt der Zeitpunkt der Verstoßung oder das Datum des Todes eines der beiden Ehepartner.[342]

Art. 259
So wie eine Klage in Bezug auf eine Schuld durch denjenigen, der ohne Rechtfertigungsgrund fünfzehn Jahre auf die Forderung verzichtete, nicht zulässig ist, ist sie auch nach seinem Tod für seine gesetzlichen Erben unzulässig.

Art. 260
Die Forderung wird jedoch nur berücksichtigt, wenn sie vor einem Gericht erhoben wird. Wenn der Gläubiger die Forderung an seinen Schuldner vor Gericht erhebt und die Klage bis zum Ablauf der Frist nicht entschieden wurde, ist sie danach zulässig. Wenn er die Forderung an ihn außergerichtlich mehrfach erhoben hat, wird seine Forderung nicht berücksichtigt und seine Klage ist nach Ablauf der erwähnten Frist unzulässig.

Art. 261
Wenn einige gesetzliche Erben auf die Klage bezüglich einer Forderung ihres Erblassers ohne Rechtfertigungsgrund fünfzehn Jahre verzichten, die anderen

---

340 Die Bestimmungen dieser sechs Artikel sind dem Werk von Ibn ʿĀbidīn zur Funktion des Richters S. 475 f. entnommen. Die Bestimmung des Art. 257 ist dem Werk von Ibn ʿĀbidīn zur „Al-ḥāmidīya“ im Buch zur Religiösen Stiftung S. 276 entnommen. (Fn.-Qadrī) Die arabischen Ausgaben geben diese Fußnote an unterschiedlichen Stellen wieder. Sie ist jedoch vom Inhalt her dem Art. 256 zuzuordnen.

341 Siehe die Anmerkung unten S. 62. (Fn.-Qadrī) So im arabischen Original der jordanischen Ausgabe von 1987. Im Muršid al-ḥairān ilā maʿrifat aḥwāl al-insān fi-l-muʿāmalāt aš-šarʿīya. Šarḥ wa-dirāsa..., a.a.O., 2. Bd., S. 525 ist diese Fn. mit Verweis auf S. 47 auf den Art. 258 bezogen.

342 Vgl. zu Streitigkeiten über die Brautgabe die Qadrī-Pāšā-Kodifikation Art. 104-111. Ebert, H.-G., Die Qadrî-Pâshâ-Kodifikation. A.a.O., S. 50-53.

gesetzlichen Erben aber einen Rechtfertigungsgrund haben, da sie z.B. minderjährig waren, ist nach der Erlangung ihrer Volljährigkeit die Klage entsprechend ihrem Anteil an der Forderung zulässig.

Das Buch zu den Verträgen im Allgemeinen

1. Kapitel
Rechtsnatur und Voraussetzungen des Vertrages

Art. 262
Der Vertrag bedeutet die Verbindung des Angebotes, das von einem Vertragspartner ausgeht, mit der Annahme durch den anderen auf eine Art und Weise, wodurch sich eine Wirkung für das Vertragsobjekt ergibt.[343]
Aus dem Vertrag folgt die Bindung beider Vertragspartner an die Verpflichtung gegenüber dem jeweils anderen.

Art. 263
Der Vertrag, der sich auf die Eigentumsübertragung von Mobilien und Immobilien mit oder ohne Gegenleistung bezieht, ist wirksam.

Art. 264
Der Vertrag, der sich auf die Verwahrung von Sachen als hinterlegtes Gut[344] oder auf ihren Verbrauch durch Nutzung in Gestalt des Darlehens mit Rückgabe ihres Gegenwertes bezieht, ist wirksam.

Art. 265
Es ist zulässig, den Vertrag zur Nutzung von Sachen mit einer Gegenleistung als Vermietung oder ohne Gegenleistung als Leihe unter Rückgabe der Sachsubstanz an ihren Inhaber zu schließen.

Art. 266
Der Vertrag, der sich auf eine bestimmte handwerkliche Tätigkeit[345] oder eine bestimmte Dienstleistung bezieht, ist wirksam.

Art. 267
Voraussetzung für das Zustandekommen eines jeden Vertrages ist das Vorliegen von drei Elementen: Das sind die beiden Vertragspartner, die Form des Vertrages[346] und das ihm zugewiesene Objekt.

---

343 Der Ausdruck maʿqūd ʿalaihi erscheint an anderer Stelle (z.B. Art. 267) und in anderen Texten auch als maḥall al-ʿaqd. Vgl. Šaraf ad-Dīn, ʿA. al-ʿA., Tārīḫ..., a.a.O., S. 482. Siehe auch Art. 301.

344 Arab. wadīʿa. Vgl. Art. 810-838.

345 Arab. ʿamal muʿaiyan min al-aʿmāl aṣ-ṣināʿīya. Dieser Begriff wird von Qadrī Pāšā unter den Bedingungen einer vorindustriellen Gesellschaft verwendet.

346 Arab. ṣīġat al-ʿaqd.

Voraussetzung für die Wirksamkeit eines jeden Vertrages ist, dass die beiden Vertragspartner geschäftsfähig sind, dass der Vertrag einen Nutzen erbringt, dass das Vertragsobjekt der Wirkung des Vertrages unterliegt und dass das Vertragsobjekt islamisch-rechtlich zulässig ist.

1. Abschnitt
Geschäftsfähigkeit der beiden Vertragspartner

Art. 268
Voraussetzung für den Abschluss von Verträgen in Bezug auf Verkauf, Kauf, Vermietung, Miete, Gesellschaft[347], Schuldanweisung[348], Pfand, Vollmacht[349] und andere Verfügungen, die sowohl vorteilhaft als auch nachteilig sein können, ist, dass jeder der beiden Vertragspartner eine unterscheidungsfähige Person sein muss, die den Sinn des Vertrages begreift und den Vertrag beabsichtigt. Die Volljährigkeit der beiden Vertragspartner ist keine Voraussetzung. Die Verträge von Unmündigen sind allerdings nicht rechtskräftig[350].[351]

Art. 269
Die Verfügungen und Verträge des Unmündigen aufgrund seines geringen Alters und der fehlenden Unterscheidungsfähigkeit sind nichtig.[352] Solche Verfügungen und Verträge kommen generell nicht zustande, unabhängig davon, ob sie für ihn nur vorteilhaft, nur nachteilig oder vorteilhaft und nachteilig zugleich sind.
Der geisteskranke Volljährige, dessen Geisteskrankheit seinen Verstand beherrscht, wird wie ein unverständiger Minderjähriger behandelt. Seine Verträge, die er im Zustand seiner Geisteskrankheit schließt, sind nicht wirksam, sondern ebenfalls nichtig. Wenn er aber manchmal geisteskrank ist und manchmal bei Verstand ist, sind seine Verträge, die er im Zustand voller Verstandeskraft schließt, wirksam und rechtskräftig.

---

[347] Arab. šarika.
[348] Arab. ḥawāla.
[349] Arab. wakāla.
[350] Arab. nāfiḏ.
[351] Siehe die nachfolgenden Artikel (Einfügung von Qadrī Pāšā in den Text). Vgl. zu diesen Fragen die Qadrī-Pāšā-Kodifikation Art. 435-499. Ebert, H.-G., Die Qadrî-Pâshâ-Kodifikation. A.a.O., S. 147-163.
[352] Im Muršid al-ḥairān ilā maʿrifat aḥwāl al-insān fi-l-muʿāmalāt aš-šarʿīya. Šarḥ wadirāsa..., a.a.O., 2. Bd., S. 545 ist lediglich von Verträgen die Rede.

Art. 270

Wenn der Unmündige ein unterscheidungsfähiger Minderjähriger oder ein geistesschwacher Volljähriger[353] ist, sind seine Verfügungen und Verträge, die für ihn nur vorteilhaft sind, wirksam und rechtskräftig, auch wenn der gesetzliche Vormund oder der ernannte Vormund nicht zustimmt. Wenn aber seine Verfügungen und Verträge für sein Wohl nur nachteilig sind, werden sie wie Verfügungen des nichtunterscheidungsfähigen Minderjährigen behandelt und sind generell nicht wirksam, auch wenn der gesetzliche Vormund oder der ernannte Vormund zustimmt.

Art. 271

Wenn der Unmündige, unabhängig davon, ob es sich um einen unterscheidungsfähigen Minderjährigen, einen geistesschwachen Erwachsenen oder einen Sklaven[354] handelt, einen Vertrag schließt, der sowohl vorteilhaft als auch nachteilig ist und für dessen wirksamen Abschluss die Volljährigkeit keine Voraussetzung ist, so ist dieser nur rechtskräftig und entfaltet Wirkung, wenn der gesetzliche Vormund, der ernannte Vormund oder der Patron[355] ausdrücklich zustimmt. Wenn dieser also zustimmt, ist der Vertrag zulässig und entfaltet seine Wirkungen. Wenn er nicht zustimmt oder zustimmt, aber der Vertrag einen Nachteil enthält, der wie ein schwerer Betrug belastend oder vermindernd wirkt, ist der Vertrag nicht zulässig und generell nicht rechtskräftig.

Art. 272

Der Minderjährige oder der zum Handel ermächtigte[356] Sklave kann selbst wirksam Verträge in Bezug auf den Verkauf, den Kauf, die Bevollmächtigung eines Dritten zum Verkauf und Kauf, die Vermietung, die Miete, die Partnerschaft für die Landwirtschaft[357], die Partnerschaft für die Bewässerung und Pflege[358], das Pfand und die Pfandnahme schließen. Sein Anerkenntnis einer Gattungsschuld bzw. einer Stückschuld[359] gegenüber einer Person, die für ihn gerichtlich aussagen kann, der Leihe oder eines hinterlegten Gutes ist zulässig. Eine Herabsetzung des Preises wegen eines Mangels, wie dies unter Kaufleuten üblich ist, ist zulässig. Es ist auch zulässig, dass er einen Vertrag zur Begünstigung[360], zur

---

[353] Arab. kabīr maʿtūh. Zur ḥanafitischen Lehre der rechtlichen Bewertung von Geisteskrankheit und Geistesschwäche siehe Rauscher, Th., Sharīʼa. Islamisches Familienrecht der sunna und shīʼa. Frankfurt am Main 1987, S. 25-26.

[354] Arab. raqīq.

[355] Arab. al-maulā. Bezieht sich auf den Herrn des Sklaven.

[356] Arab. al-maʼḏūn lahu. Im Sinne der Bevollmächtigung zu Rechtsgeschäften.

[357] Arab. muzāraʿa. Vgl. Art. 712-730.

[358] Arab. musāqāt. Vgl. Art. 731-743.

[359] Die beiden Termini werden hier gemäß Wichard, J. Chr., Zwischen Markt..., a.a.O., S. 128-137 verwendet.

[360] Arab. muḥābāt.

Stundung der Schuld und zum Vergleich durch den Verzicht auf einen Teil seiner Forderung, wenn er den Beweis nicht erbringen kann, schließt. Er darf aber kein zinsloses Darlehen vergeben, keine Schenkungen leisten und nicht für einen anderen bürgen.

Art. 273

Der wegen Verschwendungssucht und schlechten Umgangs mit seinem Vermögen gerichtlich Entmündigte wird wie ein unterscheidungsfähiger Minderjähriger in den Verfügungen, die aufgehoben werden können und die im Scherz nichtig sind wie dem Verkauf, der Vermietung o.a., behandelt. Seine diesbezüglichen Verträge sind nur mit Zustimmung des Richters rechtskräftig. Wenn der Richter zustimmt, sind sie rechtskräftig, wenn er sie zurückweist, sind sie nichtig.

Verfügungen, die nicht aufgehoben werden können wie die Ehe, die Verstoßung, die Freilassung eines Sklaven[361], die Anerkennung des Kindes einer Sklavin[362] und die Freilassung eines Sklaven nach dem Tod des Herrn[363] sind wirksam. Bei der Verpflichtung zur Zahlung der Almosensteuer, zur Zahlung der Steuer im Fastenmonat *Ramaḍān*[364], zur Pilgerfahrt und zu den kultischen Pflichten, bei der Aufhebung der Vormundschaft des Vaters oder des Großvaters, beim Anerkenntnis von Strafen, beim pflichtgemäßen Unterhalt von Personen und beim Vermächtnis aus dem Drittel seines Vermögens, wenn ein gesetzlicher Erbe vorhanden ist, wird er als volljährig behandelt.[365]

Art. 274

Für die Wirksamkeit von Verträgen, die eine Spende darstellen wie die Schenkung, die freiwillige religiöse Spende und das Vermächtnis, wird vorausgesetzt, dass der Spender im Vollbesitz seiner geistigen Kräfte ist, volljährig ist und uneingeschränkt über sein Vermögen verfügen kann. Die geistige Reife und die Volljährigkeit sind für denjenigen, an den eine Schenkung oder eine freiwillige

---

361 Arab. iʿtāq.

362 Arab. istīlād. Vgl. dazu die URL http://www.islam-fyi.com/islamic-words/isteelaad (zuletzt abgerufen: 30.11.2012)

363 Arab. tadbīr. Für eine solche Freilassung nach dem Tod kann der Patron im Unterschied zur Rechtsfigur der umm walad höchstens ein Drittel seines Vermögens bereitstellen. Vgl. EI² (TADBĪR - W Heffening). "Tadbīr". Encyclopaedia of Islam, Second Edition. Brill Online, 2013. Reference. UNIVERSITÄTSBIBLIOTHEK LEIPZIG. 23 January 2013 <http://referenceworks.brillonline.com/entries/encyclopaedia-of-islam-2/tadbir-COM_1139>.

364 Arab. fiṭra. Der Ausdruck bezeichnet die religiöse Steuer (zakāt al-fiṭr), so im „Al-qāmūs al-muḥīṭ". Er bedeutet an dieser Stelle nicht die natürliche Geschaffenheit des Menschen zu Gott hin. Siehe Nagel, T., Das islamische Recht. Westhofen 2001, S. 12-13.

365 Der Druckfehler im letzten Wort (richtig: ka-bāliġ) wirkt sich in der jordanischen Ausgabe von 1987 (S. 74) sinnentstellend aus.

religiöse Spende geleistet wird oder der in einem Vermächtnis bedacht wird, keine Voraussetzung.

Art. 275
Für die Wirksamkeit von Haftungsverträgen, von Verträgen zur Verwahrung von hinterlegten Gütern, von Verträgen der Treuhandschaft und von Schuldverträgen, die zur Zahlung einer angewiesenen Schuld verpflichten, wird vorausgesetzt, dass der Haftende, der Verwahrer bzw. der zur Zahlung der angewiesenen Schuld Verpflichtete im Vollbesitz seiner geistigen Kräfte, volljährig und nicht entmündigt ist. Für denjenigen, der Inhaber der Forderung ist, für die gehaftet oder deren Erfüllung übernommen wird, und für den Inhaber der verwahrten Sache ist, wird nicht vorausgesetzt, dass er im Vollbesitz seiner geistigen Kräfte und volljährig ist, es sei denn, dass dieser den Vertrag selbstständig abschließt und entweder nicht im Vollbesitz seiner geistigen Kräfte oder im Vollbesitz seiner geistigen Kräfte, aber nicht ermächtigt ist. Im ersten Fall kommt der Vertrag nicht zustande, im zweiten Fall ist er nur mit Genehmigung des gesetzlichen oder ernannten Vormundes rechtskräftig.

Art. 276
Für die Rechtskraft von Verträgen zum Austausch von Vermögenswerten[366], die sich auf die Sachsubstanz oder auf den Nutzen von Sachen beziehen, muss derjenige, der über die Vertragssache verfügt, der Eigentümer oder der Bevollmächtigte des Eigentümers sein, wenn dieser im Vollbesitz seiner geistigen Kräfte und volljährig ist. Wenn der Eigentümer minderjährig ist oder volljährig, aber geisteskrank oder geistesschwach ist, muss der Verfügende ein gesetzlicher oder ernannter Vormund sein. Zudem darf mit der Sache kein Recht eines anderen als desjenigen, der darüber verfügt, verbunden sein.

Art. 277
Voraussetzung für die Bindungswirkung von Verträgen zum Austausch von Vermögenswerten, die sich auf die Sachsubstanz oder auf den Nutzen von Sachen beziehen, ist, dass sie frei von Rücktrittsrechten[367] sind.

Art. 278
Es ist zulässig, dass die im Vollbesitz ihrer geistigen Kräfte befindliche, volljährige und nicht entmündigte freie Person selbst einen Vertrag beliebiger Art schließt oder eine andere Person dazu bevollmächtigt.
Wer also einen Vertrag selbst für sich schließt, ist nur allein an die daraus resultierenden Rechte und Wirkungen gebunden.

---

366 Arab. ʿuqūd al-muʿāwaḍāt. Auch als Austauschverträge bezeichnet. Vgl. Wichard, J. Chr., Zwischen Markt..., a.a.O., S. 242.
367 Arab. ḫiyārāt. Vgl. Šaraf ad-Dīn, ʿA. al-ʿA., Tārīḫ..., a.a.O., S. 639.

Art. 279

Wenn jemand aufgrund einer Vollmacht für einen anderen einen Vertrag über eine Schenkung, eine freiwillige religiöse Spende, eine Leihe, eine Hinterlegung, eine Verpfändung oder ein Darlehen schließt und als Bevollmächtigter des Eigentümers agiert, so ist der Vertrag für den Vollmachtgeber uneingeschränkt wirksam, unabhängig davon, ob der Bevollmächtigte den Vertrag im Namen seines Vollmachtgebers oder im eigenen Namen schließt.

Wenn er als Bevollmächtigter desjenigen, der das Eigentum erlangen will[368], handelt und erklärt, den Vertrag für sich selbst zu schließen, gilt der Vertrag für ihn, nicht aber für den Vollmachtgeber. Wenn er erklärt, den Vertrag für den Vollmachtgeber zu schließen, gilt der Vertrag für den Vollmachtgeber und entfaltet seine Wirkungen. Lediglich beim Darlehen ist dafür eine spezielle Berufung notwendig.[369]

Art. 280

Wenn jemand durch Bevollmächtigung für einen anderen einen Vertrag zum Austausch von Vermögenswerten wie den Verkauf, den Kauf, die Vermietung oder den Vergleich durch Anerkenntnis schließt, so gilt der Vertrag für den Vollmachtgeber, unabhängig davon, ob der Bevollmächtigte erklärt, den Vertrag für sich selbst oder für den Vollmachtgeber zu schließen.

Art. 281

Wenn der Bevollmächtigte erklärt, den Vertrag zum Austausch von Vermögenswerten für sich selbst zu schließen, fallen alle Rechte des Vertrages an ihn. In Bezug auf einen Verkauf, eine Vermietung oder ein Vergleichsangebot seitens des Klägers ist der Bevollmächtigte für die Übergabe der verkauften oder vermieteten Sache verantwortlich. Er kann den Preis, die Miete oder die Entschädigung beim Vergleich fordern. Wenn auf das Kauf-, Miet- oder Vergleichsobjekt ein Anspruch besteht, kann der Käufer, Mieter oder der Beklagte beim Vergleich gegenüber dem Bevollmächtigten einen Rückforderungsanspruch hinsichtlich des Preises, der Miete oder der Entschädigung beim Vergleich geltend machen.

Wenn er als Bevollmächtigter etwas kauft, mietet oder durch ein Vergleichsangebot seitens des Beklagten erhält, nimmt er die gekaufte oder gemietete Sache in Besitz. Er hat den Preis der Sache oder die Miete für die Sache und die Entschädigung beim Vergleich zu bezahlen.

---

[368] Arab. ṭālib at-tamlīk. In den beiden arabischen Ausgaben von 1987 und 2003 fälschlicherweise als ṭālib at-tamalluk wiedergegeben. Inhaltlich ergeben sich keine Unterschiede.

[369] Das Darlehen wird bei einigen Autoren in Verbindung mit Bettelei gebracht. Vgl. Muršid al-ḥairān ilā maʿrifat aḥwāl al-insān fi-l-muʿāmalāt aš-šarʿīya. Šarḥ wa-dirāsa…, a.a.O., 2. Bd., S. 566. Vgl. Art. 927.

Wenn er aber erklärt, den Vertrag für seinen Vollmachtgeber zu schließen, fallen alle Rechte des Vertrages an seinen Vollmachtgeber. Er kann keine Forderung erheben und es können keine Forderungen an ihn gerichtet werden. Für ihn resultieren keine Rechte und Pflichten aus dem Vertrag.

Art. 282

Wenn der gut beleumundete Vater[370] über das Vermögen seines minderjährigen Kindes, seines volljährigen geisteskranken oder seines volljährigen geistesschwachen Kindes durch Verkauf oder Vermietung verfügt und seine Verfügung zu einem angemessenen Wert oder mit einem unbeträchtlichen Nachteil erfolgt, ist der Vertrag wirksam. Das Kind darf nach Erlangung der Verstandeskraft oder nach der Genesung von seiner Geisteskrankheit oder Geistesschwäche den Vertrag nicht auflösen.

Art. 283

Wenn der schlecht beleumundete Vater[371], der mit dem Vermögen nicht gut umgehen kann, über das Vermögen seines minderjährigen Kindes, seines volljährigen geisteskranken oder seines volljährigen geistesschwachen Kindes durch Verkauf verfügt, ist sein Verkauf grundsätzlich unwirksam, es sei denn, er erfolgt zum Doppelten des Wertes. Dies gilt unabhängig davon, ob das Verkaufsobjekt eine unbewegliche oder eine bewegliche Sache ist. Wenn er die Sache aber unter dem Doppelten des Wertes verkauft, kann das Kind nach Erlangung der Volljährigkeit oder nach der Genesung den Vertrag auflösen.

Art. 284

Wenn der ernannte Vormund über die Immobilie des Mündels durch Verkauf ohne eine gesetzliche Rechtfertigung verfügt, ist seine Verfügung nicht wirksam. Der Minderjährige kann nach der Erlangung der Verstandeskraft den Vertrag auflösen. Wenn er mit einer gesetzlichen Rechtfertigung verfügt, ist der Minderjährige an die Wirkungen der Verfügung gebunden. Er darf den Vertrag nicht auflösen.

Die Verfügung des ernannten Vormundes über das bewegliche Vermögen des Mündels zum angemessenen Wert oder mit einem unbeträchtlichen Nachteil ist zulässig und bindend. Der Minderjährige darf den Vertrag nach der Erlangung seiner Volljährigkeit nicht auflösen. Wenn er darüber zum beträchtlichen Nachteil verfügt, ist seine Verfügung grundsätzlich nicht wirksam. Seine Zustimmung[372] ist ausgeschlossen.

---

[370] Arab. al-ab al-mastūr ḥāluhu.

[371] Arab. al-ab al-fāsid ar-ra'y.

[372] Das Wort ist in der jordanischen Ausgabe von 1987 fehlerhaft.

2. Abschnitt
Einverständnis der Vertragspartner und Nichtigkeit des Einverständnisses

Art. 285
Voraussetzung für die Wirksamkeit des Vertrages, der sich auf die Sachsubstanz oder die Nutzung von Sachen bezieht, ist das gegenseitige Einvernehmen[373] der beiden Vertragspartner ohne Zwang[374] und Gewalt.

Art. 286
Der Zwang hat zwei Formen: Der unmittelbare und der mittelbare Zwang[375].
Der unmittelbare Zwang macht das Einverständnis nichtig und die Willensfreiheit fehlerhaft. Er wird durch Bedrohung mit Tötung der Person, der vollständigen bzw. teilweisen Vernichtung eines Körperteils, durch heftige Schlageinwirkung, sodass die Tötung der Person oder die Vernichtung eines Körperteils zu befürchten ist, oder durch die Vernichtung des gesamten Vermögens hervorgerufen.
Der mittelbare Zwang macht das Einverständnis ebenso nichtig, jedoch die Willensfreiheit nicht fehlerhaft. Er wird durch Bedrohung mit ausgedehnter Haft und längerer Fesselung sowie durch Schlageinwirkung, die gemäß allgemeiner Auffassung keine vernichtende Wirkung hat, hervorgerufen.

Art. 287
Der Zwang durch Inhaftierung der Eltern, der Kinder oder anderer Verwandter, die in einem die Ehe ausschließenden Verhältnis stehen[376], oder durch Schlageinwirkung gegen diese Personen macht das Einverständnis ebenso nichtig.

Art. 288
Der Zwang kann von Person zu Person nach Alter, Zustand, Stellung, Rang, Grad der Auswirkung und Schmerzempfindung in Bezug auf eine längere oder kürzere Haft und in Bezug auf eine stärkere oder geringfügigere Schlageinwirkung unterschiedlich sein.

---

[373] Arab. tarāḍin.
[374] Arab. ikrāh. Hierbei wird insbesondere auf Koran 2:256 („In der Religion gibt es keinen Zwang, d.h. man kann niemanden zum <rechten> Glauben zwingen.“) verwiesen. Dazu: Šaraf ad-Dīn, ʿA. al-ʿA., Tārīḫ..., a.a.O., S. 567.
[375] Arab. ikrāh mulǧi' wa-ġair mulǧi'. Zur Erläuterung siehe Muršid al-ḥairān ilā maʿrifat aḥwāl al-insān fi-l-muʿāmalāt aš-šarʿīya. Šarḥ wa-dirāsa…, a.a.O., 2. Bd., S. 592.
[376] Arab. ḏū raḥim muḥarram. Vgl. Art. 19-25 der Qadrī-Pāšā-Kodifikation.

Art. 289
Für die Berücksichtigung des Zwangs, der das Einverständnis nichtig macht, wird vorausgesetzt, dass derjenige, der den Zwang ausübt, in der Lage ist, die Drohung zu verwirklichen, und dass der Gezwungene befürchten muss, dass die Drohung gegen ihn direkt wirksam wird, indem er davon überzeugt ist, dass die Drohung wahr wird, wenn er den mit der Drohung verbundenen Auftrag nicht ausführt. Wenn aber derjenige, der mit dem Zwang droht, nicht in der Lage ist, seine Drohung zu verwirklichen, wird der Zwang nicht berücksichtigt.

Art. 290
Wenn der Gezwungene in Abwesenheit desjenigen, der mit dem Zwang droht, den Vertrag schließt und dieser keine Person entsendet, die den Gezwungenen im Verweigerungsfalle ihm überstellt, liegt kein Zwang vor. Der Vertrag wird dann als freiwillig angesehen.

Art. 291
Das Einverständnis ist eine Bedingung für die Wirksamkeit von Verträgen, die aufgehoben werden können. Sie werden durch das Versäumnis des Einverständnisses fehlerhaft. Dies gilt für den Verkauf, den Kauf, die Vermietung, die Miete, die Schenkung, den Vergleich, die Stundung der Schuld, das Vorkaufsrecht u.a.
Wer also in einer der beiden Formen gezwungen wird, einen der Verträge zu schließen, dessen Vertrag ist nicht wirksam.

Art. 292
Die Befreiung des Schuldners und des Personenbürgen bzw. des Vermögensbürgen[377] von der Schuld durch Zwang gegenüber dem Gläubiger ist ebenso nicht wirksam.
Wer also unmittelbar oder mittelbar gezwungen wird, eine Person oder einen Bürgen von der Schuld zu befreien, dessen Befreiung ist nicht wirksam. Er hat auch weiterhin Anspruch auf seine Forderung gegenüber beiden Personen.

Art. 293
Die Bürgschaft und die Schuldanweisung sind ebenfalls durch Zwang nicht wirksam.
Wer also unter Zwang eine Bürgschaft für einen anderen übernimmt oder die Übernahme einer Schuld durch Gewalt akzeptiert, ist nicht an seine durch Zwang auferlegte Verpflichtung gebunden.

---

[377] Vgl. Art. 839-875.

Art. 294

Das Anerkenntnis durch Zwang ist nicht wirksam. Das Anerkenntnis ist also nicht zu berücksichtigen, wenn eine Person zum Anerkenntnis gezwungen wird und aus der Situation erkennt, dass im Falle der Weigerung die Drohung mit Vernichtung, Haft oder Schlageinwirkung verwirklicht wird, wobei derjenige, der mit dem Zwang droht, dazu in der Lage ist, sodass die Person aus Furcht vor der Verwirklichung der Drohung ihr Anerkenntnis abgibt. Diese Person ist nicht an das gebunden, was sie im Anerkenntnis ausgesagt hat.
Der Ehemann übt Macht über seine Ehefrau aus.[378] Wenn also jemand seine Ehefrau durch Schlageinwirkung oder die Verweigerung des Kontakts mit ihrer Familie zwingt, dass sie ihm ihre Brautgabe schenkt, und sie dies aus Furcht tut, so ist die Schenkung nicht wirksam. Der Ehemann ist nicht von seiner Verpflichtung zur Brautgabe befreit.

Art. 295

Die Verträge und Verfügungen, die auch im Scherz[379] wirksam sind und nicht aufgehoben werden können wie die Ehe, die Verstoßung, die Freilassung eines Sklaven u.a., werden nicht durch den Zwang beeinflusst und sind dadurch nicht unwirksam.
Wer also zum Ehevertrag, zur Verstoßung oder zur Freilassung eines Sklaven gezwungen wird, dessen Ehevertrag ist zulässig, dessen Verstoßung erfolgt und dessen Freilassung eines Sklaven ist wirksam. Derjenige, der durch Zwang einen Sklaven freilassen muss, hat einen Rückforderungsanspruch in Höhe des Wertes seines Freigelassenen gegenüber demjenigen, der ihn gezwungen hat, wenn er ihn nicht wegen einer Buße[380] freigelassen hat und seine Freilassung schon ausgesprochen war, aber noch nicht praktisch erfolgte.

Art. 296

Derjenige, der zu einem aufhebbaren Vertrag gezwungen wird, kann nach Wegfall des Zwangs den Vertrag aufheben. Das Recht seiner Aufhebung wird nicht durch seinen Tod, durch den Tod desjenigen, der den Zwang ausübt, und den Tod des anderen Vertragspartners nichtig, sondern seine gesetzlichen Erben treten an seine Stelle.

Art. 297

Der Vertrag, den der Gezwungene abschließt, ist fehlerhaft, aber nicht nichtig, und von der Zustimmung abhängig. Wenn der Gezwungene nach dem Wegfall

---

[378] Arab. ḏū šauka.

[379] Arab. maʿa al-hazl.

[380] Arab. kaffāra. Vgl. El Baradie, A., Gottes-Recht und Menschen-Recht. Grundlagenprobleme der islamischen Strafrechtslehre. Baden-Baden 1983, S. 140.

der Furcht ausdrücklich oder stillschweigend zustimmt, verwandelt er sich in einen wirksamen Vertrag.

Art. 298
Die Verträge, die durch Zwang zustande kommen, sind in Bezug auf ihre Rechtskraft nicht von der Zustimmung des Gezwungenen nach Wegfall des Zwangs abhängig, sondern sind unabhängig davon rechtskräftig und führen zum Eigentum durch Inbesitznahme. Wenn also der Gezwungene einen Verkaufsvertrag schließt, wird der Käufer mit Inbesitznahme des Verkaufsobjektes zum Eigentümer in einem fehlerhaften Vertrag. Seine Verfügungen, die nicht aufhebbar sind, sind wirksam. Der Wert des Verkaufsobjektes ist bindend. Der gezwungene Verkäufer hat die Wahl, ob er denjenigen, der ihn zum Verkauf gezwungen hat, für den Wert des Verkaufsobjektes zum Tag der Übergabe an den Käufer oder ob er den Käufer zum Tag der Inbesitznahme des Verkaufsobjektes oder zum Tag der nicht aufhebbaren Verfügung haftbar macht.

Art. 299
Der gezwungene Verkäufer und nach ihm seine gesetzlichen Erben können die aufhebbaren Verfügungen des Käufers auflösen und die Sache, die gezwungenermaßen verkauft wurde, zurückfordern, sofern die Sache noch existiert, auch wenn sie von einer Hand in die andere gegangen ist. Wenn die Sache im Besitz des Käufers untergegangen ist, haftet der Käufer für ihren Wert. Der Verkäufer hat die Wahl, den Käufer oder denjenigen, der ihn gezwungen hat, dafür in Haftung zu nehmen. Wenn derjenige, der ihn gezwungen hat, haftet, hat dieser einen Rückforderungsanspruch gegenüber dem Käufer. Wenn aber der Käufer derjenige ist, der zum Kauf gezwungen wurde, und das Verkaufsobjekt in seinem Besitz ohne schuldhafte Rechtsverletzung seinerseits untergegangen ist, haftet er dafür nicht.
Ebenso haftet der gezwungene Verkäufer nicht, wenn er den Preis gezwungenermaßen in Besitz genommen hat und dieser ohne schuldhafte Rechtsverletzung seinerseits untergegangen ist.

3. Abschnitt
Schwerer Schaden und Vertragsirrtum

Art. 300
Der schwere Schaden macht den Vertrag weder fehlerhaft noch gibt er dem Geschädigten das Recht seiner Aufhebung, es sei denn, es handelt sich um eine Täuschung. Dann ist der Vertrag fehlerhaft und muss bei einem schweren Schaden aufgehoben werden. Selbst wenn keine Täuschung vorliegt, gilt dies auch, wenn der schwer Geschädigte ein Minderjähriger ist oder das Vermögen, auf das sich der schwere Schaden bezieht, Vermögen einer Religiösen Stiftung ist.

Art. 301
Wenn sich der Irrtum auf den Vertragsgegenstand[381] bezieht und das vertraglich Vereinbarte bezeichnet und beschrieben ist, so ist bei einer Meinungsverschiedenheit in Bezug auf die Gattung das Bezeichnete maßgeblich und in Ermangelung dessen der Vertrag nichtig. Wenn die Qualität[382], nicht aber die Gattung, strittig ist, bezieht sich der Vertrag auf das Beschriebene und kommt, weil vorhanden, zustande. Der Vertragspartner, der den Qualitätsmangel erleidet, hat die Wahl, ob er den Vertrag ausführen oder auflösen will.
Wenn etwa ein Stein unter der Bedingung verkauft wird, dass dieser ein Edelstein[383] ist, er aber nur aus Glas besteht, ist der Verkauf nichtig. Falls er aber in der Nacht als roter Edelstein verkauft wurde und sich herausstellt, dass er gelb ist, ist der Verkauf wirksam und der Käufer hat die Wahl, den Vertrag auszuführen oder aufzulösen.

4. Abschnitt
Gegenstand, Nutzen und islamisch rechtmäßiges Ziel des Vertrages

Art. 302
Jeder Vertrag muss einen Gegenstand haben, auf den sich seine Wirkung beziehen kann. Der Vertragsgegenstand kann wirksam eine bestimmte oder unbestimmte Sache, eine Sachnutzung oder eine Tätigkeit sein.

Art. 303
Für die Wirksamkeit von zweiseitigen Verträgen zum Austausch von Vermögenswerten ist es notwendig, dass jeder der beiden Vermögenswerte so bestimmt ist, dass keine übermäßige Unklarheit[384] vorliegt. Dies gilt unabhängig davon, ob jeder der beiden Vermögenswerte so bestimmt ist, dass die zum Zeitpunkt des Vertragsschlusses vorhandene Sache bzw. ihr spezifischer Ort beschrieben wird oder dass Qualität und Menge bei messbaren Sachen bzw. Anderes angegeben wird, um eine übermäßige Unklarheit zu vermeiden. Die Erwähnung der Gattung ohne Menge und Qualität reicht nicht aus.

Art. 304
Eine nicht vorhandene Sache, die in Zukunft existieren soll, kann nicht Gegenstand der zuvor erwähnten Verträge sein, es sei denn, es handelt sich um einen Terminkauf[385], der die Voraussetzungen hierfür erfüllt.

---

[381] Arab. maḥall al-ʿaqd.
[382] Arab. waṣf.
[383] Arab. yāqūt.
[384] Arab. ǧahāla fāḥiša.
[385] Arab. salam. In der mālikitischen Schule wird dieser Vertrag als salaf bezeichnet. R. Lohlker macht zu Recht darauf aufmerksam, dass der Begriff „Terminkauf" dem Inhalt

Art. 305
Es ist notwendig, dass im Vertrag ein Nutzen für seine beiden Vertragspartner liegt und dass das Ziel des Vertrages islamisch rechtmäßig ist.
Jeder Vertrag, in welchem kein Nutzen für die beiden Vertragspartner liegt, ist fehlerhaft. Dies gilt auch für den Vertrag, der kein islamisch rechtmäßiges Ziel hat.

5. Abschnitt
Wirkungen der Verträge

Art. 306
Die Wirkungen der Verträge betreffen nur das Recht der beiden Vertragspartner und sind für Dritte nicht bindend.
Es ist nicht zulässig, bindende Verträge aufzuheben, es sei denn, dies geschieht in Fällen, in denen eine Aufhebung zulässig ist, im gegenseitigen Einvernehmen der beiden Vertragspartner.

Art. 307
Der zweiseitige Vertrag zum Austausch von Vermögenswerten, der sich auf Sachen bezieht, erfordert bei einem Abschluss, der die Voraussetzungen der Wirksamkeit erfüllt, dass jeder der beiden Vertragspartner Eigentümer des Gegenstandes, den er für sein Eigentum austauscht, wird und dass jeder von beiden verpflichtet ist, dem anderen sein vertraglich festgelegtes Eigentum zu übergeben.

Art. 308
Der zweiseitige Vertrag zum Austausch von Vermögenswerten, der für Sachnutzungen abgeschlossen wird und die Voraussetzungen der Wirksamkeit und Rechtskraft erfüllt[386], verpflichtet den über die Sache Verfügenden, diese an den Nutznießer zu übergeben, und verpflichtet den Nutznießer, den aus der Nutzung fälligen Betrag an den Inhaber der Sache zu übergeben.

---

des salaf nicht voll gerecht wird, denn die Vorauszahlung des Kapitalgebers im Hinblick auf die spätere Lieferung wird vorausgesetzt. Vgl. Lohlker, R., Der Handel im mālikitischen Recht. Am Beispiel des k. al-buyūʿ im Kitāb al-Muwaṭṭaʾ des Mālik b. Anas und des salam aus der Mudawwana al-kubrā von Saḥnūn. Berlin 1991, S. 116 und 135. Da es sich nicht um ein individuell bestimmtes Vertragsobjekt handelt, verwendet J. Chr. Wichard den Terminus „Gattungskauf". Vgl. Wichard, J. Chr., Zwischen Markt..., a.a.O., S. 158.

[386] Arab. šarāʾiṭ aṣ-ṣiḥḥa wa-n-nafāḏ.

Art. 309
Der Schenkungsvertrag ohne Gegenleistung ist nach seinem Abschluss nur dann wirksam und für den Schenker verbindlich, wenn die geschenkte Sache an den Beschenkten übergeben wird und dieser die Sache vollständig in Besitz genommen hat.
Dies gilt auch bei einer Schenkung unter der Bedingung einer Gegenleistung. Sie kommt nur durch die Inbesitznahme der beiden Gegenleistungen zustande.

Art. 310
Wenn der Vertrag in Bezug auf seine Rechtskraft schwebend unwirksam[387] abgeschlossen wird, indem der Vertragspartner als nicht beauftragter Vermittler[388] über das Vermögen eines Dritten ohne dessen Einwilligung verfügt oder indem der Vertragspartner ein unterscheidungsfähiger Minderjähriger ist, so entfaltet der Vertrag keine Wirkung und das Eigentum wird nicht bestätigt, es sei denn, dass im ersten Fall der Eigentümer und im zweiten Fall der gesetzliche oder ernannte Vormund zustimmt und mit der Zustimmung die Voraussetzungen für die Wirksamkeit erfüllt werden.

Art. 311
Der wirksame Vertrag, der durch seinen Abschluss seine Wirkung entfaltet, ist der in Bezug auf die Personen und die Merkmale[389] islamisch rechtmäßige Vertrag.
Mit der Rechtmäßigkeit des Vertrages in Bezug auf die Personen und die Merkmale ist gemeint, dass sich seine Grundlage auf dazu berechtigte Personen und einen vertragsfähigen Gegenstand bezieht, dass seine Merkmale wirksam und frei von Mängeln sind und dass er nicht an Bedingungen geknüpft ist, die ihn fehlerhaft machen.[390]

Art. 312
Der fehlerhafte Vertrag ist derjenige, dessen Grundprinzip, nicht aber dessen Merkmale rechtmäßig sind, d.h. er ist wirksam im Hinblick auf sein Grundprinzip und weist keine Mängel in seiner Grundlage und in seinem Gegenstand auf, er ist fehlerhaft im Hinblick auf einige seiner äußeren Merkmale. Dies ist der Fall, wenn über den Vertragsgegenstand oder seinen Gegenwert übermäßige Unklarheit besteht, der Vertrag ohne Nutzen ist oder mit einer Bedingung ver-

[387] Arab. mauqūf ġair nāfiḏ.
[388] Arab. fuḍūlī.
[389] Arab. ḏātan wa-waṣfan.
[390] Der wirksame Vertrag kann nach ḥanafitischer Lehre rechtskräftig (nāfiḏ) oder nicht rechtskräftig (ġair nāfiḏ) sein. Die Kategorie mauqūf (schwebend unwirksam) gilt gleichermaßen als nicht rechtskräftig. Vgl. Muršid al-ḥairān ilā maʿrifat aḥwāl al-insān fi-l-muʿāmalāt aš-šarʿīya. Šarḥ wa-dirāsa…, a.a.O., 2. Bd., S. 622-626.

knüpft ist, die ihn fehlerhaft macht. Der fehlerhafte Vertrag erzeugt kein Eigentum am Vertragsgegenstand, es sei denn, der Vertragsgegenstand wird mit Genehmigung seines Inhabers in Besitz genommen.

Art. 313
Der nichtige Vertrag ist derjenige, der weder vom Grundprinzip her noch in den Merkmalen wirksam ist, d.h. seine Grundlage oder sein Gegenstand weisen Mängel auf. Dies ist der Fall, wenn Angebot und Annahme von Personen kommen, die nicht zum Vertrag berechtigt sind, oder der Gegenstand des Vertrages nicht vertragsfähig ist.
Der nichtige Vertrag kommt grundsätzlich nicht zustande und erzeugt auch durch Inbesitznahme kein Eigentum an den Vermögenswerten.

Art. 314
In den Verträgen sind die Absichten[391] und Bedeutungen[392], nicht aber die Wörter[393] und Formen[394] beachtlich.[395]

2. Kapitel
Verträge, die wirksam mit einer Bedingung[396] verbunden sein können oder nicht bzw. die wirksam von einer Bedingung abhängig gemacht werden können oder nicht
Zukünftig wirksame und nicht wirksame Verträge

1. Abschnitt
Wesen der Bedingung und der Abhängigkeit

Art. 315
Die Bedingung ist eine zukünftige Verpflichtung durch ein zukünftiges Ereignis in einer bestimmten Form.[397]

---

391 Arab. maqāṣid.
392 Arab. al-maʿānī.
393 Arab. alfāẓ.
394 Arab. al-mabānī.
395 Diese Formulierung geht auf ein islamisches Rechtsprinzip zurück. Dieses wurde aus dem Verzicht des zweiten Kalifen ʿUmar (gest. 644) auf die Bezeichnung ǧizya (Kopfsteuer) abgeleitet, da diese Bezeichnung von einem christlichen Stamm als unterdrückend empfunden wurde. So verzichtete der Kalif auf die Bezeichnung, nicht aber auf den Inhalt.
396 In der jordanischen Ausgabe von 1987 fehlerhaft: šurūṭ statt korrekt šarṭ.
397 In der Definition von as-Saiyid ist die Bedingung etwas, wovon die Existenz einer Sache abhängt, was mit dem Wesen der Sache nicht verbunden ist und was deren Existenz nicht beeinflusst. Es wird auch gesagt, dass die Bedingung etwas ist, wovon die Wirksamkeit abhängt. Im islamischen Recht bedeutet die Bedingung etwas, worauf sich bei dessen Existenz die Wirksamkeit beziehen kann. (Fn.-Qadrī)

Die abhängige Vertragsgestaltung[398] bedeutet, die zukünftige Verpflichtung vom Eintritt eines zukünftigen Ereignisses abhängig zu machen, indem dieses durch eine konditionale Konjunktion[399] verbunden wird.

Art. 316
Der unabhängige Vertrag[400] ist der Form nach uneingeschränkt, nicht mit einer Bedingung verbunden und bezieht sich nicht auf die Zukunft. Seine Wirkung tritt sofort ein.

Art. 317
Der abhängige Vertrag ist von einer noch nicht existierenden Bedingung oder einem zukünftigen Ereignis abhängig.
Die Abhängigkeit ist ein Grund für die Verzögerung des Vertrages bis zum Eintritt der Bedingung. Wenn also die Bedingung eintritt, ist dies ein Grund, der zur Wirkung des Vertrages führt.[401]

Art. 318
Voraussetzung für die Wirksamkeit eines von einer Bedingung abhängigen Vertrages ist, dass die Bedingung eintreten kann, weder bereits eingetreten noch unmöglich ist.

Art. 319
Der von einer mit Sicherheit eintretenden Bedingung abhängige Vertrag wird sofort ausgeführt, wenn dies von Beginn an feststeht.
Die unmögliche Bedingung ist nichtig und unbeachtlich.

Art. 320
Der verweisende Vertrag[402] ist einer, der sich auf eine zukünftige Zeit bezieht. Aufgrund des Verweises wird er sofort geschlossen, aber seine Wirkung verzögert sich, bis der Zeitpunkt, auf den verwiesen wird, eingetreten ist.

---

398 Arab. taʿlīq.

399 Arab. adāt aš-šarṭ. Dabei handelt es sich um Konjunktionen wie „in" und „iḏā".

400 Arab. al-ʿaqd al-munǧaz.

401 Die nachstehende Bestimmung der Abhängigkeit und Anbindung ist dem Buch zum Schwur (aimān) des Werkes „Al-ašbāh" (Das Buch der Ähnlichkeiten) von al-Ḥamawī S. 373 aus dem Verlag in Istanbul entnommen. (Fn.-Qadrī) Der ḥanafitische Autor A. b. M. al-Ḥamawī (gest. 1687) hat einen Kommentar zum Buch von Ibn Nuǧaim (gest. 1563) „Al-ašbāh wa-n-naẓā'ir" (Ähnlichkeiten und Analogien) geschrieben. Siehe Spies, O., Pritsch, E., Klassisches Islamisches..., a.a.O., S. 246. Dieses Buch ist insbesondere in den Art. 2-100 der osmanischen Mecelle verwendet worden. Vgl. Krüger, H., Zum zeitlich-räumlichen Geltungsbereich..., a.a.O., S. 48-49.

402 Arab. al-ʿaqd al-muḍāf.

Art. 321
Die Bedingung, die sich aus den Erfordernissen des Vertrages ergibt bzw. die mit ihm in Übereinstimmung steht und seine Durchsetzung sichert, ist zulässig und beachtlich. Die Verbindung des Vertrages damit ist wirksam.
Ebenso ist die gewöhnliche Bedingung, die als Gewohnheit eines Ortes wirkt und die in den Rechtsgeschäften zwischen Kaufleuten[403] und Handwerkern[404] Berücksichtigung findet, beachtlich.

Art. 322
Die Bedingung, die sich nicht aus den Erfordernissen und Notwendigkeiten des Vertrages ergibt, die seine Durchsetzung nicht sichert, die nicht als Gewohnheit wirkt und die nur einem[405] der Vertragspartner oder einem Dritten nutzt, ist fehlerhaft.[406]
Die Bedingung, die weder einem der beiden Vertragspartner noch einem Dritten nutzt, ist nichtig und unbeachtlich. Der damit verbundene Vertrag ist wirksam.

2. Abschnitt
Auflistung der Verträge, die wirksam mit einer Bedingung verbunden sein können oder nicht bzw. die wirksam von einer Bedingung abhängig gemacht werden können oder nicht

Art. 323
Jeder Austausch einer Sache gegen eine andere wie der Verkauf, der Kauf, die Vermietung, die Miete, die Partnerschaft für die Landwirtschaft, die Partnerschaft für die Bewässerung und Pflege, die Teilung[407] und der Vergleich hinsichtlich einer Sache ist in Verbindung mit einer fehlerhaften Bedingung und in Abhängigkeit von einer fehlerhaften Bedingung nicht wirksam, sondern fehlerhaft.
Dies gilt auch für die Zustimmung zu diesen Verträgen. Die Verträge sind fehlerhaft, wenn sie mit der fehlerhaften Bedingung verbunden und von ihr abhängig sind.

---

403 Arab. tuǧǧār.
404 Arab. arbāb aṣ-ṣanā'i'.
405 In der Ausgabe von 2003 fehlerhaft. Es muss korrekt aḥad heißen.
406 Vgl. zur fehlerhaften Bedingung gemäß ḥanafitischer Lehre: Arabi, Ou., Contract Stipulations (*Shurūṭ*) in Islamic Law: The Ottoman Majalla and Ibn Taymiyya. In: International Journal of Middle East Studies (IJMES), Cambridge University Press 30/1998, S. 32.
407 Arab. qisma.

Art. 324
Jeder Austausch einer Sache gegen etwas, was keine Sache ist, wie die Ehe und der Loskauf der Frau aus der Ehe gegen eine Sache[408], jeder unentgeltliche Vertrag wie die Schenkung und das zinslose Darlehen oder jede Beschränkung[409] wie die Absetzung des Bevollmächtigten und die Entmündigung des Minderjährigen im Handelsgeschäft ist wirksam, wenn der Vertrag mit der fehlerhaften Bedingung verbunden ist. Die Bedingung ist nichtig. Die Abhängigkeit des Vertrages von der Bedingung[410] ist nicht wirksam, sondern macht den Vertrag nichtig.
Dies gilt auch für das Pfand und die Rückgängigmachung des Vertrages[411]. Sie sind wirksam, wenn sie mit der fehlerhaften Bedingung verbunden sind, und die Bedingung ist nichtig. Der Vertrag ist in Abhängigkeit von der Bedingung nicht wirksam.

Art. 325
Bei einem einfachen Verzicht wie bei der Verstoßung, der Freilassung eines Sklaven und der Anerkennung des Vorkaufsrechts nach Fälligkeit oder bei den eidlich auferlegten Verpflichtungen wie bei der Pilgerfahrt und beim Gebet ist der Vertrag in Abhängigkeit von der Bedingung wirksam, unabhängig davon, ob die Bedingung angemessen ist oder nicht. Der Vertrag in Verbindung mit der fehlerhaften Bedingung ist wirksam, die Bedingung ist unbeachtlich.
Dies gilt auch für die Vollmacht, die Ernennung zum Vormund und das Vermächtnis. Der Vertrag ist in Abhängigkeit von der angemessenen oder nicht angemessenen Bedingung wirksam. In Verbindung mit der fehlerhaften Bedingung ist der Vertrag wirksam, die Bedingung aber nichtig.[412]

Art. 326
Bei der Schuldanweisung und der Bürgschaft ist die Abhängigkeit von der angemessenen Bedingung wirksam. Die Schuldanweisung und die Bürgschaft sind in Verbindung mit der fehlerhaften Bedingung wirksam. Die Bedingung ist unbeachtlich. Dies gilt auch für Entscheidungen, einer Person Rechte einzuräumen[413] wie die Einwilligung für den Minderjährigen zur Führung von Handelsgeschäften.

---

408 Arab. ḫulʿ. Vgl. Art. 273-297 der Qadrī-Pāšā-Kodifikation.
409 Arab. taqyīd.
410 Hier ist eine fehlerhafte Bedingung gemeint.
411 Arab. iqāla.
412 Im Text heißt es an dieser Stelle: wa-yabṭulu aš-šarṭ. Dagegen verwendet der Autor im 1. Absatz des Art. 325 die Wendung: wa-yalġū aš-šarṭ. Eine inhaltliche Unterscheidung in Bezug auf die tatsächlich Wirkung ist nicht erkennbar.
413 Arab. iṭlāqāt.

3. Abschnitt
Zukünftig wirksame und nicht wirksame Verträge

Art. 327
Verträge, bei denen die Eigentumsübertragung nicht sofort erfolgen kann, Verzichtserklärungen, Entscheidungen, einer Person Rechte einzuräumen, und Verpflichtungen können wirksam auf einen zukünftigen Zeitpunkt gerichtet sein. Dies gilt für solche Verträge wie die Vermietung, ihre Kündigung, die Partnerschaft für die Landwirtschaft, die Partnerschaft für die Bewässerung und Pflege, die *muḍāraba*-Gesellschaft[414], die Vollmacht, die Bürgschaft, die Ernennung zum Vormund, das Vermächtnis, die Ernennung zum Richter[415], die Übernahme einer staatlichen Funktion[416], die Verstoßung, die Freilassung eines Sklaven, die Begründung einer Religiösen Stiftung, die Leihe, die Einwilligung zur Führung von Handelsgeschäften durch den Minderjährigen u.a.

Art. 328
Verträge, bei denen die Eigentumsübertragung sofort erfolgen kann, sind nicht wirksam, wenn sie auf einen zukünftigen Zeitpunkt gerichtet sind. Dies gilt für den Verkauf, die Zustimmung zum Verkauf, die Aufhebung des Verkaufs, die Teilung, die Gesellschaft, die Schenkung, den Ehevertrag, den Vergleich hinsichtlich einer Sache und den Schuldenerlass.

3. Kapitel
Arten der Rücktrittsrechte

1. Abschnitt
Vertragliches Rücktrittsrecht[417]

Art. 329
Es ist zulässig, im Vertrag oder nach Vertragsschluss ein Rücktrittsrecht von maximal drei Tagen zu vereinbaren, um den Vertrag in dieser Frist aufzuheben oder auszuführen. Dies gilt für alle Verträge mit Ausnahme der Religiösen Stiftung, der Bürgschaft und der Übernahme einer Schuld. Hierbei ist eine Frist von mehr als drei Tagen zulässig. Die Frist für das Rücktrittsrecht wird vom Zeitpunkt des Vertragsschlusses an gerechnet, falls die Bedingung im Vertrag ent-

[414] Vgl. Fn. 97.
[415] Arab. al-qaḍāʾ.
[416] Arab. al-imāra.
[417] Arab. ḫiyār aš-šarṭ.

halten ist. Falls sie danach vereinbart wird, wird sie vom Zeitpunkt ihrer Vereinbarung an gerechnet.[418]

Art. 330
Das vertragliche Rücktrittsrecht ist bei bindenden Verträgen, die aufgehoben werden können, wirksam, so beim Verkauf, bei der Vermietung, bei der Partnerschaft für die Bewässerung und Pflege, bei der Partnerschaft für die Landwirtschaft, bei der Teilung von nicht vertretbaren Sachen[419] gleicher und unterschiedlicher Gattung, beim Vergleich hinsichtlich einer Sache, beim Pfand, bei der Bürgschaft, bei der Schuldanweisung, bei der Freistellung von der Schuld[420], bei der Religiösen Stiftung, bei der Rückgängigmachung des Vertrages, beim Loskauf der Frau aus der Ehe und beim Verzicht auf das Vorkaufsrecht, nachdem dieses in den ersten beiden Formen gefordert wurde.[421]

Art. 331
Das vertragliche Rücktrittsrecht ist nicht wirksam beim Ehevertrag, bei der Verstoßung, beim Geldwechsel[422], beim Terminkauf, beim Anerkenntnis, bei der Vollmacht, bei der Schenkung und beim Vermächtnis.

Art. 332
Das vertragliche Rücktrittsrecht kann wirksam beiden Vertragspartnern, einem von beiden oder einem Dritten eingeräumt werden.

Art. 333
Wenn in Verträgen zum Austausch von Vermögenswerten beiden Vertragspartnern ein vertragliches Rücktrittsrecht eingeräumt wird, verbleiben die beiden Gegenwerte im Eigentum des jeweiligen Vertragspartners.
Wenn das vertragliche Rücktrittsrecht nur einem der beiden Vertragspartner eingeräumt wird, verbleibt seine Sache in seinem Eigentum und die Sache des anderen geht nicht in sein Eigentum über.[423]

Art. 334
Der Vertrag, der ein vertragliches Recht zur Aufhebung enthält, wird vom Rücktrittsberechtigten durch Erklärung oder Handlung innerhalb der festgelegten

[418] Erläuterungen zum vertraglichen Rücktrittsrecht - auch mit Bezug auf andere sunnitische Auffassungen - finden sich bei Wichard, J. Chr., Zwischen Markt..., a.a.O., S. 248-253.
[419] Arab. qīmīyāt.
[420] Arab. al-ibrā'.
[421] Vgl. Art. 117 ff.
[422] Arab. ṣarf.
[423] Damit ergibt sich kein Unterschied, ob beiden Partnern oder nur einem Partner das vertragliche Rücktrittsrecht eingeräumt wird.

Frist annulliert. Voraussetzung ist, dass der andere Partner bei der Aufhebung durch Erklärung, nicht aber bei der Aufhebung durch Handlung, innerhalb der Frist Kenntnis erlangt hat.
Mit der Aufhebung durch Erklärung oder Handlung ist jede Erklärung oder Handlung gemeint, die vom Rücktrittsberechtigten ausgeht und auf die Aufhebung des Vertrages hinweist.

Art. 335
Der Vertrag, der ein vertragliches Recht zur Aufhebung enthält, kommt dann zustande und wird bindend, wenn der Rücktrittsberechtigte in der festgelegten Frist diesem durch Erklärung oder Handlung zustimmt, auch wenn der andere Partner darüber keine Kenntnis hat.
Die Zustimmung durch Erklärung oder Handlung ist jede Erklärung oder Handlung, die auf das Einverständnis mit der Bindungswirkung des Vertrages durch den Rücktrittsberechtigten hinweist.

Art. 336
Wenn das Rücktrittsrecht beiden Vertragspartnern eingeräumt wird und einer von beiden zustimmt, erlischt nur sein Rücktrittsrecht. Das Rücktrittsrecht des anderen bleibt erhalten, solange die Frist besteht. Wenn einer von beiden den Vertrag aufhebt, kann der andere nicht zustimmen. Wenn er zustimmt, ist die Zustimmung nicht beachtlich. Dies gilt unabhängig davon, ob die Aufhebung oder die Zustimmung vorausgeht, beides gleichzeitig erfolgt oder eine Handlung auf das Einverständnis mit der Bindungswirkung des Vertrages durch den Rücktrittsberechtigten hinweist.

Art. 337
Der Vertrag mit einem Rücktrittsrecht kommt zustande und wird bindend, wenn die Frist des Rücktrittsrechts abgelaufen ist, ohne dass eine Aufhebung erfolgte, und keine Zustimmung zum Vertrag vom Rücktrittsberechtigten[424] vorliegt.

Art. 338
Der Vertrag wird auch mit dem Tod des Verkaufspartners[425], der ein vertragliches Rücktrittsrecht besitzt, innerhalb der Frist bindend, ohne dass dieser den Vertrag zuvor aufgehoben oder ihm zugestimmt hat. Sein Erbe übernimmt das Rücktrittsrecht nicht.

---

[424] In der jordanischen Ausgabe von 1987 fehlerhaft.

[425] Auch an dieser Stelle wird deutlich, dass sich die allgemeinen Regelungen zu Verträgen vornehmlich am Kaufvertrag orientieren. Dies zeigt sich vor allem in den „klassischen" furūʿ-Werken.

Wenn das vertragliche Rücktrittsrecht aber beiden Verkaufspartnern gemeinsam zusteht und einer von ihnen verstirbt, wird der Vertrag von dessen Seite her bindend. Der Überlebende behält sein Rücktrittsrecht bis zum Ende der Frist.

2. Abschnitt
Rücktritt wegen fehlender Inaugenscheinnahme[426] und Rücktritt wegen eines Mangels[427]

Art. 339
Das Recht zur Aufhebung des Vertrages durch einen Rücktritt wegen fehlender Inaugenscheinnahme gilt unabhängig von der Verankerung einer Bedingung in vier Fällen. Diese sind der Kauf von Sachen, die zu bestimmen sind, und keine Schuldverpflichtung[428] bedeuten, die Vermietung, die Teilung von nicht vertretbaren Sachen[429] und der Vergleich hinsichtlich einer Sache durch eine bestimmte Sache. Der Rücktritt wegen fehlender Inaugenscheinnahme gilt nicht bei Verträgen, die nicht aufgehoben werden können.

Art. 340
Derjenige, der eine zu bestimmende Sache kauft oder mietet und diese nicht in Augenschein genommen hat, derjenige, der mit seinem Miteigentümer eine gemeinsame nicht vertretbare Sache, die von gleicher oder unterschiedlicher Gattung ist, teilt und diese geteilte Sache nicht in Augenschein genommen hat, oder derjenige, der einen Vergleich hinsichtlich des Anspruchs auf eine bestimmte Sache durch eine bestimmte Sache, die er nicht in Augenschein genommen hat, schließt, kann in all diesen Fällen mit Inaugenscheinnahme der verkauften Sache, der vermieteten Sache, des ihm bei der Teilung zustehenden Anteils oder der ihm beim Vergleich zustehenden Sache wählen, ob er den Vertrag akzeptiert und ausführt oder ob er den Vertrag aufhebt und die Teilung widerruft. Er hat das Recht der Aufhebung und Zurückweisung vor und nach der Inaugenscheinnahme, solange nichts existiert, was vor oder nach der Inaugenscheinnahme das Recht für ihn unwirksam macht oder nach, aber nicht vor der Inaugenscheinnahme, auf das Einverständnis hinweist.

Art. 341
Der Rücktritt wegen fehlender Inaugenscheinnahme durch denjenigen, der das Recht dazu hat, wird durch eine Verfügung seinerseits, die nicht aufgehoben werden kann oder die ein Recht eines Dritten zur Folge hat, unwirksam. Dies

---

426 Arab. ḫiyār ar-ru'ya.

427 Arab. ḫiyār al-ʿaib.

428 Arab. dain fi-ḏ-ḏimma. Damit ist eine Gattungsschuld gemeint, die den Schuldner gegenüber dem Gläubiger verpflichtet. Vgl. Šaraf ad-Dīn, ʿA. al-ʿA., Tārīḫ..., a.a.O., S. 654-656.

429 Arab. qismat ġair al-miṯlīyāt.

gilt beim Verkauf gegen Geld[430], der kein Rücktrittsrecht für den Verkäufer zulässt, beim Pfand, bei der Vermietung und bei der Schenkung mit Übergabe vor und nach der Inaugenscheinnahme.
Wenn der Rücktrittsberechtigte eine Verfügung trifft, die nicht das Recht eines Dritten zur Folge hat wie der Verkauf mit einem Rücktrittsrecht des Verkäufers und die Schenkung ohne Übergabe der geschenkten Sache an den Beschenkten, ist das Rücktrittsrecht nach Inaugenscheinnahme, nicht jedoch davor, nichtig. Ebenso ist das Rücktrittsrecht mit dem Tod des Rücktrittsberechtigten vor der Inaugenscheinnahme nichtig. Der Vertrag ist bindend. Das Rücktrittsrecht geht nicht auf seinen gesetzlichen Erben über.

Art. 342
Das Recht der Aufhebung des Vertrags durch Rücktritt wegen eines Mangels besteht unabhängig davon, ob es im Vertrag ausbedungen ist.
Wer also einen Kaufvertrag bzw. einen Mietvertrag schließt, mit seinem Miteigentümer die Teilung des gemeinsamen Kapitals, welches aus nicht vertretbaren oder vertretbaren Sachen, die von gleicher oder unterschiedlicher Gattung sind, besteht, vereinbart oder einen Vergleich schließt, indem er auf den Anspruch auf eine bestimmte Sache durch ein konkretes Vergleichsobjekt verzichtet, kann aufgrund des Rücktritts wegen eines Mangels den Vertrag aufheben und die Teilung widerrufen, wenn er in der Kaufsache, in der gemieteten Sache, in der ihm beim Vergleich zustehenden Sache oder im Anteil, der ihm bei der Teilung zusteht, einen alten Mangel[431] entdeckt, der ihm zum Zeitpunkt des Vertragsschlusses oder bei der Teilung nicht bekannt war, wenn nichts vorliegt, was auf ein nachträgliches Einverständnis hinweist, und wenn eine Freistellung von den Mängeln nicht ausbedungen wurde.
Wenn aber etwas davon vorliegt, erlischt das Rücktrittsrecht, werden für ihn der Vertrag und der Anteil, der ihm bei der Teilung zusteht, bindend.

---

[430] Arab. baiʿ muṭlaq. Vgl. Küppers, N. F., Das irakische Zivilgesetzbuch. A.a.O., 63/1961, S. 10. Er verwendet den Begriff „Species gegen Geld“ als „Kauf im engeren Sinne“.
[431] Arab. ʿaib qadīm.

Das Buch zum Verkauf

1. Abschnitt
Verkaufsvertrag[432]

Art. 343
Der Verkaufsvertrag ist die Übertragung des Eigentums an einer Sache durch den Verkäufer an den Käufer[433] gegen eine Sache, die der Preis des Verkaufsobjektes ist.

Art. 344
Der Verkauf ist nur im gegenseitigen Einvernehmen der beiden Vertragspartner - jeweils für den Verkauf und den Kauf - sowie mit Bestimmung des Verkaufsobjektes und des Preises wirksam, es sei denn, dass mit dem Verkauf keine Übertragung und Entgegennahme notwendig ist, sodass der Verkauf ohne Angabe der Menge in Bezug auf das Verkaufsobjekt wirksam ist.[434]

Art. 345
Der Verkauf kommt durch Angebot und Annahme zustande, d.h. durch jeweils zwei Ausdrücke, die die Übertragung und die Entgegennahme des Eigentums anzeigen.

Art. 346
Der Verkauf kommt durch Angebot und Annahme in mündlicher Form zustande. Er ist auch in schriftlicher Form bzw. durch entsprechenden Schriftwechsel wirksam.[435]
Die Annahme muss in einer Sitzung stattfinden, in welcher der Brief in Empfang genommen, gelesen und verstanden wird. Falls also jemand an einen Mann

---

[432] Arab. ʿaqd al-baiʿ. In einigen Veröffentlichungen auch generalisierend als Kaufvertrag übersetzt. Oftmals wird der Terminus Güterumsatzvertrag benutzt. Im Englischen mit „sale", im Französischen mit „vente" wiedergegeben. A. Z. Badawī definiert den Kaufvertrag folgendermaßen: „Ein Vertrag, der eine der beiden Seiten - den Verkäufer - verpflichtet, das Eigentum an einer Sache an die andere Seite - den Käufer - zu übertragen. Dieser ist verpflichtet, den Preis der Sache zu bezahlen." Badawī, A. Z., Muʿǧam al-muṣṭalaḥāt al-qānūnīya. Bairūt, al-Qāhira 2003, 2. Aufl., S. 232.

[433] Arab. al-muštarī.

[434] Im Kommentar des Muršid al-ḥairān ilā maʿrifat aḥwāl al-insān fi-l-muʿāmalāt aš-šarʿīya. Šarḥ wa-dirāsa…, a.a.O., 2. Bd., S. 692 wird darauf hingewiesen, dass es sich dabei um ein hinterlegtes oder widerrechtlich angeeignetes Gut handeln kann.

[435] So wird dies auch in der „Al-hindīya" im 2. Abschnitt zu den Verkäufen nach der „Aẓ-ẓahīrīya" verstanden. (Fn.-Qadrī) Bei der „Aẓ-ẓahīrīya" handelt es sich um eine Fatwā-Sammlung von Ẓahīr ad-Dīn Abū Bakr Muḥammad b. Aḥmad b. ʿUmar al-Buḫārī (gest. 1222).

schreibt „Ich habe Deinen Sklaven für soundso viel gekauft" und der Herr des Sklaven an diesen schreibt „Ich habe ihn an Dich verkauft", liegt ein Verkauf vor. Der Verkauf kommt auch durch das verständliche Zeichen des Stummen zustande.

Art. 347
Der Abschluss des Verkaufsvertrages ist mit der Entgegennahme[436] und Übernahme[437], auch wenn diese nur einseitig erfolgt, wirksam, nachdem der Preis der Sache, der zuvor nicht bekannt war, festgelegt ist. Dies gilt, solange der Verkäufer bei der Übernahme nicht ausdrückt, mit dem Verkauf nicht einverstanden zu sein.

Art. 348
Der Verkauf ist uneingeschränkt und mit einem vertraglichen Rücktrittsrecht wirksam.
Es ist zulässig, dass das vertragliche Rücktrittsrecht für den Verkäufer, für den Käufer oder für beide zusammen gilt.

Art. 349
Der Verkauf ist mit einer Bedingung wirksam, die sich aus den Erfordernissen des Vertrages ergibt, die mit ihm in Übereinstimmung steht und seine Durchsetzung sichert und die als Gewohnheitsrecht bzw. als Sitte an einem Ort wirkt. Diese Bedingung wird berücksichtigt.[438]
Der Verkauf ist mit einer Bedingung wirksam, die keinen Vorteil für einen der beiden Vertragspartner oder für einen Dritten bringt. Diese Bedingung ist nichtig.

Art. 350
Der Verkauf mit einer fehlerhaften Bedingung ist nicht wirksam. Eine solche Bedingung liegt vor, wenn sie nicht zu den Erfordernissen des Vertrages gehört, die Durchsetzung des Vertrages nicht sichert, nicht als Gewohnheitsrecht wirkt und nur für einen der beiden Vertragspartner oder für einen Dritten einen Vorteil bringt. Der Verkauf in Verbindung mit einer solchen Bedingung ist fehlerhaft.

Art. 351
Die Abhängigkeit des Verkaufs von einer Bedingung oder von einem zukünftigen Ereignis macht den Verkauf unwirksam. Der Verkauf ist auch nicht wirksam, wenn er sich auf eine zukünftige Zeit bezieht.

---

436 Arab. tanāwul.
437 Arab. at-taʿāṭī. Dies bedeutet, dass auch ohne Äußerung von Angebot und Annahme de facto ein Verkauf zustande kommt.
438 Vgl. Art. 321 f.

Art. 352
Der Lieferungsverkauf[439] mit Vorauszahlung ist entsprechend den Bedingungen des Terminkaufs[440] wirksam.

Art. 353
Die Kosten des Verkaufsvertrages im Hinblick auf die Übergabe des Verkaufsobjektes, so die Gebühr für das Messen und das Wiegen eines Verkaufsobjektes, wenn es dementsprechend verkauft wird, obliegen dem Verkäufer. Dies gilt auch für die Entlohnung des Zwischenhändlers, wenn dieser die Sache selbst verkauft. Falls sich der Zwischenhändler aber darauf beschränkt, zwischen den Verkaufspartnern zu vermitteln, sodass der Eigentümer selbst verkauft, findet das Gewohnheitsrecht Beachtung. Die Kosten für die Zahlung des Preises, so die Gebühr für die Überweisung und Zählung des Geldes, und die Gebühr für die Ausfertigung der Dokumente und Urkunden obliegen dem Käufer.

2. Abschnitt
Die beiden Vertragspartner

Art. 354
Für den Abschluss eines Verkaufsvertrages muss jeder der beiden Vertragspartner fähig sein, den Vertrag zu schließen (d.h. er muss im Vollbesitz seiner geistigen Kräfte und unterscheidungsfähig sein). Der Geisteskranke und der nichtunterscheidungsfähige Minderjährige können keinen Verkaufsvertrag abschließen.[441]

Art. 355
Die Rechtskraft des Verkaufs setzt voraus, dass der Verkäufer Eigentümer der verkauften Sache, Bevollmächtigter des Eigentümers der Sache, gesetzlicher Vormund oder ernannter Vormund des Eigentümers ist, dass er als Eigentümer, der die Sache selbst verkauft, nicht entmündigt ist und dass mit dem Verkaufsobjekt kein Recht eines Dritten verbunden ist.

---

439 Arab. baiʿ al-muʾağğal.

440 Arab. salam. Vgl. Art. 550 ff. Insgesamt unterscheidet das Islamische Recht drei verschiedene Formen des Verkaufs in Bezug auf die sofortige bzw. gestundete Leistung und Bezahlung: 1. Sofortige Leistung und sofortige Bezahlung; 2. Sofortige Leistung und gestundete Bezahlung sowie 3. Gestundete Leistung und sofortige Bezahlung (salam). Vgl. Muršid al-ḥairān ilā maʿrifat aḥwāl al-insān fi-l-muʿāmalāt aš-šarʿīya. Šarḥ wa-dirāsa…, a.a.O., 2. Bd., S. 707-710.

441 Vgl. Art. 268 ff.

Art. 356
Die Wirksamkeit des Verkaufs setzt das Einverständnis der beiden Vertragspartner zum Verkauf und zum Kauf voraus, das ohne Zwang[442] und Nötigung[443] erfolgen muss.

Art. 357
Die Gebärde des von Natur aus Stummen, d.h. sein verständliches Zeichen, gilt wie die sprachliche Äußerung. Wenn also der Stumme etwas durch sein verständliches Zeichen verkauft oder kauft, dann ist sein Verkauf oder sein Kauf wirksam und sein Zeichen zu beachten. Wenn er schreiben kann, dann ist sein Schriftstück sein Zeichen.

Art. 358
Der Verkauf des Todkranken[444] an seinen gesetzlichen Erben ist schwebend unwirksam[445] und hängt von der Zustimmung der übrigen gesetzlichen Erben ab, auch wenn der Verkauf zu einem angemessenen Preis erfolgt. Wenn sie also dem Verkauf zustimmen, ist er zulässig, wenn sie ihm nicht zustimmen, ist er nichtig.

Art. 359
Der Verkauf des Todkranken an Nichterben zum angemessenen Preis oder mit einem geringfügigen Verlust ist zulässig. Der geringfügige Verlust gilt nicht als Begünstigung[446], es sei denn, der Verkäufer ist überschuldet.[447]

Art. 360
Wenn der Todkranke an einen Nichterben mit einem beträchtlichen Verlust unter dem Preis verkauft, dann ist das eine Begünstigung, die sich auf das Drittel seines Vermögens bezieht. Wenn also die Begünstigung aus dem Drittel seines Vermögens nach der Begleichung der Schuld stammt, sodass das Drittel ausreicht, ist der Verkauf bindend. Wenn das Drittel dafür nicht ausreicht, sodass die Begünstigung darüber hinausgeht, hat der Käufer die Wahl, ob er den über das Drittel hinausgehenden Betrag an die gesetzlichen Erben zahlt, um den Fehlbetrag für die zwei Drittel aufzustocken, oder ob er den Verkauf aufhebt.

---

442 Arab. ikrāh.
443 Arab. iğbār.
444 Vgl. Fn. 321.
445 Arab. mauqūf.
446 Arab. muḥābāt.
447 Vgl. das Werk „Tanqīḥ al-ḥāmidīya" zum Anerkenntnis des Todkranken. (Fn.-Qadrī)

Art. 361
Wenn der Kranke etwas aus seinem Vermögen an einen Familienfremden als eine beträchtliche oder geringfügige Begünstigung verkauft und die Schulden sein Vermögen übersteigen, ist die Begünstigung nicht wirksam, unabhängig davon, ob die gesetzlichen Erben dem zustimmen oder nicht. Der Käufer wird von den Gläubigern vor die Wahl gestellt, den vollen Wert des Verkaufsobjektes zu bezahlen. Wenn er ihn nicht bezahlt, ist der Verkauf aufgehoben. Wenn er vor der Aufhebung über das Verkaufsobjekt verfügt hat, ist er verpflichtet, den tatsächlichen Wert unabhängig von der Höhe zu bezahlen.[448]

Art. 362
Es ist nicht zulässig, dass der Richter sein Vermögen an das Waisenkind[449] verkauft und dass er selbst Vermögen des Waisenkindes kauft.
Er kann aber vom ernannten Vormund etwas aus dem Vermögen des Minderjährigen kaufen oder sein Vermögen an den Minderjährigen mit Zustimmung von dessen ernanntem Vormund verkaufen, auch wenn er ihn selbst als Vormund ernannt hat.

Art. 363
Es ist zulässig, dass der Vater, der die gesetzliche Vormundschaft über sein bei ihm lebendes minderjähriges oder volljähriges Kind ausübt, sein Vermögen an sein Kind verkauft und Vermögen seines Kindes für sich zum angemessenen Wert und mit einem geringfügigen Verlust kauft, nicht jedoch mit einem beträchtlichen Verlust.
Der Vater ist beim Kauf erst dann vom Preis befreit, wenn der Richter einen Betreuer ernennt, der den Preis vom Vater entgegennimmt. Danach übergibt dieser den Preis an ihn, damit er ihn für sein Kind bewahrt.
Wenn er etwas aus seinem eigenen Vermögen an sein Kind verkauft, gelangt es nicht durch den Verkauf unmittelbar in den Besitz des Kindes. Falls es vor seiner möglichen Inbesitznahme untergeht, haftet der Vater dafür.

Art. 364
Es ist nicht zulässig, dass der vom Richter ernannte Vormund selbstständig und für sich selbst etwas aus dem Vermögen des Mündels kauft. Es ist auch nicht zulässig, dass er sein eigenes Vermögen an das Mündel selbstständig und uneingeschränkt verkauft. Das gilt unabhängig davon, ob das Mündel dadurch einen Vorteil hat oder nicht.

---

448 Ein Hinweis darauf findet sich im „Tanqīḥ al-ḥāmidīya“ im Kapitel über das Anerkenntnis des Kranken (S. 67). Es wird bei Überschuldung als Begünstigung gewertet, auch wenn diese geringfügig ist. (Fn.-Qadrī)
449 Vgl. Fn. 188.

Falls dieser ernannte Vormund aber unter Mitwirkung des Richters etwas kauft oder verkauft, ist dies zulässig.

Art. 365
Es ist nicht zulässig, dass der vom Vater ernannte Vormund[450] sein eigenes Vermögen an das Mündel verkauft und für sich selbst etwas aus dem Vermögen des Mündels kauft, es sei denn, dass darin ein Vorteil für das Mündel liegt. Bei einer Immobilie liegt dann ein Vorteil vor, wenn der vom Vater ernannte Vormund diese zum Doppelten ihres Wertes kauft und an das Mündel zur Hälfte ihres Wertes verkauft. Bei einer beweglichen Sache liegt ein Vorteil vor, wenn er sie zu einem Preis, der ein Drittel über ihrem Wert liegt, kauft und zu einem Preis, der ein Drittel unter ihrem Wert liegt, entsprechend verkauft.

Kapitel
Bedingungen des Verkaufsobjektes, zulässige und unzulässige Verkaufsobjekte sowie Art und Weise des Verkaufs hinsichtlich des Verkaufsobjektes

1. Abschnitt
Bedingungen und Merkmale[451] des Verkaufsobjektes

Art. 366
Es wird vorausgesetzt, dass das Verkaufsobjekt existiert, eine übertragbare werthaltige Sache[452] ist und dem Käufer so bekannt sein muss, dass eine beträchtliche Unkenntnis ausgeschlossen ist.

Art. 367
Wenn das Verkaufsobjekt dem Käufer nicht bekannt ist, weil es nicht vor Ort ist, erhält er durch die Beschreibung seiner Zustände und Merkmale, die das Verkaufsobjekt von einem anderen unterscheiden, darüber Kenntnis.
Wenn das Verkaufsobjekt in der Verhandlungssitzung vorliegt, genügt ein Verweis darauf und ist keine Beschreibung seiner Merkmale erforderlich.

Art. 368
Das Verkaufsobjekt wird durch seine Festlegung im Vertrag spezifiziert. Der Verkäufer ist verpflichtet, genau dasselbe zu übergeben.

---

[450] Arab. waṣī muḫtār min qibali-l-ab. Zum ernannten Vormund und dessen Verfügungen vgl. Art. 435-481 der Qadrī-Pāšā-Kodifikation. Ebert, H.-G., Die Qadrî-Pâshâ-Kodifikation. A.a.O., S. 147-159.

[451] Arab. auṣāf.

[452] Arab. māl mutaqauwim. N. F. Küppers spricht von einem „erstrebenswerten Gut". Küppers, N. F., Das irakische Zivilgesetzbuch. A.a.O., 62/1960, S. 196.

Art. 369
Der Verkauf und der Kauf sind in Bezug auf etwas, was beide Vertragspartner zum Zeitpunkt des Vertrages nicht in Augenschein genommen haben, unter der Bedingung einer Beschreibung der Gattung und Merkmale oder unter der Bedingung des Hinweises auf das Verkaufsobjekt bzw. auf seinen Lageort wirksam.
Der Verkauf ist jedoch nicht vollkommen[453] und für den Käufer bindend, auch wenn der Vertrag wirksam abgeschlossen wurde.

Art. 370
Voraussetzung für die Bindungswirkung des Verkaufs ist, dass der Käufer das Verkaufsobjekt zum Zeitpunkt des Verkaufs in Augenschein nimmt oder bereits zuvor in Augenschein genommen hat und es danach im Bewusstsein, dass es sich um das zuvor in Augenschein genommene Objekt handelt, kauft.[454]
Die Inaugenscheinnahme des Bevollmächtigten beim Kauf oder bei der Inbesitznahme und das Einverständnis des Bevollmächtigten gelten als Inaugenscheinnahme und Einverständnis des ursprünglichen Käufers.

Art. 371
Derjenige, der eine Sache kauft und sie selbst oder durch einen Bevollmächtigten beim Kauf in Augenschein genommen hat, kann diese Sache nicht zurückgeben, es sei denn, er findet sie in einem im Vergleich zum Zeitpunkt der Inaugenscheinnahme veränderten Zustand vor.
Eine Inaugenscheinnahme liegt vor, wenn sie vor dem Kauf eine ausreichende Kenntnis über das gewünschte Verkaufsobjekt vermittelt. Danach erlischt das Rücktrittsrecht.

Art. 372
Derjenige, der eine Sache kauft und sie zum Zeitpunkt seines Kaufes oder davor nicht in Augenschein genommen hat, hat mit der Inaugenscheinnahme die Wahl, ob er sie akzeptiert oder ob er den Verkauf aufhebt und die Sache zurückgibt, auch wenn er vor seiner Inaugenscheinnahme sein Einverständnis erklärt hat.

Art. 373
Der Käufer hat das Recht der Aufhebung des Verkaufs und der Rückgabe des Verkaufsobjektes, welches er ohne Inaugenscheinnahme gekauft hat, auch wenn dies im Vertrag nicht ausbedungen ist. Der Rücktritt wegen fehlender Inaugenscheinnahme ist nicht von einer Frist abhängig, solange der Käufer nichts einlei-

---

[453] Arab. tāmm.
[454] Die Bestimmung des Artikels ist dem „Ad-durr“ und dem „Radd al-muḥtār“ am Ende des Kapitels zum Rücktritt wegen fehlender Inaugenscheinnahme S. 96 entnommen. (Fn.-Qadrī)

tet, was durch eine Erklärung bzw. eine Handlung den Rücktritt unwirksam macht, das Verkaufsobjekt beschädigt u. dgl. Der Verkäufer hat kein Rücktrittsrecht in Bezug auf eine Sache, die er verkauft und nicht in Augenschein genommen hat.

Art. 374
Der Kauf und Verkauf des Blinden[455] für sich oder für einen Dritten sind wirksam. Er kann die gekaufte Sache zurückgeben, wenn er über die Merkmale, die zur Erkennung des Kaufobjektes führen, so z.B. die Beschreibung, nicht informiert war. Eine Rückgabe der Kaufsache ist ausgeschlossen, nachdem sie ihm beschrieben wurde, nachdem er sie ertastet, gekostet oder gerochen hat, nach ihrer Inaugenscheinnahme durch seinen Bevollmächtigten beim Kauf oder nachdem sein Bevollmächtigter zur Inbesitznahme diese durch die Inbesitznahme in Augenschein genommen hat.

Art. 375
Bei Sachen, die aufgrund eines Musters[456] verkauft werden, genügt die Inaugenscheinnahme des Musters. Wenn sich aber herausstellt, dass das Verkaufsobjekt nicht dem Muster entspricht, nach welchem es gekauft wurde, besteht die Wahlmöglichkeit, es zum festgelegten Preis zu akzeptieren oder es durch die Aufhebung des Verkaufs zurückzugeben.

Art. 376
Wenn das Verkaufsobjekt ein Haus oder eine Herberge[457] ist, wird für die Bindungswirkung des Verkaufs vorausgesetzt, dass jedes Zimmer oder jeder Hof davon in Augenschein genommen werden muss, es sei denn, dass diese in derselben Art errichtet sind, sodass die Inaugenscheinnahme eines Zimmers oder eines Hofes genügt.

Art. 377
Wenn eine Anzahl verschiedenartiger Sachen durch einen einzigen Vertragsabschluss[458] verkauft wird, ist für die Bindungswirkung des Verkaufs eine Inau-

---

[455] Arab. al-aʿmā.
[456] Arab. unmūḏaǧ.
[457] Arab. ḫān. Oft mit „Karawanserei“ übersetzt, in Ägypten auch als „wakāla“ (Vertretung) bezeichnet. Solche Gebäudekomplexe befinden sich auch in den Handelszentren der großen Städte. Berühmt ist der „Ḫān al-ḫalīlī“ in Kairo. Vgl. Lexikon Arabische Welt. A.a.O., S. 325-327. Zum Begriff „okelle“, der in der französischen Übersetzung Verwendung findet, vgl. De Meulenaere, H., Parva Memphitica. In: The Heritage of Ancient Egypt. Studies in Honour of Erik Iversen, Copenhagen 1992, S. 81.
[458] Arab. ṣafqa.

genscheinnahme jeder einzelnen Sache notwendig. Eine Inaugenscheinnahme eines Teils der Sachen genügt nicht.

Art. 378
Derjenige, der durch einen einzigen Vertragsabschluss verschiedenartige Sachen kauft und einen Teil von ihnen in Augenschein nimmt, den anderen Teil aber nicht, hat - wenn er diesen Teil in Augenschein nimmt und so vorfindet, dass er bei einer früheren Inaugenscheinnahme die Sachen nicht gekauft oder eben doch gekauft hätte - die Wahl, alle gekauften Sachen zum festgelegten Preis zu übernehmen oder den Verkauf aufzuheben und die Sachen vollständig zurückzugeben. Er darf aber nicht den Teil, den er in Augenschein genommen hat und mit dem er einverstanden war, übernehmen und den nicht in Augenschein genommenen Teil zurücklassen.

Art. 379
Wenn der Käufer über das gekaufte Verkaufsobjekt vor der Inaugenscheinnahme so verfügt, dass eine Aufhebung unmöglich ist oder das Recht eines Dritten daraus folgt, indem er es ohne vertragliches Rücktrittsrecht verkauft, verpfändet, vermietet oder verbraucht bzw. indem das Objekt in seinem Besitz untergeht oder beschädigt wird, sodass der Verkauf in diesem Zustand nicht aufgehoben werden kann, erlischt sein Recht auf Rückgabe wegen fehlender Inaugenscheinnahme. Der Verkauf und der Preis werden bindend. Ebenso wird der Verkauf bindend und der Preis fällig, wenn der Käufer vor Inaugenscheinnahme des Verkaufsobjektes verstirbt. Das Rücktrittsrecht wegen fehlender Inaugenscheinnahme geht nicht auf seine gesetzlichen Erben über.[459]

Art. 380
Von demjenigen, der eine Sache kauft, die er nicht in Augenschein genommen hat, kann nicht vor der Inaugenscheinnahme ihr Preis gefordert werden.
Er besitzt einen Rückgabeanspruch auf den Preis, der er gezahlt hat, wenn der Vertrag aufgehoben wird und er das Verkaufsobjekt aufgrund des Rücktrittsrechts wegen fehlender Inaugenscheinnahme zurückgibt.

Art. 381
Wenn eine Sache in einer gewünschten Qualität verkauft wird und das Verkaufsobjekt diese Qualität, die der Käufer wünscht, nicht aufweist, hat er die Wahl, die Sache zum gesamten festgelegten Preis zu übernehmen oder die Sache durch die Aufhebung des Verkaufs zurückzugeben.

[459] Vgl. Art. 341.

Wenn er aber als Eigentümer[460] darüber verfügt, hat er kein Rückgaberecht. Wenn das Verkaufsobjekt etwas aufweist, das die Rückgabe ausschließt, wird es in der gewünschten und in der tatsächlichen Qualität bewertet. Gegenüber dem Verkäufer besteht ein Rückforderungsanspruch in Bezug auf den Preisunterschied. Wenn der Käufer vor Ausübung seines Wahlrechts verstirbt, geht das Recht der Forderung auf Aufhebung auf seine gesetzlichen Erben über.

2. Abschnitt
Zulässige und unzulässige Verkaufsobjekte

Art. 382
Der Verkauf einer vermögenswerten, existierenden, werthaltigen, im eigenen Besitz befindlichen[461] und übertragbaren Sache ist zulässig.

Art. 383
Der Verkauf einer nicht vorhandenen Sache ist nichtig. So ist der Verkauf von Früchten vor ihrer Sichtbarkeit, der Verkauf von Pflanzen vor ihrer Erkennbarkeit oder der Verkauf eines ungeborenen Tieres[462] nicht zulässig.

Art. 384
Der Verkauf von Früchten, die sichtbar und bereits in ihrer typischen Form herausgebildet sind, ist zulässig. Dies gilt auch, wenn die Früchte noch nicht reif sind.

Art. 385
Es ist zulässig, etwas, was allmählich und nacheinander reif wird wie Obst, Blumen und Gemüse und bereits mehrheitlich sichtbar ist, durch einen einzigen Vertragsabschluss zu verkaufen, indem der noch nicht sichtbare Teil einbezogen wird.

Art. 386
Der Verkauf einer Sache, die ursprünglich nicht vermögenswert[463] ist, nicht übertragbar ist und an der als islamisch zulässiges Verkaufsobjekt[464] kein Eigen-

[460] Arab. mallāk.
[461] Arab. mamlūk fī nafsihi.
[462] Arab. ḥaml. Der Ausdruck bezieht sich in diesem Falle eher nicht auf den Menschen, auch wenn es zum Zeitpunkt der Entstehung des Rechtstextes noch Sklaven gab. Vgl. dazu auch Fn. 1120.
[463] Arab. mā lā yuʿaddu mālan aṣlan.
[464] Arab. min al-mubāḥāt. Bezieht sich auf solche Sachen, die islamisch-rechtlich erlaubt sind. Dies schließt z.B. Alkoholika und Schweinefleisch aus. Die Kategorie mubāḥ (erlaubt, „anheimgestellt") bezieht sich auf die islamisch-rechtliche Bewertung von Hand-

tum besteht, ist nichtig, auch wenn sie sich auf einem Land befindet, welches Eigentum des Verkäufers ist.

Art. 387
Der Verkauf des oberen Stockwerkes ist ohne das untere Stockwerk nicht zulässig, es sei denn, das obere Stockwerk existiert unabhängig davon. Falls es aber zusammenstürzen würde, ist sein Verkauf nicht zulässig, sondern nichtig.[465]

Art. 388
Wenn das obere Stockwerk dem Inhaber des unteren Stockwerkes gehört, kann dieser das obere unbeschädigte Stockwerk verkaufen. Die Decke des unteren Stockwerkes gehört dem Inhaber des unteren Stockwerkes. Der Käufer hat das Recht, das Stockwerk auszubauen[466], auch wenn das obere Stockwerk zerstört wird. In diesem Falle kann er auf das untere Stockwerk ein anderes oberes Stockwerk bauen, welches mit dem ursprünglichen vergleichbar ist.[467]

Art. 389
Der Verkauf eines bestimmten gemeinsamen Anteils an einer Immobilie ist vor dessen Abtrennung wirksam.

Art. 390
Der Verkauf eines Anteils am gemeinsamen Eigentum an einem Gebäude oder an Bäumen auf *ḥikr*-Land[468] durch einen von zwei Miteigentümern an den Miteigentümer oder an eine andere Person ist zulässig.

Art. 391
Wenn aus dem Verkauf von gemeinsamem Eigentum ein Schaden für den Verkäufer oder den Miteigentümer folgen kann, ist der Verkauf von gemeinsamem Eigentum nicht wirksam.
Wenn also jemand ein Stück Land mit Pflanzen hat, so ist der Verkauf der Pflanzen ohne das Land vor ihrer Reife nicht wirksam. Wenn aber der Vertrag bis zur Reife der Pflanzen nicht aufgehoben wird, verwandelt sich der Vertrag in

---

lungen und Unterlassungen. Vgl. dazu historisch Nagel, T., Das islamische Recht. A.a.O., S. 25-32.

465 In einem Kommentar zur Ausgabe des Muršid al-ḥairān von 1987 in ʿAmmān wird darauf hingewiesen, dass diese Regelungen durch die Neufassung der Gesetze (in Jordanien) in Bezug auf Etagenwohnungen (ṭabaqāt) und Apartments (šiqaq) keine Anwendung mehr finden können (S. 101).

466 Vgl. Art. 64 und Fn. 134.

467 Im Kommentar zur Ausgabe von 1987 heißt es, dass diese Regelung den Einstieg in die Veränderung der Bestimmungen zum oberen und unteren Stockwerk hin zum Eigentum an Etagenwohnungen und Apartments bietet (S. 102).

468 Vgl. Art. 110 und Fn. 824.

einen zulässigen. Der Miteigentümer kann seinen Anteil am gemeinsamen Eigentum bei Pflanzen vor deren Reife, bei Früchten vor deren Herausbildung und bei Bäumen vor Ablauf der Zeit, da sie gefällt werden können, nur an den Miteigentümer verkaufen, ohne dass das Land verkauft wird.
Wenn der Vertrag bis zur Herausbildung der Früchte, bis zur Reife der Pflanzen und bis zur Entwicklung der Bäume nicht aufgehoben wird, verwandelt sich der Verkauf in ein wirksames Rechtsgeschäft.

Art. 392
Wenn für den Verkäufer und den Miteigentümer kein Schaden folgen kann, ist der Verkauf von gemeinsamem Eigentum zulässig. So ist der Verkauf von Früchten und Pflanzen nach der Reife sowie von Bäumen nach Ablauf der Zeit, da sie gefällt werden können, ohne Verkauf des Landes sowohl an den Miteigentümer als auch an eine andere Person wirksam.

Art. 393
Der Verkauf einer verpfändeten oder verpachteten Sache ist schwebend unwirksam[469] und von der Zustimmung des Pfandnehmers und des Pächters abhängig. Wenn der Pächter dem Verkauf zustimmt, die Pachtdauer abgelaufen ist oder die Verpachtung[470] annulliert wird, ist der Verkauf rechtskräftig. Die Immobilie wird dem Pächter erst entzogen, wenn die im Voraus bezahlte und übergebene Pachtsumme zurückerstattet ist.
Diese Bestimmung gilt auch, wenn der Pfandnehmer zustimmt, der Pfandgeber seine Schuld bezahlt oder der Pfandnehmer diesen von der Schuld freistellt. Der Verkauf wird damit voll gültig.
Der Pächter und der Pfandnehmer können ebenso wenig wie der Verpächter oder der Pfandgeber den Verkauf aufheben. Der Käufer hat die Option, den Vertrag vor der Zustimmung aufzuheben, auch wenn er über die Verpachtung oder Verpfändung informiert war.

Art. 394
Derjenige, der das Eigentum eines anderen ohne dessen Einwilligung an eine andere Person verkauft, schließt einen schwebend unwirksamen Verkaufsvertrag, der von der Zustimmung des Eigentümers abhängig ist. Wenn dieser zustimmt, ist der Vertrag wirksam, wenn nicht, ist er nichtig.

Art. 395
Voraussetzung für die Wirksamkeit der Zustimmung des Eigentümers, dessen Eigentum ohne dessen Einwilligung verkauft wurde, ist, dass der Verkäufer, der

---

[469] Arab. mauqūf.
[470] In der jordanischen Ausgabe von 1987 fehlerhaft.

Käufer und der Inhaber des Verkaufsgegenstandes am Leben sind, dass das Verkaufsobjekt in einem Zustand existiert, der nicht durch eine Veränderung eine andere Sache daraus werden ließ, und dass der im Angebot festgelegte Preis fortbesteht.

Art. 396
Wenn der Eigentümer dem Verkauf durch einen nicht beauftragten Vermittler[471], der über dessen Vermögen ohne dessen Einwilligung verfügt hat, durch Wort oder Tat zustimmt, so gilt dies als eine Bevollmächtigung des Vermittlers durch den Verkäufer zum Verkauf. Der Eigentümer kann vom nicht beauftragten Vermittler den Preis fordern, wenn dieser ihn vom Käufer in Besitz genommen hat. Wenn er ihn nicht vom Käufer in Besitz genommen hat, ist der Käufer dennoch nicht verpflichtet, ihn an den Eigentümer zu leisten. Wenn er ihn aber an den Eigentümer zahlt, ist die Zahlung wirksam und der Käufer frei von seiner Schuld.
Das Schweigen des Eigentümers beim Verkauf seines Vermögens ohne seine Einwilligung durch den nicht beauftragten Vermittler ist kein Einverständnis mit dem Verkauf durch ihn.

Art. 397
Wenn der Eigentümer dem Verkauf durch den nicht beauftragten Vermittler nicht zustimmt und der Käufer den Preis bereits an den Vermittler gezahlt hat, ohne dass er zum Zeitpunkt der Zahlung darüber informiert war, dass der Vermittler das Eigentum eines anderen ohne dessen Einwilligung verkauft, hat der Käufer einen Rückforderungsanspruch gegenüber dem Vermittler in Bezug auf den Preis, wenn er noch existiert, bzw. auf eine vergleichbare Sache, wenn der Preis untergegangen ist.
Wenn er ihm aber den Preis im Wissen darüber, dass dieser ein nicht beauftragter Vermittler ist, gezahlt hat und der Preis im Besitz des Vermittlers untergeht, hat der Käufer ihm gegenüber keinerlei Rückforderungsanspruch.

Art. 398
Wenn der nicht beauftragte Vermittler dem Käufer die Sache übergibt, die er ihm ohne Einwilligung ihres Eigentümers verkauft hat, und sie dann im Besitz des Käufers untergeht, kann der Eigentümer wählen, ob er den Vermittler oder den Käufer für den Wert der Sache haftbar macht. Derjenige von beiden, der zur Haftung ausgewählt wurde, entlastet den anderen von der Haftung gegenüber dem Eigentümer.

---

[471] Arab. fuḍūlī.

3. Abschnitt
Art und Weise des Verkaufs hinsichtlich des Verkaufsobjektes

Art. 399
Das Verkaufsobjekt kann eine vertretbare[472] oder eine nicht vertretbare[473] Sache sein.
Die vertretbare Sache ist etwas, was im Handel identisch existiert, ohne dass ein Unterschied feststellbar ist, wobei sich bei vergleichbaren Einzelstücken die Stücke wertmäßig nicht voneinander unterscheiden.[474]
Eine nicht vertretbare Sache ist etwas, was im Handel nicht identisch existiert oder aber existiert, sich jedoch im Wert davon unterscheidet, wobei sich die Einzelstücke bei vergleichbaren zählbaren Sachen wertmäßig voneinander unterscheiden.

Art. 400
Die messbare Sache, die wägbare Sache - abgesehen vom Geld - und die zählbare ähnliche Sache können als Verkaufsobjekt und als Preis dienen.

Art. 401
Der Verkauf von messbaren und wägbaren Sachen unterschiedlicher Gattung ist auch bei nicht identischer Menge[475] wirksam, indem eine messbare Sache gegen eine wägbare Sache oder gegen eine messbare Sache einer anderen Gattung bzw. eine wägbare Sache gegen eine messbare Sache oder eine wägbare Sache einer anderen Gattung unter der Bedingung verkauft wird, dass dies Zug um Zug[476] und nicht durch Stundung[477] erfolgt.

Art. 402
Der Verkauf von messbaren und wägbaren Sachen der gleichen Gattung in identischer Menge[478] ist wirksam. So kann Weizen[479] gegen Weizen, Mehl gegen Mehl oder Seife gegen Seife unter der Bedingung verkauft werden, dass das Maß und das Gewicht gleich sind.

---

472 Arab. miṯlī.
473 Arab. qīmī.
474 Vertretbare Sachen sind demnach solche, deren Wert nach Gewicht, Menge oder Hohlmaß zu bestimmen ist. Häute, Papier oder Stoff gehörten nach ḥanafitischer Lehre nicht dazu. Vgl. Wichard, J. Chr., Zwischen Markt..., a.a.O., S.139.
475 Arab. mutafāḍilan. Das bezieht sich auf eine diesbezügliche Prophetenüberlieferung.
476 Arab. yadan bi-yad.
477 Arab. nasī'atan. Dieser Artikel steht im Zusammenhang mit der Vermeidung von Zins (ribā). Vgl. dazu entsprechende Verse aus dem Koran und aus dem ḥadīṯ bei Lohlker, R., Das islamische Recht..., a.a.O., S. 23-46.
478 Arab. miṯlan bi-miṯl. Vgl. Art. 401 und Fn. 475.
479 Arab. ḥinṭa.

Wenn sich das Maß und das Gewicht unterscheiden, indem eines mehr als das andere ist, ist der Verkauf fehlerhaft.
Die Unterscheidung in gute und schlechte Qualität bei den Gattungen messbarer und wägbarer Sachen wird nicht berücksichtigt. So ist der Verkauf einer Sache guter Qualität gegen eine andere von schlechter Qualität zulässig, wenn das Maß bei messbaren Sachen bzw. das Gewicht bei wägbaren Sachen gleich ist.
Die Kenntnis über die Gleichheit der beiden Austauschobjekte in der Vertragssitzung ist ausreichend. Falls also eine messbare Sache gegen eine messbare Sache der gleichen Gattung und eine wägbare Sache gegen eine wägbare Sache der gleichen Gattung als Menge im Ganzen[480] verkauft werden und die Gleichheit in der Sitzung bekannt ist, ist der Verkauf zulässig.

Art. 403
Ebenso wie der Verkauf von messbaren, wägbaren, zählbaren und durch ein Längenmaß bestimmbaren[481] Sachen im Einzelnen durch Angabe des Hohlmaßes, des Gewichts, der Zahl und des Längenmaßes unter Einhaltung seiner Bedingungen wirksam ist, ist der Verkauf einer Menge im Ganzen wirksam. Bedingung ist hierbei, dass das Verkaufsobjekt unterscheidbar und bestimmt ist.

Art. 404
Wenn messbare und wägbare Sachen, die durch die Teilung nicht beschädigt werden, oder Einzelstücke als Menge im Ganzen verkauft werden, kann der Käufer darüber verfügen, bevor sie gemessen, gewogen oder gezählt werden.
Wenn sie unter der Bedingung der Messung, Wägung oder Zählung verkauft werden, kann der Käufer darüber erst verfügen, wenn er sie in Besitz genommen hat. Bis zur Messung, Wägung oder Zählung liegt keine Inbesitznahme vor.

Art. 405
Wenn durch Längenmaß bestimmbare oder wägbare Sachen, die durch Teilung beschädigt werden, als Menge im Ganzen oder unter der Bedingung der Messung und Zählung verkauft werden, aber der Preis pauschal festliegt, kann der Käufer darüber vor der Messung und Wägung verfügen. Wenn ein Preis pro Elle[482] oder *raṭl*[483] festliegt, kann der Käufer darüber nicht vor der Messung und Wägung verfügen.

Art. 406
Der Verkauf von messbaren, wägbaren, zählbaren und durch Längenmaß bestimmbaren Sachen im Einzelnen ist wirksam. Der Verkauf einer bestimmten

[480] Arab. muǧāzafatan. Auch: ǧuzāfan (Art. 403-405).
[481] Arab. maḏrūʿāt. Abgeleitet von ḏirāʿ (Elle).
[482] In Ägypten 0,58 m. Vgl. Fn. 518.
[483] Gewichtsmaß in Ägypten: Ca. 0,449 kg.

Menge davon in einem Vertragsabschluss unter Angabe des Preises jedes einzelnen Stückes oder des Preises im Ganzen ist wirksam.

Art. 407
Das, was einzeln verkauft werden kann, kann aus dem Verkauf ausgegliedert werden.

Art. 408
Ebenso wie der Verkauf einer Immobilie, die in Metern oder Ellen festgelegt ist, wirksam ist, ist der Verkauf der Immobilie durch die Festlegung ihrer Grenzen wirksam.

Art. 409
Es ist wirksam, dass das Verkaufsobjekt aus zwei oder auch drei nicht vertretbaren oder vertretbaren Sachen unterschiedlicher Gattung ausgewählt wird. Der Preis jeder einzelnen Sache wird festgelegt. Entweder hat der Käufer die Wahl, nach seinem Wunsch eine Sache zum festgelegten Preis zu nehmen, oder der Verkäufer hat die Wahl, eine Sache nach seinem Willen zum festgelegten Preis an den Käufer zu geben. Die Wahlmöglichkeit wird unabdingbar auf höchstens drei Tage beschränkt.[484]

Art. 410
Wenn der Verkäufer das Wahlrecht ausübt, so kann er den Käufer nach seinem Wunsch zur Annahme einer Sache verpflichten, es sei denn, eine der beiden Sachen wird in seinem Besitz beschädigt. Dann kann er den Käufer nur mit dessen Einverständnis zur Annahme dieser beschädigten[485] Sache verpflichten. Wenn der Käufer damit nicht einverstanden ist, kann der Verkäufer ihn nicht verpflichten, die andere Sache anzunehmen.

Art. 411
Wenn der Verkäufer das Wahlrecht ausübt und eine der beiden Sachen in seinem Besitz untergeht, kann er den Käufer zur Annahme der anderen Sache verpflichten. Wenn beide Sachen gleichzeitig untergehen, ist der Vertrag nichtig.

[484] Diese als ḫiyār at-taʿyīn bezeichnete Rechtsfigur ermöglicht dem Käufer oder dem Verkäufer eine Auswahl bei preislich festgelegten Sachen, d.h. die Rückgabe von nicht gewünschten Sachen. Bei Wichard, J. Chr., Zwischen Markt..., a.a.O., S.151 wird dies als „Wahlschuld" bezeichnet und korrekt als Sonderform des vertraglichen Rücktrittsrechts gewertet. Vgl. Art. 329-338.

[485] Das Wort fehlt in der jordanischen Ausgabe von 1987.

Art. 412
Wenn der Käufer das Wahlrecht ausübt und eine der beiden Sachen in seinem Besitz untergeht, gilt diese untergegangene Sache als die von ihm angenommene. Die andere Sache in seinem Besitz ist Treuhandbesitz[486]. Wenn beide Sachen gleichzeitig untergehen, haftet er für jeweils die Hälfte der beiden Sachen. Wenn beide Sachen gleichzeitig beschädigt werden, behält er sein Wahlrecht. Wenn beide Sachen nacheinander beschädigt werden, gilt die zuerst beschädigte Sache als die von ihm angenommene.

Art. 413
Wenn derjenige, der das Wahlrecht besitzt, vor Festlegung der Sache, die er vergeben bzw. annehmen will, verstirbt, wird sein Recht auf seinen gesetzlichen Erben übertragen. Dieser ist verpflichtet, die Sache festzulegen, welche übergeben wird, wenn das Wahlrecht auf den gesetzlichen Erben des Verkäufers übertragen ist, bzw. welche angenommen wird, wenn das Erbrecht auf den Erben des Käufers übertragen ist. Vom Erben wird auch der Preis der Sache gefordert.

4. Abschnitt
Der Preis

Art. 414
Der Preis ist das, was im gegenseitigen Einvernehmen der beiden Vertragspartner bestimmt wird, unabhängig davon, ob dies den Wert des Verkaufsobjektes übersteigt oder unter dem Wert liegt.
Der Wert ist das, was einer Sache durch Messung mit einer anderen Sache ohne Auf- und Abschlag zukommt.

Art. 415
Die Festlegung des Preises im Vertrag und die Kenntnis darüber bei den beiden Vertragspartnern werden für die Wirksamkeit des Vertrages vorausgesetzt.

Art. 416
Wenn der Preis vorliegt, wird er durch Einsicht oder Hinweis zur Kenntnis gebracht. Wenn er nicht vorliegt, erfolgt dies durch Angabe seiner Qualität und Quantität.

Art. 417
Wenn verschiedene Arten von Gold- und Silbermünzen an einem Ort mit unterschiedlichem Marktwert gleichermaßen im Umlauf sind,[487] muss im Vertrag die

[486] Arab. amāna.
[487] Arab. iḫtalafat mālīyatuhā maʿa al-istiwāʾ fī rawāǧihā. Diese Situation liegt etwa vor, wenn der Vertrag in Pfund abgeschlossen wird, aber nicht feststeht, welches Pfund (ägyp-

Art des Preises hierbei angegeben werden. Wenn dies nicht erfolgt, ist der Vertrag fehlerhaft. Wenn aber die Angabe im Anschluss an den Vertrag in der Verhandlungssitzung erfolgt und die andere Seite einverstanden ist, geht der Vertrag in einen wirksamen über, weil der Fehler vor seiner Ausführung beseitigt wurde.

Art. 418
Wenn die Beschreibung des Preises im Vertrag erfolgt, ist der Käufer verpflichtet, diesen in der beschriebenen Währung[488] zu bezahlen.

Art. 419
Der Preis richtet sich nach dem Ort und dem Zeitpunkt des Vertragsschlusses, nicht aber nach dem Zeitpunkt der Bezahlung.

Art. 420
Der Verkauf zu einem Preis, der sofort oder nach einer festgelegten längeren oder kürzeren Frist bezahlt wird, ist wirksam.
Die Bedingung in Bezug auf den Preis, diesen in festgelegten Raten[489] zu festgesetzten Terminen zu bezahlen, ist zulässig. Die Bedingung ist zulässig, dass bei Nichtbezahlung der Rate zum festgesetzten Termin der gesamte Preis sofort fällig wird.

Art. 421
Wenn kein Fristbeginn festgelegt ist, gilt bei einem Verkauf, der keine Option eines gestundeten Preises enthält, der Zeitpunkt der Übergabe des Verkaufsobjektes, nicht jedoch der Zeitpunkt des Vertragsschlusses, als Fristbeginn. Falls aber eine Option enthalten ist, beginnt die Frist mit dem Erlöschen der Option.
Der Käufer, dem bei einem unbestimmten Fristbeginn ein für ein Jahr gestundeter Preis eingeräumt wird, hat eine Frist von einem weiteren Jahr von der Entgegennahme der Sache an gerechnet, wenn der Verkäufer dem Käufer die Sache ein Jahr lang vorenthält. Falls aber der Fristbeginn festgelegt ist und der Verkäufer die Übergabe nicht verweigert, gilt kein anderer Termin.

Art. 422
Der Preis wird durch den Tod des Käufers, nicht aber durch den Tod des Verkäufers, fällig.

---

tisches, englisches usw.) gemeint ist. Vgl. Muršid al-ḥairān ilā maʿrifat aḥwāl al-insān fi-l-muʿāmalāt aš-šarʿīya. Šarḥ wa-dirāsa…, a.a.O., 2. Bd., S. 774.

488 Arab. ṣanf an-nuqūd.

489 Arab. taqsīṭ (Ratenzahlung).

Art. 423
Der uneingeschränkte Verkauf, in dessen Vertrag die Stundung des Preises oder seine sofortige Zahlung nicht erwähnt ist, macht eine sofortige Zahlung des Preises erforderlich. Der Preis wird sofort entrichtet, es sei denn, das Gewohnheitsrecht und die Sitte an einem Ort besagen, dass die Bezahlung später oder in zeitlich festgelegten Raten erfolgt. Wenn dem so ist, ist dem herrschenden Gewohnheitsrecht und der Sitte zu folgen.[490]

Art. 424
Es ist zulässig, dass der Verkäufer über den Preis vor seiner Inbesitznahme verfügen oder ihn auf einen seiner Gläubiger übertragen kann, unabhängig davon, ob der Preis als konkrete Sache oder als Geldwert festgelegt ist. Wenn aber der Preis eine später zu erbringende Schuld ist, so ist die Verfügung darüber außerhalb der Forderungsübertragung nur durch die Eigentumsübertragung an den Schuldner selbst möglich.

Art. 425
Wenn die beiden Vertragspartner bei einem Verkaufsvertrag als Bedingung vereinbaren, dass kein Verkauf stattfindet, wenn der Käufer nicht innerhalb von drei Tagen den Preis bezahlt, so sind der Verkauf und die Bedingung wirksam. Wenn der Käufer also den Preis in der festgelegten Zeitspanne bezahlt, ist der Verkauf bindend. Wenn er ihn in der festgelegten Zeitspanne nicht bezahlt oder währenddessen verstirbt, bevor er den Preis bezahlt hat, ist der Vertrag fehlerhaft.[491]

---

[490] Ein Hinweis findet sich im sechsten Prinzip des Werkes „Al-ašbāh": Die Sitte ist maßgeblich (Fn.-Qadrī). Es handelt sich um das erwähnte Werk von Ibn Nuǧaim. Vgl. Fn. 401. In den vorliegenden gedruckten Ausgaben von 1987 und 2003 ist das Werk falsch angegeben.

[491] Die Formulierung „oder der jeweilige Käufer währenddessen verstirbt..." steht im Gegensatz zur Erklärung des „Ad-durr" zum vertraglichen Rücktrittsrecht. Dagegen hat der Verfasser des „Radd al-muḥtār" erwähnt, dass er unter Bezugnahme auf das Werk von ʿUmar b. Ibrāhīm „An-nahr al-fā'iq šarḥ kanz ad-daqā'iq" (Der vortreffliche Fluss: Eine Erläuterung des Schatzes der Feinheiten) und auf den Kommentar von al-Bīrī zum Werk „Ḫizānat al-akmal" (Der Speicher des Vollkommenen; von Abū Yaʿqūb al-Ǧurǧānī) die Nichtigkeit des Vertrages damit festgestellt hat. (Fn.-Qadrī) Vgl. die URL http://www.ahlalhdeeth.com/vb/showthread.php?t=221547 (zuletzt abgerufen: 05.04.2013) und die URL http://www.aslein.net/showthread.php?t=13742&page=2 (zuletzt abgerufen 05.04.2013).

Kapitel
Wirkungen des Verkaufs

Art. 426
Der wirksam und bindend abgeschlossene Verkaufsvertrag bewirkt unmittelbar, dass das Eigentum am Verkaufsobjekt dem Käufer und das Eigentum am Preis dem Verkäufer zusteht. So geht das Eigentum am Verkaufsobjekt auf den Käufer und seine Erben im Falle seines Todes vor der Inbesitznahme des Verkaufsobjektes über. Dies gilt gleichermaßen, wenn das Verkaufsobjekt eine bewegliche Sache, eine unbewegliche Sache, gemeinsames Teileigentum an der beweglichen bzw. unbeweglichen Sache oder ein Rechtsanspruch ist.

Art. 427
Aus dem wirksamen und bindenden Verkaufsvertrag folgen
Erstens: Die Verpflichtung des Käufers, den Preis zu bezahlen, wenn das Verkaufsobjekt vorliegt und der Preis in Geld zu entrichten ist. Der Preis ist sofort zu entrichten, wenn er sofort fällig ist, oder er ist mit Eintritt der Fälligkeit zu entrichten, wenn er gestundet ist.
Zweitens: Die Verpflichtung des Verkäufers, nach Inbesitznahme des sofort fälligen Preises das Verkaufsobjekt an den Käufer zu übergeben. Falls aber der Preis - auch im Anschluss an den Vertrag - gestundet ist, ist der Verkäufer verpflichtet, das Verkaufsobjekt vor seiner Inbesitznahme des Preises zu übergeben.
Drittens: Die Haftung des Verkäufers für den Preis gegenüber dem Käufer, wenn ein Anspruch auf das Verkaufsobjekt aufgrund von Beweismitteln[492] bzw. durch das Anerkenntnis[493] der beiden Vertragspartner vorliegt oder wenn das Verkaufsobjekt im Besitz des Verkäufers ohne Zutun des Käufers verbraucht wird bzw. durch Fremdeinwirkung untergeht und der Käufer für die Aufhebung des Vertrages optiert.
Viertens: Die Haftung des Käufers für den Preis des Verkaufsobjektes, wenn er dieses vor Bezahlung des Preises in Besitz genommen hat.
Der wirksame Verkauf ist derjenige, der die islamisch rechtmäßig vorgeschriebenen Bedingungen in Bezug auf das Wesen und die Qualität[494] der Sache erfüllt.

[492] Arab. baiyina. Allgemein im Sinne verschiedener Beweismittel verstanden. Nach „klassischer“ Lehre aber auf den Zeugenbeweis reduziert. Vgl. Abū Ǧaib, S., Al-qāmūs al-fiqhī. Luġatan wa-ṣ-ṭilāḥan. Dimašq 1988, 2. Aufl., S. 47. In der jordanischen Ausgabe von 1987 fehlerhaft.
[493] Arab. iqrār.
[494] Arab. ḏātan wa-waṣfan.

Art. 428[495]

Wenn der Verkaufsvertrag in Bezug auf seine Rechtskraft schwebend unwirksam[496] abgeschlossen wird, indem der Vertragspartner als nicht beauftragter Vermittler[497] das Vermögen eines Dritten ohne dessen Einwilligung verkauft oder der Vertragspartner ein unterscheidungsfähiger Junge oder auch ein unterscheidungsfähiges Mädchen[498] ist, erwirbt der Käufer kein Eigentum am Verkaufsobjekt und dem Inhaber des Verkaufsobjektes steht der Preis nicht zu, es sei denn, dass im ersten Fall der Eigentümer und im zweiten Fall der gesetzliche oder ernannte[499] Vormund zustimmt und die Zustimmung die Voraussetzungen für die Wirksamkeit erfüllt.

Art. 429

Wenn der Verkaufsvertrag rechtskräftig, aber nicht bindend, abgeschlossen wird, indem ein vertragliches Rücktrittsrecht nur für den Verkäufer besteht, wird das Verkaufsobjekt erst dann aus dem Eigentum des Verkäufers herausgelöst und in das Eigentum des Käufers überführt, wenn der Verkäufer dem Verkauf im Zeitraum des Rücktrittsrechts in Wort oder Tat ausdrücklich oder stillschweigend zustimmt, die Frist ohne Aufhebung des Vertrages abgelaufen ist oder der Verkäufer in dieser Frist verstirbt.

Dies gilt ebenso, wenn das Rücktrittsrecht für den Verkäufer und den Käufer gemeinsam besteht. Dann gehen das Verkaufsobjekt in das Eigentum des Käufers und der Preis in das Eigentum des Verkäufers erst über, wenn der Käufer während der Frist ausdrücklich zustimmt, dieser Zustimmung keine Aufhebung von Seiten des Verkäufers vorausgeht oder folgt, die Frist abgelaufen ist oder der Käufer in dieser Frist verstirbt. Für das alleinige Rücktrittsrecht des Käufers gilt dies analog.

Art. 430

Wenn das Verkaufsobjekt bei einem vertraglichen Rücktrittsrecht in der Frist für den Rücktritt untergeht, nachdem es dem Käufer übergeben worden ist, und das Rücktrittsrecht beim Verkäufer liegt, ist der Verkauf nichtig. Der Käufer ist verpflichtet, den Wert zum Tag seiner Inbesitznahme unabhängig von seiner Höhe zu ersetzen. Wenn das Rücktrittsrecht beim Käufer liegt und das Verkaufsobjekt in seinem Besitz untergeht, bleibt der Verkauf wirksam. Der Käufer ist ver-

[495] Vgl. auch Art. 310.

[496] Arab. mauqūf ġair nāfiḏ.

[497] Arab. fuḍūlī.

[498] Gemeint ist der unterscheidungsfähige Minderjährige, dessen zivilrechtliche Verfügungen nicht vom Geschlecht abhängig sind. Insofern ist diese Formulierung (ṣabī mumaiyiz auṣabīya ka-ḏālika) in Bezug auf das Mädchen formal überflüssig. Vgl. Art. 494 ff. der Qadrī-Pāšā-Kodifikation.

[499] In der jordanischen Ausgabe von 1987 fehlerhaft.

pflichtet, den genannten Preis zu zahlen. Dies gilt analog, wenn es in seinem Besitz irreparabel beschädigt wird, unabhängig davon, ob dies durch Einwirkung des Käufers, einer fremden Person, durch höhere Gewalt[500] oder durch das Verkaufsobjekt selbst geschieht.

Art. 431
Wenn der Verkauf fehlerhaft ist, ist der Käufer des Verkaufsobjektes erst dann Eigentümer desselben, wenn er mit Einverständnis seines Verkäufers dieses in Besitz nimmt.[501] Wenn die Rückgabe des Verkaufsobjektes unmöglich ist, haftet der Käufer gegenüber dem Verkäufer bei vertretbaren Sachen mit der gleichen Sache, ansonsten mit dem Wert der Sache zum Tag ihrer Inbesitznahme.

Art. 432
Wenn der Verkauf nichtig ist, kommt er überhaupt nicht zustande. Wenn der Käufer das Verkaufsobjekt in Besitz nimmt, ist er kein Eigentümer desselben. Wenn es in seinem Besitz untergeht, haftet er mit der gleichen Sache, wenn diese vorhanden ist, ansonsten mit dem Wert der Sache.

Art. 433
Der nichtige Verkauf beinhaltet einen Mangel in Bezug auf die Grundlage oder den Gegenstand des Verkaufs.[502]
Der fehlerhafte Verkauf beinhaltet einen Mangel außerhalb der Grundlage oder des Gegenstandes.
Anders ausgedrückt ist der nichtige Verkauf derjenige, der vom Prinzip her und in seinen Formen islamisch unrechtmäßig ist, der fehlerhafte Verkauf aber derjenige, der vom Prinzip her islamisch rechtmäßig, aber in seinen Formen islamisch unrechtmäßig ist.[503]

---

500 Arab. bi-āfa samāwīya.
501 Vgl. Art. 312.
502 Vgl. Art. 313.
503 Diese für die ḥanafitische Rechtsschule typische Unterscheidung gilt für die Mehrheit der anderen sunnitischen Juristen nicht. Vgl. Muršid al-ḥairān ilā ma'rifat aḥwāl al-insān fi-l-mu'āmalāt aš-šar'īya. Šarḥ wa-dirāsa..., a.a.O., 2. Bd., S. 792.

Kapitel
Übergabe des Verkaufsobjektes

1. Abschnitt
Art und Weise, Ort und Zeitpunkt der Übergabe

Art. 434
Die Übergabe in Bezug auf das Verkaufsobjekt ist die Freigabe des Verkaufsobjektes an den Käufer durch den Verkäufer, sodass der Käufer dieses ohne Einschränkung und Hinderung in Besitz nehmen kann.

Art. 435
Die Freigabe[504] ist eine Inbesitznahme im rechtlichen Sinne. Sie unterscheidet sich nach der Art des Verkaufsobjektes. Wenn das Verkaufsobjekt eine unbewegliche und abschließbare Sache ist wie ein Haus, ein Ladengeschäft o.Ä., erfolgt die Übergabe mit der Aushändigung des Schlüssels an den Käufer, verbunden mit der Einwilligung gegenüber dem Käufer, dieses in Besitz zu nehmen. Die Übergabe erfolgt auch durch die Freigabe des Verkaufsobjektes an den Käufer und die Einwilligung gegenüber dem Käufer, dieses zu übernehmen, wenn das Verkaufsobjekt für ihn erreichbar ist.

Art. 436
Wenn das Verkaufsobjekt ein Stück Land ist, erfolgt seine Übergabe an den Käufer durch eine Freigabe des Verkäufers in einer Weise, dass der Käufer das Stück Land in Besitz nehmen kann, insofern es für ihn erreichbar ist.
Wenn es aber für den Käufer nicht erreichbar ist, gilt die bloße Einwilligung des Verkäufers zur Inbesitznahme nicht als Inbesitznahme.

Art. 437
Wenn das Verkaufsobjekt eine bewegliche Sache ist, erfolgt die Übergabe durch die Aushändigung der Sache aus dem Besitz des Verkäufers bzw. seines Bevollmächtigten in den Besitz des Käufers bzw. seines Bevollmächtigten. Die Übergabe kann auch durch Freigabe und Einwilligung zur Inbesitznahme erfolgen.
Wenn sich das Verkaufsobjekt in einem Ladengeschäft oder in einer Kiste befindet, erfolgt dessen Übergabe durch die Aushändigung des Schlüssels für das Ladengeschäft oder die Kiste an den Käufer, verbunden mit der Einwilligung gegenüber dem Käufer, das Verkaufsobjekt in Besitz zu nehmen.

---

[504] Arab. taḫliya. Damit ist gemeint, dass dem Käufer freie Hand in Bezug auf die übertragene Sache gelassen wird.

Art. 438
Das Messen von messbaren Sachen und das Wiegen von festgelegten wägbaren Sachen im Auftrag des Käufers und das Einfüllen dieser Sachen in dafür vom Käufer für den Verkauf zur Verfügung gestellte Behältnisse und Säcke[505] gilt als Übergabe.

Art. 439
Wenn sich die verkaufte Sache vor dem Verkauf aufgrund einer widerrechtlichen Aneignung oder eines fehlerhaften Vertrages im Besitz des Käufers befindet und dieser sie danach vom Eigentümer kauft, tritt die erste Inbesitznahme an die Stelle einer erneuten Übergabe.
Wenn sich das Verkaufsobjekt als Leihgabe, anvertrautes Gut oder Pfand im Besitz des Käufers befindet, gilt der bloße Vertrag nur dann als Inbesitznahme, wenn das Verkaufsobjekt tatsächlich bei ihm vorhanden ist oder wenn er sich an den Lageort der Sache begibt, sodass die Inbesitznahme erfolgen kann.[506]

Art. 440
Bei der Übergabe wird vorausgesetzt, dass das Verkaufsobjekt abgetrennt und nicht mit einem Anspruch des Verkäufers verbunden ist. Wenn das Verkaufsobjekt ein Haus mit Einrichtungsgegenständen, die dem Verkäufer gehören, oder ein Stück bebautes Land ist, ist die Übergabe nur wirksam, wenn das Haus von den Einrichtungsgegenständen geräumt wurde und die Pflanzen auf dem Land abgeerntet sind. Die Pflicht zur Beräumung und Übergabe an den Käufer entsteht mit Bezahlung des Preises.

Art. 441
Wenn der Käufer das Verkaufsobjekt in Besitz nimmt und der Verkäufer ihn dabei sieht, ohne dass er ihn daran hindert, gilt dies als Einwilligung des Verkäufers zur Inbesitznahme durch den Käufer.

Art. 442
Wenn der Käufer das Verkaufsobjekt vor Bezahlung des fälligen Preises ohne Einwilligung seines Verkäufers in Besitz nimmt, so wird seine Inbesitznahme nicht berücksichtigt. Der Verkäufer hat einen Rückgabeanspruch in Bezug auf das Verkaufsobjekt. Wenn das Verkaufsobjekt im Besitz des Käufers untergeht, verwandelt sich die Inbesitznahme in eine zu berücksichtigende, und der Käufer ist verpflichtet, den geschuldeten Preis zu bezahlen.

---

[505] Arab. ǧawāliq. Hierbei handelt es sich um ein Wort persischen Ursprungs. Siehe A Dictionary in Persian and English, with Pronunciation of Persian Words in the Roman Character. Ed. by M. Ch. Sen. Calcutta 1841, S. 57.

[506] Die Bestimmung der beiden Absätze ist dem Ende des Abschnitts zur Inbesitznahme usw. der „Al-anqarawīya“ S. 255 und S. 256 zum Verkauf entnommen. (Fn.-Qadrī)

Art. 443
Die Vermietung des Verkaufsobjektes oder dessen Verkauf durch den Käufer vor der Inbesitznahme, selbst wenn es sich in beiden Fällen um den Verkäufer handelt, ist für Mobilien nicht zulässig. Vermietung und Verkauf gelten nicht als Inbesitznahme des Verkaufsobjektes.
Wenn der Käufer die verkaufte Sache vor ihrer Inbesitznahme verschenkt oder verpfändet und der Beschenkte bzw. der Pfandnehmer diese in Besitz nimmt, ist dies zulässig. Dessen Inbesitznahme tritt an die Stelle der Inbesitznahme durch den Käufer.

Art. 444
Soweit keine anderweitige Bedingung im Vertrag enthalten ist, erfolgt die Übergabe des Verkaufsobjektes an dem Ort, an welchem es sich zum Zeitpunkt des Vertragsschlusses befindet, nicht aber am Ort des Vertragsschlusses.[507]

Art. 445
Wenn der Käufer den Lageort[508] des Verkaufsobjektes zum Zeitpunkt des Vertragsschlusses nicht kennt und erst nachträglich davon erfährt, hat er die Wahl, den Verkauf aufzuheben oder den Verkauf auszuführen und das Verkaufsobjekt dort entgegenzunehmen, wo es sich befindet.[509]

Art. 446
Wenn im Vertrag ausbedungen ist, dass der Verkäufer das Verkaufsobjekt an einem bestimmten Ort übergibt, ist seine Übergabe an dem erwähnten Ort für ihn bindend.[510]

Art. 447
Das Verkaufsobjekt muss an den Käufer übergeben werden, wenn die Bezahlung an den Verkäufer erfolgt ist. Falls sich der Verkäufer im Verkaufsvertrag ausbedingt[511], dem Käufer das festgelegte Verkaufsobjekt zu einem späteren Termin zu übergeben, ist der Verkauf fehlerhaft. Falls sich der Käufer ausbe-

---

[507] Im „Tanqīḥ al-ḥāmidīya" zum Verkauf überliefert. Dies ist die vorherrschende Meinung der Rechtsschule. (Fn.-Qadrī)

[508] Arab. maḥall.

[509] In der „Al-anqarawīya" im mittleren Teil zum Verkauf zu Beginn des Abschnitts über zulässige und nicht zulässige Verkaufsobjekte sowie in der „Al-ḫānīya" am Beginn des fehlerhaften Verkaufs überliefert. (Fn.-Qadrī)

[510] Entnommen aus zwei Formulierungen der „Al-anqarawīya" und der „Al-ḫānīya" zu Beginn des fehlerhaften Verkaufs. (Fn.-Qadrī)

[511] Die Formulierung „Falls sich der Verkäufer... ausbedingt..." ist in der „Al-hindīya" im 10. Kapitel in der Mitte zum Verkauf sowie ebenfalls im „Radd al-muḥtār" im Buch zum Verkauf überliefert. (Fn.-Qadrī)

dingt[512], das Verkaufsobjekt zu einem bestimmten Termin vor der Bezahlung des Preises an den Verkäufer zu übernehmen, ist dies zulässig. Falls er sich aber ausbedingt, das Verkaufsobjekt vor der Bezahlung des Preises ohne Festlegung eines bestimmten Termins zu übernehmen, ist der Verkauf fehlerhaft.

Art. 448
Wenn eine festgelegte Menge messbarer, wägbarer oder durch ein Längenmaß bestimmbarer Sachen, die durch Teilung nicht beschädigt werden, bzw. vergleichbarer Einzelstücke unter Angabe der Menge und des Gesamtpreises oder des Preises für ein bestimmtes Hohlmaß[513], für ein *raṭl*[514] bzw. für ein Einzelstück verkauft wird, ist der Verkauf bindend, wenn die verkaufte Menge zum Zeitpunkt der Übergabe vollständig vorhanden ist. Wenn sich die Menge gegenüber dem im Vertrag festgelegten Umfang aber als unvollständig herausstellt, hat der Käufer die Wahl, den Verkauf aufzuheben oder die vorhandene Menge zum anteiligen Preis zu übernehmen. Wenn sich aber herausstellt, dass der im Vertrag festgelegte Umfang überschritten wird, steht der Überschuss dem Verkäufer zu.

Art. 449
Wenn eine festgelegte Menge wägbarer oder durch ein Längenmaß bestimmbarer Sachen, die durch Teilung beschädigt werden, bzw. ein Stück Land unter Bestimmung des Gesamtgewichts oder der Gesamtlänge und unter Angabe des Gesamtpreises verkauft wird, ist der Verkauf bindend, wenn die Sachen beim Wiegen oder Messen vollständig vorhanden sind. Wenn sich die Menge als unvollständig gegenüber dem angegebenen Umfang herausstellt, hat der Käufer die Wahl, den Verkauf aufzuheben oder die vorhandene Menge zum genannten Gesamtpreis zu übernehmen. Wenn sich aber herausstellt, dass der festgelegte Umfang überschritten wird, steht der Überschuss dem Käufer zu. Der Verkäufer hat kein Rücktrittsrecht.

---

512 Die Formulierung „falls sich der Käufer ausbedingt...“ ist im „Radd al-muḥtār“ am Ende des Abschnitts über Zusatzbestimmungen beim Verkauf unter Bezugnahme auf Muḥammad (aš-Šaibānī) nach dem Werk „Al-baḥr“ (gemeint ist das Werk „Al-baḥr ar-rā'iq šarḥ kanz ad-daqā'iq“ <Das klare Meer: Eine Erläuterung des Schatzes der Feinheiten> von Ibn Nuǧaim; vgl. Fn. 401) sowie in der „Al-ḫānīya“ zu Beginn des Abschnitts über die Bedingungen, die den Verkauf fehlerhaft machen, überliefert. (Fn.-Qadrī) „Kanz ad-daqā'iq“ ist ein Werk von an-Nasafī (vergleichbar mit der „Al-hidāya“ von 'A. b. A. B. al-Farġānī al-Marġīnānī <gest. 1197>). Ibn 'Ābidīn hat zum Werk „Al-baḥr ar-rā'iq“ Glossen verfasst. Vgl. Fn. 223 und Spies, O., Pritsch, E., Klassisches Islamisches..., a.a.O., S. 243-246.

513 Arab. kail.

514 Gewichtsmaß. Vgl. Fn. 483.

Art. 450

Wenn eine Gesamtmenge wägbarer oder durch Längenmaß bestimmbarer Sachen, die durch Teilung beschädigt werden, bzw. ein Stück Land unter Angabe ihres Gesamtgewichts oder ihrer Gesamtlänge[515] und des Preises für ein einzelnes *raṭl*[516] oder für eine einzige Elle[517] verkauft wird und die zum Zeitpunkt der Übergabe vorhandene Gesamtmenge größer oder kleiner als der durch das Wiegen oder Messen festgestellte Umfang ist, hat der Käufer die Wahl, den Verkauf aufzuheben oder diese Gesamtmenge gemäß dem für jedes *raṭl* und für jede Elle[518] angegebenen Preis zu übernehmen.

Art. 451

Wenn eine Gesamtmenge von verschiedenen Einzelstücken verkauft wird und nur ein Preis für die Gesamtmenge angegeben ist, ist der Verkauf bindend, wenn sich die Gesamtmenge zum Zeitpunkt des Verkaufs als vollständig herausstellt. Wenn sich herausstellt, dass die Gesamtmenge kleiner oder größer ist, ist der Verkauf in beiden Fällen fehlerhaft.

Art. 452

Wenn eine Gesamtmenge von verschiedenen Einzelstücken verkauft wird und ihr Umfang mit den Preisen für die einzelnen Stücke angegeben wird, ist der Verkauf bindend, wenn sich die Gesamtmenge bei der Übergabe als vollständig herausstellt. Wenn sich die Gesamtmenge als kleiner herausstellt, hat der Käufer die Wahl, den Verkauf aufzuheben oder diese Menge zum anteilig genannten Preis zu übernehmen. Wenn sie sich als größer herausstellt, ist der Verkauf fehlerhaft.

Art. 453

Wenn der Käufer das Verkaufsobjekt in Besitz nimmt und über die unvollständige Menge informiert ist, so hat er nicht die Wahl, nach der Inbesitznahme den Vertrag aufzuheben. Dies gilt in den Fällen, in denen der Käufer gemäß den vorangegangenen Artikeln ein Wahlrecht hat.

---

515 In der jordanischen Ausgabe von 1987 fehlerhaft.

516 Vgl. Fn. 483.

517 Vgl. Art. 405.

518 Arab. ḏirāʿ. Die Länge der Elle ist in den einzelnen Gebieten unterschiedlich. Die ägyptische Elle (ḏirāʿ baladī) beträgt - wie bereits erwähnt - 0,58 m.

2. Abschnitt
Das Recht, das Verkaufsobjekt zur Inbesitznahme des Preises zurückzubehalten, und der Untergang des Verkaufsobjektes

Art. 454
Der Verkäufer hat das Recht, das Verkaufsobjekt bis zur Zahlung des vollständigen Preises zurückzubehalten, wenn der gesamte Preis sofort fällig ist.
Falls das Verkaufsobjekt aus zwei oder mehreren Sachen besteht, die sich auf einen Vertrag beziehen und für die ein Preis für jede einzelne Sache angegeben ist, kann er alle Sachen bis zur Zahlung des gesamten Preises zurückbehalten.

Art. 455
Das Recht des Verkäufers, das Verkaufsobjekt zurückzubehalten[519], erlischt nicht dadurch, dass ihm der Käufer ein Pfand gibt bzw. einen Bürgen stellt oder dass der Verkäufer ihm einen Teil des Preises erlässt. Der Verkäufer kann es bis zur vollständigen Zahlung des Preises zurückbehalten.

Art. 456
Wenn der Verkäufer einer Person die Forderung gegenüber dem Käufer in Bezug auf den gesamten Preis, sollte er noch nichts davon in Besitz genommen haben, bzw. in Bezug auf den Rest des Preises, sollte er ihn noch nicht vollständig in Besitz genommen haben, abtritt und der Käufer die Übertragung akzeptiert, erlischt das Recht des Verkäufers, das Verkaufsobjekt zurückzubehalten.[520]

Art. 457
Wenn der Käufer den gesamten Preis, sollte dieser noch vollständig als Schuld von ihm zu entrichten sein, oder den in seiner Schuld verbliebenen Teil des Preises, sollte er einen Teil gezahlt haben, auf eine andere Person überträgt und der Verkäufer die Schuldanweisung akzeptiert, erlischt dessen Recht, das Verkaufsobjekt zurückzubehalten.

Art. 458
Wenn der Preis im Verkaufsvertrag gestundet ist oder der Verkäufer nach dem Verkauf seiner Stundung zustimmt, hat er kein Zurückbehaltungsrecht für das Verkaufsobjekt. Er ist vielmehr zur Übergabe des Verkaufsobjektes an den Käufer verpflichtet und kann von ihm den Preis erst mit Fälligkeit fordern.

---

519 In der Ausgabe des Muršid al-ḥairān von 1987 wurde versehentlich statt ḥabs das Wort ḥasb verwendet.

520 Die Bestimmung dieses Artikels und des folgenden Artikels ist dem Ende des Abschnitts über Zusatzbestimmungen beim Verkauf usw. des „Ad-durr" und des „Radd al-muḥtār" S. 42 entnommen. Der zweite Artikel steht im Widerspruch zu einer der beiden Überlieferungen Muḥammads. (Fn.-Qadrī) Dabei handelt es sich um Muḥammad aš-Šaibānī (s.o).

Art. 459
Wenn der Verkäufer das Verkaufsobjekt vor der Inbesitznahme des Preises übergibt, so verzichtet er auf sein Zurückbehaltungsrecht. Er kann danach das Verkaufsobjekt nicht zurückfordern.

Art. 460
Wenn das Verkaufsobjekt beim Verkäufer durch dessen Wirken, durch Funktion des Verkaufsobjektes selbst oder durch höhere Gewalt untergeht, ist der Verkauf nichtig und hat der Käufer gegenüber dem Verkäufer einen Rückforderungsanspruch auf den Preis, wenn dieser bezahlt wurde.

Art. 461
Wenn das Verkaufsobjekt nach der Inbesitznahme durch Wirken des Käufers untergeht, so hat dieser den Preis des Verkaufsobjektes zu bezahlen, wenn der Verkauf uneingeschränkt oder unter der Bedingung eines Rücktrittsrechts für ihn abgeschlossen wurde. Wenn das Rücktrittsrecht dem Verkäufer zusteht oder wenn der Verkauf fehlerhaft ist, ist der Käufer bei vertretbaren Sachen zur Haftung durch eine vergleichbare Sache, bei nicht vertretbaren Sachen zur wertmäßigen Haftung verpflichtet.

Art. 462
Wenn das Verkaufsobjekt vor der Inbesitznahme durch Fremdeinwirkung[521] untergeht, hat der Käufer die Wahl, den Verkauf aufzuheben, wobei der Verkäufer den schuldhaften Rechtsverletzer in Bezug auf das Verkaufsobjekt verfolgen und diesen durch eine vergleichbare Sache bei vertretbaren Sachen oder mit dem Wert der Sache bei nicht vertretbaren Sachen in Haftung nehmen kann, oder den Verkauf durchzuführen, den Preis zu bezahlen und gegenüber dem schuldhaften Rechtsverletzer einen Rückforderungsanspruch geltend zu machen.[522]

Art. 463
Wenn der Käufer nach Inbesitznahme des Verkaufsobjektes und vor Bezahlung des Preises zahlungsunfähig[523] verstirbt, steht der Verkäufer mit den anderen Gläubigern auf gleicher Stufe. Auch wenn er genau dieselbe Ware noch vorfindet, ist er gegenüber den anderen Anspruchsberechtigten in Bezug auf den Käufer nicht bevorrechtigt.

Art. 464
Wenn der Käufer vor Inbesitznahme des Verkaufsobjektes und vor Bezahlung des Preises zahlungsunfähig verstirbt, ist der Verkäufer bevorrechtigt, das Ver-

521 Arab. bi-fi'l aǧnabī.
522 Die zweite Option für den Käufer ist praktisch kaum relevant.
523 Arab. muflisan oder mufallasan.

kaufsobjekt zurückzubehalten, bis der Preis aus dem Nachlass des Käufers vollständig bezahlt wird, oder aber der Richter verkauft das Objekt und befriedigt aus dem Erlös den Anspruch des Verkäufers. Wenn der Erlös höher als der Anspruch des Verkäufers ist, wird der Überschuss auf die übrigen Gläubiger verteilt, wenn ein geringerer Erlös vorliegt und der Anspruch des Verkäufers nicht vollständig erfüllt wird, steht der Verkäufer in Bezug auf das Restvermögen mit den anderen Gläubigern auf gleicher Stufe.

Art. 465
Wenn der Verkäufer nach Inbesitznahme des Preises des Verkaufsobjektes und vor dessen Übergabe an den Käufer zahlungsunfähig verstirbt, ist der Käufer gegenüber den übrigen Gläubigern bevorrechtigt. Er kann das Verkaufsobjekt übernehmen, wenn es noch als Sache existiert, oder den Preis zurückfordern, wenn es im Besitz des Verkäufers oder seiner gesetzlichen Erben untergegangen ist.[524]

Abschnitt
Kosten der Übergabe und Erfordernisse zur Durchführung der Übergabe

Art. 466
Die Kosten, die mit dem Preis verbunden sind wie das Zählen oder das Wiegen des Preises[525], obliegen allein dem Käufer. Dies gilt auch für die Kosten des Transports[526].

Art. 467
Die Kosten der Übergabe wie die Gebühr für das Messen nach einem Hohlmaß, das Auswiegen, das Abmessen u.Ä. obliegen dem Verkäufer.

Art. 468
Die Gebühr für die schriftliche Ausfertigung der Unterlagen[527], Urkunden[528] und Verkaufsdokumente[529] obliegt dem Käufer.

---

524 Die Bestimmung dieses Artikels ist dem Ende des Abschnitts über Zusatzbestimmungen beim Verkauf usw. des „Radd al-muḥtār" S. 44 entnommen. (Fn.-Qadrī)

525 Dies bezieht sich insbesondere auf die Zählung des Geldes und - bei ungemünztem Edelmetall - auf das Auswiegen (von Gold oder Silber).

526 Arab. ḥaml.

527 Arab. sanadāt.

528 Arab. ḥuǧaǧ.

529 Arab. ṣukūk al-mubāyaʿāt.

Abschnitt
Zusätzliche Bestandteile beim Verkauf

Art. 469
Das, was nach dem am Ort herrschenden Gewohnheitsrecht mit der Lieferung des Verkaufsobjektes verknüpft ist, oder das, was mit dem Grund und Boden dauerhaft natürlich oder künstlich verbunden ist, gilt auch ohne gesonderte Erwähnung als ein zusätzlicher Bestandteil des Verkaufs.

Art. 470
So schließt das Haus in seinen Grenzen alles ein, was auf ihm errichtet, an ihm befestigt oder baulich untrennbar mit ihm verbunden ist. Dazu gehört auch der innen liegende Garten. Der außen liegende Garten gehört nicht dazu, auch wenn das Tor, welches zu diesem Garten führt, im Haus liegt, es sei denn, dieser Garten ist kleiner als das Haus. Dann wird er als Zusatz gewertet.
Das, was nicht zum Gebäude und zu den damit verbundenen Anlagen gehört, ist nicht Bestandteil des Verkaufs, es sei denn, die Sitte an dem Ort und das Gewohnheitsrecht seiner Bewohner besagen, dass der Verkäufer dies nicht zurückhalten und dem Käufer verweigern darf.

Art. 471
Beim Verkauf von Land werden ohne gesonderte Erwähnung die darauf für einen längeren Zeitraum oder für immer angepflanzten Bäume einbezogen. Dabei ist unerheblich, ob sie klein oder groß sind, ob sie Früchte hervorbringen oder nicht. Dies gilt nicht für vertrocknete Bäume, die nur als Brennholz genutzt werden können, und für solche Bäume, die dazu angepflanzt worden sind, um sie herauszureißen und zu einem bestimmten Termin zu verpflanzen. Diese Bäume werden nur einbezogen, wenn dies im Verkauf genannt ist. All das, was nicht[530] zu einer bestimmten Frist und an einem bestimmten Endpunkt entfernt wird, gilt als Baum.

Art. 472
Alle mit dem Verkaufsobjekt verbundenen Rechte und Einrichtungen, d.h. die notwendigen und nur für diesen Zweck bestimmten Anlagen, sind nur dann Bestandteil des Verkaufs, wenn die Rechte und die Einrichtungen im Vertrag erwähnt sind.
Wenn also ein Haus mit seinen Rechten und seinen Einrichtungen verkauft wird, sind der Privatweg, das Wasserentnahmerecht und das Abflussrecht[531] Bestand-

[530] Die Formulierung „All das, was nicht..." gilt für Dattelstämme und Zuckerrohr und ist in der „Al-hindīya" am Beginn des zweiten Abschnitts zum Verkauf von Land und Weinstöcken überliefert. (Fn.-Qadrī)
[531] Vgl. Art. 4.

teile im Verkauf. Wenn im Vertrag zum Verkauf des Hauses die diesbezüglichen Rechte und Einrichtungen nicht erwähnt werden, sind der Privatweg, das Wasserentnahmerecht und das Abflussrecht keine Bestandteile.

Art. 473
Das, was nicht zu den Rechten und Einrichtungen des Verkaufsobjektes gehört, ist nicht Bestandteil des Verkaufs. Wenn die Rechte und Einrichtungen erwähnt werden, sind bei einem Verkauf von Land die reifen angebauten Pflanzen, die einen Wert verkörpern, nicht einbezogen, wohl aber die noch nicht reifen Pflanzen und diejenigen reifen Pflanzen, die keinen Wert verkörpern.

Art. 474
Bei einem Verkauf von Bäumen sind die Früchte nicht einbezogen, es sei denn, der Käufer bedingt sich das aus. Dies gilt sowohl für den Verkauf mit dem Land als auch unabhängig davon. All das, was zu einer bestimmten Frist und an einem bestimmten Endpunkt dazu bestimmt ist, herausgerissen zu werden, gilt als Frucht.[532]

Art. 475
Das, was als ein Teil des Verkaufsobjektes gilt, insofern das Verkaufsobjekt nur damit nutzbar ist, ist auch ohne gesonderte Erwähnung Bestandteil des Verkaufs. Wenn also eine Milchkuh zur Milchproduktion verkauft wird, ist das trinkende Kalb Bestandteil des Verkaufs.[533]

Art. 476
Der Kauf des Baumes, damit dieser an der Stelle verbleibt, schließt den Boden, auf dem er sich befindet, mit ein. Wenn der Käufer ihn herausreißt, kann er darauf einen anderen Baum setzen. Wenn er ihn kauft, um ihn herauszureißen, ist der Boden des Baumes nicht eingeschlossen und der Käufer hat ihn herauszureißen. Er darf die Erde nicht bis ans Wurzelende ausheben. Wenn er ihn aber an der Bodenoberfläche fällt und aus seinem Stamm oder seinen Wurzeln ein Baum wächst, kann der Verkäufer diesen beanspruchen. Wenn er ihn weiter oben abschneidet und daraus etwas wächst, gehört dieses dem Käufer.

Art. 477
Wenn jemand einen Baum kauft, um ihn zu entfernen, und durch das Herausreißen des Stammes ein Schaden für den Verkäufer entsteht, so hat ihn der Käufer an der Bodenoberfläche abzuschneiden, sodass der Verkäufer nicht geschädigt

[532] Vgl. zum Unterschied zwischen Baum und Frucht auch Art. 471.
[533] Dieses Beispiel dient der Erläuterung der Bestimmung. Es basiert auf üblichen Verkaufsgewohnheiten in der damaligen Zeit.

wird. Falls beim Herausreißen eine Mauer zerstört wird, haftet derjenige, der ihn herausreißt, für die Folgen.

Art. 478
Alles, was zusätzlicher Bestandteil des Verkaufs ist, wird bei seinem Untergang vor der Übergabe preislich nicht berücksichtigt. Falls also jemand eine Immobilie kauft und das Gebäude vor der Übergabe zerstört wird, so hat der Käufer die Wahl, die Immobilie zum vollen Preis zu übernehmen oder darauf zu verzichten.[534]

Art. 479
Wenn der Zugangsweg nicht Bestandteil des Verkaufsobjektes ist und kein Weg[535] auf die Straße[536] führt, kann der Käufer das Verkaufsobjekt an den Verkäufer zurückgeben, wenn er zum Zeitpunkt des Verkaufs darüber nicht informiert war.[537]

Art. 480
Zusätze, die sich nach dem Vertragsschluss und vor der Inbesitznahme für das Verkaufsobjekt ergeben[538] wie Früchte und Jungtiere[539], sind ein Recht des Käufers.[540]

Abschnitt
Zahlung des Preises

Art. 481
Der Käufer ist verpflichtet, den Preis beim Verkauf Ware[541] gegen Geld als Erster zu entrichten, wenn der Verkäufer die Ware vorweisen kann, solange der Preis keine gestundete Schuld des Käufers ist und der Käufer kein Rücktrittsrecht beim Verkauf hat. Falls ein Rücktrittsrecht für den Verkäufer existiert,

---

[534] In den Randbemerkungen zur „Al-anqarawīya" am Beginn des Abschnitts zum Untergang des Verkaufsobjektes und des Preises S. 256 überliefert. (Fn.-Qadrī)
[535] Arab. maslak.
[536] Arab. šāriʻ.
[537] In der „Al-ḫānīya" am Ende des Kapitels über nicht erwähnte Zusatzbestimmungen beim Verkauf S. 203 überliefert. (Fn.-Qadrī)
[538] Arab. az-zawā'id allatī taḥṣulu fi-l-mabīʻ baʻda-l-ʻaqd wa-qabla-l-qabḍ .
[539] Arab. nitāǧ.
[540] Entnommen aus der „Al-hindīya" in der Mitte des zweiten Abschnitts zum Verkauf von Land und Weinstöcken S. 31. (Fn.-Qadrī)
[541] Arab. silʻa.

kann er den Preis vom Käufer fordern. Auch wenn er ihn angenommen hat, erlischt sein Rücktrittsrecht nicht.[542]

Art. 482
Wenn eine Ware gegen eine andere Ware oder Geld gegen Geld verkauft wird, werden das Verkaufsobjekt und der Preis gleichzeitig übergeben.

Art. 483
Wenn der Preis bis zu einer bestimmten Frist gestundet ist, ist die Zahlung bei Eintritt dieser Frist fällig.
Wenn der Preis in festgelegten Raten entrichtet wird, ist jede Rate zur festgesetzten Zeit[543] zu bezahlen. Wenn der Käufer mit der Bezahlung einer Rate in Verzug gerät, sind die anderen Raten nur dann fällig[544], wenn dies als Bedingung im Vertrag enthalten ist.

Art. 484
Der gestundete Preis wird mit dem Tod des Käufers, nicht aber mit dem Tod des Verkäufers fällig. Die gesetzlichen Erben oder Gläubiger des Verkäufers haben erst mit Eintritt der Frist Anspruch auf den Erhalt des Preises oder der Raten, die der Käufer noch schuldet.

Art. 485
Wenn der Ort für die Zahlung des Preises im Vertrag festgelegt ist und für seine Beförderung ein Aufwand anfällt, ist die Festlegung wirksam und der Preis muss am ausbedungenen Ort geleistet werden. Wenn für seine Beförderung kein Aufwand anfällt, ist die Festlegung nicht wirksam und der Verkauf zulässig.

Art. 486
Es ist in keinem Falle für den Käufer zulässig, dass er den sofort fälligen Preis nach Inbesitznahme des Verkaufsobjektes zurückbehält, es sei denn, es liegt nachweislich[545] ein Anspruch auf das Verkaufsobjekt vor und der Verkauf ist vor Zahlung des Preises aufgehoben worden.

Art. 487
Wenn der Käufer den sofort fälligen Preis nicht unverzüglich bzw. den gestundeten Preis nicht mit Eintritt der Frist bezahlt, wird der Verkauf nicht aufgehoben, sondern der Käufer ist gezwungen, den Preis zu bezahlen. Wenn er sich

[542] In der „Al-anqarawīya“ am Beginn des Abschnitts zu den Rücktrittsrechten am Ende von S. 264 überliefert. (Fn.-Qadrī)
[543] Arab. mīʿād.
[544] Arab. ḥālla.
[545] Arab. bi-l-baiyina.

weigert, wird aus dem Eigentum des Käufers etwas verkauft, das den geforderten Preis deckt.

Art. 488
Es ist nicht zulässig, dass der Richter dem Käufer Aufschub bei der Bezahlung des Preises an den Verkäufer gewährt, es sei denn, der Käufer ist mittellos[546], sodass er nicht bezahlen kann. Dann wird auf die Verbesserung seiner finanziellen Lage gewartet.

Art. 489
Wenn der Preis aus einer Sache[547] besteht, ist es für den Verkäufer zulässig, dass er darüber vor seiner Inbesitznahme vom Käufer durch Verkauf, Schenkung, Vermächtnis o.a. verfügt.

Art. 490
Wenn der Preis eine Gattungsschuld[548] des Käufers ist, kann der Verkäufer nicht vor seiner Inbesitznahme darüber verfügen und ihn in das Eigentum einer anderen Person als derjenigen des Käufers, dem die Gattungsschuld obliegt, überführen, es sei denn, der Verkäufer ermächtigt diese Person, den Preis vom Käufer in Besitz zu nehmen, und nimmt den Preis von dieser Person in Besitz, er überträgt dieser Person die Forderung als Gläubiger, um den Preis vom Käufer zu erhalten, oder er errichtet ein Vermächtnis für jemanden. Seine Eigentumsübertragung an eine andere Person als den Käufer ist in diesen drei Fällen wirksam.

Abschnitt
Haftung für das Verkaufsobjekt bei Vorliegen eines Anspruchs

Art. 491
Der Verkäufer haftet für das Verkaufsobjekt mit dessen Preis, wenn ein Anspruch eines Dritten vorliegt, auch wenn die Haftung im Vertrag nicht ausbedungen wurde.

Art. 492
Der als Bedingung aufgenommene Ausschluss der Haftung des Verkäufers mit dem Preis des Verkaufsobjektes bei Vorliegen eines Anspruchs auf das Verkaufsobjekt ist unwirksam. Der Verkauf ist mit dieser Bedingung fehlerhaft.[549]

---

546 Arab. muʿsir.

547 D.h. ein konkretes Stück (arab. ʿain).

548 Arab. dain.

549 In der „Al-hindīya“ nach der „Al-ḫānīya“ in der Mitte des 10. Kapitels zu den Bedingungen, die den Verkauf fehlerhaft machen, S. 128 überliefert. (Fn.-Qadrī)

Art. 493
Die Haftung mit dem Preis gegenüber dem Käufer ist in Abhängigkeit vom Eintritt des Anspruchs wirksam.[550]

Art. 494
Die Kenntnis des Käufers, dass das Verkaufsobjekt nicht Eigentum des Verkäufers ist, verhindert nicht dessen Rückforderungsanspruch auf den Preis gegenüber dem Verkäufer, wenn ein Anspruch auf das Verkaufsobjekt vorliegt.[551]

Art. 495
Der Käufer hat gegenüber dem Verkäufer einen Rückforderungsanspruch auf den Preis, wenn der Anspruch auf das Eigentum des Verkäufers vor dem Verkauf bestanden hat.
Wenn der Anspruch aufgrund einer Angelegenheit entsteht, die das Verkaufsobjekt erst nach dem Kauf im Eigentum des Käufers betrifft, falls etwa der Anspruchsberechtigte erst zu einem Zeitpunkt nach dem Kauf nachweist, Eigentümer zu sein, oder nachträglich die widerrechtliche Aneignung seines Eigentums feststellt, hat der Käufer keinen Rückforderungsanspruch auf den Preis gegenüber dem Verkäufer, solange nicht nachgewiesen wird, dass die Angelegenheit davor entstanden ist.[552]

Art. 496
Der Käufer kann den Preis vom Verkäufer nur zurückfordern, wenn der Anspruch auf das Verkaufsobjekt durch Zeugen nachgewiesen wird.[553] Wenn aber der Anspruch durch ein Anerkenntnis des Käufers bzw. seines Bevollmächtigten oder durch Verweigerung des Eides[554] durch den Käufer bzw. seines Bevollmächtigten erfolgt, hat er keinen Rückforderungsanspruch gegenüber dem Verkäufer.

---

550 Es handelt sich um die Haftung zur Erlangung einer Sache. Die Aussage stammt aus dem „Radd al-muḥtār" zum Anspruch mit den Worten des Verfassers „Es gibt keinen Rückforderungsanspruch gegenüber seinem Verkäufer, wenn dieser keinen Rückforderungsanspruch gegenüber (dem Käufer) und dem Bürgen hat…" am Anfang von S. 192. Das wird im „Ǧāmiʿ al-fuṣūlain" in der Mitte des 16. Abschnitts zum Anspruch S. 222 ausgeführt. (Fn.-Qadrī)

551 Überliefert im „Ad-durr" am Ende des Abschnitts zum Anspruch S. 99.

552 Dies ist dem „Radd al-muḥtār" zum Anspruch mit den Worten des Verfassers „Der Rückforderungsanspruch des Käufers auf den Preis gegenüber dem Verkäufer…" S. 194 entnommen. So steht es auch am Anfang des 16. Abschnitts des „Ǧāmiʿ al-fuṣūlain" und in der „Al-anqarawīya" in der Mitte des Kapitels zum Anspruch S. 184. (Fn.-Qadrī)

553 Dies bedeutet, dass derjenige, der den Anspruch besitzt, die Beweislast trägt.

554 Arab. nukūl. Vgl. Falaturi, A., May, R., Gerichtsverfahren und Richter im traditionellen islamischen Recht. In: Beiträge zu Islamischem Rechtsdenken. Fachwissenschaftliche Betreuung: A. Falaturi, Redaktion: R. May, Stuttgart 1986, S. 84-85.

Art. 497[555]

Der Anspruch wirkt in zwei Formen: In einer, die das Eigentum nichtig macht, und in einer, die das Eigentum überträgt. Die erste Form, die das Eigentum nichtig macht, bewirkt die Auflösung der Verträge für die Verkäufer ohne Mitwirkung des Richters. Jeder einzelne Verkäufer hat gegenüber seinem Verkäufer einen Rückforderungsanspruch, auch wenn kein gesonderter Rückforderungsanspruch besteht. Er kann den Rückforderungsanspruch ebenso gegenüber dem Bürgen geltend machen, auch wenn gegen denjenigen, für den gebürgt wird, nicht gerichtlich entschieden wurde.

Die zweite Form ist diejenige, die das Eigentum überträgt, im Sinne des Anspruchs auf das Eigentum. Sie bewirkt nicht die Auflösung der Verträge. Keiner der Käufer hat gegenüber seinem Verkäufer einen Rückforderungsanspruch, bevor nicht ein Rückforderungsanspruch gegen ihn vorliegt. Derjenige, gegen den entschieden wurde, hat erst einen Rückforderungsanspruch gegenüber dem Bürgen, wenn eine gerichtliche Entscheidung gegen ihn vorliegt. Mit dem Bürgen ist derjenige gemeint, der für den Preis im Falle des Anspruchs auf das Verkaufsobjekt haftet.[556]

Art. 498

Der Vertrag wird bei einem Anspruch, der das Eigentum überträgt, durch den Anspruch nur aufgelöst, wenn der Richter für seine Auflösung oder zugunsten des Käufers so entscheidet, dass dieser einen Rückforderungsanspruch gegenüber seinem Verkäufer auf den Preis hat. Bis dahin ist der Vertrag nicht aufgelöst, sondern schwebend unwirksam und von der Zustimmung oder Ablehnung des Anspruchsberechtigten abhängig. Wenn dieser zustimmt, ist der Vertrag zulässig, wenn er ihn ablehnt, ist er in Bezug auf seinen Anspruch aufgelöst. Der Verkäufer und der Käufer behalten das Recht, weil die Möglichkeit besteht, dass der Verkäufer beweist, dass er die Sache produziert bzw. vom Anspruchsberechtigten übernommen hat, oder dass der Käufer die Zustimmung beweist. Dies gilt, wenn beide den Vertrag nicht aufgelöst haben. Wenn sie ihn aber ausdrücklich oder stillschweigend auflösen, indem der Käufer vom Verkäufer den Preis fordert und dieser ihn dem Käufer übergibt, dann ist der Vertrag auch in Bezug auf ihr Recht aufgelöst.[557]

---

[555] Die Art. 497 und 498 fehlen in der ersten Ausgabe des „Muršid al-ḥairān". Auch im Kommentar Muršid al-ḥairān ilā maʿrifat aḥwāl al-insān fi-l-muʿāmalāt aš-šarʿīya. Šarḥ wa-dirāsa…, a.a.O., 2. Bd. sind sie nicht enthalten.

[556] Diese Bestimmung ist dem „Radd al-muḥtār" im vierten Teil S. 264 f. entnommen. (Fn.-Qadrī)

[557] Diese Bestimmung ist dem „Radd al-muḥtār" im vierten Teil S. 264 f. entnommen. (Fn.-Qadrī)

Art. 499
Die Entscheidung über das Eigentum des Anspruchsberechtigten ist eine Entscheidung gegen den Besitzer und gegen denjenigen, der das Eigentum von diesem in Besitz genommen hat. Wenn es sich um den Erblasser handelt, erstreckt sich die Entscheidung auf alle gesetzlichen Erben. Die Eigentumsklage von einer dieser Personen ist unzulässig.[558] [559]
Wenn das Verkaufsobjekt aus dem Besitz des letzten Käufers beansprucht wird und zugunsten des Anspruchsberechtigten entschieden wird, ist es zulässig, dass jeder einzelne Verkäufer einen Rückforderungsanspruch gegenüber seinem Verkäufer geltend macht, nachdem der Käufer ihm gegenüber einen Rückforderungsanspruch erhoben hat. Dies gilt auch, wenn er dem Käufer den Preis erstattet hat, ohne vom Richter dazu gezwungen worden zu sein.

Art. 500[560]
Der Besitzer der beanspruchten Sache kann vom Anspruchsberechtigten einen Schwur bei Gott fordern, dass er die Sache nicht verkauft, verschenkt, gespendet oder in irgendeiner Weise darauf verzichtet hat. Wenn er den Schwur leistet, wird sein Anspruch akzeptiert, wenn er den Eid verweigert, ist sein Anspruch nicht wirksam.[561]

Art. 501
Wenn der Käufer den Anspruch auf das Verkaufsobjekt gegenüber seinem Verkäufer erhebt, um von ihm den Preis des Verkaufsobjektes zurückzufordern, hat er den Anspruch zu erklären und den Grund hierfür zu beweisen. Falls er aber den Beweis erbringt und der Verkäufer den Verkauf bestreitet, gilt dies als Nachweis für den Käufer, der einen Rückforderungsanspruch gegenüber dem Verkäufer auf den Preis des Verkaufsobjektes geltend machen kann. Das Verkaufsobjekt muss für die Beweisführung nicht vorliegen, sondern die Angabe seiner Qualität und des Preises ist ausreichend. Falls der Verkäufer danach gegenüber seinem Verkäufer einen Rückforderungsanspruch auf den Preis erheben will, steht ihm dies zu, auch wenn sein Verkäufer behauptet, dass ein solcher Anspruch nicht besteht, und den Verkauf bestreitet. Wenn der Richter zugunsten

---

558 Wörtlich: „Die Eigentumsklage wird nicht angehört" (lā tusmaʿu daʿwā al-milk).
559 Abgeleitet aus dem „Ad-durr" am Anfang des Abschnitts zum Anspruch. (Fn.-Qadrī)
560 Die Artikel 500 bis 510 wurden nachträglich eingefügt (s.o.). Sie fehlen ebenso im Muršid al-ḥairān ilā maʿrifat aḥwāl al-insān fi-l-muʿāmalāt aš-šarʿīya. Šarḥ wa-dirāsa..., a.a.O., 2. Bd.
561 Die Bestimmung des Artikels ist dem „Ǧāmiʿ al-fuṣūlain" zum Anspruch im ersten Teil S. 216 entnommen. (Fn.-Qadrī)

des erwiesenen Verkaufs gegen den ursprünglichen Verkäufer entscheidet, wird dessen Behauptung zurückgewiesen und ist unbeachtlich.[562]

Art. 502
Falls der Verkäufer gegenüber dem Käufer erklärt, dass er sicher erfahren habe, dass die Zeugen des Anspruchsberechtigten falsch Zeugnis ablegten[563] und das Verkaufsobjekt ihm zustehe, und der Käufer ihm glaubt, besteht auch mit diesem Anerkenntnis ein Rückforderungsanspruch gegenüber dem Verkäufer auf den Preis, weil der Verkäufer dem Käufer das Verkaufsobjekt nicht übergeben hat. Der Verkäufer hätte den Preis nicht entgegennehmen dürfen, da ein Anspruch auf das Verkaufsobjekt bestand.[564]

Art. 503
Falls der Anspruchsberechtigte die Sache vom Käufer ohne Urteil entgegennimmt und die Sache untergeht, so erfolgt der Rückforderungsanspruch des Käufers gegenüber seinem Verkäufer, indem er gegen den Anspruchsberechtigten Klage erhebt. Die Klage lautet: „Du hast die Sache von mir ohne Urteil in Besitz genommen. Diese Sache ist als mein Eigentum untergegangen. Bezahle mir seinen Wert.“ Wenn der Anspruchsberechtigte den Nachweis erbringt, dass es seine Sache ist, hat der Käufer einen Rückforderungsanspruch gegenüber seinem Verkäufer auf den Preis der Sache.[565]

Art. 504
Wenn eine Sache gekauft, aber bis zur Behauptung eines anderen, dass diese ihm zustehe, noch nicht in Besitz genommen wurde, ist dessen Klage unzulässig, wenn sie nicht in Gegenwart von Verkäufer und Käufer erfolgt, um ein Urteil gegen beide zu erlassen. Wenn also beide anwesend sind und der Anspruchsberechtigte erklärt, keine Zeugen zu haben, und beide zum Schwur auffordert, so ist bei einem Schwur des Verkäufers und einer Weigerung des Käufers dieser verpflichtet, den Preis zu entrichten. Wenn er ihn an den Verkäufer bezahlt, nimmt er von ihm das Verkaufsobjekt entgegen und übergibt es an den Kläger. Wenn der Käufer schwört und der Verkäufer den Schwur verweigert, ist der Verkäufer gegenüber dem Anspruchsberechtigten zum vollen Wert des Ver-

---

562 Die Bestimmung des Artikels ist der „Al-anqarawīya“ zum Anspruch im zweiten Teil S. 177 entnommen. (Fn.-Qadrī)

563 Arab. šahidū bi-zūr.

564 Die Bestimmung des Artikels ist dem „Ǧāmiʿ al-fuṣūlain“ zum Anspruch im ersten Teil S. 215 und der „Al-anqarawīya“ zum Anspruch im zweiten Teil S. 178 entnommen. (Fn.-Qadrī)

565 Die Bestimmung des Artikels ist dem „Ǧāmiʿ al-fuṣūlain“ zum Anspruch im ersten Teil S. 213 entnommen. (Fn.-Qadrī)

kaufsobjektes verpflichtet, sollte er nicht mit dem Preis des Verkaufsobjektes einverstanden sein.[566]

Art. 505
Wenn der Anspruch auf das Verkaufsobjekt durch Zeugen nachgewiesen wird, hat der Käufer einen Rückforderungsanspruch gegenüber seinem Verkäufer auf den Preis, auch wenn der Käufer anerkennt, dass das Eigentum am Verkaufsobjekt dem Anspruchsberechtigen zusteht.[567]

Art. 506
Falls der Anspruchsberechtigte den Anspruch nachweist und zu seinen Gunsten entschieden wird und der Käufer ihn daraufhin mit einer Sache vergütet, das Verkaufsobjekt aber behält, ist dies ein Kauf in Bezug auf das Verkaufsobjekt durch den Anspruchsberechtigten. Der Käufer behält den Rückforderungsanspruch gegenüber seinem Verkäufer auf den Preis.[568]

Art. 507
Wenn auf das Verkaufsobjekt, welches sich im Besitz des letzten Käufers befindet, ein Anspruch besteht und zugunsten des Anspruchsberechtigten entschieden wird, gilt das Urteil für alle Verkäufer. Jeder von ihnen hat einen Rückforderungsanspruch gegenüber seinem Verkäufer auf den Preis. Dieser Rückforderungsanspruch entsteht jedoch erst, wenn der Käufer diesen erhebt. Falls einer der Verkäufer den Verkauf bestreitet, muss der Verkauf durch Zeugen bewiesen werden. Ob die Rückgängigmachungen und der erste Anspruch durch Zeugen bewiesen werden müssen, ist folgendermaßen zu bewerten: Wenn der Richter darüber informiert ist, da er selbst darüber entschieden hat und sich daran erinnert, ist die Beweisführung nicht notwendig. Wenn er aber nicht darüber informiert ist, da die Angelegenheit von einem anderen Richter entschieden wurde, oder er bei einer Entscheidung seinerseits die Angelegenheit vergessen hat, ist die Beweisführung dazu notwendig.[569]

566 Die Bestimmung des Artikels ist dem „Ǧāmiʿ al-fuṣūlain“ zum Anspruch im ersten Teil S. 216 entnommen. (Fn.-Qadrī) Der Schwur muss vom Anspruchberechtigten gefordert werden, nicht, wie im arabischen Text formuliert, vom Verkäufer.

567 Die Bestimmung des Artikels ist dem „Radd al-muḥtār“ zum Anspruch S. 270 entnommen. (Fn.-Qadrī)

568 Die Bestimmung des Artikels ist der „Al-anqarawīya“ zum Anspruch S. 179 entnommen. (Fn.-Qadrī)

569 Die Bestimmung des Artikels ist dem „Ǧāmiʿ al-fuṣūlain“ zum Anspruch S. 210 und 211 entnommen. (Fn.-Qadrī)

Art. 508
Wenn der Käufer aufgrund eines gerichtlichen Urteils einen Rückforderungsanspruch auf den Preis gegenüber dem Verkäufer erhebt und der Verkäufer daraufhin den Beweis erbringt, die Sache von demjenigen, der den Anspruch erhebt, erhalten zu haben, wird dieser Beweis nicht anerkannt, wenn er gegenüber dem Käufer erbracht worden ist. Diese Beweisführung muss gegenüber dem Anspruchsberechtigten erfolgen. Wenn er den Beweis gegenüber dem Anspruchsberechtigten erbringt, kann er den Käufer nicht zwingen, das Verkaufsobjekt zu behalten. Wenn der Käufer aber einen Rückforderungsanspruch auf den Preis gegenüber dem Verkäufer erhebt, ohne dass der Richter bis zur Beweisführung des Verkäufers, die Sache von demjenigen, der den Anspruch erhebt, erhalten zu haben, ein Urteil erlassen hat, wird der Beweis anerkannt, wenn der Verkäufer ihn gegenüber dem Anspruchsberechtigten erbringt. Der Verkäufer kann den Käufer zwingen, das Verkaufsobjekt zu behalten. Der Käufer darf aber das Verkaufsobjekt nicht in Besitz nehmen, wenn der Verkäufer die Übergabe verweigert. Falls der Verkäufer den Beweis gegenüber dem Käufer erbringt, wird der Beweis anerkannt, denn selbst wenn er den Beweis gegenüber dem Anspruchsberechtigten erbringt, kann er den Käufer zwingen, die Verkaufssache zu behalten. Dies gilt als Übergabe des Objektes.[570]

Art. 509
Es ist zulässig, im Falle des Anspruchs auf die Sache beim Kauf zugunsten des Käufers für den Preis zu haften. Wenn aber derjenige, der den Anspruch erhebt, die Sache aus dem Besitz des Käufers aufgrund eines Urteils entgegennimmt, hat der Käufer einen Rückforderungsanspruch gegenüber dem Bürgen, nachdem der Preis dem Verkäufer obliegt. Bei Aufhebung des Verkaufs hat der Verkäufer den Preis zu bezahlen. Wenn also der Käufer einen Rückforderungsanspruch gegenüber dem Verkäufer auf den Preis erhebt und der Richter so geurteilt hat, ist der Vertrag aufgelöst. Der Preis muss vom Verkäufer entrichtet werden. Der Käufer hat die Wahl, ihn vom Bürgen oder vom Verkäufer entgegenzunehmen.[571]

Art. 510
Wenn jemand eine Immobilie mit einem Gebäude kauft und vor der Inbesitznahme des Gebäudes ein Anspruch darauf besteht, hat der Käufer die Wahl, das Land anteilmäßig zu übernehmen oder den Vertrag rückgängig zu machen. Falls aber der Anspruch nach der Inbesitznahme entsteht, übernimmt der Käufer das Land. Er hat keine Wahlmöglichkeit. Gleiches gilt für Bäume.[572]

---

[570] Die Bestimmung des Artikels ist dem „Ǧāmiʿ al-fuṣūlain" S. 214 entnommen. (Fn.-Qadrī)
[571] Die Bestimmung des Artikels ist dem „Ǧāmiʿ al-fuṣūlain" S. 222 entnommen. (Fn.-Qadrī)
[572] Die Bestimmung des Artikels ist dem „Ǧāmiʿ al-fuṣūlain" S. 219 entnommen. (Fn.-Qadrī)

Art. 511

Wenn der Verkäufer die Preisforderung gegenüber dem Käufer abtritt, der Käufer den Preis an den Zessionar bezahlt und danach ein Anspruch auf das Verkaufsobjekt durch Zeugen nachgewiesen wird, hat der Käufer einen Rückforderungsanspruch gegenüber dem Verkäufer, nicht aber gegenüber dem Zessionar.[573]

Wenn das Verkaufsobjekt vom Bevollmächtigten des Verkäufers gekauft und der Preis an diesen bezahlt wurde, so besteht ein Rückforderungsanspruch gegenüber dem Bevollmächtigten, nicht aber gegenüber dem ursprünglichen Verkäufer. Wenn die Zahlung an den ursprünglichen Verkäufer erfolgte, ist der Bevollmächtigte beauftragt, den Preis vom ursprünglichen Verkäufer entgegenzunehmen und an den Käufer zu bezahlen.[574]

Art. 512

Wenn das Verkaufsobjekt aufgrund von Zeugenaussagen aus dem Besitz des Käufers beansprucht wird, hat dieser einen Rückgabeanspruch auf den vollen Preis gegenüber dem Verkäufer, auch wenn sich der Wert des Verkaufsobjektes nach dem Verkauf aus irgendeinem Grunde vermindert haben sollte.[575]

Art. 513

Wenn sich der Wert des Verkaufsobjektes gegenüber dem Preis, zu welchem der Käufer es gekauft hat, erhöht, so kann der Käufer vom Verkäufer nichts fordern, was über den an ihn geleisteten Preis hinausgeht.[576]

Abschnitt

Bestimmungen zu Gebäuden und Pflanzen[577]

Art. 514

Wenn der Käufer ein Gebäude auf dem Verkaufsobjekt errichtet[578] oder Bäume darauf anpflanzt und danach ein Anspruch auf das Verkaufsobjekt durch Zeugen

---

[573] Dem „Radd al-muḥtār“ zum Anspruch mit den Worten des Verfassers „Der Rückforderungsanspruch des Käufers gegenüber seinem Verkäufer liegt vor…“ S. 194 entnommen. (Fn.-Qadrī)

[574] Entnommen aus der „Al-anqarawīya“ am Beginn des Kapitels zum Anspruch am Ende von S. 179 (Fn.-Qadrī)

[575] Im „Ǧāmiʿ al-fuṣūlain” in der Mitte des 16. Abschnitts S. 219 enthalten nach der Aussage „Er kaufte ein Haus mit zwei Dächern. Es wurde in Besitz genommen. Das obere Dach ist zerstört... Falls das obere und das untere Dach nach der Zerstörung beansprucht werden, nimmt der Anspruchsberechtigte den Käufer für den Wert des zerstörten Daches in Haftung. Der Käufer hat einen Rückforderungsanspruch gegenüber seinem Verkäufer auf den vollen Preis.“ (Fn.-Qadrī)

[576] Überliefert in der „Al-ḫairīya“ am Beginn des Kapitels zum Anspruch S. 223. (Fn.-Qadrī)

[577] Die Überschrift zu den folgenden Artikeln fehlt in der französischen Übersetzung.

nachgewiesen wird, hat der Käufer einen Rückforderungsanspruch gegenüber dem Verkäufer auf den Preis und den Wert des Gebäudes und der Pflanzen, wenn er beides an den Verkäufer übergeben hat. Der Wert des Gebäudes und der Pflanzen wird am Tag der Übergabe an den Verkäufer im existierenden Zustand bemessen. Wenn der Käufer einen Rückforderungsanspruch auf den Preis[579] und den Wert des Gebäudes und der Pflanzen gegenüber dem Verkäufer hat, so hat der Verkäufer gegenüber der Person, die an ihn verkauft hat, nur einen Rückforderungsanspruch auf den Preis, nicht aber auf den Wert des Gebäudes und der Pflanzen.

Art. 515
Der Käufer hat indessen einen Rückforderungsanspruch, wenn er etwas gebaut oder gepflanzt hat, in Höhe des Wertes einer Sache, die entfernt und an den Verkäufer übergeben werden kann. Das, was nicht übergeben werden kann, und das, was nach der Entfernung keinen Wert behält wie Gips, Ton u.Ä., kann der Käufer vom Verkäufer wertmäßig nicht zurückfordern. Weiterhin besteht kein Rückforderungsanspruch des Käufers auf den Wert, der für die Nutzung ausgegeben wurde wie das Graben eines Brunnens, die Reinigung einer Grube, die Reparatur am beanspruchten Verkaufsobjekt u.Ä.[580]

Art. 516
Wenn der Anspruchsberechtigte das auf dem Verkaufsobjekt befindliche Gebäude oder den darauf befindlichen Baum beseitigt, bevor der Käufer das Verkaufsobjekt an den Verkäufer übergibt, hat der Käufer einen Rückforderungsanspruch gegenüber dem Verkäufer auf den Preis. In Bezug auf die entfernte Sache hat der Käufer die Wahl, diese an den Verkäufer zu übergeben und einen Rückforderungsanspruch gegenüber diesem auf den angenommenen Wert des nicht entfernten Baus und der nicht herausgerissenen Pflanze zum Tag der Übergabe an den Verkäufer geltend zu machen oder die Sache für sich zu behalten und auf einen Rückforderungsanspruch durch diese Minderung zu verzichten.[581]

---

578 Überliefert im „Ad-durr“ am Ende des Abschnitts zum Anspruch S. 200.

579 Überliefert im „Radd al-muḥtār“ am Ende des Abschnitts zum Anspruch mit den Worten des Kommentators „Es besteht ein Rückforderungsanspruch auf den Preis und den Wert des Hauses gegenüber dem Verkäufer“ S. 200. Dies ist die Meinung des Imams (gemeint ist Abū Ḥanīfa - die Übers.), die im Widerspruch zu seinen beiden Schülern (aš-Šaibānī und Abū Yūsuf - die Übers.) steht und analog im „Ǧāmi‘ al-fuṣūlain“ im 16. Abschnitt S. 218 und in der „Al-anqarawīya“ S. 189 enthalten ist.

580 Dem „Ad-durr“ am Ende des Abschnitts zum Anspruch S. 201 entnommen.

581 Die Bestimmung des Artikels ist dem „Ǧāmi‘ al-fuṣūlain“ in der Mitte des 16. Abschnitts S. 217 entnommen. (Fn.-Qadrī)

Art. 517
Wenn der Käufer etwas auf dem Verkaufsobjekt erbaut oder anpflanzt und beim Kauf wusste, dass der Verkäufer nicht der Eigentümer des Verkaufsobjektes ist und ohne Auftrag des Eigentümers dieses verkauft, hat er keinen Rückforderungsanspruch auf den Wert des Gebäudes oder der Pflanzen, sondern nur einen Rückforderungsanspruch auf den Preis.
Wenn dem Käufer aber zum Zeitpunkt des Kaufes nicht bekannt war, dass der Verkäufer ihm im Auftrag des Eigentümers oder ohne dessen Auftrag die Sache verkauft, der Verkäufer ihn mit den Worten „Mich hat der Eigentümer mit dem Verkauf beauftragt" täuscht, der Käufer die Sache kauft, etwas auf dem Verkaufsobjekt anpflanzt oder erbaut und der Eigentümer danach einen Anspruch erhebt und die Beauftragung zum Verkauf negiert, hat der Käufer einen Rückforderungsanspruch auf den Preis und den Wert des Gebäudes und der Pflanzen.[582]

Art. 518
Wenn ein Teil des Verkaufsobjektes vor der Inbesitznahme beansprucht wird, ist der Verkauf in Bezug auf den beanspruchten Teil nichtig. Der Käufer hat für den Rest die Wahl, diesen zurückzugeben und den gesamten Preis zurückzufordern oder den Rest zu behalten und den Preis für den beanspruchten Teil zurückzufordern, unabhängig davon, ob der Anspruch einen Mangel für den Rest hervorbringt oder nicht, d.h. ob es sich dabei um eine nicht vertretbare oder vertretbare Sache handelt, weil die Sache geteilt wurde, nachdem sie vollständig war. Die Bestimmung gilt auch, wenn ein Teil des Verkaufsobjektes in Besitz genommen wurde und danach der Anspruch auf den in Besitz genommenen oder den anderen Teil erhoben wird. Wenn ein konkreter Gegenstand[583] vor der Inbesitznahme beansprucht wird, hat der Käufer ebenfalls die Wahl. Wenn der Anspruch nach der Inbesitznahme erfolgt, besteht kein Wahlrecht für den Käufer. Er kann den Preis vom Anspruchsberechtigten zurückfordern.[584]

Art. 519
Wenn das gesamte Verkaufsobjekt in Besitz genommen wurde und ein Teil davon beansprucht wird, ist der Verkauf für diesen Teil nichtig. Wenn der Anspruch nachfolgend einen Mangel für den Rest hervorbringt, hat der Käufer die Wahl, den Rest zurückzugeben und den gesamten Preis zurückzufordern oder den Rest zu behalten und den Preis für den beanspruchten Teil zurückzufordern. Wenn kein Mangel am Rest entsteht, übernimmt der Käufer diesen ohne Wahlmöglichkeit und kann den Preis für den beanspruchten Teil zurückfordern. Dies

[582] Der Wortlaut dieses Artikels ist der „Al-anqarawīya" in der Mitte des Abschnitts zum Anspruch S. 189 entnommen. (Fn.-Qadrī)
[583] Arab. mauḍiʿ bi-ʿainihi.
[584] Entnommen aus S. 212 der „Ḥāšiyat ad-durr" und des „Radd al-muḥtār". (Fn.-Qadrī)

ist z.B. der Fall bei zwei Kleidungsstücken, wenn eines von beiden beansprucht wird, oder bei zwei Mengen in Bezug auf ein Hohlmaß oder ein Gewicht, wenn die andere Menge beansprucht wird. So erzeugt die Teilung keinen Mangel, und der Käufer übernimmt den Rest.

Art. 520
Wenn der Käufer auf dem Verkaufsobjekt baut, danach ein Teil als gemeinsames Eigentum beansprucht wird und der Käufer den verbliebenen Rest an den Verkäufer zurückgibt, kann er vom Verkäufer den Preis und den hälftigen Wert des Gebäudes zurückfordern. Wenn aber ein bestimmter Teil beansprucht wird und das Gebäude nur auf diesem Teil errichtet wurde, steht dem Käufer ein Rückforderungsanspruch in Bezug auf den gesamten Wert des Gebäudes zu. Wenn es auf dem anderen Teil errichtet wurde, kann der Käufer seinen Wert nicht zurückfordern.[585]

Art. 521
Wenn eines von zwei Tauschobjekten bei einem Warentausch[586], d.h. einem Verkauf einer Sache gegen eine Sache, beansprucht wird, kann der Käufer das andere Tauschobjekt, wenn es noch existiert, oder den Wert desselben, wenn es untergegangen ist, nicht aber den Wert des beanspruchten Objektes[587], zurückfordern.[588]

Art. 522
Das, was zum Verkaufsobjekt gehört, hat einen anteiligen Preis. Im Falle des Anspruchs darauf nach der Inbesitznahme hat der Käufer gegenüber dem Verkäufer einen Rückforderungsanspruch auf den anteiligen Preis.[589]
Wenn der Anspruch vor der Inbesitznahme besteht und ein selbstständiger Verkauf wie bei der Wasserentnahme[590] nicht zulässig ist, dann besteht kein Preisanteil und keinerlei Rückforderungsanspruch. Aber der Käufer hat die Wahl, das Verkaufsobjekt zum vollen Preis zu übernehmen[591] oder darauf zu verzichten. Wenn aber der Verkauf gesondert zulässig ist wie beim Verkauf von Bäumen

585 Entnommen aus der „Al-anqarawīya" am Ende des Abschnitts zum Anspruch S. 190.
586 Arab. muqāyaḍa.
587 Also des rückgabepflichtigen Objektes.
588 Die Bestimmung des Artikels ist der „Al-anqarawīya" zum Anspruch S. 182 entnommen. (Fn.-Qadrī)
589 Die Bestimmung des Artikels ist dem Ende des Abschnitts zum Anspruch im „Radd al-muḥtār" S. 202 entnommen. (Fn.-Qadrī)
590 Vgl. Art. 38.
591 Dieser Preis versteht sich selbstverständlich ohne den beanspruchten Teil oder das beanspruchte Recht. Darauf verweist die französische Übersetzung des Art. 522 (S. 153).

oder eines Gebäudes, steht dem Käufer ein anteiliger Preis zu. Er kann diesen vom Verkäufer zurückfordern.

Art. 523
Wenn ein gekauftes Tier[592] beim Käufer Nachkommen zur Welt bringt und danach ein Anspruch durch Zeugen nachgewiesen wird, kann der Anspruchsberechtigte das Tier und seine Nachkommen übernehmen. Der Käufer hat einen Rückforderungsanspruch gegenüber dem Verkäufer auf den Preis sowie den Wert der geborenen Tiere.

Art. 524
Wenn der Anspruch nach Untergang des Verkaufsobjektes erhoben wird, muss der Anspruchsberechtigte dessen Wert am Tag des Kaufes nachweisen. Der Käufer haftet für den Wert und hat einen Rückforderungsanspruch gegenüber seinem Verkäufer auf den Preis, nicht aber auf den Haftungsbetrag.[593]

Abschnitt
Rückgabe des Verkaufsobjektes wegen bestehender alter Mängel

Art. 525
Der uneingeschränkte Verkauf, d.h. derjenige, der keine Bedingung eines Mängelausschlusses enthält oder den Mangel bzw. den mangellosen Zustandes nicht benennt, erfordert ein fehler- und mängelfreies Verkaufsobjekt.

Art. 526
Das Rücktrittsrecht wegen eines Mangels[594] steht dem Käufer zu, auch wenn es nicht im Verkaufsvertrag als Bedingung enthalten ist.

Art. 527
Der Mangel, der die Rückgabe des Verkaufsobjektes zur Folge hat, ist etwas, was auch nur geringfügig den Preis vermindert oder was dem eigentlichen

---

592 Arab. dābba. Es handelt sich um Lasttiere (Pferd, Esel, Maultier, Kamel). Vgl. auch EI^2 (DĀBBA - A. Abel). "Dābba". Encyclopaedia of Islam, Second Edition. Brill Online, 2013. Reference. UNIVERSITÄTSBIBLIOTHEK LEIPZIG. 29 January 2013 <http://referenceworks.brillonline.com/entries/encyclopaedia-of-islam-2/dabba-SIM_1642>.

593 Die Bestimmung des Artikels befindet sich im „Radd al-muḥtār“ am Ende des Abschnitts zum letzten Anspruch. (Fn.-Qadrī)

594 Vgl. Art. 342.

Zweck des Kaufs entgegensteht, vorausgesetzt, dass vergleichbare Verkaufsobjekte einen solchen Mangel in der Regel nicht aufweisen.[595]

Art. 528
Es wird vorausgesetzt, dass der Mangel, der zur Rückgabe des Verkaufsobjektes führt, eine bestehender alter Mangel ist.

Art. 529
Der bestehende alte Mangel ist ein solcher, der zum Zeitpunkt des Vertrages am Verkaufsobjekt existierte oder danach entstanden ist, als sich das Verkaufsobjekt vor der Übergabe noch im Besitz des Verkäufers befand.[596]

Art. 530
Wenn der Verkäufer angibt, dass das Verkaufsobjekt einen Mangel aufweist, der Käufer aber dieses Objekt mit dem bezeichneten Mangel kauft, hat er kein Rückgaberecht wegen des bezeichneten Mangels. Er kann es aber wegen eines anderen Mangels zurückgeben. Falls der Käufer das Verkaufsobjekt mit allen seinen Mängeln akzeptiert, kann er es weder wegen des bezeichneten Mangels noch wegen eines anderen Mangels zurückgeben.

Art. 531
Wenn sich der Verkäufer einen Mängelausschluss für jeden Mangel oder für jeden beim Verkauf vorliegenden Mangel ausbedingt und der Käufer das Verkaufsobjekt mit dieser Bedingung akzeptiert, sind der Verkauf und die Bedingung wirksam, auch wenn er die Mängel nicht bezeichnet hat. Im ersten Fall ist der Verkäufer von jedem zum Zeitpunkt des Vertrages existierenden und danach bis zur Inbesitznahme entstehenden Mangel freigestellt. Im zweiten Fall ist er nur von dem existierenden, nicht aber von dem danach neu entstehenden Mangel[597] freigestellt. So kann der Käufer das Verkaufsobjekt wegen des neu entstehenden Mangels, nicht aber wegen des existierenden Mangels, zurückgeben.

Art. 532
Der uneingeschränkte Verkauf einer beweglichen oder einer unbeweglichen Sache gibt dem Käufer beim Auftreten eines bestehenden alten Mangels die Wahl,

---

595 Der Ausdruck „in der Regel (al-ġālib)“ bezieht sich jedoch nicht auf den Fall, dass eine Sklavin keine Jungfrau ist, obwohl die fehlende Jungfräulichkeit („defloriert“; ṯaiyib) der Sklavin den Wert vermindert. Dies geht darauf zurück, dass die Sklavinnen in der Regel keine Jungfrauen sind. Im „Radd al-muḥtār“ am Beginn des Rücktritts wegen eines Mangels enthalten. (Fn.-Qadrī)

596 Entnommen aus dem „Radd al-muḥtār“ am Beginn des Abschnitts zum Rücktritt wegen eines Mangels S. 72. (Fn.-Qadrī)

597 Bis zur Inbesitznahme.

das Verkaufsobjekt zum genannten Preis zu akzeptieren oder es zurückzugeben und den Preis zurückzuverlangen, wenn er ihn an den Verkäufer bezahlt hat.

Art. 533
Wenn mehrere Sachen in einem Vertragsgeschäft verkauft werden und sich bei einem Teil vor der Übergabe ein Mangel zeigt, hat der Käufer die Wahl, die Sachen zum genannten Preis zu akzeptieren oder alle Sachen zurückzugeben. Er darf aber nicht allein das Mangelhafte zurückgeben und das Fehlerfreie entgegennehmen.[598]

Art. 534
Wenn mehrere Sachen in einem Vertragsgeschäft verkauft werden und sich bei einem Teil nach der Übergabe ein Mangel zeigt, aber die Teilung der Sachen keinen Schaden verursacht, kann der Käufer das Mangelhafte zum anteiligen Preis, so als sei es mangelfrei, zurückgeben. Er darf aber nicht ohne Einverständnis des Verkäufers alles zurückgeben. Wenn aber die Teilung der Sachen einen Schaden verursacht, kann der Käufer das gesamte Verkaufsobjekt zurückgeben oder dieses zum Gesamtpreis akzeptieren.

Art. 535
Wenn das Verkaufsobjekt aus einer bestimmten Menge messbarer oder wägbarer Sachen besteht und sich bei einem Teil davon nach der Übergabe ein Mangel herausstellt, kann der Käufer dasjenige Behältnis, in welchem sich die mangelhafte Sache ausschließlich befindet, zurückgeben, wenn sich die Menge in verschiedenen Behältnissen befindet. Wenn sich die Menge in einem einzigen Behältnis oder gar nicht in einem Behältnis befindet, kann er alles zurückgeben oder alles mit dem Mangel zum Gesamtpreis entgegennehmen. Er darf aber nicht allein das Mangelhafte zum anteiligen Preis zurückgeben.[599]

Art. 536
Wenn bei Weizen[600], Gerste[601] oder anderen Getreidearten Erde gefunden wird, kann der Käufer das Verkaufsobjekt nicht zurückgeben, wenn die Menge an Er-

---

[598] Die Bestimmung dieses und des folgenden Artikels ist, beginnend mit der Aussage des Verfassers „Er kaufte zwei Sklaven und nahm einen davon in Besitz...“, dem „Radd al-muḥtār“ in der Mitte des Abschnitts zum Rücktritt wegen eines Mangels entnommen. S. 93. (Fn.-Qadrī)

[599] Diese ausführliche Darstellung ist eine von zwei Meinungen. Sie wird bevorzugt und passt am besten. Es wird auch gesagt, dass die Bestimmung, wie im zweiten Fall erwähnt, uneingeschränkt ist, ohne dass ein Unterschied zwischen einem Behältnis und zwei Behältnissen gemacht wird, und als klarer und richtiger gilt. So heißt es auch im „Radd al-muḥtār“ S. 93 in der Mitte des Abschnitts zum Rücktritt wegen eines Mangels. (Fn.-Qadrī)

[600] Arab. ḥinṭa.

de gering ist und dies gewohnheitsrechtlich nicht als Mangel angesehen wird. Wenn die Menge beträchtlich ist und dies gewöhnlich als Mangel gilt, hat der Käufer die Wahl, das Verkaufsobjekt zum genannten Preis entgegenzunehmen oder es zurückzugeben und den Preis zurückzuverlangen, wenn er bezahlt worden ist.

Art. 537
Wenn sich am Verkaufsobjekt ein bestehender alter Mangel zeigt und danach ein neuer Mangel im Besitz des Käufers entsteht, kann er das Verkaufsobjekt wegen des bestehenden alten Mangels mit dem existierenden neuen Mangel nicht zurückgeben. Er kann aber vom Verkäufer die Herabsetzung des Preises fordern, solange der Verkäufer nicht einverstanden ist, das Verkaufsobjekt trotz seines Mangels entgegenzunehmen, und kein Hinderungsgrund der Rückgabe vorliegt.

Art. 538
Wenn der neue Mangel beseitigt ist, erhält der Käufer das Recht der Rückgabe des Verkaufsobjektes mit dem bestehenden alten Mangel an den Verkäufer zurück.

Art. 539
Die Herabsetzung des Preises wird aufgrund von Kenntnissen vertrauenswürdiger Spezialisten[602] bestimmt, indem der Wert des mangelfreien Verkaufsobjektes und danach des mangelhaften festgelegt wird. Der Unterschied zwischen beiden Werten wird auf den genannten Preis bezogen. Entsprechend dieser Quote hat der Käufer gegenüber dem Verkäufer einen Rückforderungsanspruch auf die Herabsetzung.

Art. 540
Wenn dem Verkaufsobjekt etwas hinzugefügt wird, das eine Rückgabe ausschließt wie das Färben des verkauften Kleides, die Errichtung eines Gebäudes oder die Anpflanzung auf dem verkauften Land, und der Käufer erst danach vom bestehenden alten Mangel des Verkaufsobjektes erfährt, kann er vom Verkäufer die Verminderung im Preis entsprechend dem Mangel zurückfordern. Die Rückgabe ist aber ausgeschlossen, auch wenn der Verkäufer gegenüber dem Käufer den neu entstandenen Mangel akzeptiert.[603]

---

[601] Arab. šaʿīr.
[602] Arab. arbāb al-ḫibra al-mauṯūq bihim.
[603] Vgl. Art. 531.

Art. 541
Wenn der Käufer über das Verkaufsobjekt durch Verkauf oder Schenkung verfügt und danach vom Mangel erfährt, hat er keinen Rückforderungsanspruch durch eine Herabsetzung des Preises.[604]

Art. 542
Wenn der Käufer das Verkaufsobjekt vermietet und danach einen Mangel entdeckt, kann er die Vermietung annullieren und das Verkaufsobjekt mit dem Mangel zurückgeben. Falls er das Verkaufsobjekt verpfändet und danach einen Mangel entdeckt, darf er die Verpfändung nicht annullieren, aber nach der Auslösung des Pfandes[605] das Verkaufsobjekt zurückgeben.

Art. 543
Wenn das mangelhafte Verkaufsobjekt im Besitz des Käufers untergeht, so geht der Untergang zu seinen Lasten. Er kann vom Verkäufer die Herabsetzung entsprechend dem Mangel zurückfordern.

Art. 544
Wenn sich zeigt, dass das fehlerhafte Verkaufsobjekt grundsätzlich nicht nutzbar ist, ist der Verkauf nichtig. Der Käufer hat gegenüber dem Verkäufer einen Rückgabeanspruch auf den Preis, wenn er ihn bezahlt hat.

Abschnitt
Schaden und Betrug[606]

Art. 545
Bei schwerem Schaden kann der Verkauf nur rückgängig gemacht werden, wenn einer der Partner im Verkauf bzw. der Zwischenhändler[607] den anderen Partner getäuscht hat.[608]
Wenn der Betrug erwiesen ist und feststeht, dass ein schwerer Schaden vorliegt, kann der Betrogene den Verkauf aufheben. Der schwere Schaden bei einer Immobilie und in anderen Bereichen liegt vor, wenn sich der Preis nicht innerhalb

---

604 Die Bestimmung des Artikels und des folgenden Artikels ist im „Radd al-muḥtār" in der Mitte des Abschnitts zum Rücktritt wegen eines Mangels S. 81 erwähnt. (Fn.-Qadrī)
605 Arab. baʿda fakkihi.
606 Arab. ġabn wa-taġrīr.
607 Arab. dallāl. Engl. broker. Vgl. Rayner, S. E., The Theory of Contracts in Islamic Law: A Comparative Analysis with Particular Reference to the Modern Legislation in Kuwait, Bahrain and The United Arab Emirates. London, Dordrecht, Boston 1991, S. 240-241.
608 Zum schweren Schaden vgl. die Auffassungen der verschiedenen Rechtsschulen in: Al-Ǧazīrī, ʿA. ar-R., Kitāb al-fiqh ʿalā al-maḏāhib al-arbaʿa. Al-Qāhira 1999, Bd. 2, S. 233-234.

einer Spanne zwischen einem geschätzten Maximalwert und einem geschätzten Minimalwert bewegt.[609]

Art. 546

Der Verkauf bei schwerem Schaden kann nur aufgehoben werden, wenn ein Betrug vorliegt. Dies gilt nicht bei Vermögen des unverständigen Minderjährigen[610], bei Vermögen der Religiösen Stiftung und bei Vermögen des Fiskus.[611]

Art. 547

Wenn die getäuschte Person, die einen schweren Schaden erlitten hat, verstirbt, geht das Rücktrittsrecht wegen des Betrugs[612] nicht auf ihre gesetzlichen Erben über.[613]

Art. 548

Das Recht der Aufhebung des Verkaufs erlischt für den getäuschten Käufer, der einen schweren Schaden erlitten hat, wenn er nach Kenntnis des schweren Schadens über einen Teil des Verkaufsobjektes als Eigentümer verfügt.[614]

Dagegen schließt die Verfügung über einen Teil des Verkaufsobjektes vor Kenntnis eines schweren Schadens die Rückgabe nicht aus. Er kann das Verbliebene zurückgeben, bei vertretbaren und von ihm für seine Bedürfnisse verbrauchten Sachen eine vergleichbare Sache zurückgeben und den Preis zurückfordern.[615]

---

609 Diese Interpretation ist die richtige, so wie es in der „Ḥāšiyat ar-Ramlī" (Der Kommentar des ar-Ramlī) zum „Ǧāmiʿ al-fuṣūlain" am Ende des 27. Abschnitts heißt. (Fn.-Qadrī) Ḫair ad-Dīn b. Aḥmad al-Fārūqī ar-Ramlī ist der Autor der erwähnten Fatwā-Sammlung „Al-fatāwā al-ḫairīya" (vgl. S. 26 und Fn. 65). Vgl. dazu auch Joseph, S., Islamic Law on Peasant Usufruct in Ottoman Syria: 17th to Early 19th Century. Leiden 2012, S. 9-10.

610 Arab. ṣaġīr.

611 Die Bestimmung des Artikels ist dem „Ǧāmiʿ al-fuṣūlain" am Ende des 27. Abschnitts entnommen. (Fn.-Qadrī)

612 Arab. ḫiyār at-taġrīr.

613 Danach verfährt der Verfasser des „At-tanwīr" in seinen Studien. Im „Radd al-muḥtār" wird dies im Abschnitt zum doppelten Verkaufsgeschäft (murābaḥa) bekräftigt. Die Studien von ar-Ramlī und al-Maqdisī besagen, dass (das Widerrufsrecht - die Übers.) vererbt wird. (Fn.-Qadrī) ʿA. ar-R. b. M. b. Qudāma al-Maqdisī (gest. 1283) ist ein ḥanbalitischer Gelehrter. Vgl. Spies, O., Pritsch, E., Klassisches Islamisches…, a.a.O., S. 261-262. Vgl. auch Fn. 609.

614 Aus der „Al-anqarawīya" am Ende des Abschnitts zum Betrug und zur Begünstigung (muḥābāt) S. 259 entnommen. (Fn.-Qadrī)

615 Die Bestimmung des Artikels befindet sich im „Ad-durr" am Ende des Abschnitts zum doppelten Verkaufsgeschäft und zum Weiterverkauf zum Einkaufspreis (tauliya) S. 159. (Fn.-Qadrī)

Art. 549
Wenn das durch schweren Schaden und Täuschung gekennzeichnete Verkaufsobjekt beim Käufer untergeht, verbraucht wird, einen neuen Mangel erfährt oder der Verkäufer darauf ein Gebäude errichtet, hat er kein Recht, den Verkauf aufzuheben. Er ist an den Gesamtpreis gebunden.[616]

Kapitel
Terminkauf[617]

Art. 550
Der Terminkauf ist der Kauf einer Sache, die später geliefert wird, zu einem festgelegten Preis, der sofort fällig ist und das Kapital bildet.

Art. 551
Der Terminkauf bewirkt die Bestätigung des Eigentums am sofort fälligen Preis für den Verkäufer[618] und am später zu liefernden Gegenstand für den Käufer[619].

Art. 552
Der Terminkauf ist nur bei Sachen wirksam, die von ihrer Menge und Qualität her exakt bestimmbar sind wie messbare, wägbare, durch ein Längenmaß bestimmbare Sachen oder vergleichbare Einzelstücke. Bei wertmäßig nicht vergleichbaren Einzelstücken ist der Terminkauf nach Anzahl nur dann zulässig, wenn sie nach Länge, Dicke o.Ä. unterscheidbar sind.

Art. 553
Wenn der Gegenstand der Lieferung Weizen, Baumwolle, Brot, Gerste oder eine andere Frucht ist, wird für die Wirksamkeit des Terminkaufes vorausgesetzt,

---

616 Die Bestimmung des Artikels ist dem „Radd al-muḥtār“ am Ende des Abschnitts zum doppelten Verkaufsgeschäft S. 160 entnommen. Sie beginnt mit der Aussage des Verfassers, dass „die Verfügung des Käufers über Teile seines Vermögens die Rückgabe nicht ausschließt“. Die Aussage des Kommentators besagt, dass „das Rückgaberecht fortbesteht, wenn es sich um vertretbare Sachen handelt…“. Dies wird bei der Beweisführung durch die Aussagen über das Rücktrittsrecht wegen eines Verrats bei der murābaḥa erwähnt. (Fn.-Qadrī)

617 Arab. salam. Es wird die Sache (ʿain) durch eine Gattungsschuld (dain) ersetzt. J. Chr. Wichard spricht zutreffend vom „Kauf mit Vorschuß auf eine später zu liefernde Ware“: Wichard, J. Chr., Zwischen Markt..., a.a.O., S. 23. In der französischen Übersetzung des „Muršid al-ḥairān“ heißt es erklärend analog: „La vente à livrer des choses qui ne sont pas dans la possession du vendeur au moment de la vente“, S. 160. Vgl. Fn. 385.

618 Arab. al-muslam ilaihi.

619 Arab. rabb as-salam. Vgl. zu diesem Terminus die Erläuterung in Lohlker, R., Der Handel im..., a.a.O., S. 136.

dass diese Frucht zum Zeitpunkt des Vertragsschlusses und bis zur Lieferung existiert.
Dagegen ist der Terminkauf von nicht existierendem Weizen oder nicht existierender Hirse[620] nicht zulässig.[621]

Art. 554
Für die Wirksamkeit des Terminkaufes sind sieben Bedingungen notwendig:
Erstens: Die Angabe[622] der Gattung des Gegenstandes der Lieferung wie Weizen[623], Baumwolle, Bohnen[624], Gerste o.Ä.;
Zweitens: Die Angabe der Art des Gegenstandes der Lieferung, d.h. Früchte aus dem Anbau in nicht bewässerter oder in bewässerter Form[625];[626]
Drittens: Die Angabe der Qualität des Gegenstandes der Lieferung, d.h. eine gute, minderwertige oder mittlere Qualität;
Viertens: Die Angabe der Menge des Gegenstandes der Lieferung durch Wiegen, Messen, Bestimmung durch ein Längenmaß und Zählen. So werden die messbaren, wägbaren, durch ein Längenmaß bestimmbaren oder zählbaren Sachen mengenmäßig durch Zählen, Wiegen, Messen und Bestimmung durch ein Längenmaß festgelegt. Vergleichbare Einzelstücke werden mengenmäßig ebenfalls durch Zählen, Wiegen oder Messen festgelegt. Bei Webwaren[627] soll die Festlegung der Länge, Breite, Dicke und Stärke und der damit verbundenen Qualität erfolgen;[628]
Fünftens: Die Angabe der Frist für die Lieferung, die einen Monat nicht unterschreiten soll;

---

620 Arab. ḏura. Hierbei handelt es sich um eine spezielle Hirseart, die auch als „Dura-Hirse“ bezeichnet wird. Vgl. Rusegger, Beiträge zur Physiognomik, Geognosie und Geographie des Afrikanischen Tropenlandes. In: Neues Jahrbuch für Mineralogie, Geologie, Paläontologie und Petrefaktenkunde. Hrsg. von K. C. von Leonhard und H. G. Bronn, Stuttgart 1840, S. 21.

621 Dies meint den zukünftigen Anbau von Pflanzen.

622 Arab. bayān.

623 Arab. burr.

624 Arab. fūl.

625 Arab. baʿlīyan au-misqāwīyan, d.h. Regenfeldbau oder Bewässerung.

626 So im „Muḫtār aṣ-ṣiḥāḥ“ misqāwī (bewässert): Durch fließendes Wasser versorgt; aus dem Kapitel „wau“ (Buchstabe), Abschnitt „sīn“ (Buchstabe) S. 630. (Fn.-Qadrī) Es handelt sich um das Wörterbuch von M. b. A. B. ar-Rāzī (gest. 1267), erstellt nach dem Wörterbuch „Aṣ-ṣiḥāḥ“ des A. N. I. b. Ḥ. al-Ǧauharī (gest. ca. 1002). Vgl. die URL http://www.arabic-studio.com/mukhtar_al-sihah.html (zuletzt abgerufen: 03.07.2012). Dies bezieht sich auf die unterschiedlichen Erträge, die aus den Anbaumethoden resultieren.

627 Arab. mansūǧāt.

628 Im „Ad-durr“ am Beginn des Abschnitts zum Terminkauf S. 204 ausgeführt. (Fn.-Qadrī)

Sechstens: Die Angabe der Höhe des Kapitals[629], wenn es sich um messbare oder wägbare Sachen bzw. vergleichbare Einzelstücke handelt;
Siebtens: Die Angabe des Erfüllungsortes, wenn Transportkosten und Spesen anfallen.

Art. 555
Die Wirksamkeit des Terminkaufs setzt die Inbesitznahme des Kapitals vor der Trennung[630] der beiden Vertragsparteien voraus, auch wenn es sich um eine konkrete Sache[631] handelt.

Art. 556
Wenn als Voraussetzung für die Lieferung der Sache eine bestimmte Stadt angegeben wird, kommen alle Ortsteile innerhalb der Stadt gleichermaßen für die Lieferung infrage, selbst wenn es sich um einen Vorort handelt. Der Verkäufer kann nicht aufgefordert werden, in einem anderen Ortsteil zu liefern. Wenn die Stadt groß ist und sich ihre Stadtviertel[632] über ein *farsaḫ*[633] erstrecken, wird die Festlegung eines bestimmten Stadtviertels für die Lieferung vorausgesetzt.[634]

Art. 557
Wenn keine Transportkosten und keine Spesen anfallen, ist die Angabe des Ortes für die Lieferung keine Voraussetzung. Die Lieferung erfolgt dort, wo es der Verkäufer wünscht. Falls aber ein Ort angegeben ist, gilt er als festgelegt.

Art. 558
Der Schuldner im Terminkauf[635], der die Inbesitznahme des Kapitals verweigert, kann dazu gezwungen werden.

Art. 559
Es ist nicht zulässig, dass der Schuldner im Terminkauf über das Kapital verfügt, bevor er es in Besitz genommen hat. Der Gläubiger im Terminkauf[636] darf

629 Dies bezieht sich auf den Preis, der gemäß Art. 550 zum Kapital des Schuldners im Terminkauf wird.
630 Arab. qabla-l-iftirāq. Bezieht sich auf die Trennung der beiden Partner nach der gemeinsamen Verhandlungssitzung.
631 D.h., wenn es sich nicht um Geld handelt.
632 Arab. nāḥiya (Sg.).
633 Beträgt ca. 6 km. Vgl. die URL http://www.eslam.de/begriffe/f/farsach.htm (zuletzt abgerufen: 05.02.2013).
634 Die Bestimmung des Artikels befindet sich im „Ad-durr“ und in der „Ḥāšiyat radd al-muḥtār“ am Beginn des Abschnitts zum Terminkauf S. 207. (Fn.-Qadrī)
635 D.h. der Verkäufer.
636 D.h. der Käufer.

über den Gegenstand der Lieferung nicht vor dessen Entgegennahme laut Verkauf und Kauf verfügen.[637]

Art. 560
Die Stundung der Lieferung wird mit dem Tod des Schuldners im Terminkauf, nicht aber mit dem Tod des Gläubigers im Terminkauf nichtig. Der Gegenstand der Lieferung wird aus dem Nachlass des Schuldners im Terminkauf sofort entnommen.[638]

Abschnitt
Verkauf mit Rückkaufvereinbarung[639]

Art. 561
Der Verkauf mit Rückkaufvereinbarung liegt vor, wenn eine Sache für einen bestimmten Betrag oder für eine den Verkäufer belastende Schuld unter der Bedingung verkauft wird, dass der Verkäufer bei Rückgabe des Preises an den Käufer oder bei Erfüllung der Schuld, die ihn belastet, die verkaufte Sache durch eine Rückkaufvereinbarung zurückerhält.

Art. 562
Es ist nicht zulässig, dass der Käufer mit einer Rückkaufvereinbarung das Verkaufsobjekt ohne Einwilligung des Verkäufers nutzt. Der Käufer haftet bei fehlender Einwilligung für konsumierte Früchte oder vernichtete Bäume.[640]

Art. 563
Es ist nicht zulässig, dass der Verkäufer oder der Käufer die mit Rückkaufvereinbarung verkaufte Sache an eine andere Person verkauft. Falls der Verkäufer die Sache an eine andere Person endgültig verkauft, ist der Verkauf von der Zustimmung ihres Käufers mit einer Rückkaufvereinbarung abhängig. Falls der Käufer sie verkauft, hat der Verkäufer oder haben dessen gesetzliche Erben ei-

---

[637] Die Bestimmung des Artikels befindet sich im „Ad-durr" in der Mitte des Abschnitts zum Terminkauf S. 209. (Fn.-Qadrī)

[638] Die Bestimmung des Artikels befindet sich im „Ad-durr" am Beginn des Abschnitts zum Terminkauf S. 206. (Fn.-Qadrī)

[639] Arab. baiʿ al-wafāʾ. Auch als Verkauf mit Wiederkaufsrecht oder Rückkaufsrecht bezeichnet. Sie kann die islamisch-rechtlich nicht existierende Hypothek ersetzen. Die Unterschiede zum Pfandrecht (Art. 975-1025) sind hierbei undeutlich. Vgl. Spies, O., Pritsch, E., Klassisches Islamisches…, a.a.O., S. 230.

[640] Die Bestimmung des Artikels befindet sich im „Radd al-muḥtār" zum Verkauf mit Rückkaufvereinbarung am Ende des Abschnitts zum Geldwechsel (ṣarf) S. 246. (Fn.-Qadrī) Im heutigen Ägypten werden Ländereien sehr oft für eine bestimmte Summe verpfändet, ohne dass der Pfandnehmer bei der landwirtschaftlichen Nutzung dieser Ländereien eingeschränkt wird.

nen Rückgabeanspruch. Der Käufer kann sie wieder in Besitz nehmen, bis seine Forderung erfüllt ist.[641]

Art. 564
Wenn der Käufer das Verkaufsobjekt mit einer Rückkaufvereinbarung nach Zahlung des Preises an den Verkäufer in Besitz nimmt und der Verkäufer mit dem Käufer übereinkommt, dass der Käufer ihm das Verkaufsobjekt zurückgibt, wenn dieser ihm den entsprechenden Preis zu einem bestimmten Zeitpunkt bezahlt, danach dieser Zeitpunkt eintritt, der Verkäufer sich aber weigert, den entsprechenden Preis an den Käufer zu zahlen, ist der Verkäufer beauftragt, das Verkaufsobjekt zu verkaufen und die Schuld mit dem Preis des Verkaufsobjektes zu begleichen. Wenn sich der Verkäufer weigert, verkauft der Richter[642] das Objekt für ihn.[643]

Art. 565
Wenn das Verkaufsobjekt mit einer Rückkaufvereinbarung untergeht und dessen Wert der vom Verkäufer geforderten Schuld gleichkommt, erlischt die Schuld als Gegenleistung dafür.
Wenn der Wert des Verkaufsobjektes geringer als die geforderte Schuld ist, erlischt die Schuld in der Höhe des Wertes des Verkaufsobjektes und der Käufer hat gegenüber dem Verkäufer einen Rückgabeanspruch auf den Rest.

Art. 566
Wenn das Verkaufsobjekt mit einer Rückkaufvereinbarung im Besitz des Käufers untergeht und dessen Wert über der Höhe der Schuld liegt, erlischt die Schuld in der Höhe des anteiligen Wertes der Sache. Der Käufer haftet für den zusätzlichen Teil, wenn der Untergang des Verkaufsobjektes durch eine schuldhafte Rechtsverletzung seinerseits erfolgte, anderenfalls ist er in Bezug auf den zusätzlichen Teil nicht verpflichtet.[644]

[641] Die Bestimmung des Artikels befindet sich im „Ad-durr" zum Verkauf mit Rückkaufvereinbarung S. 247. (Fn.-Qadrī)

[642] Arab. ḥākim. Der Ausdruck „al-qāḍī" (der Richter) steht auch in diesem Text verallgemeinernd für eine gerichtliche Behörde. Ebert, H.-G., Die Qadrî-Pâshâ-Kodifikation. A.a.O., S. 31, Fn. 93.

[643] Die Bestimmung des Artikels befindet sich im „Tanqīḥ al-ḥāmidīya" am Beginn des Abschnitts zum Pfand S. 269. (Fn.-Qadrī)

[644] Die Bestimmung des Artikels ist dem „Tanqīḥ al-ḥāmidīya" am Beginn des Abschnitts zum Pfand S. 266 entnommen. (Fn.-Qadrī)

Art. 567
Wenn einer der beiden Verkaufspartner mit einer Rückkaufvereinbarung verstirbt, gehen die Wirkungen der Rückkaufvereinbarung auf dessen gesetzliche Erben über.[645]

Art. 568
Die übrigen Gläubiger des Verkäufers sind gegenüber dem Käufer des Verkaufsobjektes mit Rückkaufvereinbarung bis zur Erfüllung von dessen Forderung aus dem Verkaufsobjekt nicht gleichrangig.

Abschnitt
Werklieferungsvertrag[646]

Art. 569
Der Werklieferungsvertrag[647] liegt vor, wenn eine bestimmte Sache in einer besonderen Weise vom Hersteller, der das Material bereitstellt, angefertigt werden soll.[648]

Art. 570
Der Werklieferungsvertrag wird für die Sache, nicht aber für die Tätigkeit des Herstellers, abgeschlossen.[649]

Art. 571
Der Werklieferungsvertrag ist für all das, was üblicherweise angefertigt werden muss, zulässig.[650]
Voraussetzung für seine Wirksamkeit ist die Angabe der Gattung, der Art, der Quantität und der Qualität des Produkts[651].

---

645 Die Bestimmung des Artikels ist dem „Ad-durr" zum Verkauf mit Rückkaufvereinbarung am Ende des Abschnitts zum Geldwechsel S. 247 entnommen. (Fn.-Qadrī)

646 Arab. al-istiṣnā'. Dazu ausführlich Wichard, J. Chr., Zwischen Markt..., a.a.O., S. 237-241.

647 Die Bestimmung des Artikels ist dem Ende des Abschnitts zum Terminkauf im „Šarḥ ad-durr" in Verbindung mit der „Ḥāšiyat radd al-muḥtār" S. 212 entnommen. (Fn.-Qadrī)

648 „D.h. die Teile, aus denen die im Werklieferungsvertrag vom Hersteller gewünschte Sache besteht, stammen vom Hersteller." (Fn.-Qadrī)

649 Dies ist aus dem „Ad-durr" am Ende des Abschnitts zum Terminkauf S. 213 entnommen. (Fn.-Qadrī)

650 Die Bestimmung des Artikels ist der „Ḥāšiyat radd al-muḥtār" am Ende des Abschnitts zum Terminkauf S. 212 entnommen. (Fn.-Qadrī)

651 Arab. maṣnū'.

Art. 572
Der Werklieferungsvertrag ist hinsichtlich derjenigen Sachen, die üblicherweise nicht angefertigt werden müssen, nicht wirksam. Wenn eine Frist von mindestens einem Monat eingeräumt wird, ist er ein Terminkauf und es gelten die Voraussetzungen für den Terminkauf.[652]
Ebenso gilt dies für Sachen, die üblicherweise angefertigt werden müssen, wenn eine Frist von mindestens einem Monat eingeräumt wird. Dieser Vertrag gilt als Terminkauf.[653]

Art. 573
Die sofortige Bezahlung des Preises ist beim Werklieferungsvertrag nicht zwingend.[654]

Art. 574
Bevor der Auftraggeber das Verkaufsobjekt nicht gesehen und akzeptiert hat, ist er nicht daran gebunden. Der Hersteller kann aber sein Produkt vor der Inaugenscheinnahme des Auftraggebers verkaufen. Ebenso kann der Auftraggeber das Produkt entgegennehmen oder aufgrund des Rücktrittsrechts wegen fehlender Inaugenscheinnahme[655] zurückweisen.[656]

Art. 575
Wenn für den Werklieferungsvertrag eine Frist von mehr als einem Monat eingeräumt wird, wird der Vertrag ein Terminkauf.[657] Dies gilt unabhängig davon, ob die Sache üblicherweise angefertigt werden muss oder nicht. Es wirken dabei die Voraussetzungen für den Terminkauf.[658] Keiner der beiden Vertragspartner hat ein Rücktrittsrecht, wenn der Hersteller das Produkt in Übereinstimmung mit dem Terminkauf übergibt.[659]

---

[652] Die Bestimmung des Artikels ist dem „Ad-durr" und der „Ḥāšiyat radd al-muḥtār" am Ende des Abschnitts zum Terminkauf S. 214 entnommen. (Fn.-Qadrī)
[653] Die Bestimmung des Artikels ist aus der „Ḥāšiyat radd al-muḥtār" am Ende des Abschnitts zum Terminkauf S. 212 entnommen. (Fn.-Qadrī) Vgl. Art. 554 (5. Voraussetzung).
[654] Die Bestimmung des Artikels ist dem „Radd al-muḥtār" am Ende des Abschnitts zum Terminkauf S. 213 entnommen. (Fn.-Qadrī)
[655] Vgl. Art. 339-341.
[656] Die Bestimmung des Artikels ist dem „Ad-durr" am Ende des Abschnitts zum Terminkauf S. 213 entnommen. (Fn.-Qadrī)
[657] Vgl. Art. 572.
[658] Gemäß Art. 554.
[659] Die Bestimmung des Artikels ist dem „Ad-durr" und der „Ḥāšiyat radd al-muḥtār" am Ende des Abschnitts zum Terminkauf S. 212 entnommen. (Fn.-Qadrī)

Art. 576

Wenn für den Werklieferungsvertrag eine Frist unter einem Monat eingeräumt wird und die Sache üblicherweise angefertigt werden muss, ist der Werklieferungsvertrag wirksam. Wenn die Sache üblicherweise nicht angefertigt werden muss und die Erwähnung der Frist die Arbeit beschleunigen soll, ist der Werklieferungsvertrag ebenfalls wirksam. Wenn die Erwähnung der Frist die Arbeit verzögern soll, ist der Werklieferungsvertrag fehlerhaft.[660]

[660] Die Bestimmung des Artikels ist dem „Radd al-muḥtār" am Ende des Abschnitts zum Terminkauf S. 212 entnommen. (Fn.-Qadrī)

Das Buch zur Vermietung

1. Kapitel
Mietvertrag

1. Abschnitt
Mietvertrag, Voraussetzungen seiner Wirksamkeit und Mietdauer

Art. 577
Der Mietvertrag ist die vom Vermieter an den Mieter erfolgte Eigentumsübertragung am beabsichtigten Nutzen an der Sache, die islamisch rechtmäßig ist und aus Vernunftgründen vermietet werden kann[661], mit einer Gegenleistung, die als Miete zulässig ist.[662]

Art. 578
Der Mietvertrag kann wirksam auf den Nutzen aus beweglichen und unbeweglichen Sachen sowie auf den Nutzen aus einer Tätigkeit, so durch die Miete einer Dienst- oder Arbeitsleistung bzw. durch die Beschäftigung von Gewerbetreibenden[663] und Handwerkern, bezogen sein.[664]

Art. 579
Voraussetzung für den Abschluss eines Mietvertrages ist die Geschäftsfähigkeit[665] der beiden Vertragspartner, indem jeder von ihnen im Vollbesitz seiner geistigen Kräfte und unterscheidungsfähig ist. Voraussetzung für die Rechtskraft der Vermietung ist, dass beide Vertragspartner uneingeschränkt im Vollbesitz ihrer geistigen Kräfte und nicht entmündigt sind, der Vermieter Eigentümer der Sache ist, die er, sein Bevollmächtigter, sein gesetzlicher Vormund oder sein ernannter Vormund vermietet.[666]

Art. 580
Voraussetzung für die Wirksamkeit der Vermietung ist das Einverständnis der beiden Vertragspartner, die Bestimmung der Mietsache, die Festlegung des Nut-

---

661 Vgl. dazu die Erläuterung im Muršid al-ḥairān ilā maʿrifat aḥwāl al-insān fi-l-muʿāmalāt aš-šarʿīya. Šarḥ wa-dirāsa…, a.a.O., 3. Bd., S. 950-951.

662 Die Bestimmung des Artikels ist dem „Ad-durr“ am Beginn des Abschnitts zur Vermietung S. 3 entnommen. (Fn.-Qadrī)

663 Arab. arbāb al-ḥiraf.

664 Entnommen aus der „Al-hindīya“ am Ende des ersten Kapitels zur Vermietung S. 394. (Fn.-Qadrī)

665 Arab. ahlīya. Vgl. zur Geschäftsfähigkeit die Qadrī-Pāšā-Kodifikation Art. 482-499. Ebert, H.-G., Die Qadrî-Pâshâ-Kodifikation. A.a.O., S. 159-163.

666 Entnommen aus der „Al-hindīya“ am Ende des ersten Kapitels zur Vermietung S. 393. (Fn.-Qadrī)

zens, sodass ein Streit darüber ausgeschlossen ist, die Angabe der Nutzungsdauer und die Bestimmung der Miethöhe, wenn es sich um Geld handelt. Wenn es sich bei der Miete um eine Sache handelt, sind deren Quantität und die Qualität zu bestimmen. Bei Nichterfüllung einer der erwähnten Bedingungen für die Wirksamkeit ist der Mietvertrag fehlerhaft.[667]

2. Abschnitt
Die Miete und die Bedingungen für ihre Bindungswirkung

Art. 581
Die Aufnahme einer Bedingung zur Zahlung der Miete im Voraus, zur Stundung oder zur Ratenzahlung zu festgelegten Zeiten ist wirksam.[668]

Art. 582
Die Miete wird nicht aufgrund des Vertrages sofort fällig. Sie muss nur dann übergeben werden, wenn sich der Vermieter ihre Bezahlung im Voraus ausbedungen hat und das Mietverhältnis unverzüglich beginnt.[669]
Wenn das Mietverhältnis zu einem zukünftigen Zeitpunkt beginnt, ist die Miete nicht sofort fällig. Das Eigentum an der Miete wird nicht übertragen, wenn deren Bezahlung im Voraus ausbedungen wird. Falls aber der Mieter bei einem unverzüglich beginnenden Mietverhältnis die Miete im Voraus an den Vermieter entrichtet, erfolgt damit eine Eigentumsübertragung. Der Mieter kann sie nicht vom Vermieter zurückfordern.[670]

Art. 583
Wenn die Bezahlung der Miete im Voraus ausbedungen wird, ist der Mieter verpflichtet, sie zum Zeitpunkt des Vertrages zu bezahlen. Der Vermieter kann die Übergabe der Mietsache an den Mieter verweigern, bis die Miete entrichtet ist. Er kann den Mietvertrag aufheben, wenn keine Erfüllung seitens des Mieters vorliegt.

---

[667] Entnommen aus der „Al-hindīya“ am Ende des ersten Kapitels zur Vermietung S. 393, aus dem „Tanqīḥ al-ḥāmidīya“ zur Vermietung S. 127 und aus dem „Radd al-muḥtār“ am Beginn des Abschnitts zur Vermietung S. 3. (Fn.-Qadrī)

[668] Entnommen aus dem „Radd al-muḥtār“ S. 9 am Beginn des Kapitels zur Vermietung. (Fn.-Qadrī)

[669] Entnommen aus dem „Ad-durr“ am Beginn des Abschnitts zur Vermietung S. 7. (Fn.-Qadrī)

[670] Entnommen aus dem „Ad-durr“ im erwähnten Kapitel S. 8 am Beginn des Abschnitts zur Vermietung. (Fn.-Qadrī)

Art. 584
Der Erwerbstätige[671] kann die Arbeit bis zur Bezahlung seines Lohnes, dessen Fälligkeit im Voraus ausbedungen wurde, verweigern und den Mietvertrag aufheben, wenn der Arbeitgeber[672] den Lohn[673] nicht bezahlt.

Art. 585
Wenn eine Stundung der Mietzahlung ausbedungen wurde, ist der Vermieter verpflichtet, die Mietsache an den Mieter zu übergeben, insofern sich der Vertrag auf den Nutzen bei Sachen bezieht. Der Erwerbstätige ist verpflichtet, die Tätigkeit zu verrichten, wenn sich der Mietvertrag auf die Tätigkeit bezieht. Die Miete ist in beiden Fällen erst mit dem Eintritt der Frist fällig, auch wenn die Arbeit bereits geleistet wurde.

Art. 586
Die Miete ist bei einem wirksamen Mietvertrag mit der Übergabe der gemieteten Sache an den Mieter fällig, unabhängig davon, ob die Nutzung tatsächlich erfolgte oder mit der Übergabe nur möglich war, aber tatsächlich nicht erfolgte. Wenn der Mieter also ein vom Hausrat[674] des Vermieters freies Mietshaus in Besitz nimmt, hat er die Miete hierfür zu zahlen, auch wenn er nicht dort wohnt.

Art. 587
Der Nutzen von Sachen wird bei einem fehlerhaften Mietvertrag nicht durch die Inbesitznahme der Sachen übertragen. Die Miete ist für den Mieter erst fällig, wenn ihm die gemietete Sache von Seiten des Vermieters als Eigentümer übergeben wird und ein tatsächlicher Nutzen erzielt wird.
Wenn aber die Übergabe an den Mieter von Seiten des Eigentümers der Sache nicht erfolgt, ist keine Miete fällig, auch wenn ein Nutzen vorliegt.[675]

Art. 588
Wenn der Mietvertrag fehlerhaft ist, weil die genannte Miete unbekannt ist oder keine Miete festgelegt ist, der Mieter aber die gemietete Sache in Besitz ge-

[671] Arab. aǧīr. Auch in der Literatur als Mietling bezeichnet. Hierbei handelt es sich um den Arbeitnehmer oder Lohnarbeiter im modernen Sinne. Dieses Konstrukt dient daher auch zur Legitimation der Lohnarbeit. Vgl. Schacht, J., An Introduction..., a.a.O., S. 155. Vgl. Art. 600 ff.
[672] Wörtlich: Der Mieter.
[673] Wörtlich: Die Miete.
[674] Arab. matāʿ.
[675] Die Bestimmung des Artikels ist im „Radd al-muḥtār“ am Beginn des Abschnitts zur Vermietung mit den Worten des Verfassers „Die Miete für ein Haus, welches in Besitz genommen wurde...“ S. 7 ausgeführt. (Fn.-Qadrī)

nommen und tatsächlich genutzt hat, ist eine angemessene Miete[676] unabhängig von ihrer tatsächlichen Höhe fällig.
Wenn der Mietvertrag wegen des Fehlens einer anderen Bedingung für die Wirksamkeit des Vertrages fehlerhaft ist, ist die geringere Miete im Vergleich zwischen der angemessenen Miete und der im Vertrag genannten Miete, wenn sie denn festgelegt ist, fällig.

2. Kapitel
Vermietung von Reit- und Lasttieren

1. Abschnitt
Vermietung von Reittieren

Art. 589
Derjenige, der ein Lasttier mietet, kann es zum Reiten benutzen. Wenn er aber ein Tier zum Reiten mietet, darf er es nicht als Lasttier verwenden. Wenn er es als Lasttier verwendet, muss er keine Miete bezahlen.[677]

Art. 590
Wenn jemand ein Tier zum Reiten oder einen Wagen zum Fahren mietet, um für ein festgelegtes Entgelt an einen bestimmten Ort zu gelangen, das Reittier oder das Pferdegespann aber auf dem Weg dorthin ermüdet und das Ziel nicht erreicht, so kann er den Mietvertrag annullieren. Er muss nur die für diese Strecke anteilige Summe an der genannten Gebühr bezahlen.[678]

Art. 591
Es ist nicht zulässig, dass der Mieter des Tieres ohne Einwilligung seines Inhabers den festgelegten Ort mit diesem in einem gewöhnlich nicht tolerierten Maße überschreitet.[679] Es ist auch nicht zulässig, dass er mit dem Tier einen anderen Ort aufsucht oder es über die Mietdauer hinaus nutzt. Wenn er daher ohne Einwilligung seines Inhabers den festgelegten Ort überschreitet, mit dem Tier einen

---

676 Arab. aǧr al-miṯl. Dieser Begriff orientiert sich in der Übersetzung am Begriff der angemessenen Brautgabe „mahr bi-l-miṯl", die von Qadrī Pāšā in der Qadrī-Pāšā-Kodifikation (Art. 76-78) näher bestimmt wird.

677 In der „Al-hindīya" am Ende des 26. Abschnitts zur Miete von Reittieren S. 476 ausgeführt. (Fn.-Qadrī) Derjenige, der durch diese zweckentfremdete Nutzung des Reittieres eine schuldhafte Rechtsverletzung begeht, indem er sich das Reittier widerrechtlich aneignet, ist jedoch dafür haftbar zu machen. Vgl. Muršid al-ḥairān ilā maʿrifat aḥwāl al-insān fi-l-muʿāmalāt aš-šarʿīya. Šarḥ wa-dirāsa…, a.a.O., 3. Bd., S. 972.

678 Entnommen aus der „Al-hindīya" am Beginn des 26. Abschnitts zur Miete von Reittieren S. 474. (Fn.-Qadrī)

679 Damit verweist der Autor auf das herrschende Gewohnheitsrecht.

anderen Ort aufsucht oder es nach Ablauf der Frist nutzt und das Tier zugrunde gerichtet wird, haftet er für den Wert des Tieres.[680]

Art. 592
Wenn jemand ein Tier mietet, um damit einen bestimmten Ort aufzusuchen, und verschiedene Wege dorthin existieren, so kann er den gangbaren Weg seiner Wahl nutzen. Wenn er aber einen anderen als den Weg nimmt[681], den der Inhaber des Tieres festgelegt hat, und das Tier umkommt, so haftet er für den Wert des Tieres, wenn der beschrittene Weg schwieriger als der festgelegte war. War dagegen der beschrittene Weg gleich schwierig oder leichter als der festgelegte, haftet er nicht.

Art. 593
Es ist nicht zulässig, dass der Mieter das Tier schlägt oder eine harte Gangart einlegt.[682]
Wenn er es aber schlägt, es durch Zügel zu hart zurückhält oder eine harte Gangart über das Gewöhnliche hinaus einlegt und das Tier zugrunde gerichtet wird, haftet er für seinen Wert.

2. Abschnitt
Vermietung von Lasttieren und Lastwagen

Art. 594
Die Vermietung von Lasttieren und Lastwagen ist unter der Bedingung der Angabe der zu transportierenden Sachen sowie der Festlegung der Frist oder des Ziels für den beabsichtigten Transport zulässig.[683]
Die Miete zum Transport ohne Festlegung und Verweis auf den Umfang der Sachen ist zulässig und richtet sich nach den üblichen Gepflogenheiten.[684]

---

680 Die Bestimmung des ersten und des folgenden Falls ist der „Al-ḫānīya" am Beginn des Abschnitts zur Vermietung von Reittieren S. 326 entnommen. Ähnliches steht in der „Al-hindīya" auf der zweiten Seite des 27. Abschnitts zu den Fragen der Haftung S. 479. (Fn.-Qadrī)

681 Die Formulierung „Wenn er aber (einen anderen) als den Weg nimmt..." ist der „Al-hindīya" auf der dritten Seite des 27. Abschnitts zu den Fragen der Haftung S. 480 entnommen. (Fn.-Qadrī)

682 Entnommen aus dem „Ad- durr" und dem „Radd al-muḥtār" in der Mitte des Abschnitts über das zur Vermietung Zulässige S. 25 und aus dem folgenden Absatz. (Fn.-Qadrī)

683 Entnommen aus der „Al-hindīya" am Beginn des Abschnitts über das zur Vermietung Zulässige und Unzulässige S. 434. (Fn.-Qadrī)

684 Entnommen aus der „Al-hindīya" im vorher erwähnten Kapitel S. 435. (Fn.-Qadrī)

Art. 595
Derjenige, der durch den Vertrag Anspruch auf einen festgelegten Nutzen hat, kann einen angemessenen oder einen geringeren Nutzen, nicht jedoch einen größeren Nutzen geltend machen.[685]
Wer also ein Tier zum Transport mietet, die Art des zu transportierenden Gutes und die Höhe seines Gewichts angibt, kann ein gewichtsmäßig gleiches oder kleineres, nicht aber ein gewichtsmäßig größeres Gut transportieren.

Art. 596
Wenn der Mieter das Lasttier mit einer Ladung belädt, die der angegebenen volumenmäßig entspricht, und das Tier zugrunde gerichtet wird, haftet er, wenn die Ladung aus einem Material besteht, welches bei gleichem Gewicht ein kleineres Volumen als das angegebene hat. Dies gilt beispielsweise, falls er Weizen angibt, aber das gleiche Volumen Eisen oder Steine transportiert. Wenn die Ladung aus einem Material besteht, welches bei gleichem Gewicht ein gleiches oder ein größeres Volumen als das angegebene hat, haftet er nicht, es sei denn, dass die Ladung im zweiten Falle das Transportvolumen übersteigt. Dies gilt beispielsweise, wenn er Weizen angibt, aber bei gleichem Gewicht Stroh[686] oder Baumwolle transportiert, sodass das Volumen überschritten wird. Dafür haftet er.[687]

Art. 597
Es ist nicht zulässig, dass der Mieter das Lasttier stärker als festgelegt und vertraglich beansprucht belastet. Wenn er dagegen verstößt, das Lasttier über dessen Vermögen hinaus zusätzlich belastet und dieses zugrunde gerichtet wird, haftet er für seinen vollen Wert. Dabei ist es unerheblich, ob die Erhöhung aus der genannten Gattung der Ladung besteht oder nicht.
Wenn das Lasttier imstande ist, die zusätzliche Fracht zu tragen, die Erhöhung aus der angegebenen Gattung der Ladung besteht und beides zugleich transportiert wird, haftet der Mieter nur für die zusätzliche Last, nicht aber für den vollen Wert.[688]

---

685 Die Bestimmung des Artikels ist dem „Ad-durr" im mittleren Abschnitt des Kapitels über das zur Vermietung Zulässige und das der Vermietung Entgegenstehende entnommen. (Fn.-Qadrī)

686 Arab. tibn.

687 Die Bestimmung des Artikels ist dem „Ad-durr" und dem „Radd al-muḥtār" in der Mitte des Abschnitts über das zur Vermietung Zulässige S. 22 entnommen. (Fn.-Qadrī) Es handelt sich in diesem Artikel um eine Präzisierung und Erläuterung des vorangegangenen Art. 595. So im Muršid al-ḥairān ilā maʿrifat aḥwāl al-insān fi-l-muʿāmalāt aš-šarʿīya. Šarḥ wa-dirāsa…, a.a.O., 3. Bd., S. 979.

688 Die Haftung erfolgt im Sinne einer zusätzlichen Gebühr.

Jedoch haftet der Mieter nur, wenn er den Transport selbstständig ausführt. Wenn aber der Inhaber des Lasttieres den Transport allein ausführt, haftet der Mieter nicht. Wenn sie beide zusammen den Transport ausführen und das Tier beladen, haftet der Mieter wegen seiner Handlung nur zur Hälfte. Die Handlung des Inhabers des Tieres findet dagegen keine Berücksichtigung.[689]

Art. 598
Wenn jemand ein bestimmtes Lasttier zum Transport seiner Ladung an einen bestimmten Ort zu einer festgelegten Gebühr mietet, das Lasttier aber auf dem Weg vor Erlangung des angestrebten Zieles ermüdet, so hat er die Wahl, den Mietvertrag aufzulösen oder auf die Gesundung des Tieres zu vertrauen. Er kann jedoch vom Vermieter nur dann ein neues Lasttier fordern, wenn er nicht selbst ein bestimmtes Tier gemietet hat.[690]

Art. 599
Die Beladung des Lasttieres obliegt dem Mieter[691] [692], die Kosten für das Tier trägt dessen Eigentümer.[693] Wenn der Mieter das Tier ohne Einwilligung des Eigentümers füttert oder tränkt, dann tut er dies als freiwilliger Spender und kann seine Kosten hierfür vom Eigentümer nicht zurückfordern.

3. Kapitel
Dienstmiete[694]

Art. 600
Die Vermietung einer Person für eine Dienstleistung oder eine andere Art der Tätigkeit ist unter Angabe der Dauer und der Bestimmung von Umfang und Art der Tätigkeit zulässig.

---

689 Die Bestimmung dieser drei Absätze ist dem mittleren Abschnitt über das zur Vermietung Zulässige im „Ad-durr“ und im „Radd al-muḥtār“ S. 24 entnommen. (Fn.-Qadrī)

690 Die Bestimmung des Artikels ist dem Beginn des 26. Abschnitts der „Al-hindīya“ S. 474 entnommen. (Fn.-Qadrī)

691 Arab. al-mikārī. Insbesondere in Bezug auf die Vermietung von Tieren gebraucht und im Sinne eines Esel- oder Maultiertreibers verwendet.

692 Entnommen aus der „Al-hindīya“ im 17. Abschnitt zur Vermietung S. 441. (Fn.-Qadrī)

693 Entnommen aus der „Al-hindīya“ am Beginn des 17. Kapitels über die Pflicht des Mieters S. 440. (Fn.-Qadrī)

694 Wörtlich: Vermietung von Personen zur Dienstleistung oder Tätigkeit. Arab. iğārat al-ādamī li-l-ḫidma wa-l-ʿamal. In der islamisch-rechtlichen Literatur wird diese Form der Personenmiete auch als „Miete von Arbeitern/Handwerkern“ (istiʾğār aṣ-ṣunnāʿ) bezeichnet. Vgl. al-Ğazīrī, ʿA. ar-R., Kitāb al-fiqh..., a.a.O., Bd. 3, S. 102-103. Diese Rechtsfigur legitimiert die Lohnarbeit. Vgl. auch Fn. 671.

Art. 601
Der Erwerbstätige[695] erscheint in zwei Formen: Als unselbstständiger oder als selbstständiger Erwerbstätiger.[696]

Art. 602
Der unselbstständige Erwerbstätige ist derjenige, der für eine oder mehrere Personen eine zeitweilige Tätigkeit unter der Bedingung ausübt, dass seine Tätigkeit darauf beschränkt bleibt und er keiner anderen Person dient. Dies liegt vor, wenn im Vertrag die Art der Tätigkeit gegenüber der Zeit im Vordergrund steht. Falls aber die Zeit gegenüber der Art der Tätigkeit im Vordergrund steht, wenn etwa eine Person einen Monat lang Schafe hüten soll, ist die Beschränkung auf diese Tätigkeit keine Voraussetzung. Aber die Verallgemeinerung in Bezug auf andere Tätigkeiten ist auch nicht zulässig. Der Erwerbstätige kann den Lohn beanspruchen, wenn er zur Tätigkeit erscheint und in der Lage ist, die Tätigkeit auszuüben, auch wenn er sie nicht verrichtet.[697]

Art. 603
Der unselbstständige Erwerbstätige darf während der Mietzeit nicht für einen anderen als seinen Arbeitgeber die Tätigkeit verrichten. Wenn er für einen anderen eine Tätigkeit verrichtet, wird dies entsprechend seiner Tätigkeit vom Lohn abgezogen. Er darf sich nicht mit einer anderen Angelegenheit außerhalb der schriftlichen Vorgaben beschäftigen, ja noch nicht einmal ein zusätzlich empfohlenes Gebet[698] verrichten.[699]

---

695 Arab. aǧīr.

696 Die Bestimmung des Artikels ist dem Beginn des Kapitels über die Haftung des Erwerbstätigen S. 35 aus dem „Hāmiš aṭ-Ṭaḥṭāwī" (Die Randbemerkungen des aṭ-Ṭaḥṭāwī) entnommen. (Fn.-Qadrī) Es handelt sich dabei um A. b. M. aṭ-Ṭaḥṭāwī (gest. 1818), dessen „Randbemerkungen" nach seinem Tode in Būlāq erschienen sind. Vgl. Spies, O., Pritsch, E., Klassisches Islamisches..., a.a.O., S. 247. Er gilt als einer der ḥanafitischen Juristen, die den Begriff des „al-miṣr al-ǧāmiʿ" (als urbanes Zentrum eines agrarischen Hinterlandes) prägten. Dazu Johansen, B., Contingency in a Sacred Law. *Legal and Ethical Norms in the Muslim* Fiqh. Leiden, Boston, Köln 1999, S. 104-106. Im Muršid al-ḥairān ilā maʿrifat aḥwāl al-insān fi-l-muʿāmalāt aš-šarʿīya. Šarḥ wa-dirāsa..., a.a.O., 3. Bd., S. 984 wird als Beispiel für die erste Variante (ḫāṣṣ) die Tätigkeit als Diener oder Angestellter, für die zweite Variante (muštarak) die Tätigkeit als Arzt, Ingenieur oder Rechtsanwalt in der eigenen Praxis oder Kanzlei angegeben. Damit teilen sich verschiedene Personen den Nutzen, der aus der Arbeit des Erwerbstätigen resultiert.

697 Entnommen aus dem „Ad-durr" und dem „radd al-muḥtār" zur Haftung des Erwerbstätigen S. 43. (Fn.-Qadrī). Zu den Unterschieden zwischen einer unselbstständigen und einer selbstständigen Arbeit siehe as-Saiyid Sābiq, Fiqh as-sunna. A.a.O., Bd. 3, S. 196-197.

698 Arab. nāfila.

699 Entnommen aus dem „Ad-durr" und dem „Radd al-muḥtār" zur Haftung des Erwerbstätigen S. 44. (Fn.-Qadrī).

Art. 604
Der selbstständige Erwerbstätige ist derjenige, der für verschiedene Personen eine Tätigkeit verrichtet, oder derjenige, der für eine bestimmte Person bzw. für bestimmte Personen eine unbefristete oder befristete Tätigkeit verrichtet, ohne dass die Beschränkung auf diese Tätigkeit vorausgesetzt wird.[700]
Der selbstständige Erwerbstätige kann den Lohn nur beanspruchen, wenn er die Tätigkeit verrichtet.

1. Abschnitt
Der unselbstständige Erwerbstätige

Art. 605
Der Angestellte[701] kann den Lohn beanspruchen, sobald er sich selbst zum Dienst stellt und dazu in der Lage ist, unabhängig davon, ob er die Dienstleistung verrichtet oder nicht.
Auch der Lehrer[702], wenn er zur Vermittlung von Wissen, einer künstlerischen Tätigkeit oder eines Handwerks beschäftigt wird und ein Zeitraum festgelegt ist, kann den Lohn beanspruchen, sobald er sich selbst zur Lehrtätigkeit zur Verfügung stellt und dazu in der Lage ist. Dabei ist unerheblich, ob er den Schüler unterrichtet oder nicht.
Wenn aber der Zeitraum nicht festgelegt ist, kann er nur dann Lohn beanspruchen, wenn er den Schüler auch unterrichtet.[703]

Art. 606
Wenn der Zeitraum der Dienstleistung im Vertrag festgelegt ist und der Dienstherr[704] den Mietvertrag ohne Rechtfertigungsgrund und ohne einen Fehler seitens des Angestellten, der den Mietvertrag fehlerhaft macht, vor Ablauf des Zeitraumes aufhebt, muss der Dienstherr den Lohn für den gesamten Zeitraum entrichten, wenn sich der Angestellte zum Dienst fristgemäß zur Verfügung gestellt hat.

Art. 607
Wenn der Zeitraum im Vertrag nicht festgelegt ist, sodass der Vertrag wegen der Unklarheit fehlerhaft ist, kann ihn jeder der beiden Vertragspartner zu jeder be-

---

700 Die Bestimmung des Artikels ist dem „Ad-durr“ am Beginn des Kapitels über die Haftung des Erwerbstätigen S. 35 am Rand des „Hāmiš aṭ-Ṭaḥṭāwī“ entnommen. (Fn.-Qadrī)
701 Arab. ḫādim.
702 Arab. ustāḏ. In Ägypten im Allgemeinen als eine gebildete Person verstanden.
703 Die Bestimmung des Artikels ist dem „Ad-durr“ und dem „Radd al-muḥtār“ im mittleren Kapitel zur Haftung des Erwerbstätigen S. 43 entnommen. (Fn.-Qadrī)
704 Arab. maḫdūm.

liebigen Zeit aufheben. Dem Angestellten steht für die Zeit seiner Dienstleistung ein angemessener Lohn zu.

Art. 608
Wenn der Lohn des Angestellten im Vertrag nicht angegeben ist, steht ihm eine angemessene Vergütung zu, die sich nach dem Gewohnheitsrecht richtet.

Art. 609
Der Dienstherr ist nur verpflichtet, dem Angestellten Essen und Kleidung zur Verfügung zu stellen, wenn dies das Gewohnheitsrecht vorsieht. Die Verpflichtung des Dienstherrn gilt dabei unabhängig davon, ob dies ausbedungen wurde oder nicht.[705]

Art. 610
Es ist zulässig, eine Pflegemutter[706], d.h. eine Amme, für einen bestimmen Lohn und für Essen und Kleidung anzustellen, wobei die Kleidung von durchschnittlicher Qualität sein soll.[707]

Art. 611
Die Pflegemutter hat das Kind zu stillen, für seine Sauberkeit zu sorgen, dessen Kleidung zu säubern und das Essen für das Kind zu bereiten.[708]

Art. 612
Wenn in Bezug auf die Pflegemutter ausbedungen wird, dass sie das Kind selbst stillt, sie es aber von einer anderen stillen lässt, kann sie keinen Lohn beanspruchen. Wenn dies in Bezug auf die Pflegemutter nicht ausbedungen wurde und

---

[705] Die Zulässigkeit der Ausbedingung ist eine Ableitung von al-Ḥamawī unter Rückgriff auf den Juristen Abū al-Laiṯ. Dagegen hat sich as-Saiyid aṭ-Ṭaḥṭāwī mit der Unterscheidung zwischen demjenigen, was ohne Aufnahme einer Bedingung nach dem Gewohnheitsrecht wirkt, und demjenigen, was bei einer Bedingung wirkt, gewandt. Ibn ʿĀbidīn orientiert sich an der Auffassung von al-Ḥamawī. (Fn.-Qadrī) Vgl. zu dem genannten Gelehrten al-Ḥamawī auch Fn. 401 und zu aṭ-Ṭaḥṭāwī Fn. 696. Zu Abū al-Laiṯ as-Samarqandī (gest. 983) siehe auch das Werk The Conclusive Argument from God: Shāh Wali Allāh of Delhi's Ḥujjat Allāh al-Bāligha. Transl. by M. K. Hermansen. Leiden, New York, Köln 1995, S. 465.

[706] Arab. ẓi'r. Gemeint ist vor allem eine Amme, die das Kind stillt.

[707] Entnommen aus dem „Ad-durr" im mittleren Abschnitt zur fehlerhaften Vermietung S. 33 am Rand des „Radd al-muḥtār". (Fn.-Qadrī)

[708] Entnommen aus dem mittleren Abschnitt zur fehlerhaften Vermietung des „Ad-durr" S. 33 am Rand des „Radd al-muḥtār". (Fn.-Qadrī)

sie das Kind gegen oder ohne Entgelt von einer anderen Frau stillen lässt, kann sie den Lohn beanspruchen.[709]

Art. 613
Der Ehemann der Amme kann den Mietvertrag jederzeit aufheben. Auch der Mieter kann den Mietvertrag aufheben, wenn hierfür ein Erfordernis vorliegt.[710]

Art. 614
Wenn der Zeitraum der Vermietung für die Pflegemutter abgelaufen ist und sich niemand außer ihr zum Stillen des Kindes findet oder das Kind die Brust der Anderen nicht annimmt, ist sie zum Stillen des Kindes verpflichtet.

Art. 615
Wenn die Pflegemutter oder ihr Pflegesäugling[711] verstirbt, ist der Mietvertrag aufgehoben. Er wird jedoch nicht durch den Tod des Vaters des Säuglings aufgehoben.[712]

2. Abschnitt
Der selbstständige Erwerbstätige

Art. 616
Die Anmietung des Arbeiters oder des Unternehmers[713] für eine Bautätigkeit ist zulässig, wenn dessen Lohn pro Tag ohne Angabe des Arbeitsvolumens festgelegt wird[714], wenn ein Lohn für jede Elle[715] oder jeden Meter Bauleistung festgelegt wird oder wenn die gesamte Arbeitsleistung unter Angabe des Umfangs der Tätigkeit nach Länge, Breite und Tiefe vereinbart wird.

---

[709] Entnommen aus dem „Ad-durr“ im mittleren Abschnitt zur fehlerhaften Vermietung S. 34 am Rand des „Radd al-muḥtār“. (Fn.-Qadrī)

[710] Entnommen aus dem „Ad-durr“ im mittleren Abschnitt zur fehlerhaften Vermietung S. 33 am Rand des „Radd al-muḥtār“. (Fn.-Qadrī)

[711] Arab. raḍīʿuhā.

[712] Die Bestimmung des Artikels ist dem „Ad-durr“ im mittleren Abschnitt zur fehlerhaften Vermietung S. 33 am Rand des „Radd al-muḥtār“ entnommen. (Fn.-Qadrī)

[713] Arab. muqāwil.

[714] Bis heute ist es in Ägypten und anderen arabischen Ländern üblich, dass Tagelöhner an bestimmten zentralen Orten einer Kommune für Bauleistungen angeheuert werden. Diese Tagelöhner sind im Allgemeinen weder kranken- noch sozialversichert. Auch im Zuge des „Arabischen Frühlings“ seit 2011 ist dieses Phänomen wieder stärker in den Fokus der Öffentlichkeit gerückt. Vgl. u.a. die URL zu Tunesien http://www.ag-friedensforschung.de/regionen/Tunesien/1jahr2.html (zuletzt abgerufen: 13.07.2012).

[715] Vgl. Fn. 518.

Art. 617
Der Mietvertrag oder der Unternehmervertrag[716] zur Errichtung eines Gebäudes ist wirksam, wenn die für das Gebäude notwendigen Werkzeuge und Ausrüstungen vom Auftraggeber[717] gestellt werden. Wenn sie aber vom Baumeister kommen, indem der Auftraggeber ihn zur Errichtung eines bestimmten Gebäudes mit seinen Werkzeugen für eine bestimmte Gebühr mietet, ist dies nicht zulässig. Wenn der Baumeister ein Gebäude errichtet, stehen ihm ein Lohn entsprechend seiner Tätigkeit und die Summe zu, die er als Preis für die Werkzeuge aufwenden musste.[718]

Art. 618
Wenn der Architekt[719] eine Zeichnung bzw. einen Kostenvoranschlag erarbeitet oder im Auftrag des Bauherrn den Bau beaufsichtigt und ihm dafür ein bestimmter Lohn genannt wird, steht ihm der genannte Lohn zu.

Art. 619
Wenn der Auftraggeber keinen Lohn für den Architekten für dessen Tätigkeit festgelegt hat, steht ihm ein angemessener Lohn zu, der sich nach dem Gewohnheitsrecht und nach der Zeitdauer seiner Tätigkeit richtet.[720]

Art. 620
Die Anmietung des Arbeiters wird bei Vorliegen eines berücksichtigungsfähigen Rechtfertigungsgrundes, der dessen Tätigkeit verhindert, aufgehoben. Die Aufhebung erfolgt durch richterliche Entscheidung. Wenn der Arbeiter verstirbt, gilt die Aufhebung auch ohne richterliche Entscheidung.[721]

---

716 Arab. muqāwala.

717 Arab. ṣāḥib al-ʿamal. Der Ausdruck dient in Bezug auf einen Arbeitsvertrag auch zur Bezeichnung des Arbeitgebers. Der arabische Begriff „rabb al-ʿamal" (Herr der Tätigkeit) ist weitgehend identisch mit dem Begriff „ṣāḥib al-ʿamal". Vgl. dazu Küppers, N. F., Das irakische Zivilgesetzbuch. A.a.O., 63/1961, S. 21.

718 Die Bestimmung des Artikels ist dem „Tanqīḥ al-ḥāmidīya" im mittleren Abschnitt zur Vermietung S. 137 entnommen. (Fn.-Qadrī) Im Kommentar zur Ausgabe des Muršid al-ḥairān von 1987 in ʿAmmān wird darauf hingewiesen, dass diese Regelungen aufgrund veränderter Bedingungen beim Bau obsolet sind. (S. 151) Im Übrigen enthält der Abdruck des Art. 617 einige Druckfehler.

719 Arab. muhandis.

720 Die Bestimmung des Artikels ist dem „Tanqīḥ al-ḥāmidīya" kurz vor dem Ende des Abschnitts zur Vermietung S. 152 entnommen. (Fn.-Qadrī)

721 Die Bestimmung des Artikels ist dem „Ad-durr" und dem „Radd al-muḥtār" über die Aufhebung der Vermietung S. 51 und 52 entnommen. (Fn.-Qadrī) Vgl. dazu im Hinblick auf die richterliche Entscheidung Muršid al-ḥairān ilā maʿrifat aḥwāl al-insān fi-l-muʿāmalāt aš-šarʿīya. Šarḥ wa-dirāsa..., a.a.O., 3. Bd., S. 999.

Art. 621
Es ist nicht zulässig, dass der Arbeiter oder Unternehmer, der im Vertrag zu einer eigenständigen Tätigkeit verpflichtet ist, diese Tätigkeit einem anderen überlässt.[722]
Wenn der Vertrag keine Bedingung dazu enthält, ist es zulässig, dass der Arbeiter oder Unternehmer für die gesamte Tätigkeit oder für eine Teilleistung einen anderen anmietet oder beschäftigt. Er ist haftbar für das, was im Besitz desjenigen, den er anmietet oder beschäftigt, untergeht.[723]

3. Abschnitt
Pflichtgemäße Tätigkeit[724]

Art. 622
Wenn zwei Partner eine Handwerkerpartnerschaft[725] vereinbaren, um für eine Person ein Tätigkeit zu verrichten, kann der Auftraggeber die Leistungserfüllung von einem von beiden nach seinem Wunsch fordern. Jeder von beiden ist verpflichtet, die Leistung zu erfüllen. Wenn einer sie erfüllt, ist der andere davon befreit.[726]

---

722 Entnommen aus dem „Ad-durr" im Buch zur Vermietung S. 11 sowie in der „Al-anqarawīya" am Ende des Abschnitts zur Haftung des selbstständigen und des unselbstständigen Erwerbstätigen S. 329. „Eine Bedingung lautet, dass derjenige, der selbst nicht in der Lage ist (eine Arbeit zu verrichten), für die Übertragung an den Dritten haftet. Wenn er aber nicht überträgt, haftet er nicht." (Fn.-Qadrī)

723 Der Wortlaut „Er ist (haftbar)..." basiert auf der Aussage der beiden Gefährten (aṣ-ṣāḥibān). Ebenso entnommen aus der „Al-anqarawīya" am Ende des Abschnitts zur Haftung des selbstständigen und des unselbstständigen Erwerbstätigen S. 329. (Fn.-Qadrī) Bei den beiden Gefährten handelt es sich um die beiden Schüler des Namensgebers der ḥanafitischen Rechtsschule Abū Yūsuf und M. b. al-Ḥ. aš-Šaibānī (s.o.).

724 Die Überschrift zum 3. Abschnitt sowie die Art. 622 bis 624 fehlen in der Ausgabe von 1891. Sie sind auch im Muršid al-ḥairān ilā maʿrifat aḥwāl al-insān fi-l-muʿāmalāt aš-šarʿīya. Šarḥ wa-dirāsa..., a.a.O., 3. Bd. nicht berücksichtigt. Die französische Übersetzung enthält die Überschrift nicht, wohl aber die einzelnen Artikel.

725 Arab. šarikat at-taqabbul. Bei dieser Gesellschaft, die auch šarikat aṣ-ṣanāʾiʿ bezeichnet wird, bringen die Partner ihre Arbeit bzw. ihre Fähigkeiten und Fertigkeiten ein. Vgl. Grabau, Fr.-R., Der Gesellschaftsvertrag..., a.a.O., S. 333 und Bjørkelo, A., Prelude to the Mahdiyya: Peasants and Traders in the Shendi Region, 1821-1885. Cambridge 1989, S. 131.

726 Die Bestimmung des Artikels ist dem Werk von Ibn ʿĀbidīn im dritten Teil S. 481 entnommen. (Fn.-Qadrī)

Art. 623
Jeder der beiden Handwerkspartner kann vom Auftraggeber seinen Lohn fordern. Der Auftraggeber kann ihn nach seinem Wunsch an einen von beiden zahlen und wird so gegenüber dem anderen Partner von der Schuld befreit.[727]

Art. 624[728]
Wenn die entstandene Arbeit an den Auftraggeber übergeben wird und den im Vertrag angegebenen Eigenschaften entspricht, ist der Auftraggeber an die Arbeit gebunden und verpflichtet, den im Vertrag genannten Lohn zu entrichten. Er darf die Annahme der Arbeit nicht mit irgendeiner Entschuldigung verweigern. Wenn die Arbeit aber gegen die im Vertrag festgelegte Beschreibung verstößt, ist der Auftraggeber nicht zur Annahme der Arbeit verpflichtet.[729]

Art. 625
Es ist nicht zulässig, dass der Arbeiter, der vertraglich zu einer Tätigkeit verpflichtet ist, nach Abschluss des Vertrages eine Erhöhung des genannten Lohnes fordert. Ebenso ist es für den Auftraggeber nicht zulässig, eine bestimmte Verminderung zu fordern.

Art. 626
Der Arbeiter oder Unternehmer als Subkontraktor[730] kann vom Auftraggeber nicht fordern, was der ursprüngliche Erwerbstätige oder Unternehmer[731] beansprucht, es sei denn, dieser hat ihn gegenüber dem Auftraggeber ermächtigt oder ihm die Forderung übertragen.[732]

Art. 627
Der Arbeiter oder Unternehmer kann einen Teil des vereinbarten Lohnes erst nach Abschluss der Tätigkeit und Übergabe an den Auftraggeber fordern. Falls der Auftraggeber den Lohn oder einen Teil desselben im Voraus entrichtet, ist dies zulässig. Wenn aber die Bauarbeiten o.Ä. dort durchgeführt werden, wo der Auftraggeber wohnt, ist es zulässig, dass der Arbeiter oder Unternehmer den an-

---

[727] Die Bestimmung des Artikels ist dem Werk von Ibn ʿĀbidīn im dritten Teil S. 481 entnommen. (Fn.-Qadrī)

[728] Art. 624 und 625 sind in der französischen Übersetzung verwechselt.

[729] Die Bestimmung des Artikels ist dem Werk von Ibn ʿĀbidīn im fünften Teil S. 85 entnommen. (Fn.-Qadrī)

[730] Arab. al-muqāwil aṯ-ṯānī.

[731] Arab. al-muqāwil al-auwal.

[732] Im Kommentar zur jordanischen Ausgabe des Muršid al-ḥairān von 1987 wird darauf hingewiesen, dass dieser Artikel in einigen arabischen Zivilgesetzbüchern den zeitlichen Erfordernissen angepasst wurde. Als Beispiel wird der Art. 883/1 des irakischen Zivilgesetzbuches genannt. Vgl. das irakische Zivilgesetzbuch Nr. 40/1951 in: Mausūʿat at-tašrīʿāt al-ʿaqārīya. Hrsg. von ʿA. M. I. al-Karbāsī. Baġdād 1986, S. 16-325.

teiligen Lohn entsprechend seiner Tätigkeit fordert. Er ist verpflichtet, den Rest fertig zu stellen. Dies gilt, wenn keine Bedingung vereinbart wurde.[733]

Art. 628
Wenn die vereinbarte Leistung vor der Übergabe an den Auftraggeber vernichtet wird, steht dem Arbeiter kein Lohn zu. Wenn die Leistung aber im Eigentum des Auftraggebers vernichtet wird, steht dem Arbeiter ein anteiliger Lohn für seine Tätigkeit zu, da die Übergabe im rechtlichen Sinne erfolgt ist.[734]

Art. 629
Der unselbstständige Erwerbstätige ist ein Treuhänder[735]. Wenn etwas in seinem Besitz ohne eigene schuldhafte Rechtsverletzung[736], ohne eigene Nachlässigkeit oder Unachtsamkeit untergeht, haftet er nicht dafür.[737]

Art. 630
Der selbstständige Erwerbstätige haftet für das, was in seinem Besitz durch seine Handlung untergeht. Er haftet aber nicht für das, was ohne seine Handlung untergeht, wenn der Untergang durch einen Grund, der nicht zu vermeiden ist, geschieht. Anderenfalls haftet er.[738]

Art. 631
Derjenige Handwerker, der durch seine Tätigkeit eine Wirkung an der Sache hinterlässt wie der Schneider o.Ä., kann die Sache zurückbehalten und muss sie nicht übergeben, bis sein Lohn bezahlt wird. Dies gilt, wenn der Lohn sofort fällig ist. Wenn so die Sache bei ihm untergeht, haftet er nicht dafür und erhält er keinen Lohn. Wenn der Lohn gestundet ist, darf er die Sache nicht zurückbehalten. Wenn er sie aber zurückbehält und sie untergeht, hat er ihren Wert zu ersetzen.[739]

---

733 Die Bestimmung dieses gesamten Artikels ist der Mitte des Buches zur Vermietung S. 9 in der „Ḥāšiyat radd al-muḥtār" entnommen. (Fn.-Qadrī)

734 Die Bestimmung des Artikels ist dem „Ad-durr" und dem „Radd al-muḥtār" in der Mitte des Buches zur Vermietung S. 9 und 10 entnommen. (Fn.-Qadrī)

735 Arab. amīn.

736 Arab. bi-dūn taʿaddīhi.

737 Die Bestimmung des Artikels ist der „Al-hindīya" am Beginn des 28. Abschnitts über die Bestimmung zum unselbstständigen und selbstständigen Erwerbstätigen S. 486 entnommen. (Fn.-Qadrī)

738 Dies basiert auf einer Rechtsmeinung der beiden Gefährten. Es ist auch der „Al-hindīya" im vorherigen Bereich und aus S. 487 entnommen. (Fn.-Qadrī) Vgl. Fn. 723.

739 Die Bestimmung des Artikels ist der „Al-hindīya" im zweiten Kapitel S. 397 entnommen. (Fn.-Qadrī)

Art. 632
Derjenige Gewerbetreibende oder Arbeiter, der durch seine Tätigkeit keine Wirkung an der Sache hinterlässt wie der Lastenträger[740] o.Ä., darf die Sache für den Lohn nicht zurückbehalten. Wenn er sie aber zurückbehält und sie untergeht, haftet er für ihren Wert. Ihr Eigentümer hat die Wahl, die Person für den Wert der getragenen Sache unter Berücksichtigung des Transportes in Haftung zu nehmen und ihr den Lohn zu bezahlen oder sie für die Sache ohne Berücksichtigung des Transportes in Haftung zu nehmen und keinen Lohn zu bezahlen.[741]

Art. 633
Wenn der Lastenträger auf dem Wege dasjenige, was er trägt, zerstört, ist er zur Haftung verpflichtet[742], so, wenn ihm etwas durch seine Schuld herunterfällt. Der Mieter kann ihn für den Wert der Sache am Ort, wo die Sache aufgenommen wurde, in Haftung nehmen und muss ihm keinen Lohn bezahlen. Er kann ihn aber auch am Ort, an welchem die Sache untergegangen ist, in Haftung nehmen und ihm entsprechend der Entfernung einen Lohn bezahlen.[743]
Wenn er an den beabsichtigten Ort gelangt, ihm die Last abgenommen wird und diese untergeht, steht ihm der Lohn zu und er haftet nicht.

Art. 634
Der Lastenträger ist verpflichtet, die Last in das Haus[744] zu tragen. Er ist aber nicht verpflichtet, sie nach oben zu tragen, um sie an dem dafür vorgesehenen Ort im Haus zu platzieren.[745]

Art. 635
Wenn der Zwischenhändler selbstständig eine Sache eines anderen verkauft, hat der Verkäufer, nicht aber der Käufer, den Lohn für den Zwischenhändler zu entrichten. Falls aber der Zwischenhändler nur zwischen den beiden vermittelt und der Eigentümer selbst verkauft, gilt das Gewohnheitsrecht. Wenn die Entloh-

---

[740] Arab. ḥammāl.

[741] Entnommen aus dem „Ad-durr“ am Ende des Buches zur Vermietung S. 11. (Fn.-Qadrī)

[742] Im Muršid al-ḥairān ilā ma'rifat aḥwāl al-insān fi-l-mu'āmalāt aš-šar'īya. Šarḥ wadirāsa..., a.a.O., 3. Bd., S. 1009 fehlerhaft. Auch in der jordanischen Ausgabe von 1987 sind einige Druckfehler enthalten.

[743] Entnommen vom Beginn des Abschnitts zur Haftung des Erwerbstätigen im „Ad-durr“ und in der Ḥāšiyat aṭ-Ṭaḥṭāwī S. 37. Ähnlich auch im „Ǧāmi' al-fuṣūlain“ am Ende des 33. Abschnitts über Haftungen zur Haftung des Lastenträgers S. 176. Der Ausschluss der Haftung durch seine Aussage „Wenn er an den (beabsichtigten) Ort gelangt... “ ist die andere Meinung von Muḥammad (aš-Šaibānī). Dessen erste Meinung und die Meinung von Abū Yūsuf besagen: „Er muss auch dafür haften“. (Fn.-Qadrī) Die Fußnote ist fälschlicherweise nicht ans Ende des Artikels gesetzt worden.

[744] Arab. dār.

[745] Entnommen vom Ende des Buches zur Vermietung aus dem „Ad-durr“ S. 11. (Fn.-Qadrī)

nung des Zwischenhändlers[746] dem Verkäufer obliegt, hat er sie zu entrichten, wenn sie dem Käufer obliegt, hat dieser sie zu entrichten, wenn sie beiden obliegt, haben beide sie zu entrichten.[747]

Art. 636
Wenn der Zwischenhändler Sachen einer Person zu einem Preis verkauft, der höher als der ihm auferlegte Preis ist, steht die Erhöhung dem Inhaber der Sachen zu. Dem Zwischenhändler steht nur der Lohn zu.
Wenn das Verkaufsobjekt, das der Zwischenhändler verkauft hat, von einem anderen beansprucht wird oder wegen eines Mangels zurückgegeben wird, steht dem Zwischenhändler der Lohn zu. Wenn er ihn schon erhalten hat, besteht ihm gegenüber kein Rückgabeanspruch.[748]

4. Kapitel
Vermietung[749] von Häusern und Ladengeschäften

Art. 637[750]
Die Vermietung von Häusern und Ladengeschäften ist ohne Angabe der darin verrichteten Tätigkeiten oder der darin wohnenden Personen zulässig. Ihre Nutzung richtet sich nach dem örtlichen Gewohnheitsrecht.[751]

Art. 638
Es ist zulässig, das Haus oder das Ladengeschäft zu mieten, wenn es mit Möbeln des Vermieters ausgestattet ist. Der Vermieter ist verpflichtet, es zu beräumen und es beräumt an den Mieter zu übergeben.[752]

Art. 639
Der Mieter eines Hauses oder eines Ladengeschäfts kann dieses selbst bewohnen und andere Personen darin mit wohnen lassen. Wenn er darin arbeitet, soll dies keine Einschränkung und keinen Schaden hervorrufen.[753]

---

746 Arab. dilālā.
747 Die Bestimmung des Artikels ist dem „Ad-durr“ und dem „Radd al-muḥtār“ am Ende des Abschnitts über Zusatzbestimmungen beim Verkauf S. 42 entnommen. (Fn.-Qadrī)
748 Entnommen aus der „Al-anqarawīya“ in der Mitte des Buches zur Vermietung am Beginn von S. 305. (Fn.-Qadrī)
749 Im Muršid al-ḥairān ilā maʻrifat aḥwāl al-insān fi-l-muʻāmalāt aš-šarʻīya. Šarḥ wa-dirāsa…, a.a.O., 3. Bd., S. 1013 heißt es fehlerhaft „idāra“.
750 In der Ausgabe von 2003 mit einer fehlerhaften Artikelnummer.
751 Dies wird im „Ad-durr“ am Beginn des Kapitels über das zur Vermietung Zulässige und das der Vermietung Entgegenstehende S. 17 ausgeführt. (Fn.-Qadrī)
752 Entnommen aus dem „Ad-durr“ am Beginn des Kapitels über das zur Vermietung Zulässige und das der Vermietung Entgegenstehende S. 16. (Fn.-Qadrī)

Es ist nicht zulässig, dass seine Tätigkeit einen Schaden hervorruft, es sei denn, der Eigentümer willigt ein.

Art. 640
Es ist zulässig, dass der Mieter eines Hauses oder eines Stückes Land dieses verleiht, dieses in Verwahrung gibt oder dieses zum gleichen, niedrigeren oder höheren Mietpreis, für welchen er es gemietet hat, vermietet. Bei einem höheren Mietpreis muss die zweite Miete einer anderen Gattung angehören. Wenn sie von der gleichen Gattung ist, steht ihm die Erhöhung nicht zu.[754]

Art. 641
Der Mieter kann die gemietete Sache, wenn es sich um eine Immobilie handelt, nach oder vor ihrer Inbesitznahme an eine Person vermieten, die nicht der Vermieter selbst ist. In Bezug auf Mobilien kann er die Sache nur nach, aber nicht vor der Inbesitznahme vermieten.[755]

Art. 642
Der Vermieter muss nach der Inbesitznahme der genannten und im Voraus fälligen Miete die vermietete Sache an den Mieter in einem Zustand übergeben, so wie dieser sie zum Zeitpunkt des Vertrages in Augenschein genommen hat. Wenn die Sache aber durch den Vermieter oder eine andere Person eine Veränderung erfahren hat, die das Wohnrecht beeinträchtigt, kann der Mieter wählen, ob er die Sache akzeptiert oder die Vermietung aufhebt.[756]

Art. 643
Die Vermietung, die der Mieter als Eigentümer des Nutzens an der genutzten Sache ohne Einwilligung des Eigentümers der Sachsubstanz[757] abschließt, endet mit Ablauf der Vermietungsfrist zwischen dem Mieter und dem Eigentümer.

---

753 Entnommen aus dem „Ad-durr“ und der „Ḥāšiyat radd al-muḥtār“ am Beginn des zuvor erwähnten Kapitels S. 17. (Fn.-Qadrī)

754 Die Bestimmung des Artikels ist der „Al-hindīya“ am Beginn des 7. Kapitels über die Vermietung des Mieters S. 408 entnommen. (Fn.-Qadrī)

755 Die Bestimmung des Artikels ist dem „Ad-durr“ und dem „Radd al-muḥtār“ am Beginn des Abschnitts zu verschiedenen Fragen der Vermietung S. 56 entnommen. (Fn.-Qadrī)

756 Dies ist aus der „Ḥāšiyat aṭ-Ṭaḥṭāwī“ am Beginn des Abschnitts zur Vermietung S. 4 entnommen. (Fn.-Qadrī)

757 Der Ausdruck „ohne Einwilligung des Eigentümers…“ ist eine Beschränkung, weil im Falle der Einwilligung klar ist, dass die Frist nicht mit dem Ende der ersten Frist endet, da man die Annullierung des zweiten Vertrages wegen des Endes der ersten Frist so begründet, dass der erste Mieter zum nicht beauftragten Vermittler für die verbliebene Zeit nach Ablauf der ersten Frist wird. Falls aber die zweite Frist mit Einwilligung des Eigentümers der Sachsubstanz bestünde, würde dies so nicht eintreten. Den erwähnten Grund hat al-Ḥamawī nach der „Al-walwālǧīya“ am Ende des Kommentars zur richtigen Aussage im

Die Annullierung des Vertrages mit dem ersten Mieter hat die Annullierung dessen Vertrages mit dem zweiten Mieter zur Folge.

Art. 644
Der Mieter, der die genutzte Sache an einen anderen vermietet, ist verpflichtet, die Miete an den Eigentümer der Sache zu zahlen. Der Eigentümer darf die Miete vom zweiten Mieter nur dann in Besitz nehmen, wenn der erste Mieter ihm diese Inbesitznahme überträgt oder ihn dazu ermächtigt.[758]

Art. 645
Der Inhaber des vermieteten Hauses[759] ist nicht verpflichtet, das Haus zu rekonstruieren, Schäden an der baulichen Substanz zu reparieren und die Abflussrohre instand zu setzen, obwohl ihm dies, nicht aber dem Mieter, obliegt. Wenn der Vermieter dies jedoch nicht durchführt, kann der Mieter das Haus verlassen, es sei denn, er hat das Haus in diesem Zustand, wie gesehen, gemietet. In diesem Falle kann er das Haus nicht verlassen.[760]

Art. 646
Wenn an der gemieteten Sache ein Schaden entsteht, der die Nutzung vollständig verhindert wie die Zerstörung des Hauses, oder der die Nutzung beeinträchtigt wie der Verfall eines Teiles des Hauses, sodass dies die beabsichtigte Nutzung beeinflusst, hat der Mieter das Recht, die Vermietung aufzuheben. Die Miete wird im ersten Fall hinfällig, unabhängig davon, ob er den Vertrag aufgehoben hat oder nicht. Wenn er im zweiten Fall in Gegenwart des Hauseigentümers[761] den Vertrag aufhebt, wird die Miete hinfällig. Wenn er den Vertrag nicht

---

„Al-ašbāh aṣ-ṣaḥīḥ“: „Wenn der erste Vertrag annulliert wird, wird auch der zweite Vertrag annulliert“ am Ende des Buches zur Vermietung S. 64 überliefert. (Fn.-Qadrī) ʿA. ar-Rašīd al-Walwālǧī (gest. 1145) stammt aus Zentralasien und hat eine Fatwā-Sammlung erstellt. Vgl. Fn. 401.

[758] Entnommen aus dem „Tanqīḥ al-ḥāmidīya“ im mittleren Abschnitt zur Vermietung innerhalb der Antwort S. 140. (Fn.-Qadrī) Im Kommentar zur Ausgabe des Muršid al-ḥairān von 1987 in ʿAmmān wird darauf hingewiesen, dass dieser Artikel in einigen arabischen Zivilgesetzbüchern verändert wurde, sodass der ursprüngliche Vermieter auch vom zweiten Mieter die Miete eintreiben kann. Als Beispiel wird der Art. 776 des irakischen Zivilgesetzbuches genannt (S. 157).

[759] Arab. ṣāḥib ad-dār al-muʾaǧǧara.

[760] Die Bestimmung des Artikels ist dem Beginn des 17. Abschnitts über die Pflicht des Vermieters in der „Al-hindīya“ S. 440 entnommen. (Fn.-Qadrī)

[761] Arab. rabb ad-dār.

aufhebt, wird die Miete nicht hinfällig, unabhängig davon, ob die Nutzung mit dem Schaden erfolgte oder nicht.[762]
Wenn aber das Haus rekonstruiert und der entstandene Mangel beseitigt wird, hat der Mieter kein Rücktrittsrecht.

Art. 647
Wenn der an der gemieteten Sache entstandene Schaden die beabsichtigte Nutzung nicht beeinflusst und beeinträchtigt, wenn etwa eine Mauer einstürzt, die das Wohnrecht nicht beeinträchtigt, besteht kein Rücktrittsrecht für den Mieter. Dieser ist verpflichtet, die genannte Miete zu zahlen.[763]

Art. 648
Wenn das gemietete Haus für seine Erhaltung eine Rekonstruktion erforderlich macht, kann der Mieter den Vermieter daran nicht hindern. Wenn aus der Rekonstruktion aber folgt, dass das Wohnrecht beeinträchtigt oder die Nutzung verhindert wird, hat der Mieter die Wahl, den Vertrag aufzuheben oder bestehen zu lassen.[764]

Art. 649
Es ist nicht zulässig, dass sich der Vermieter in der Zeit der Vermietung in die Nutzung durch den Mieter einmischt und an der vermieteten Sache eine Veränderung bewirkt, die die Nutzung verhindert oder den vertraglichen Nutzen beeinträchtigt.

Art. 650
Wenn der Vermieter das komplette Haus an den Mieter übergibt und sich danach einmischt und ein Gebäudeteil abreißt, wird die Miete für den Mieter entsprechend diesem Anteil reduziert[765].
Diese Bestimmung gilt auch, wenn der Vermieter einen Gebäudeteil des gemieteten Hauses mit Möbeln belegt. Der entsprechende Anteil an der genannten Miete wird hinfällig.[766]

---

762 Die Bestimmung des Artikels ist dem „Ad-durr“ und dem „Radd al-muḥtār“ am Beginn des Abschnitts zur Aufhebung der Vermietung S. 48 und 49 sowie der „Al-hindīya“ am Beginn des 19. Abschnitts zur Aufhebung der Vermietung S. 443 entnommen. (Fn.-Qadrī)

763 Entnommen aus dem „Radd al-muḥtār“ an der vorangegangenen Stelle S. 48 und aus dem „Ad-durr“ S. 49. (Fn.-Qadrī)

764 Das Ende dieses Artikels ist aus der „Al-hindīya“ am Beginn des 19. Abschnitts zur Aufhebung der Vermietung S. 443 - wie vorher erwähnt - entnommen. (Fn.-Qadrī)

765 Arab. rufiʿa.

766 Entnommen aus der „Al-hindīya“ im 12. Abschnitt zur Form der Übergabe der vermieteten Sache S. 422 und im 22. Abschnitt zur Erläuterung der Verfügungen am Ende von S. 457. Dies gilt auch für den vorangegangenen Absatz. (Fn.-Qadrī)

Art. 651
Wenn in der Zeit der Vermietung etwas vorliegt, was die Nutzung der vermieteten Sache verhindert, wenn etwa das gemietete Haus gewaltsam besetzt wird und der Besetzer nicht durch irgendein Mittel vertrieben werden kann, ist die Miete für den Mieter hinfällig. Falls dies nur in einer bestimmten Zeitspanne passiert, ist die Miete anteilmäßig hinfällig.[767]

Art. 652
Wenn der Mieter den gewaltsamen Besetzer nicht vertreibt, obwohl dies für ihn möglich ist, ist für ihn die Miete nicht hinfällig. Falls dies aber nur durch eine Geldzahlung möglich ist, ist er dazu nicht verpflichtet und die Miete hinfällig.

Art. 653
Wenn der Mieter behauptet, dass die vermietete Sache gewaltsam besetzt ist und die Nutzung der Sache oder eines Teils derselben unmöglich ist, er aber keinen Zeugenbeweis erbringt und der Vermieter dies abstreitet, wird nach der Sachlage[768] entschieden. Wenn das Haus im Besitz des Mieters ist, gilt die Aussage des Vermieters. Wenn es sich nicht im Besitz des Mieters befindet, wird dessen Aussage Glauben geschenkt und die Miete hinfällig.

Art. 654
Der Mieter muss gegenüber der vermieteten Sache die gleiche Sorgfaltspflicht leisten, die er gegenüber seinem Eigentum leistet. Es ist nicht zulässig, dass er ohne Einwilligung des Eigentümers eine Veränderung an der Sache anbringt.[769]

Art. 655
Für die Reparaturen[770], die der Mieter mit Einwilligung des Vermieters verrichtet, besteht ein Rückforderungsanspruch des Mieters gegenüber dem Vermieter, wenn diese der Instandhaltung und der Bewahrung der Mietsache dienen, auch wenn ein Rückforderungsanspruch darauf gegenüber dem Vermieter nicht ausbedungen ist. Wenn sie zum Nutzen des Mieters sind, hat der Mieter nur dann

[767] Die Bestimmungen dieses Artikels und der beiden folgenden Artikel sind dem Buch zur Vermietung aus dem „Ad-durr" und der „Ḥāšiyat radd al-muḥtār" im mittleren Abschnitt S. 8 entnommen. (Fn.-Qadrī)

[768] Arab. al-ḥālu. Im Art. 653 der Ausgabe von 1987 steht an dieser Stelle fälschlicherweise das Wort māl (Sache oder Vermögenswert).

[769] Die Bestimmung des Artikels ist dem Beginn des Kapitels über das zur Vermietung Zulässige im „Ad-durr" und im „Radd al-muḥtār" S. 18 entnommen. (Fn.-Qadrī)

[770] Arab. taʿmīrāt.

einen Rückforderungsanspruch gegenüber dem Vermieter, wenn dies ausbedungen ist.[771]

Art. 656
Die Beseitigung von während der Mietzeit anfallendem Staub und Müll[772] obliegt dem Mieter.[773]

Art. 657
Es ist zulässig, dass der Mieter eines Hauses oder von Land den vertraglich vorgesehen Nutzen, einen vergleichbaren Nutzen oder einen geringeren Nutzen daraus zieht. Er darf aber keinen darüber hinaus gehenden Nutzen ziehen. So ist es für den Mieter eines Ladengeschäfts für Parfümerien nicht zulässig, darin das Handwerk eines Schmiedes auszuüben.[774]

Art. 658
Wenn die Frist der Vermietung endet, muss der Mieter das vermietete Haus oder Ladengeschäft beräumen und an seinen Inhaber übergeben. Es ist nicht erforderlich, ihn auf die Räumung hinzuweisen.

Art. 659
Wenn der Vermieter nach Ablauf der Mietfrist vom Mieter eine Erhöhung der genannten Miete fordert, diese Erhöhung festlegt und die Annahme der Erhöhung bzw. anderenfalls den Auszug aus dem Haus fordert, der Mieter aber schweigt, gilt sein Schweigen als Einverständnis und als Annahme der Erhöhung. Er ist verpflichtet, eine angemessene Miete für den Zeitraum, in welchem er seine Möbel zur Beräumung des Hauses entfernen kann, zu zahlen. Nach diesem Zeitraum ist er verpflichtet, das, was der Vermieter angibt und was er durch sein Schweigen akzeptiert hat, zu bezahlen.[775]

---

771 Die Bestimmung des Artikels ist im Detail dem „Tanqīḥ al-ḥāmidīya" am Ende des Buches zur Vermietung S. 163 entnommen. (Fn.-Qadrī)

772 Arab. zubāla. Der Ausdruck zabbālīn (Müllmänner) steht in Kairo für das Einsammeln, Sortieren und Verwerten von Müll. Diese Tätigkeit mit einem geringen Sozialprestige wird auch von Angehörigen der koptischen Minderheit ausgeübt, um die für Muslime verbotene Zucht von Schweinen zu betreiben. Vgl. Volpi, E., Motaal, D. A., The Zabbalin Community of Muqattam. Cairo Papers in Social Science. Cairo 1997, Vol. 19, No. 4.

773 Entnommen aus dem „Radd al-muḥtār" am Ende von S. 49 im Kapitel zur Aufhebung der Vermietung. (Fn.-Qadrī)

774 Entnommen aus dem „Ad-durr" und dem „Radd al-muḥtār" im Kapitel über das zur Vermietung Zulässige S. 17 und S. 18. (Fn.-Qadrī)

775 Die Bestimmung des Artikels ist der ersten Formulierung in der „Al-ḫānīya" im mittleren Abschnitt zu den Ausdrücken, durch die die Vermietung abgeschlossen wird, am Ende von S. 267 und am Beginn von S. 268 entnommen. Ähnlich heißt es in der „Al-anqarawīya" in der Mitte des Buches zur Vermietung S. 298. Nach der zweiten Formulie-

Art. 660
Wenn die Frist der Vermietung verstrichen ist und der Mieter danach einen Monat oder länger wohnen bleibt, ist er verpflichtet, eine angemessene Miete dafür zu bezahlen, wenn das Haus zur Vermietung vorgesehen ist, einer Religiösen Stiftung oder einem minderjährigen Waisenkind gehört.

Art. 661
Wenn jemand das Haus eines anderen von Anfang an ohne Mietvertrag bewohnt und das Haus zur Vermietung vorgesehen ist, einer Religiösen Stiftung oder einem minderjährigen Waisenkind gehört, so ist er verpflichtet, eine angemessene Miete zu bezahlen. Wenn diese Voraussetzungen aber nicht vorliegen, ist keine Miete fällig, es sei denn, dass der Inhaber des Hauses die Miete gerichtlich einfordert und der Bewohner nach der Forderung weiter im Haus wohnt, das Eigentum des Inhabers anerkennt und nicht nachweisen kann, dass er mit der Miete nicht einverstanden war.[776]

Art. 662
Wenn jemand das Haus eines anderen entsprechend einem Vertrag, etwa als Pfandnehmer, der im verpfändeten Haus lebt, bewohnt und sich danach herausstellt, dass dies das Haus eines Dritten ist, oder wenn jemand das Haus bewohnt, an welchem er Miteigentümer ist, so muss er keine Miete bezahlen, auch wenn das Haus zur Vermietung vorgesehen ist, solange es sich nicht in Bezug auf den Anspruchsberechtigten bzw. den anderen Miteigentümer um eine Religiöse Stiftung oder ein minderjähriges Waisenkind handelt.

Art. 663
Die Rechtskraft des Verkaufs der vermieteten Sache hängt von der Zustimmung des Mieters ab. Wenn er zustimmt, ist der Verkauf zulässig. Wenn er nicht zustimmt, bleibt der Verkauf schwebend unwirksam, bis das Recht des Mieters erlischt.

Art. 664
Die Vermietung wird durch den Tod des Vermieters oder durch den Tod des Mieters hinfällig, wenn der Vermieter bzw. der Mieter den Vertrag im eigenen

---

rung in beiden Werken gilt die Zahlung der genannten Summe am Anfang der Frist. Dies entspricht dem, was im „Ad-durr“ zu verschiedenen Fragen der Vermietung S. 56 enthalten ist. Dies wurde im „Radd al-muḥtār“ ähnlich wie in der „Al-ḫānīya“ nach der at-Tatārḫānīya auf der erwähnten Seite überliefert. (Fn.-Qadrī) Bei diesem Werk handelt es sich um eine Fatwā-Sammlung des ḥanafitischen Gelehrten ʿĀlim b. ʿAlāʾ (gest. ca. 1398).

776 Entnommen aus dem „Ad-durr“ und dem „Radd al-muḥtār“ im mittleren Abschnitt zu verschiedenen Fragen der Vermietung S. 55. (Fn-Qadrī)

Namen, nicht aber in Bevollmächtigung für einen anderen, abgeschlossen hat. Wenn der Bevollmächtigte zur Vermietung oder Anmietung verstirbt, ist die Vermietung durch dessen Tod nicht unwirksam.

Art. 665
Wenn der Vermieter verstirbt und der Mieter die Miete für eine Frist, in welcher er keinen Nutzen gezogen hat, im Voraus bezahlt hat, kann er die vermietete Sache zurückbehalten, bis er die im Voraus gezahlte Summe zurückerhält. Wenn der Vermieter überschuldet verstirbt und nichts außer der vermieteten Sache zur Begleichung seiner Schuld vorhanden ist, wird diese verkauft und der Mieter ist in Bezug auf das Entgelt gegenüber allen Gläubigern bevorrechtigt, wenn sich die Sache in seinem Besitz befindet. Sein Recht wird durch das Entgelt aus der Sache befriedigt. Der Überschuss geht an die Gläubiger. Wenn das Entgelt für den Mieter für seine Zahlung im Voraus nicht ausreicht, ist er in Bezug auf den Fehlbetrag den anderen Gläubigern gleichgestellt.

Art. 666
Wenn der Mieter nach dem Tod des Vermieters wohnen bleibt, hat er eine angemessene Miete zu bezahlen, wenn die Sache zur Vermietung vorgesehen ist. Wenn die Mietsache nicht zur Vermietung vorgesehen ist, hat er nichts zu bezahlen, es sei denn, unter den gesetzlichen Erben[777] befindet sich ein Minderjähriger. So muss er eine angemessene Miete entsprechend dem Anteil des Minderjährigen am Haus bezahlen, auch wenn dieser das nicht fordert. Dies gilt, wenn er wohnen bleibt, bevor die Erben die Miete fordern. Falls er aber nach ihrer Forderung auf Miete wohnen bleibt, hat er für sein Wohnrecht die danach genannte Miete zu zahlen. Dabei ist unerheblich, ob die Sache zur Vermietung vorgesehen ist oder nicht.

Art. 667
Die Vermietung wird aufgrund einer auf dem Vermieter lastenden Schuld aufgehoben, wenn außer der vermieteten Sache kein anderes Vermögen vorhanden ist. Die Schuld kann sowohl durch Zeugen als auch durch ein Anerkenntnis des Vermieters festgestellt werden. Die Annullierung der Vermietung ist in beiden Fällen vom Urteil des Richters über die Rechtskraft des Verkaufs hierfür abhängig.[778]

---

[777] Im Art. 666 der jordanischen Ausgabe von 1987 fehlerhaft.

[778] Der „Qāḍīḫān“ führt aus, dass die Aufhebung der Vermietung aufgrund einer auf dem Vermieter lastenden Schuld vom Gerichtsurteil abhängig ist und dass dies die richtige Meinung ist. Dies wird uneingeschränkt ohne Bestätigung der Schuld durch das Anerkenntnis erwähnt und sogar mit dem Widerstreit der beiden Nachteile begründet. Der Richter zieht einen der beiden Nachteile gegenüber dem anderen vor. Insofern ist die Begründung zweifelhaft. Ausgehend von der Annahme, dass er fähig ist, die Schuld ohne

Die Vermietung wird jedoch ohne gerichtliche Mitwirkung aufgehoben, wenn der Wert des Mietgegenstandes höher ist als das, was der Mieter im Voraus gezahlt hat. Dann wird der vermietete Gegenstand verkauft und der Anspruch des Mieters aus dem Preis erfüllt. Das, was darüber hinausgeht, steht den Gläubigern zu. Wenn aber der Wert des Mietgegenstandes gleich oder kleiner ist als das, was der Mieter im Voraus gezahlt hat, wird die Vermietung nicht aufgehoben.

5. Kapitel
Verpachtung von Land

Art. 668
Die Verpachtung von Land zum Ackerbau ist mit Angabe der anzubauenden Früchte oder mit einer Wahlmöglichkeit des Pächters, Früchte nach seinem Wunsch anzubauen, wirksam.[779]

Art. 669
Die Verpachtung von Land ist nicht rechtsgültig, wenn das Land mit Pflanzen, die einer anderen Person als dem Pächter gehören, bebaut ist und die Pflanzen noch nicht erntereif, aber rechtmäßig angebaut worden sind. Wenn aber die auf dem Land stehenden Pflanzen Eigentum des Pächters sind, ist die Verpachtung des Landes an ihn zulässig. Wenn die Pflanzen erntereif sind, ist eine Verpach-

---

dieses Vermögen zu begleichen, wird die Begründung nur durch das Urteil bestätigt. Dies ist auch beim Rücktrittsrecht durch Erlangung der Volljährigkeit und bei anderen Angelegenheiten der Fall. Die Vermietung zwischen den beiden Parteien bleibt bestehen. Der Mieter muss die Miete für das Haus bezahlen, bis der Richter den Vertrag zwischen den beiden aufhebt. Das deutet darauf hin, dass die Annullierung vom Gerichtsurteil abhängig ist, auch im Falle der Bestätigung der Schuld durch den Zeugenbeweis. Danach wird ein Unterschied in der Art und Weise des Urteils erwähnt. Bevorzugt wird die Meinung, dass die vermietete Sache verkauft wird. Der Verkauf der Sache wird rechtskräftig und die Vermietung sozusagen implizit annulliert. Danach erwähnt er, dass der Richter die Vermietung zuerst aufhebt und danach die Sache verkauft. Das erste Verfahren ist zu bevorzugen, weil es zuerst genannt wird. Dies wird am Beginn von S. 337 am Beginn des Abschnitts über das, was die Vermietung aufhebt, erwähnt und im „Radd al-muḥtār" am Beginn des Kapitels über die Aufhebung der Vermietung S. 50 ausgeführt. Letzteres geht auf den „Šarḥ az-ziyādāt" (Kommentar zu den Hinzufügungen; gemeint ist ein Werk von M. aš-Šaibānī) von as-Sarahsī zurück, nach welchem gilt, dass die Vermietung vorzugsweise durch ein Gerichtsurteil annulliert wird. (Fn.-Qadrī) Zu Š. al-A. Muḥammad as-Sarahsī (siehe Fn. 194) vgl. auch GAL, Bd. 1, Rz. 373, S. 460-461 und EI² (SARAKHSĪ - N. Calder). Calder, N. "al-Sarakhsī". Encyclopaedia of Islam, Second Edition. Brill Online, 2013. Reference. UNIVERSITÄTSBIBLIOTHEK LEIP-ZIG. 29 May 2013 <http://referenceworks.brillonline.com/entries/encyclopaedia-of-islam-2/al-sarakhsi-SIM_6620>.

[779] Entnommen aus dem Beginn des Abschnitts über das zur Vermietung Zulässige S. 18 im „Ad-durr". (Fn.-Qadrī)

tung an einen anderen als den Inhaber der Pflanzen zulässig. Der Inhaber der Pflanzen wird aufgefordert, diese zu ernten und das Land abgeerntet dem Pächter zu übergeben.[780]

Art. 670
Wenn die auf dem Land befindlichen Pflanzen nicht rechtmäßig angebaut worden sind, verhindert die fehlende Reife nicht die Wirksamkeit der Verpachtung des Landes an einen anderen als den Inhaber der Pflanzen. Der Inhaber der Pflanzen wird aufgefordert, diese herauszureißen, auch wenn sie bereits angewachsen sind.

Art. 671
Die Verpachtung von mit Pflanzen bestelltem Land, die nicht dem Pächter gehören, ist wirksam, wenn sie sich auf die Zeit, in der die Ernte erfolgt, bezieht. Das Land gilt zur genannten Zeit als abgeerntet und bereit zur Übergabe an den Pächter, unabhängig davon, ob die existierenden Pflanzen rechtmäßig oder unrechtmäßig angebaut worden sind, ob sie erntereif sind oder nicht.[781]

Art. 672
Der Pächter von Land hat ein Wasserentnahmerecht und ein Wegerecht, auch wenn dies nicht im Vertrag ausbedungen ist.[782]

Art. 673
Derjenige, der Land für ein Jahr pachtet, um es nach seinem Willen zu bepflanzen, kann eine Winterkultur und eine Sommerkultur[783] anbauen.[784]

Art. 674
Wenn das Wasser das gepachtete Land überflutet und in einen See verwandelt, sodass es nicht bepflanzt werden kann, oder wenn sich das Wasser zurückzieht, sodass das Land nicht bewässert werden kann, ist grundsätzlich keine Pacht fällig. Der Pächter kann die Verpachtung aufheben.[785]

---

780 Die Bestimmung des Artikels ist vollständig dem „Ad-durr" und dem „Radd al-muḥtār" auf der vorher erwähnten Seite entnommen. Ebenso die Bestimmung des folgenden Artikels auf S. 19. (Fn.-Qadrī)

781 Entnommen aus dem „Ad-durr" und dem „Radd al-muḥtār" im Kapitel über das zur Vermietung Zulässige S. 19. (Fn.-Qadrī)

782 Entnommen aus dem „Ad-durr" im vorangegangenen Kapitel S. 18. (Fn.-Qadrī) Vgl. dazu Art. 38.

783 Arab. zarʿān šitawīyan wa-ṣaifīyan.

784 Entnommen aus dem „Radd al-muḥtār" im Kapitel über das zur Vermietung Zulässige S. 18. (Fn.-Qadrī)

785 Entnommen aus dem „Tanqīḥ al-ḥāmidīya" im mittleren Abschnitt zur Vermietung S. 113 und 114. (Fn.-Qadrī) Dieser Artikel zeigt beispielhaft, dass Muḥammad Qadrī Pāšā eine

Art. 675
Wenn jemand das gepachtete Land bepflanzt und die Pflanzen von einer Pflanzenkrankheit[786] befallen werden, sodass sie eingehen, hat er die Pacht anteilmäßig für die Zeit bis zum Eingehen der Pflanzen zu bezahlen. Der verbliebene Rest für die Zeit nach dem Befall ist hinfällig, es sei denn, der Boden kann mit gleichem oder geringerem Ertrag im Verhältnis zu den geschädigten Pflanzen bestellt werden. So muss der verbliebene Anteil ebenfalls bezahlt werden.[787]

Art. 676
Wenn die Pachtzeit abgelaufen ist und der Pächter auf dem Land ein Gebäude errichtet oder Bäume angepflanzt hat, ist er beauftragt, das Gebäude zu zerstören und die Bäume herauszureißen, es sei denn, der Verpächter ist einverstanden, diese auf dem Land im Sinne einer Verpachtung oder Leihe zu belassen. So gehören das Gebäude und die Bäume dem Pächter und das Land dem Verpächter. Wenn er das Gebäude und die Bäume im Sinne einer Leihe auf dem Land belässt, können das Land und das Gebäude an einen Dritten verpachtet werden. Der Eigentümer des Landes und der Eigentümer des Gebäudes teilen sich die Pacht gemäß dem Wert des Landes ohne das Gebäude und dem Wert des Gebäudes ohne das Land. Jeder von beiden nimmt seinen Anteil.[788]

Art. 677
Wenn die Zerstörung des Gebäudes und das Herausreißen der Bäume einen Schaden am Land hervorrufen, dessen Wert verringern und die Pachtzeit abgelaufen ist, kann der Verpächter das Gebäude und die Bäume zwangsweise vom Pächter übernehmen. Der Wert des Gebäudes oder der Bäume, die zerstört bzw. herausgerissen werden soll, errechnet sich[789], indem eine Bewertung des Landes mit dem Gebäude und den Bäumen, deren Zerstörung bzw. Herausreißen beansprucht wird, und ohne das Gebäude und die Bäume erfolgt. Der Verpächter hat die Differenz zwischen den beiden Werten zu bezahlen.[790]
Wenn der Wert des Landes durch das Herausreißen nicht verringert wird, kann der Verpächter das Haus bzw. die Bäume nicht ohne Einverständnis des Päch-

---

genaue Kenntnis der Bedingungen und Eigentumsverhältnisse der ägyptischen Landwirtschaft im ausgehenden 19. Jh. hatte.

786 Arab. āfa.

787 Entnommen aus dem „Tanqīḥ al-ḥāmidīya" im mittleren Abschnitt zur Vermietung S. 138. (Fn.-Qadrī)

788 Die Bestimmung des Artikels ist vollständig dem „Ad-durr" und dem „Radd al-muḥtār" am Beginn des Abschnitts über das zur Vermietung Zulässige S. 19 entnommen. (Fn.-Qadrī)

789 In der jordanischen Ausgabe von 1987 fehlerhaft.

790 Entnommen aus dem „Ad-durr" und dem „Radd al-muḥtār" S. 19 im Kapitel über das zur Vermietung Zulässige. (Fn.-Qadrī)

ters übernehmen. Er kann aber den Pächter auffordern, das Gebäude und die Bäume von seinem Land zu entfernen.

Art. 678

Wenn die Frist abgelaufen ist und auf dem Land Bäume mit Früchten stehen, bleiben die Bäume bis zur Reife der Früchte gegen eine angemessene Pacht im Besitz des Pächters, auch wenn der Verpächter nicht einverstanden ist.[791]

Art. 679

Wenn die Pachtzeit abgelaufen ist und auf dem gepachteten Land aufgegangene Pflanzen stehen, die noch nicht erntereif sind, werden sie dem Pächter bis zur Reife und Ernte gegen eine angemessene Pacht überlassen.[792]

Art. 680

Wenn der Pächter verstirbt und die Verpachtung durch dessen Tod vor Ablauf der Frist annulliert wird, werden die auf dem Land befindlichen unreifen Pflanzen seinen gesetzlichen Erben bis zur Reife und Ernte gegen die genannte Pacht überlassen.

6. Kapitel

Verpachtung von Land einer Religiösen Stiftung[793]

Art. 681

Der Verwalter[794] hat die Befugnis, die Religiöse Stiftung zu verpachten. Der Nutznießer der Religiösen Stiftung[795] hat die Befugnis hierfür nur, wenn er vom Stifter[796] dazu beauftragt ist oder vom Verwalter oder Richter, der die Befugnis zur Verpachtung innehat, dazu bevollmächtigt wird.[797]

---

[791] Entnommen aus dem „Radd al-muḥtār“ am Beginn des Abschnitts zur Zulässigkeit der Vermietung S. 19. (Fn.-Qadrī)

[792] Die Bestimmung dieses und des folgenden Artikels ist der „Al-hindīya“ in der Mitte des achten Kapitels zum Abschluss der Vermietung ohne entsprechende Formulierung S. 413 entnommen. (Fn.-Qadrī)

[793] Arab. fī iğārat al-waqf.

[794] Arab. nāẓir. Vgl. zu den verschiedenen Ausdrücken für den Verwalter einer Religiösen Stiftung Kemke, A. H. E., Stiftungen im muslimischen Rechtsleben..., a.a.O., S. 81.

[795] Arab. al-mauqūf ʿalaihi. Auch als Bestifteter, Destinatär, Genussberechtigter oder Stiftling bezeichnet. Vgl. ebenda, S. 63.

[796] Arab. wāqif. Vgl. ebenda, S. 50.

[797] Entnommen aus dem „Tanqīḥ al-ḥāmidīya“ im mittleren Abschnitt zur Vermietung innerhalb der Antwort S. 141 sowie aus dem „Ad-durr“ zur Religiösen Stiftung S. 399 im Abschnitt zur Berücksichtigung der Bedingung des Stifters. (Fn.-Qadrī)

Art. 682
Die Befugnis, die Pacht in Besitz zu nehmen, steht dem Verwalter, nicht aber dem Nutznießer der Religiösen Stiftung zu, es sei denn, der Verwalter hat den Nutznießer der Religiösen Stiftung zur Inbesitznahme bevollmächtigt.[798]

Art. 683
Die Bedingung des Stifters über die Verpachtung seiner Religiösen Stiftung ist zu berücksichtigen. Wenn der Stifter die Pachtdauer festlegt, ist seiner Bedingung zu folgen. Der Befugte kann nicht dagegen handeln.[799]

Art. 684
Wenn kein Bedarf an der Pacht der Religiösen Stiftung für die vom Stifter festgelegte Frist besteht und eine verlängerte Verpachtung für die Religiöse Stiftung und ihre Nutznießer[800] vorteilhaft ist, leitet der Befugte die Angelegenheit an den Richter, damit dieser die Stiftung für eine Frist verpachtet, die er als für die Religiöse Stiftung geeignet einschätzt.[801]

Art. 685
Wenn der Stifter die Frist festlegt und zur Voraussetzung erhebt, dass nur dann, wenn es für die Stiftung und ihre Nutznießer vorteilhaft ist, die Pachtzeit verlängert werden kann, darf der Amtswalter[802] diese für diejenige Frist verpachten,

---

798 In der „Al-ḫairīya“ im Anschluss an drei Seiten im Buch zur Vermietung S. 109 wird gefragt: Steht die Inbesitznahme der Pacht dem bestellten oder dem abgesetzten Befugten in Bezug darauf, was der abgesetzte Befugte verpachtet hat, zu? Wenn der Pächter an den abgesetzten Befugten gezahlt hat, kann die Pacht dann ein zweites Mal gefordert werden oder nicht? Er antwortet: Ja, die Inbesitznahme der Pacht erfolgt durch den bestellten, nicht aber den abgesetzten Befugten, auch wenn dieser verpachtet hat. Dies ist die richtige Meinung. Wenn die Inbesitznahme des Entgelts nicht wirksam ist, kann vom Pächter die Pacht gefordert werden. Dieser hat einen Rückforderungsanspruch gegenüber dem abgesetzten Befugten, weil er das Entgelt ohne Rechtsanspruch entgegengenommen hat. Allāh weiß es am besten. Ähnlich auch in der „Al-hindīya“ am Beginn des fünften Kapitels über die Befugnis in der Religiösen Stiftung und die Verfügung des Amtswalters S. 331. (Fn.-Qadrī) Vgl. Fn. 802.

799 Entnommen aus dem „Ad-durr“ am Beginn eines Abschnitts zur Berücksichtigung der Bedingung des Stifters bei der Verpachtung S. 398. (Fn.-Qadrī)

800 Arab. ahluhu.

801 Entnommen aus der Mitte des fünften Kapitels über die Befugnis zur Verwaltung der Religiösen Stiftung S. 335 im Buch zur Religiösen Stiftung der „Al-hindīya“. (Fn.-Qadrī)

802 Arab. qaiyim. A. H. E. Kemke macht darauf aufmerksam, dass dieser Begriff mit dem Begriff nāẓir (Verwalter) identisch ist und in Ägypten nur selten benutzt wird. Kemke, A. H. E., Stiftungen im muslimischen Rechtsleben..., a.a.O., S. 81.

die er für die Religiöse Stiftung und ihre Nutznießer als die beste erkennt, ohne dass es einer Einwilligung des Richters bedarf.[803]

Art. 686
Wenn der Stifter die Festlegung einer Pachtdauer in der Stiftungsurkunde[804] unterlässt, wird das Haus oder das Ladengeschäft für ein Jahr, das Land für drei Jahre verpachtet, es sei denn, das Wohl der Stiftung macht die Erhöhung der Pachtdauer des Hauses und des Ladengeschäfts oder die Verringerung der Pachtdauer des Landes erforderlich.[805]

Art. 687
Es nicht zulässig, ein Haus oder Land der Religiösen Stiftung ohne zwingendes Erfordernis langfristig zu verpachten, auch nicht durch aufeinanderfolgende Verträge.
Wenn aber ein Erfordernis dazu zwingt, die Religiöse Stiftung zu rekonstruieren, da sie reparaturbedürftig ist und keinen Ertrag zur Reparatur abwirft, ist es aufgrund dieser Notwendigkeit zulässig, sie mit Genehmigung des Richters langfristig in dem für ihre Rekonstruktion notwendigen Maße zu verpachten.[806]

Art. 688
Die Verpachtung der Religiösen Stiftung für eine Pacht, die unter der angemessenen liegt, ist nicht wirksam, es sei denn, es liegt nur ein geringfügiger Verlust vor. Dies gilt auch, wenn der Verpächter derjenige Nutznießer ist, der selbst die Befugnis zur Verfügung über die Religiöse Stiftung innehat.[807]

Art. 689
Wenn der Befugte die Religiöse Stiftung mit einem beträchtlichen Verlust, der nicht als eine geringfügige Verminderung der angemessenen Pacht angesehen werden kann, verpachtet, ist die Verpachtung fehlerhaft. Der Pächter ist ver-

---

[803] Die Bestimmung des Artikels und des vorangegangenen Artikels ist dem „Al-isʿāf" (Die Hilfe) S. 53 am Beginn des Kapitels zur Verpachtung der Religiösen Stiftung entnommen. (Fn.-Qadrī) Es handelt sich dabei um das ḥanafitische Werk „Al-isʿāf fī aḥkām al-auqāf" von Ibrāhīm b. Mūsā aṭ-Ṭarābulsī (gest. 1516). Im Internet unter der URL http://shamela.ws/index.php/author/2535 (zuletzt abgerufen: 03.05.2013) einsehbar.

[804] Arab. waqfīya.

[805] Entnommen aus dem Beginn des 30. Kapitels zur langfristigen Verpachtung im Buch zur Verpachtung S. 501 der „Al-hindīya". (Fn.-Qadrī)

[806] Entnommen aus dem „Ad-durr" am Beginn des Abschnitts zur Vermietung und aus dem „Radd al-muḥtār" S. 6. (Fn.-Qadrī)

[807] Entnommen aus dem „Ad-durr" im Abschnitt zur Berücksichtigung der Bedingung des Stifters und aus dem „Radd al-muḥtār" S. 398. (Fn.-Qadrī)

pflichtet, die Differenz zur angemessenen Pacht zu entrichten und den Fehlbetrag für die vergangene Laufzeit des Vertrages zu bezahlen.[808]

Art. 690
Wenn der Befugte das Haus oder das Land einer Religiösen Stiftung für eine bestimmte Frist verpachtet und die angemessene Pacht vor Beendigung der Frist im Vergleich zur Vertragslaufzeit sinkt, wird nichts von der genannten Pacht abgezogen und der Vertrag nicht aufgehoben.[809]

Art. 691
Wenn die angemessene Pacht wegen der Erhöhung der öffentlichen Nachfrage, nicht aber wegen eines bestimmten Konkurrenzverhaltens[810], während der Pachtzeit wesentlich steigt, wird diese Erhöhung dem Pächter als Vorschlag unterbreitet. Wenn er einverstanden ist, wird er jedem anderen vorgezogen und ein zweiter Vertrag mit ihm mit einer zweiten Pachtsumme für die Zeit von der Annahme der zweiten Pachtsumme bis zum Ende der Vertragsdauer abgeschlossen. Er ist in der abgelaufenen Zeit nur zur genannten Pachtsumme verpflichtet.[811]

Art. 692
Wenn der Pächter die vorgeschlagene entsprechende Erhöhung während der Pachtzeit nicht akzeptiert, wird der Vertrag aufgehoben und die Verpachtung erfolgt an einen anderen, es sei denn, die gepachtete Sache wird von ihm ackerbaulich genutzt. Wenn dem so ist, wird bis zur Ernte der Pflanzen gewartet und ihm die Erhöhung vom Zeitpunkt der vorgeschlagenen Erhöhung bis zur Ernte der Pflanzen auferlegt und der Vertrag aufgehoben.[812]

Art. 693
Wenn die Pachtdauer abgelaufen ist, erfolgt die Verpachtung gegen eine angemessene Pacht an eine beliebige Person, auch wenn diese Person nicht der ursprüngliche Pächter ist, es sei denn, der ursprüngliche Pächter hat ein Bodenrecht[813] in Bezug auf die verpachtete Sache. Wenn er also das Bodenrecht wegen eines rechtmäßig existierenden Gebäudes oder wegen rechtmäßig existierender

---

808 Entnommen aus dem „Ad-durr“ am Beginn des Abschnitts zur Berücksichtigung der Bedingung des Stifters aus dem Buch zur Religiösen Stiftung S. 400 und S. 401. (Fn.-Qadrī)

809 Entnommen aus dem „Šarḥ ad-durr“ am Beginn des Abschnitts zur Berücksichtigung der Bedingung des Stifters aus dem Buch zur Religiösen Stiftung S. 398. (Fn.-Qadrī)

810 Arab. taʿannut.

811 Entnommen aus dem Beginn des Abschnitts zur Berücksichtigung der Bedingung des Stifters im „Ad-durr“ und im „Radd al-muḥtār“ S. 398 und S. 399. (Fn.-Qadrī)

812 Entnommen aus dem „Radd al-muḥtār“ am Beginn des vorher erwähnten Abschnitts S. 399. (Fn.-Qadrī)

813 Arab. ḥaqq al-qarār.

Pflanzen hat, ist er bei der Verpachtung unter der Bedingung, dass er die angemessene Pacht bezahlt, gegenüber einem anderen bevorrechtigt.[814]

Art. 694
Wenn die Pachtdauer endet und der Pächter aus seinem Vermögen auf dem Land der Religiösen Stiftung ohne Einwilligung des Verwalters ein Gebäude errichtet oder Bäume gepflanzt hat, wird er beauftragt, sein Gebäude abzureißen und seine Bäume herauszureißen, wenn dies keinen Schaden am Land der Religiösen Stiftung verursacht. Wenn dies einen Schaden daran verursachen würde, darf er das Gebäude nicht abreißen und die Bäume nicht herausreißen. Er muss warten, bis das Gebäude und die Bäume von allein zerstört werden. Sein Recht daran geht verloren und er übernimmt die Reste[815]. Sein Bau oder sein Pflanzung ist kein Hinderungsgrund für die Wirksamkeit der Verpachtung des Landes an einen Dritten.
Der Verwalter kann das Gebäude oder die Bäume auf Wunsch auch zwangsweise von dessen bzw. deren Inhaber in das Eigentum der Religiösen Stiftung zu einem Preis überführen, der der kleinere der beiden Werte des Gebäudes bzw. der Bäume im zerstörten und im erhaltenen Zustand ist.[816]

Art. 695
Wenn der Pächter auf dem Land der Religiösen Stiftung aus seinem Vermögen mit Einwilligung des Verwalters für sich selbst ein Gebäude errichtet oder Bäume gepflanzt hat, die Pachtzeit abgelaufen ist und er sich weigert, die angemessene Pacht zu bezahlen, die Zerstörung des Gebäudes oder das Herausreißen der Bäume aber einen Schaden am Land verursachen würde, hat der Verwalter die Wahl, das Gebäude bzw. die Bäume zwangsweise von dessen bzw. von deren Inhaber in das Eigentum der Religiösen Stiftung zu einem Wert, der für die Beseitigung aufgewendet werden müsste, zu überführen oder das Gebäude bzw. die Bäume stehen zu lassen, bis sie von selbst vom Land verschwinden. Der Pächter übernimmt dann die Reste davon.[817]
Wenn der zur Verwaltung der Religiösen Stiftung Befugte das Gebäude mit Einwilligung seines Eigentümers unter Einschluss des Grundstückes[818] verpachtet, ist das zulässig. Die Pacht wird anteilmäßig für jeden der beiden festgesetzt.

---

[814] Entnommen aus dem „Radd al-muḥtār“ an der vorher erwähnten Stelle auf der vorher erwähnten Seite. (Fn.-Qadrī)
[815] D.h. die Steine und das Holz der Bäume.
[816] Entnommen aus dem „Ad-durr“ am Ende des Vorwortes zum Buch über die Vermietung S. 17, zurückgeführt auf „Al-fuṣūlain“. (Fn.-Qadrī)
[817] Entnommen aus dem „Radd al-muḥtār“ an der zuvor erwähnten Stelle S. 16 zusammen mit dem „Ad-durr“ auf der erwähnten Seite und S. 15. (Fn.-Qadrī)
[818] Arab. ʿarṣa.

Das, was das Gebäude betrifft, erhält dessen Inhaber, das, was das Grundstück betrifft, erhält der Verwalter der Religiösen Stiftung.[819]

Art. 696
Wenn das Haus der Religiösen Stiftung einer Instandsetzung bedarf, der Verwalter gegenüber dem Pächter in die Instandsetzung für die Religiöse Stiftung aus dem Vermögen des Pächters einwilligt und die Reparatur erfolgt, hat der Pächter gegenüber dem Verwalter einen Rückforderungsanspruch hinsichtlich der Aufwendungen für die Instandsetzung, die ihm aus dem Ertrag der Religiösen Stiftung zustehen. Dies gilt auch, wenn der Rückforderungsanspruch nicht ausbedungen wurde, der hauptsächliche Nutzen aus der Instandsetzung aber der Religiösen Stiftung zufällt. Wenn aber der hauptsächliche Nutzen aus der Instandsetzung dem Pächter zufällt, hat er nur einen Rückforderungsanspruch, wenn dieser ausbedungen wurde.[820]

Art. 697
Wenn der Pächter oder der jeweilige Anspruchsberechtigte auf dem Land der Religiösen Stiftung ohne Einwilligung seines Verwalters aus den Resten eines Baus der Religiösen Stiftung ein Gebäude errichtet hat, welches bei einer Zerstörung außer diesen Resten keinen Wert zurücklassen würde, so fällt in diesem Falle das Gebäude an die Religiöse Stiftung. Der Pächter besitzt keinen Rückforderungsanspruch auf seine Ausgaben in Bezug auf den Arbeitslohn und das Material.[821]

Art. 698
Wenn der Pächter die Gebäudestruktur der Religiösen Stiftung verändert, indem er sie vollständig oder teilweise zerstört und anders als ursprünglich wieder aufbaut, so gehört der veränderte Bau der Religiösen Stiftung, wenn der Nutzen für die Religiöse Stiftung durch den veränderten Bau größer geworden ist. Der Pächter gilt mit seinen Ausgaben als Spender. Von ihm wird die gesamte angemessene Pacht genommen. Nichts davon kann für seine Ausgaben zur Instandsetzung angerechnet werden. Wenn aber der Nutzen für die Religiöse Stiftung nicht größer geworden ist und keine höheren Einkünfte erzielt werden können,

---

[819] Die Bestimmung dieses Absatzes ist dem „Ad-durr“ am Beginn des Kapitels über das zur Vermietung Zulässige S. 19 entnommen. (Fn.-Qadrī)

[820] Entnommen aus dem „Tanqīḥ al-ḥāmidīya“ über die Religiöse Stiftung S. 208. (Fn.-Qadrī)

[821] Entnommen aus der „Al-ḫairīya“ am Beginn des Abschnitts zur Religiösen Stiftung S. 123. (Fn.-Qadrī)

ist der Pächter aufgefordert, den Bau zu zerstören und den ursprünglichen Zustand der Sache wiederherzustellen.[822]

Art. 699
Die Verpachtung wird weder durch den Tod noch durch die Absetzung[823] des Verwalters, wohl aber durch den Tod des Pächters, der die Sache für sich pachtet, annulliert.

Abschnitt
Der *ḥikr*-Vertrag, der *kadik*-Vertrag und der *ḫulū*-Vertrag[824]

Art. 700
Das Erbbauverhältnis[825] ist ein langfristiger Pachtvertrag, der vorsieht, auf dem Land etwas zu erbauen und/oder etwas anzupflanzen.[826]

Art. 701
Das, was der Erbbaupächter mit Einwilligung des Befugten auf dem Erbbauland für sich baut oder pflanzt, ist sein Eigentum. Der Erbbaupächter kann das Erbau-

---

822 Entnommen aus dem „Tanqīḥ al-ḥāmidīya" im mittleren Abschnitt zur Vermietung S. 134 und S. 141 und aus dem „Tanqīḥ" im Abschnitt zur Religiösen Stiftung S. 202. (Fn.-Qadrī)

823 Arab. ʿazl.

824 Diese auf die Religiöse Stiftung bezogenen Pachtverträge werden in den folgenden Artikeln entsprechend der ḥanafitischen Lehre dargestellt. Der *ḥikr*-Vertrag bezeichnet eine Art Erbbauvertrag, nach dem der Pächter Eigentümer des Gebäudes wird, das er auf dem Land der Religiösen Stiftung errichtet. Vgl. Kemke, A. H. E., Stiftungen im muslimischen Rechtsleben..., a.a.O., S. 23 und 114. Der *kadik*-Vertrag ähnelt diesem, jedoch geht es insbesondere um den Ausbau in Bezug auf schon vorhandene Gebäude. Vgl. dazu Ḥamd al-Ḥuwais, Ṣ. b. S. b., Aḥkām ʿaqd al-ḥikr fi-l-fiqh al-islāmī. Muqāranan bi-mā ʿalaihi al-ʿamd fi-l-mamlaka al-ʿarabīya as-saʿūdīya. Mekka 1427-1428 h.; unter der URL http://uqu.edu.sa/page/ar/153543 (zuletzt abgerufen: 22.02.2013) einsehbar. *Ḥikr*-Verträge sind bis heute in Ägypten gemäß Zivilgesetzbuch S. 131 von 1948 Art. 999-1014 möglich. Al-qānūn al-madanī. Al-Qāhira 1986. Die ägyptischen Gesetze zur Religiösen Stiftung und zum *ḥikr* sind enthalten in: Qawānīn al-waqf wa-l-ḥikr. Aṭ-ṭabʿa ar-rābiʿa. Al-Qāhira 2004. Grundlage des *ḫulū*-Vertrages (*ḫulū al-intifāʿ* - frei sein von der Nutzung eines anderen) ist ein der Religiösen Stiftung gewährtes Darlehen. Vgl. Kogelmann, Fr., Islamische Fromme..., a.a.O., S. 30.

825 Arab. istiḥkār. Der Begriff spiegelt die Monopolstellung des Eigentümers wider.

826 Entnommen aus dem„Radd al-muḥtār" am Ende des Kapitels über das zur Vermietung Zulässige S. 20 ab den Worten des Kommentators: „Damit wird die Frage des Erbbaulandes erklärt" unter Rückgriff auf die „Al-ḫairīya". (Fn.-Qadri)

te oder Gepflanzte an seinen Miteigentümer oder an einen anderen verkaufen, es stiften oder vererben.[827]

Art. 702
Der Erbbaupächter ist nicht verpflichtet, sein Gebäude zu beseitigen oder seine Pflanzen herauszureißen, solange er die angemessene Pacht bezahlt, die nach der Fläche des Landes ohne Gebäude und Pflanzen festgelegt wird.[828]

Art. 703
Wenn die Pacht für das benachbarte Erbbauland wegen des Baus oder der Bepflanzung durch den Erbbaupächter steigt, ist er nicht verpflichtet, diese Steigerung zu bezahlen. Wenn die angemessene Pacht aber aus sich heraus beträchtlich steigt, ist er verpflichtet, die Steigerung zu bezahlen. Wenn er sich aber weigert, diese Steigerung zu akzeptieren, ist er verpflichtet, das Gebäude und die Pflanzen zu beseitigen. Das Land wird an einen anderen mit der erhöhten Pachtsumme verpachtet.[829]

Art. 704
Das Bodenrecht in Bezug auf das Erbbauland wird für den Erbbaupächter nur bei Errichtung seines Bauwerkes oder bei Pflanzung seiner Bäume darauf bestätigt. Er ist verpflichtet, die angemessene Pacht für das Land zu bezahlen, solange die Grundlage für seinen Bau und seine Pflanzen darin besteht. Das Recht kann ihm bei Bezahlung der Pacht nicht entzogen werden.[830]

Art. 705
Wenn der Erbbaupächter verstirbt, bevor er auf dem Erbbauland baut oder pflanzt, wird die Verpachtung annulliert. Seine gesetzlichen Erben können ohne Einwilligung des Verwalters darauf nichts bauen oder pflanzen.[831]

---

[827] Entnommen aus dem „Ad-durr“ am Ende des Kapitels zur Religiösen Stiftung kurz vor dem Abschnitt zur Berücksichtigung der Bedingung des Stifters S. 391 sowie aus dem „Isʿāf“ am Ende des Abschnitts über das, was gestiftet werden kann, S. 18. (Fn.-Qadrī)

[828] Entnommen aus dem „Tanqīḥ al-ḥāmidīya“ im mittleren Abschnitt zur Vermietung S. 132 und S. 133 sowie aus dem „Isʿāf“ am Ende des zuvor erwähnten Kapitels über das, was gestiftet werden kann, S. 18 unter Rückgriff auf al- Ḫaṣṣāf. (Fn.-Qadrī) Es handelt sich um A. B. A. al-Ḫaṣṣāf (gest. 874), der das Werk „Aḥkām al-auqāf“ verfasst hat. Dazu ausführlich Hennigan, P. C., The Birth of a Legal Institution: *The Formation of the Waqf in Third-Century A.H. Ḥanafī Legal Discourse*. Leiden 2004.

[829] Entnommen aus dem „Ad-durr“ und der „Ḥāšiyat radd al-muḥtar“ am Ende der Einleitung zur Religiösen Stiftung S. 391. (Fn.-Qadrī)

[830] Entnommen aus dem „Tanqīḥ al-ḥāmidīya“ zur Vermietung, sieben Seiten vor dem Buch zum Zwang S. 151. (Fn.-Qadrī)

[831] Entnommen aus dem „Tanqīḥ al-ḥāmidīya“ an der zuvor erwähnten Stelle und Seite. (Fn.-Qadrī)

Art. 706

Der *kadik*[832]-Vertrag wird auf Sachen angewendet, die Eigentum des Pächters und mit dem Ladengeschäft dauerhaft wie ein Anbau oder nicht dauerhaft wie industrielle Maschinen verbunden sind. Der *kadik*-Vertrag findet auch auf Anlagen[833] wie Bauten und Pflanzen auf Agrarland Anwendung.[834]

Art. 707

Der *kadik*, der als Bau, als Pflanzung oder als langfristig vorgesehene Installation mit dem Land dauerhaft verbunden ist, gilt als eine Sache, die selbst einen Wert verkörpert, die verkauft und vererbt werden kann. Der Inhaber der Sache hat ein Bodenrecht und kann die Sache gegen eine angemessene Pacht behalten.[835]

Art. 708

Der für Ladengeschäfte übliche *ḫulū*-Vertrag[836] liegt vor, wenn der Stifter, der Verwalter oder der Eigentümer des Ladengeschäftes eine bestimmte Summe *Dirham*[837] festlegt, die der Bewohner zu bezahlen hat und die als eine islamisch rechtmäßige Schuldverpflichtung gilt. Der Inhaber des Ladengeschäftes darf danach den Bewohner, der einen solchen *ḫulū*-Vertrag hat, nicht heraussetzen. Das Ladengeschäft darf nicht an einen anderen verpachtet werden, solange der Inhaber dem Bewohner nicht die bezeichnete Summe bezahlt.[838]

Art. 709

Das Darlehen[839] ist eine feststehende Schuld zulasten der Religiösen Stiftung und zugunsten des Pächters, der mit seinem Vermögen eine notwendige Instandsetzung, um aus der Stiftung Gewinn zu ziehen, mit Einwilligung ihres Verwal-

---

832 Auch ǧadik. Vgl. die Erläuterung im Muršid al-ḥairān ilā maʿrifat aḥwāl al-insān fi-l-muʿāmalāt aš-šarʿīya. Šarḥ wa-dirāsa..., a.a.O., 3. Bd., S. 1079. Siehe auch die URL http://www.al-eman.com/index.htm (zuletzt abgerufen: 03.05.2013; Stichwort kadik).

833 Arab. kirdār. Aus dem Persischen.

834 Entnommen aus dem „Radd al-muḥtār" am Ende der Einleitung zum Buch zur Religiösen Stiftung S. 391. (Fn.-Qadrī)

835 Entnommen aus dem „Ad-durr" und dem „Radd al-muḥtār" an der zuvor erwähnten Stelle und Seite. (Fn.-Qadrī)

836 Vgl. zu den sog. *ḫulū al-intifāʿ*-Verträgen das jordanische Zivilgesetzbuch Nr. 43/1976 Art. 1265-1270. The Jordan Civil Code of Moslem Jurisprudence. A.a.O., S. 191-192.

837 Silberwährung.

838 Entnommen aus dem mittleren Abschnitt zur Religiösen Stiftung in der „Al-ḫairīya" S. 164. (Fn.-Qadrī)

839 Arab. murṣad. Zu Inhalt und Begriff dieser Form des Darlehens vgl. Bonine, M. E., *Waqf* and its Influence on the Built Environment in the *Medina* of the Islamic Middle Eastern City. In: Urban Space in the Middle Ages and the Early Modern Age. Ed. by A. Classen, Berlin 2009, S. 622.

ters für diese durchführt. Dies gilt, wenn in der Religiösen Stiftung kein verfügbares Kapital vorhanden ist und niemand diese zu einer im Voraus zahlbaren Pacht pachtet, um daraus eine Reparatur zu ermöglichen.[840]

Art. 710
Es ist nicht zulässig, dass der Darlehensgeber die Forderung aus dem Darlehen überträgt oder das für die Religiöse Stiftung errichtete Gebäude verkauft. Er kann aber vom Befugten die Begleichung der Forderung beanspruchen, wenn diese nicht direkt von der angemessenen Pachtsumme abgezogen wird.

Art. 711
Es ist zulässig[841], dass der Darlehensgeber und seine gesetzlichen Erben die gepachtete Sache zurückbehalten, bis das Darlehen zurückgezahlt ist. Wenn der Befugte, der in die Instandsetzung eingewilligt hat, verstirbt, haben der Darlehensgeber und seine gesetzlichen Erben einen Rückforderungsanspruch gegenüber dem Nachlass des Befugten im Hinblick auf das ihnen zustehende Kapital aus dem Darlehen. Die gesetzlichen Erben des verstorbenen Befugten können vom nachfolgenden befugten Verwalter der Religiösen Stiftung verlangen, ihnen das Darlehen aus dem Ertrag der Religiösen Stiftung zurückzuzahlen.

---

[840] Entnommen aus dem „Tanqīḥ al-ḥāmidīya" im mittleren Abschnitt des Buches zur Religiösen Stiftung S. 221. (Fn.-Qadrī)

[841] Entnommen aus dem „Tanqīḥ al-ḥāmidīya" im mittleren Abschnitt des Buches zur Religiösen Stiftung S. 222. Die Bestimmung des gesamten Artikels stammt aus dem mittleren Abschnitt des Buches zur Religiösen Stiftung in der „Al-ḫairīya" S.121. (Fn.-Qadrī) Die Fn. ist in den arabischen Textausgaben fälschlicherweise nicht ans Ende des Artikels gesetzt worden.

Das Buch zur Partnerschaft für die Landwirtschaft und zur Partnerschaft für die Bewässerung und Pflege

1. Abschnitt
Partnerschaft für die Landwirtschaft

Art. 712
Die Partnerschaft für die Landwirtschaft ist ein Vertrag zum Ackerbau zwischen dem Inhaber des Landes und dem Bauern. Der Ernteertrag[842] wird zwischen beiden nach den Anteilen, auf die sie sich zum Zeitpunkt des Vertragsschlusses geeinigt haben, aufgeteilt.[843]

Art. 713
Für die Wirksamkeit der Partnerschaft für die Landwirtschaft wird vorausgesetzt, dass die beiden Vertragspartner im Vollbesitz ihrer geistigen Kräfte sind, dass das Land zur Landwirtschaft geeignet und nicht versalzen[844] und mit Sickerwasser durchsetzt ist, dass derjenige, der Eigentümer des Saatgutes ist, zumindest andeutungsweise erwähnt wird, unabhängig davon, ob er der Inhaber des Landes oder der Arbeiter ist, und dass das Land dem Bauern frei von Pflanzen übergeben wird, auch wenn das Saatgut vom Landeigentümer stammt.[845]

Art. 714
Für die Wirksamkeit der Partnerschaft für die Landwirtschaft wird zudem vorausgesetzt, dass eine übliche Frist festgelegt wird, die nicht so kurz sein soll, dass die Landwirtschaft unmöglich ist, aber auch nicht so lang sein soll, dass sie das gewöhnliche Lebensalter übersteigt. Wenn beide Partner über die Frist schweigen, ist die Partnerschaft für die Landwirtschaft wirksam und umfasst eine Ackerperiode.

Art. 715
Für die Wirksamkeit der Partnerschaft für die Landwirtschaft ist es zwingend, dass die Art der Aussaat bestimmt wird und der Anteil desjenigen, der nicht Eigentümer des Saatgutes ist, explizit oder implizit festgelegt ist. Wenn die Art der Aussaat nicht bestimmt ist und das Saatgut vom Inhaber des Landes stammt, ist die Partnerschaft für die Landwirtschaft wirksam. Wenn das Saatgut vom Bau-

---

[842] Arab. ḥāṣil.

[843] Abgeleitet aus dem „Ad-durr“ und dem „Radd al-muḥtār“ am Beginn des Abschnitts zur Partnerschaft für die Landwirtschaft S. 174 und S. 175. (Fn.-Qadrī)

[844] Arab. arḍ sabḫa.

[845] Die Bestimmung dieser drei Artikel und des darauf folgenden ist dem Beginn des Abschnitts zur Partnerschaft für die Landwirtschaft im „Ad-durr“ und im „Radd al-muḥtār“ S. 174 und S. 175 entnommen. (Fn.-Qadrī)

ern stammt, ist sie nicht wirksam, es sei denn, ihm wird zur Wahl gestellt, was er anbauen will.

Art. 716
Die Partnerschaft für die Landwirtschaft ist nur wirksam, wenn für die beiden Vertragspartner ein ungeteilter Anteil an der Ernte festgelegt ist. Wenn aber für einen der beiden eine bestimmte Erntemenge[846] oder der Ertrag eines bestimmten Feldes ausbedungen wird oder wenn als Voraussetzung festgelegt ist, das Saatgut vom tatsächlichen Ernteertrag abzuziehen bzw. die festgesetzte Grundsteuer[847] vom Ernteertrag abzuziehen und den Rest zu teilen, ist die Partnerschaft für die Landwirtschaft fehlerhaft.[848]

Art. 717
Die Ernte wird bei einer wirksamen Partnerschaft für die Landwirtschaft so aufgeteilt, wie die beiden Vertragspartner dies festgelegt haben.[849]

Art. 718
Wenn die Partnerschaft für die Landwirtschaft fehlerhaft ist, steht die gesamte Ernte dem Inhaber des Saatgutes zu. Dieser hat dem Arbeiter einen seiner Tätigkeit angemessenen Lohn zu zahlen, wenn das Saatgut vom Inhaber des Landes stammt. Wenn das Saatgut aber vom Arbeiter stammt, so hat dieser dem Inhaber des Landes eine dem Land angemessene Pacht zu zahlen.[850]

Art. 719
Wenn in einer fehlerhaften Partnerschaft für die Landwirtschaft kein Ernteertrag erzielt wird und das Saatgut vom Arbeiter stammt, hat dieser eine dem Land angemessene Pacht zu zahlen. Wenn das Saatgut vom Inhaber des Landes stammt, hat dieser dem Arbeiter einen angemessenen Lohn zu zahlen.[851]

Art. 720
Die Aufhebung der Partnerschaft für die Landwirtschaft wegen einer Schuld, die den Verkauf des Landes erforderlich macht, ist zulässig, wenn die Pflanzen noch

---

846 Arab. qufzān maʿlūma.

847 Arab. al-ḫarāǧ. Vgl. Fn. 81.

848 Entnommen aus dem „Ad-durr“ am Beginn des Abschnitts zur Partnerschaft für die Landwirtschaft S. 175. (Fn.-Qadrī)

849 Entnommen aus dem „Ad-durr“ am Beginn des Abschnitts zur Partnerschaft für die Landwirtschaft S. 177. (Fn.-Qadrī)

850 Entnommen aus dem „Ad-durr“ und dem „Radd al-muḥtār“ am Beginn des Abschnitts zur Partnerschaft für die Landwirtschaft S. 177. (Fn.-Qadrī)

851 Entnommen aus dem „Ad-durr“ am Beginn des Abschnitts zur Partnerschaft für die Landwirtschaft S. 177. (Fn.-Qadrī) Dieser Artikel stellt lediglich einen Sonderfall zur allgemeinen Bestimmung des Art. 718 dar.

nicht gewachsen sind. Wenn die Pflanzen gewachsen, aber noch nicht abgeerntet sind, hat der Bauer ein Recht daran. Der Verkauf des Landes ist nur mit Zustimmung des Bauern zulässig.[852]

Art. 721
Wenn der Bauer die Bewässerung des Landes vernachlässigt, sodass die Pflanzen aus diesem Grunde eingehen, so haftet er dafür nicht, wenn die Partnerschaft für die Landwirtschaft fehlerhaft ist. Er haftet bei einer wirksamen Partnerschaft für die Landwirtschaft, die ihn zu dieser Tätigkeit verpflichtet.[853]

Art. 722
Wenn derjenige, der den Boden bestellt,[854] die Bewässerung des Bodens absichtlich unterlässt, sodass die Pflanzen vertrocknen, haftet er für den Erntewert der gewachsenen Pflanzen zum Zeitpunkt, da er die Bewässerung[855] unterlässt. Wenn sich für die Pflanzen kein Erntewert ermitteln lässt, wird das Land mit den gewachsenen Pflanzen und ohne die Pflanzen bewertet. Er haftet für die Hälfte der Differenz zwischen beiden Werten.[856]

Art. 723
Wenn derjenige, der den Boden bestellt, die Pflanzen mit einer üblichen Verspätung bewässert, so haftet er nicht. Wenn er sie mit einer nicht üblichen Verspätung bewässert, so haftet er, falls die Partnerschaft für die Landwirtschaft wirksam ist.[857]

Art. 724
Wenn der Bauer die Pflege der Pflanzen unterlässt, sodass sie von Tieren aufgefressen werden, haftet er dafür. Wenn der Bauer die Heuschrecken[858] nicht davon abhält, die gesamten Pflanzen aufzufressen, obgleich er dazu in der Lage

[852] Entnommen aus dem „Ad-durr“ am Beginn des Abschnitts zur Partnerschaft für die Landwirtschaft S. 177. (Fn.-Qadrī)

[853] Die Bestimmung des Artikels ist dem „Ad-durr“ am Ende des Abschnitts zur Partnerschaft für die Landwirtschaft S. 179 entnommen. (Fn.-Qadrī)

[854] Arab. akkār.

[855] Im Art. 722 der jordanischen Ausgabe von 1987 fehlt das Wort „Bewässerung“.

[856] Entnommen aus dem „Ad-durr“ und dem „Radd al-muḥtār“ am Ende des Abschnitts zur Partnerschaft für die Landwirtschaft S. 179. (Fn.-Qadrī)

[857] Entnommen aus dem „Ad-durr“ und dem „Radd al-muḥtār“ im mittleren Abschnitt zur Partnerschaft für die Landwirtschaft S. 179. (Fn.-Qadrī) Der zweite Absatz im Art. 723 der jordanischen Ausgabe von 1987 ist nicht korrekt, sondern fälschlicherweise aus dem folgenden Art. 724 übernommen worden.

[858] Arab. ǧarād. Vgl. Koran 7:133. Über die ägyptische Wanderheuschrecke, die von Zeit zu Zeit Ernten vernichtet hat, wird schon in der Bibel 2 Mose/Exodus 10 berichtet. Die Bibel in heutigem Deutsch. Berlin, Altenburg 1986, S. 59.

gewesen wäre, haftet er. Wenn er dazu nicht in der Lage gewesen wäre, haftet er nicht.[859]

Art. 725
Wenn die Frist der Partnerschaft für die Landwirtschaft vor der Reife der Pflanzen abgelaufen ist, verbleiben die Pflanzen bis zu ihrer Reife auf dem Halm. Der Bauer ist zu einer Pacht entsprechend seinem Anteil am Ernteertrag des Landes verpflichtet. Die Kosten, die für die Pflanzen notwendig sind wie Bewässerung, Pflege, Ernte, Dreschen und Trennung der Körner von der Spreu, entfallen auf den Inhaber des Landes und den Bauern entsprechend ihrer beider Anteile.[860]

Art. 726
Wenn der Inhaber des Landes verstirbt und die Pflanzen hervorsprießen, setzt der Arbeiter seine Tätigkeit bis zur Reife der Früchte fort. Die gesetzlichen Erben des Verstorbenen dürfen ihn nicht davon abhalten.[861]

Art. 727
Wenn der Bauer verstirbt und die Pflanzen noch unreif sind, können seine gesetzlichen Erben an seiner Stelle die Tätigkeit bis zur Reife der Pflanzen fortsetzen, auch wenn der Inhaber des Landes dies ablehnt.

Art. 728
Wenn der Inhaber des Landes den Arbeiter mit der Pflege unreifer Pflanzen beauftragt, dieser die Pflanzen bis zur Reife pflegt und danach ein Anspruch auf das Land erhoben wird, hat der Bauer die Wahl, die Hälfte der herausgerissenen Pflanzen zu nehmen oder sie zurückzugeben und gegenüber dem Inhaber des Landes einen Rückforderungsanspruch auf einen angemessenen Lohn geltend zu machen.[862]

---

[859] Entnommen aus dem „Ad-durr" am Ende des Abschnitts zur Partnerschaft für die Landwirtschaft S. 179 und S. 180. Über die Beschränkung auf die gesamten Pflanzen mit den Worten „Sie fressen die gesamten Pflanzen auf" besteht Konsens, wie Ṭaḥṭāwī und dem „Radd al-muḥtār" zu entnehmen ist. (Fn.-Qadrī) Vgl. Fn. 696.

[860] Entnommen aus dem „Ad-durr" und dem „Radd al-muḥtār" im mittleren Abschnitt zur Partnerschaft für die Landwirtschaft S. 178. (Fn.-Qadrī)

[861] Die Bestimmung dieses und des folgenden Artikels ist aus dem „Ad-durr" und dem „Radd al-muḥtār" am Ende des Abschnitts zur Partnerschaft für die Landwirtschaft S. 179 entnommen. (Fn.-Qadrī)

[862] Die Bestimmung des Artikels ist dem „Radd al-muḥtār" am Beginn des Abschnitts zur Partnerschaft für die Bewässerung und Pflege S. 181 entnommen. (Fn.-Qadrī)

Art. 729
Wenn der Inhaber des Landes dem Arbeiter das Land und das Saatgut übergibt, dieser das Land bestellt und die Pflanzen wachsen, danach aber ein Anspruch auf das Land erhoben wird und beide die Pflanzen vor ihrer Erntereife herausreißen, hat der Bauer die Wahl, die herausgerissenen Pflanzen zurückzugeben und gegenüber dem Inhaber des Landes einen Rückforderungsanspruch auf einen angemessenen Lohn geltend zu machen oder die Hälfte der herausgerissenen Pflanzen zu nehmen. Weiteres steht ihm dann nicht zu.[863]

Art. 730
Wenn der Inhaber des Landes dem Arbeiter das Land in Form einer Partnerschaft für die Landwirtschaft übergibt und das Saatgut vom Arbeiter stammt, danach ein Anspruch auf das Land erhoben wird, nimmt der Anspruchsberechtigte das Land frei von Pflanzen. Er kann den Arbeiter beauftragen, die Pflanzen herauszureißen, auch wenn diese angewachsen sind. Die Kosten für das Herausreißen tragen der Inhaber des Landes und der Bauer jeweils zur Hälfte. Der Bauer hat die Wahl, sich mit der Hälfte des Herausgerissenen zufrieden zu geben und keinen weiteren Rückforderungsanspruch gegenüber dem Inhaber des Landes geltend zu machen oder ihm das Herausgerissene zurückzugeben und ihn für den Wert seines Anteils in Haftung zu nehmen, wobei sich der Anspruch auf den Ernteertrag der Pflanzen, nicht aber auf das Herausgerissene bezieht.[864]

2. Abschnitt
Partnerschaft für die Bewässerung und Pflege[865]

Art. 731
Die Partnerschaft für die Bewässerung und Pflege ist ein Vertrag zur Übergabe von Bäumen oder Weinstöcken[866] an eine Person, die sie gegen einen bestimm-

[863] Entnommen aus der „Al-hindīya“ am Beginn des 10. Kapitels zur Bodenbestellung durch einen der beiden Partner bei der Partnerschaft für die Landwirtschaft S. 267. (Fn.-Qadrī)

[864] Entnommen aus der „Al-hindīya“ am Beginn des 10. Kapitels zur Bodenbestellung durch einen der beiden Partner bei der Partnerschaft für die Landwirtschaft S. 267, auch im „Radd al-muḥtār“ am Beginn des Abschnitts zur Partnerschaft für die Bewässerung und Pflege S. 182 ausgeführt. (Fn.-Qadrī)

[865] Auch als „Pachtvertrag bei einer Pflanzung gegen einen prozentualen Anteil am Ertrag“ (Küppers, N. F., Das irakische Zivilgesetzbuch. A.a.O., 63/1961, S. 15; Formulierung nach Wehr, H., Arabisches Wörterbuch für die Schriftsprache der Gegenwart. Dritte, unveränderte Auflage. Leipzig 1958, S. 379), als „Gesellschaftsvertrag für Bewässerungen“ (Dalkusu, I. N., Grundlagen des zinslosen Wirtschaftens. Eigentum, Geld, *Riba* und Unternehmungsformen nach den Lehren des Islam. St. Gallen 1999, S. 231), als „Partnerschaft für die Pflanzung“ oder als „Partnerschaft für die Baumpflege“ bezeichnet. Es geht hierbei vor allem um die Bewässerung, aber auch um die Pflege von Bäumen, daher wurde der Begriff „Partnerschaft für die Bewässerung und Pflege“ verwendet.

ten Anteil an den Früchten pflegt. Bäume sind alle diejenigen Pflanzen, die auf dem Land wachsen und ein Jahr oder länger darauf verbleiben.[867]

Art. 732
Die Partnerschaft für die Bewässerung und Pflege ist ohne Angabe der Dauer wirksam. Sie bezieht sich dabei auf die ersten Früchte, die im ersten Jahr geerntet werden können. Sie ist auch bei Angabe einer üblicherweise vereinbarten Dauer wirksam.
Falls aber beide Partner eine lange Frist erwähnen, die das gewöhnliche Lebensalter der beiden übersteigt, ist sie nicht wirksam.[868]

Art. 733
Wenn für die Partnerschaft für die Bewässerung und Pflege eine Dauer angegeben wird, in der keine Früchte geerntet werden können, ist sie fehlerhaft.[869]
Wenn aber für die Partnerschaft für die Bewässerung und Pflege eine Dauer angegeben wird, für die unsicher ist, ob darin Früchte geerntet werden können oder nicht, ist sie schwebend unwirksam. Wenn in der angegebenen Zeit wirtschaftlich verwertbare Früchte geerntet werden können, ist die Partnerschaft für die Bewässerung und Pflege wirksam und die Ernte wird zwischen den beiden Partnern entsprechend der Bedingung für jeden von beiden geteilt.
Wenn sich die Ernte der Früchte gegenüber der angegebenen Zeit verzögert, ist die Partnerschaft für die Bewässerung und Pflege fehlerhaft. Dem Pächter[870] steht ein angemessener Lohn für seine Arbeit zu. Wenn aber überhaupt nichts geerntet wird, hat keiner der beiden einen Anspruch gegenüber dem anderen.

Art. 734
Der Vertrag über die Partnerschaft für die Bewässerung und Pflege ist für beide Seiten bindend. Keiner von beiden hat das Recht, ohne Einverständnis des anderen den Vertrag abzulehnen und aufzuheben, es sei denn, es liegt ein Rechtfertigungsgrund vor. Der Pächter ist zur Arbeit verpflichtet, es sei denn, es liegt ein Rechtfertigungsgrund vor.[871]

---

866 Arab. kurūm.

867 Entnommen aus dem „Ad-durr“ und der „Ḥāšiyat radd al-muḥtār“ am Beginn des Kapitels zur Partnerschaft für die Bewässerung und Pflege S. 181. (Fn.-Qadrī)

868 Entnommen aus dem „Ad-durr“ am Beginn des Abschnitts zur Partnerschaft für die Bewässerung und Pflege S. 182. (Fn.-Qadrī)

869 Entnommen aus dem „Ad-durr“ an der erwähnten Stelle auf der zuvor erwähnten Seite sowie aus dem „Radd al-muḥtār“ dazu. (Fn.-Qadrī)

870 Hier: Arab. al-musāqī. Dieser Pächter ist mit dem in den weiteren Artikeln bezeichneten Arbeiter identisch und ist im Allgemeinen prozentual am Ertrag beteiligt.

871 Entnommen aus dem „Radd al-muḥtār“ am Beginn des Abschnitts zur Partnerschaft für die Bewässerung und Pflege S. 181 und aus dem „Ad-durr“ dazu auf S. 185. (Fn.-Rāziq)

Art. 735
Wenn die Dauer der Partnerschaft für die Bewässerung und Pflege abgelaufen ist, ist die Partnerschaft nichtig. Wenn aber an den Bäumen noch unreife Früchte sind, hat der Pächter die Wahl, die Arbeit bis zur Reife der Früchte fortzusetzen, ohne dass er eine Pacht für den Anteil des Landinhabers bezahlt, oder die Arbeit zu verweigern. Der andere hat die im Art. 740[872] erwähnten drei Optionen.[873]

Art. 736
Der Pächter darf nur mit Einwilligung des Eigentümers der Bäume seine Pflichten aus der Partnerschaft für die Bewässerung und Pflege auf eine andere Person übertragen. Wenn er dies ohne dessen Einwilligung tut, steht die Ernte dem Eigentümer zu. Der zweite Pächter hat gegenüber dem ersten Pächter Anspruch auf angemessenen Lohn unabhängig von der Höhe. Dem ersten Pächter steht kein Lohn zu.[874]

Art. 737
Wenn ein Anspruch auf die Bäume oder die Dattelpalmen[875] vorliegt und diese Früchte tragen, hat der Pächter gegenüber dem Inhaber der Bäume einen Rückforderungsanspruch auf einen angemessenen Lohn.[876]
Wenn die Bäume oder Dattelpalmen aber zum Zeitpunkt, da der Anspruch besteht, keine Früchte tragen, steht dem Pächter nichts zu.

Art. 738
Wenn der Arbeiter nicht in der Lage ist, die Arbeit zu verrichten, oder in Bezug auf die Pflege der Pflanzen unzuverlässig ist, kann die Partnerschaft für die Bewässerung und Pflege aufgehoben werden.[877]

Art. 739
Wenn einer von zwei Miteigentümern dem anderen die Bäume in einer Partnerschaft für die Bewässerung und Pflege überlässt und ihm einen größeren als den

872 Wörtlich heißt es: „die im folgenden Artikel..." erwähnten drei Optionen. Der Grund für diesen fehlerhaften Verweis ist nicht erkennbar und hängt möglicherweise mit der Übertragung aus dem Manuskript des Autors zusammen. In der französischen Übersetzung ist der Verweis korrekt (S. 215).

873 Entnommen aus dem „Ad-durr" und dem „Radd al-muḥtār" im mittleren Abschnitt zur Partnerschaft für die Bewässerung und Pflege S. 184 und 185. (Fn.-Qadrī)

874 Entnommen aus dem „Ad-durr" und dem „Radd al-muḥtār" am Ende des Abschnitts zur Partnerschaft für die Bewässerung und Pflege S. 185 und S. 186. (Fn.-Qadrī)

875 Arab. naḫīl.

876 Entnommen aus dem „Ad-durr" und dem „Radd al-muḥtār" am Beginn des Abschnitts zur Partnerschaft für die Bewässerung und Pflege S. 181. (Fn.-Qadrī)

877 Entnommen aus dem „Ad-durr" am Ende des Abschnitts zur Partnerschaft für die Bewässerung und Pflege S. 185. (Fn.-Qadrī)

ihm zustehenden Anteil einräumt, ist dies nicht zulässig. Die Ernte wird zwischen den beiden hälftig entsprechend dem Anteil der beiden geteilt. Dem anderen Miteigentümer steht kein Lohn zu. Wenn aber vereinbart wird, dass die Ernte zwischen ihnen hälftig geteilt wird, ist dies zulässig.[878]

Art. 740
Wenn der Arbeiter verstirbt, ist die Partnerschaft für die Bewässerung und Pflege nichtig. Wenn aber die Bäume Früchte tragen, die noch nicht reif sind, haben seine gesetzlichen Erben die Wahl, ob sie bis zur Reife der Früchte weiterarbeiten wollen, auch wenn der Inhaber des Landes dies ungern sieht, oder ob sie die Früchte abschneiden wollen. Sie können nicht zur Arbeit gezwungen werden. Im letzteren Fall hat der andere Partner die Wahl, die unreifen Datteln[879] nach der vereinbarten Bedingung zu teilen, den gesetzlichen Erben den Wert ihres Anteils an den unreifen Datteln zu geben oder Geld für die Reife der unreifen Datteln aufzuwenden. Dabei hat er einen Rückforderungsanspruch für seine Ausgaben in Bezug auf den Anteil der gesetzlichen Erben an den Früchten.[880]

Art. 741
Wenn der Landeigentümer verstirbt und die Früchte noch unreif sind, setzt der Arbeiter seine Tätigkeit wie bisher fort, auch wenn dies die gesetzlichen Erben des Landeigentümers ungern sehen. Wenn aber der Arbeiter die Früchte abschneiden will, kann er nicht zur Fortsetzung der Arbeit gezwungen werden. Die gesetzlichen Erben des Landeigentümers haben die Wahl zwischen den drei erwähnten Optionen.[881]

Art. 742
Wenn sowohl der Landeigentümer als auch der Arbeiter verstirbt und die Früchte noch unreif sind, haben die gesetzlichen Erben des Arbeiters die Wahl, die Früchte weiter zu pflegen oder nicht weiter zu pflegen. Sie können die Tätigkeit bis zur Reife fortsetzen oder die Tätigkeit zurückweisen. In letzterem Falle haben die gesetzlichen Erben des Landeigentümers die Wahl nach dem im vorvorherigen Artikel erwähnten Muster.

---

878 Entnommen aus dem „Ad-durr“ und dem „Radd al-muḥtār“ am Endes des Abschnitts zur Partnerschaft für die Bewässerung und Pflege S. 185. (Fn.-Qadrī)

879 Arab. busr.

880 Entnommen aus dem „Ad-durr“ und dem „Radd al-muḥtār“ im mittleren Abschnitt zur Partnerschaft für die Bewässerung und Pflege S. 184. (Fn.-Qadrī)

881 Entnommen aus dem „Ad-durr“ und der „Ḥāšiya“ des „Ad-durr“ auf der zuvor erwähnten Seite. Dies gilt auch für die Bestimmung des folgenden Artikels. (Fn.-Qadrī) Gemeint ist eigentlich der „Ad-durr“ und der „Radd al-muḥtār“. Die Optionen beziehen sich auf den Art. 740.

Art. 743
Die bis zur Reife der Früchte notwendigen Tätigkeiten wie die Bewässerung, die Befruchtung[882] und die Pflege obliegen dem Arbeiter.[883]
Die nach der Reife der Früchte notwendigen Tätigkeiten wie die Ernte der Früchte u.a. obliegen beiden Vertragspartnern.

[882] Arab. talqīḥ.
[883] Die Bestimmung des Artikels ist dem „Ad-durr" am Ende des Abschnitts zur Partnerschaft für die Bewässerung und Pflege S. 185 entnommen. (Fn.-Qadrī)

Das Buch zur Gesellschaft[884]

Art. 744
Die Gesellschaft kann in zwei Formen existieren: Als Eigentumsgesellschaft und als Vertragsgesellschaft.[885]

Art. 745
Die Eigentumsgesellschaft[886] ist eine Gesellschaft, bei der zwei oder mehr Personen Eigentum an einer konkreten Sache[887] oder an einer Forderung[888] wegen eines Grundes, der zum Eigentum führt, haben.[889]

Art. 746
Die Eigentumsgesellschaft existiert in zwei Formen: Als freiwillige Gesellschaft und als pflichtgemäße Gesellschaft.
Die freiwillige Gesellschaft liegt vor, wenn zwei oder mehr Partner Eigentum an einer Sache durch Kauf, Schenkung, Vermächtnis oder freiwillige Vermischung ihrer Vermögen erwerben.
Eine pflichtgemäße Gesellschaft liegt vor, wenn zwei oder mehr Partner Eigentum an einer Sache durch Erbschaft oder Vermischung ihrer Vermögen erwerben, ohne dass die Eigentümer eine Vermischung beabsichtigen, wobei diese Vermischung zwischen den Vermögen praktisch nicht aufgehoben werden kann, da es sich um eine einheitliche Gattung handelt oder bei einer unterschiedlichen Gattung die Trennung zwischen den Vermögen schwer möglich und kostenintensiv ist.[890]

Art. 747
Die Vertragsgesellschaft ist der Ausdruck für einen Vertrag zwischen den Teilhabern am Kapital und am Gewinn[891]. Sie tritt in den Formen Vermögensgesellschaft[892], Arbeitsgesellschaft[893] und Kreditgesellschaft[894] in Erscheinung. Alle

---

884 Arab. šarika oder širka.
885 Entnommen aus dem „Ad-durr“ am Beginn des Abschnitts zur Gesellschaft S. 333 und S. 336. (Fn.-Qadrī)
886 In der Literatur auch als Eigentumsgemeinschaft (entsprechend auch Vertragsgemeinschaft) bezeichnet. Vgl. Lohlker, R., Das islamische Recht..., a.a.O., S. 444.
887 Arab. ʿain.
888 Arab. dain.
889 Entnommen aus dem „Ad-durr“ am Beginn des Abschnitts zur Gesellschaft S. 333. (Fn.-Qadrī)
890 Die Bestimmung des Artikels ist dem „Ad-durr“ und dem „Radd al-muḥtār“ am Beginn des Abschnitts zur Gesellschaft S. 333 entnommen. (Fn.-Qadrī)
891 Arab. ribḥ.
892 Arab. šarika bi-l-māl.
893 Arab. šarika bi-l-aʿmāl.

diese drei Formen können eine unbeschränkte Partnerschaft[895] oder eine beschränkte Partnerschaft[896] sein.[897]

Art. 748

Voraussetzung für die Zulässigkeit der Vertragsgesellschaft ist, dass für das Vertragsobjekt eine gegenseitige Vollmacht möglich ist, dass die Höhe des Gewinns anteilmäßig bekannt ist und dass der Gewinn insgesamt gemeinsames Eigentum, aber keine festgelegte Summe, ist.[898]

1. Kapitel

Verfügungen der Partner an den gemeinsamen Sachen

Art. 749

Jeder einzelne Partner kann über seinen Anteil nach seinem Willen verfügen, ohne dass es einer Einwilligung seines Partners bedarf. Dies gilt für alle Verfügungen, die keinen Schaden für seinen Partner hervorbringen. Er kann seinen Anteil an einen anderen als seinen Partner ohne Einwilligung verkaufen, es sei denn, das Eigentum ist vermischt. So ist der Verkauf an einen anderen als seinen Partner ohne dessen Einwilligung nicht zulässig. Er darf über seinen Anteil ohne Einwilligung seines Partners nicht in einer Weise verfügen, die seinem Partner schadet.[899]

Art. 750

Jeder der Partner darf wie ein Fremder[900] durch seine Verfügung keinen Schaden am Anteil seines Partners hervorrufen. Er darf ohne dessen Einwilligung keinerlei schädliche Verfügung treffen und seinen Partner nicht zum Verkauf von dessen Anteil an ihn selbst oder an einen anderen zwingen.

---

[894] Arab. šarikat wuǧūh. Zu den Gesellschaftsformen im Islamischen Recht vgl. Dalkusu, I. N., Grundlagen des zinslosen Wirtschaftens. A.a.O., S. 152-220. Vgl. zu den Gesellschaftsformen Fn. 248.

[895] Arab. mufāwaḍa.

[896] Arab. ʿinān.

[897] Die Bestimmung ist dem „Ad-durr" und der „Ḥāšiyat aṭ-Taḥṭāwī" am Beginn des Abschnitts zur Gesellschaft S. 511 und 514 entnommen. (Fn.-Qadrī)

[898] Diese Bestimmung ist dem „Ad-durr" am Beginn des Abschnitts zur Gesellschaft S. 337 und der „Al-hindīya" am Ende des ersten Kapitels zu den Formen der Gesellschaft S. 365 entnommen. (Fn.-Qadrī)

[899] Die Bestimmung dieses und des folgenden Artikels ist dem „Ad-durr" und dem „Radd almuḥtār" am Beginn des Buches zur Gesellschaft S. 333 entnommen. (Fn.-Qadrī)

[900] Arab. aǧnabī.

Art. 751
Es ist zulässig, wenn einer von zwei Partnern seinen Mitanteil an der gemeinsamen Immobilie oder an einer anderen Sache an seinen Partner oder eine andere Person ohne Einwilligung seines Partners verkauft, solange daraus kein Schaden für den Partner entsteht.[901]

Art. 752
Der Verkauf einer Sache, der dem Partner schadet, ist ohne dessen Einwilligung nicht zulässig. Wenn also einer von zwei Partnern an einem Gebäude, an einem Baum, der noch nicht das Alter erreicht hat, um gefällt zu werden, oder an noch nicht zur Reife gelangten Pflanzen seinen Anteil daran ohne das dazugehörige Land an eine andere Person als den Partner ohne dessen Einwilligung verkauft, ist dies nicht wirksam. Er kann die Sache aber an seinen Partner verkaufen.

Art. 753
Wenn einer von zwei Partnern das gemeinsame Vermögen ohne Einwilligung seines Partners verkauft, dieses an den Käufer übergibt und das Vermögen im Besitz des Käufers untergeht, so kann der andere Partner seinen Partner oder den Käufer in Haftung nehmen. Wenn er den Partner in Haftung nimmt, ist der Verkauf zulässig. Dem Verkäufer steht der volle Preis zu. Wenn er den Käufer in Haftung nimmt, hat dieser einen Rückforderungsanspruch gegenüber seinem Verkäufer auf die Hälfte des Preises. Der Verkäufer hat gegenüber niemandem einen Rückforderungsanspruch.
Die Bestimmung gilt auch, wenn drei Partner beteiligt sind. Einer von ihnen verkauft das gemeinsame Kapital und übergibt es mit Einwilligung des zweiten Partners, aber ohne Einwilligung des dritten Partners. Der dritte Partner hat so einen Haftungsanspruch gegenüber den beiden anderen Partnern oder nur gegenüber dem Käufer.[902]

Art. 754
Wenn zwei Vermögen ohne oder mit Zutun der beiden Eigentümer vermischt werden, ist es für einen der beiden Partner daran nicht zulässig, seinen Anteil

[901] Die Bestimmung dieses und des folgenden Artikels ist dem „Ad-durr“ und dem „Radd al-muḥtār“ am Beginn des Buches zur Gesellschaft S. 333 und 334 entnommen. (Fn.-Qadrī)
[902] Die Bestimmung des Artikels ist vollständig dem Beginn des Abschnitts zur Gesellschaft im „At-tanqīḥ“ S. 100 und 101 und auch dem „Ad-durr“ am Ende des Kapitels zur fehlerhaften Gesellschaft und der „Ḥāšiyat radd al-muḥtār“ S. 356 entnommen. (Fn.-Qadrī)

ohne Einwilligung seines Partners zu verkaufen, wie im Art. 749[903] am Beginn des Kapitels angegeben.[904]

Art. 755
Wenn einer der beiden Partner in einem gemeinsamen Haus eine gewisse Zeit wohnt und sein Partner anwesend ist, kann dieser von ihm weder die Miete für die vergangene Zeit fordern noch ein zeitliches Wohnrecht gleichermaßen beanspruchen. Er kann aber die tatsächliche Teilung des Hauses fordern, wenn die Teilung möglich ist, oder sich mit seinem Partner gemäß Art. 757 und 758[905] abstimmen.[906]

Art. 756
Jeder einzelne Partner hat ein Wohnrecht in dem gemeinsamen Haus entsprechend seinem Anteil am Eigentum.[907]

Art. 757
Der anwesende Partner kann in Abwesenheit seines Partners das gesamte gemeinsame Haus nutzen, wenn feststeht, dass das Wohnrecht das Haus nicht beeinträchtigt. Er hat für den Teil seines abwesenden Partners keine Miete zu bezahlen. Wenn der Partner erscheint, hat er kein zeitliches Wohnrecht gleichermaßen wie sein Partner.[908]

Art. 758
Der anwesende Partner kann in Abwesenheit seines Partners entsprechend seinem Anteil das gemeinsame Eigentum so nutzen, dass er ihn nicht schädigt, sodass die Sache durch den Gebrauch von unterschiedlichen Nutzern nicht verändert wird.[909]

---

[903] Der Verweis auf den Art. 749 ist korrekt. In der jordanischen Ausgabe von 1987 (S. 182) und im Muršid al-ḥairān ilā maʿrifat aḥwāl al-insān fi-l-muʿāmalāt aš-šarʿīya. Šarḥ wa-dirāsa…, a.a.O., 3. Bd., S. 1129 mit jeweils fehlerhaftem Verweis.

[904] Die Bestimmung des Artikels ist dem „Ad-durr“ und dem „Radd al-muḥtār“ am Beginn der Einleitung zur Gesellschaft S. 333 und 334 entnommen. (Fn.-Qadrī)

[905] Im Muršid al-ḥairān ilā maʿrifat aḥwāl al-insān fi-l-muʿāmalāt aš-šarʿīya. Šarḥ wa-dirāsa…, a.a.O., 3. Bd., S. 1129 mit einem fehlerhaften Verweis.

[906] Die Bestimmung des Artikels ist dem „At-tanqīḥ“ am Beginn des Abschnitts zur Gesellschaft S. 104 und dem Ende des Kapitels zur fehlerhaften Gesellschaft im „Ad-durr“ und im „Radd al-muḥtār“ S. 357 entnommen. (Fn.-Qadrī)

[907] Die Bestimmung des Artikels ist dem „At-tanqīḥ“ am Beginn des Buches zur Gesellschaft S. 104 entnommen. (Fn.-Qadrī)

[908] Entnommen aus dem „Radd al-muḥtār“ am Ende des Abschnitts zur widerrechtlichen Aneignung (ġaṣb) S. 131 und 132. (Fn.-Qadrī)

[909] Die Bestimmung dieses und des folgenden Artikels ist dem „Tanqīḥ al-ḥāmidīya“ am Beginn des Abschnitts zur Gesellschaft S. 104 entnommen. (Fn.-Qadrī)

Art. 759
Der Partner kann in Abwesenheit seines Partners das gemeinsame Eigentum nicht nutzen, wenn sich die Sache durch den Gebrauch von unterschiedlichen Nutzern verändert.

Art. 760
Der anwesende Partner kann den Teil seines abwesenden Partners nicht bewohnen, wenn die Anteile voneinander abgetrennt sind. Wenn er den Teil des Partners bewohnt und dieser zerstört wird, haftet er dafür.[910]

Art. 761
Der anwesende Partner kann in Abwesenheit seines Partners das gesamte gemeinsame Land bebauen, wenn feststeht, dass die Bebauung dem Land dient und seinen Wert nicht beeinträchtigt. Wenn der Abwesende erscheint, kann er das gesamte Land nicht wie sein Partner über einen ebensolchen Zeitraum nutzen.[911]

Art. 762
Wenn der anwesende Partner weiß, dass die landwirtschaftliche Nutzung des gemeinsamen Landes dieses beeinträchtigt bzw. die Nichtnutzung dem Land dient und ihm Kraft verleiht, darf er darauf überhaupt nichts anbauen.[912]

Art. 763
Der Anteil jedes Partners ist Treuhandgut[913] im Besitz des anderen. Wenn er ohne schuldhafte Rechtsverletzung untergeht, haftet er nicht dafür.[914]

---

[910] Entnommen aus der „Al-hindīya“ am Beginn des Abschnitts zu verschiedenen Fragen der Gesellschaft S. 291. (Fn.-Qadrī)

[911] Entnommen aus dem „Ad-durr“ und dem „Radd al-muḥtār“ am Ende Abschnitts zur widerrechtlichen Aneignung S. 131 und S. 132. (Fn.-Qadrī) Die Angaben in der jordanischen Ausgabe von 1987 sind unvollständig.

[912] Entnommen aus dem „Radd al-muḥtār“ am Beginn des Abschnitts zur Gesellschaft S. 336 und am Ende von S. 104 am Beginn des Abschnitts zur Gesellschaft im „Tanqīḥ al-ḥāmidīya“ innerhalb der Antwort zum Eigentum nach den „Wāqiʿāt an-Nāṭifī“ (Die Tatsachen des an-Nāṭifī): „Ein Stück Land gehört zwei Personen. Einer von beiden ist abwesend. So kann sein Partner die Hälfte davon bebauen. Falls er das im folgenden Jahr will, kann er es wie zuvor bebauen.“ Er schrieb zur Teilung, dass der Richter dem Anwesenden erlaubt, das gesamte Land zu bebauen, damit die ḫarāǧ-Steuer nicht verloren geht. (Fn.-Qadrī) Der Autor al-Imām Aḥmad b. Muḥammad b. ʿUmar an-Nāṭifī (gest. ca. 1050) ist ein ḥanafitischer Jurist, der durch das genannte Werk bekannt wurde.

[913] Arab. amāna.

[914] Entnommen aus dem „Radd al-muḥtār“ am Beginn des Buches zur Gesellschaft S. 332. (Fn.-Qadrī)

2. Kapitel
Instandsetzung des gemeinsamen Eigentums

Art. 764
Wenn das gemeinsame Eigentum einer Reparatur oder einer Instandsetzung bedarf, haben sich die Miteigentümer entsprechend ihren Anteilen daran zu beteiligen.[915]

Art. 765
Wenn einer der beiden Partner das gemeinsame Eigentum mit Einwilligung seinen Miteigentümers repariert, hat er einen Rückforderungsanspruch ihm gegenüber in Höhe der für dessen Anteil anfallenden Kosten. Wenn aber der Miteigentümer das Eigentum ohne Einwilligung seines Partners repariert, gilt er als freiwilliger Spender. Er hat gegenüber seinem Partner keinen Rückforderungsanspruch in Bezug auf seine Aufwendungen für die Instandsetzung.[916]

Art. 766
Wenn das gemeinsame unteilbare Eigentum einer Instandsetzung bedarf, einer der beiden Partner abwesend ist, der anwesende Partner seine Instandsetzung wünscht und mit Einwilligung des Richters[917] die Instandsetzung durchführt, hat er einen Rückforderungsanspruch gegenüber dem anderen Inhaber auf die Kosten, die dessen Anteil betreffen. Wenn er die Instandsetzung ohne Einwilligung des Richters durchführt, hat er keinen Rückforderungsanspruch gegenüber seinem Miteigentümer in Bezug auf die Aufwendungen für die Instandsetzung.[918]

Art. 767
Wenn das gemeinsame Haus zusammengestürzt ist, einer der beiden Partner seine Instandsetzung wünscht, der andere ablehnt und das Haus so groß ist, dass es geteilt werden kann, kann der Ablehnende nicht zur Instandsetzung gezwungen

---

915 Entnommen aus dem „At-tanqīḥ" am Ende von S. 206 am Ende des Abschnitts zur Teilung. (Fn.-Qadrī)

916 Entnommen aus dem Ende des Abschnitts zur fehlerhaften Gesellschaft im „Radd al-muḥtār" S. 354. (Fn.-Qadrī)

917 Arab. ḥākim. Die Verwendung dieses Begriffes orientiert sich an der Qadrī-Pāšā-Kodifikation. Vgl. Ebert, H.-G., Die Qadrî-Pâshâ-Kodifikation. A.a.O., S. 31, Fn. 93 und 97.

918 Entnommen aus dem „Radd al-muḥtār" am Ende des Abschnitts zur fehlerhaften Gesellschaft am Anfang der Regelung auf der zuvor erwähnten Seite. Dies gründet sich darauf, dass die Abwesenheit des Partners eine Ablehnung der Instandsetzung bedeutet, wie dies der „Al-anqarawīya" am Ende des Abschnitts zur Gesellschaft S. 286 zu entnehmen ist. (Fn.-Qadrī)

werden. Wenn der andere ohne Einwilligung seines Partners dafür Kosten aufwendet, gilt er als freiwilliger Spender, weil er dazu nicht gezwungen ist.[919]

Art. 768
Wenn ein Teil des gemeinsamen unteilbaren Eigentums zusammengestürzt ist, einer der beiden Partner seinen Wiederaufbau wünscht, der andere das verweigert, so kann dieser dazu gezwungen werden. Wenn der andere Partner aber die Instandsetzung nicht durchführt, gibt der Richter[920] die Einwilligung für den Partner zur Instandsetzung. Der andere darf danach das Eigentum erst nutzen, wenn er seine anteiligen Kosten bezahlt hat. Wenn der Partner ohne Einwilligung des Richters die Instandsetzung durchführt, gilt er als freiwilliger Spender und hat keinen Rückforderungsanspruch gegenüber dem anderen.

Art. 769
Wenn das gemeinsame unteilbare Eigentum zusammengestürzt ist und nur noch als Grundstück fortbesteht, der eine der beiden Partner seine Instandsetzung wünscht, der andere die Instandsetzung ablehnt, kann dieser nicht zum Aufbau gezwungen werden, sondern das Grundstück wird zwischen ihnen geteilt.

Art. 770
Wenn das gemeinsame Eigentum von zwei Minderjährigen oder von zwei Religiösen Stiftungen der Instandsetzung bedarf, die Aufrechthaltung des Zustandes schädlich für sie beide ist und einer der beiden ernannten Vormunde bzw. Befugten der Religiösen Stiftung den Wiederaufbau wünscht, der andere den Wiederaufbau aber verweigert, kann dieser zur gemeinsamen Reparatur mit dem Vermögen der beiden Minderjährigen oder mit dem Ertrag aus den beiden Religiösen Stiftungen gezwungen werden.[921]

Art. 771
Wenn eine gemeinsame Mauer brüchig wird[922], ihr Einsturz zu befürchten ist und einer der beiden Partner ihren Abriss wünscht, der andere aber ablehnt, ist der Ablehnende zum Abriss und zur Zerstörung verpflichtet.[923]

---

919 Entnommen aus dem „Radd al-muḥtār“ am Ende des Abschnitts zur fehlerhaften Gesellschaft S. 355 und ebenso aus dem „Radd al-muḥtār“ am Beginn des Abschnitts zu verschiedenen Fragen der Rechtsprechung S. 358. Auch die Bestimmung der folgenden beiden Artikel ist daraus entnommen. (Fn.-Qadrī)

920 Hier: Arab. al-qāḍī. Vgl. dagegen Fn. 917.

921 Entnommen aus dem „Ad-durr“ und dem „Radd al-muḥtār“ am Ende des Abschnitts zur fehlerhaften Gesellschaft S. 355. (Fn.-Qadrī)

922 Arab. wahā. In der jordanischen Ausgabe von 1987 fehlerhaft.

923 Entnommen aus dem „Radd al-muḥtār“ am Ende des Abschnitts zur fehlerhaften Gesellschaft in der Mitte der auf S. 354 erwähnten Regelung. (Fn.-Qadrī)

Art. 772
Wenn die beiden Partner die gemeinsame Mauer zwischen ihnen niederreißen oder diese von selbst eingestürzt und die Mauer ihnen beiden als Stütze dient, kann der Ablehnende uneingeschränkt zum Aufbau gezwungen werden, unabhängig davon, wie groß die dafür benötigte Fläche ist.
Wenn sie keinem von beiden als Stütze dient, kann der Ablehnende nicht gezwungen werden, falls die dafür benötigte Fläche groß ist. Falls die dafür benötigte Fläche klein ist, kann er dazu gezwungen werden, weil eine Teilung nicht möglich ist.[924]
Wenn sie nur einem von beiden als Stütze dient und derjenige, dem sie als Stütze dient, den Aufbau wünscht, der andere ablehnt, kann der Ablehnende uneingeschränkt dazu gezwungen werden, unabhängig davon, wie groß die für die Mauer benötigte Fläche ist. Wenn der andere den Aufbau wünscht und derjenige, dem sie als Stütze dient, ablehnt, kann der Ablehnende dazu gezwungen werden, wenn die dafür benötigte Fläche klein ist. Wenn sie groß ist, kann er nicht dazu gezwungen werden, weil sie geteilt werden kann.
In allen Fällen, in denen der Ablehnende gezwungen werden kann, hat der andere keinen Rückforderungsanspruch gegenüber dem Ablehnenden, wenn dieser ohne Einwilligung des Richters baut. Wenn er mit Einwilligung des Richter baut, hat er einen Rückforderungsanspruch gegenüber dem Ablehnenden in Bezug auf die Kosten für dessen Anteil. Er kann dem Ablehnenden die Nutzung der Mauer und ihre Belastung verweigern, bis er von ihm die Kosten hierfür erhalten hat.[925]

[924] Der 2. Absatz des Art. 772 fehlt in der jordanischen Ausgabe von 1987.
[925] Die Bestimmung des Artikels ist in allen seinen Absätzen dem „Radd al-muḥtār“ am Ende des Abschnitts zur fehlerhaften Gesellschaft S. 355 entnommen. (Fn.-Qadrī)

Das Buch zur Leihe

Art. 773
Die Leihe ist die Übertragung des Nutzens an der geliehenen Sache an den Entleiher[926] ohne Gegenleistung.[927]

Art. 774
Voraussetzung für die Wirksamkeit der Leihe ist, dass die entliehene Sache[928] bei Aufrechterhaltung ihrer Sachsubstanz einen Nutzen bringen kann.

Art. 775
Die entliehene Sache bleibt Eigentum des Verleihers[929].[930]

Art. 776
Der Entleiher muss für die Bewahrung und Pflege der entliehenen Sache so Sorge tragen, als handele es sich um sein eigenes Vermögen.

Art. 777
Wenn der Verleiher dem Entleiher die Nutzung der entliehenen Sache in Bezug auf die Zeit, den Ort und die Art der Nutzung freistellt, ist es zulässig, dass dieser die Sache zu einer Zeit, an einem Ort und in einer Art nutzt, so wie er das wünscht. Bedingung hierfür ist, dass das bekannte und übliche Maß dafür nicht überschritten wird. Wenn es denn überschritten wird und die entliehene Sache untergeht, haftet der Entleiher dafür.[931]

Art. 778
Wenn der Verleiher die Art, die Zeit oder den Ort der Nutzung festlegt, kann der Entleiher die entliehene Sache nicht zu einer anderen Zeit oder an einem anderen Ort als angegeben und nicht in einer anderen als der bewilligten Art nutzen. Die Überschreitung bedeutet einen Schaden. Er kann sie aber in der entsprechenden oder weniger schädlichen Art nutzen.

---

[926] Arab. musta'īr.

[927] Die Bestimmung dieses und des folgenden Artikels ist dem „Ad-durr“ am Beginn des Abschnitts zur Leihe S. 502 entnommen. (Fn.-Qadrī)

[928] Arab. musta'ār.

[929] Arab. mu'īr.

[930] Entnommen aus dem Beginn des ersten Kapitels in der „Al-hindīya“ in der Erläuterung S. 343. (Fn.-Qadrī)

[931] Entnommen aus der „Al-hindīya“ am Beginn des vierten Kapitels zur Abweichung des Entleihers S. 346 und aus dem „Ad-durr“ im mittleren Abschnitt zur Leihe S. 405. Ebenso ist die folgende Bestimmung dem Erwähnten entnommen. (Fn.-Qadrī)

Art. 779
Wenn der Verleiher dem Entleiher die Einwilligung zur Nutzung erteilt und keinen Nutzer festlegt, kann der Entleiher die entliehene Sache selbst nutzen oder sie an einen anderen verleihen, unabhängig davon, ob die Sache durch den Gebrauch unterschiedlicher Nutzer verändert wird oder nicht, solange er die Sache nicht selbst genutzt hat und sie sich durch die Nutzung verändert hat. Danach kann er sie nicht an einen anderen verleihen.[932]
Wenn der Verleiher eine Festlegung trifft und einen Nutzer festlegt, wird dies bei Sachen berücksichtigt, die sich durch den Gebrauch unterschiedlicher Nutzer verändern. Der Entleiher darf die entliehene Sache nicht an einen anderen verleihen. Wenn er dagegen verstößt, die Sache verleiht und diese untergeht, haftet er dafür. Die Festlegung wird nicht bei Sachen berücksichtigt, die sich durch den Gebrauch unterschiedlicher Nutzer nicht verändern. Der Entleiher kann die entliehene Sache an einen anderen verleihen. Er haftet nicht, wenn er die Sache verleiht und sie im Besitz des zweiten Entleihers untergeht.

Art. 780
Wenn der Verleiher dem Entleiher die Verleihung der Sache an einen anderen untersagt und dieser sie verleiht und die entliehene Sache untergeht, haftet der Entleiher uneingeschränkt, unabhängig davon, ob sich die entliehene Sache durch den Gebrauch unterschiedlicher Nutzer verändert oder nicht.[933]

Art. 781
Wenn sich die Leihe auf eine bestimmte Tätigkeit bezieht, hat der Entleiher die entliehene Sache nach Beendigung der Tätigkeit, für die er die Sache entliehen hat, zurückzugeben. Er kann die Sache danach nicht an einen anderen verleihen. Wenn er aber die Sache an einen anderen verleiht und sie untergeht, haftet er dafür, unabhängig davon, ob sich die Sache durch den Gebrauch unterschiedlicher Nutzer verändert oder nicht.[934]

Art. 782
In allen Fällen, bei denen der Entleiher die Sache nicht weiterverleihen darf, kann er die entliehene Sache nicht bei einer anderen Person hinterlegen. Wenn

---

[932] Die Bestimmung dieses und des folgenden Absatzes sind dem „Ad-durr“ und dem „Radd al-muḥtār“ im mittleren Abschnitt zur Leihe S. 503 und S. 504 entnommen. (Fn.-Qadrī) Die Fußnote in der jordanischen Ausgabe von 1987 ist nicht korrekt.

[933] Die Bestimmung dieses Artikels ist dem „Ad-durr“ im mittleren Abschnitt zur Leihe S. 504 entnommen. (Fn.-Qadrī)

[934] Entnommen aus dem „Tanqīḥ al-ḥāmidīya“ am Ende des Abschnitts zur Leihe S. 97. (Fn.-Qadrī)

er sie dennoch hinterlegt und die Sache beim Verwahrer untergeht, haftet der Entleiher dafür.[935]

Art. 783
In allen Fällen, in denen der Entleiher die entliehene Sache weiterverleihen darf, ist es zulässig, dass er sie bei einer anderen Person hinterlegt. Wenn die Sache beim Verwahrer ohne schuldhafte Rechtsverletzung untergeht, haftet der Entleiher dafür nicht.

Art. 784
Es ist nicht zulässig, dass der Entleiher die entliehene Sache vermietet oder diese verpfändet, es sei denn, dass er sie entleiht, um sie mit Einwilligung des Verleihers zu verpfänden.
Wenn er sie aber ohne dessen Einwilligung vermietet und die Sache im Besitz des Mieters untergeht, hat der Verleiher die Wahl, den Entleiher oder den Mieter in Haftung zu nehmen. Wenn er den Entleiher in Haftung nimmt, hat dieser keinen Rückforderungsanspruch gegenüber einer anderen Person in Bezug auf die Haftung. Wenn er den Mieter in Haftung nimmt, hat dieser einen Rückforderungsanspruch gegenüber dem Entleiher, wenn ihm zum Zeitpunkt der Miete nicht bekannt war, dass die in seinem Besitz befindliche Sache geliehen war.
Wenn er die Sache verpfändet, die verpfändete Sache im Besitz des Pfandnehmers untergeht und der Verleiher den Entleiher in Haftung nimmt, bleibt das Pfand zwischen dem Entleiher, der die Sache verpfändet, und dem Pfandnehmer voll gültig.[936]

Art. 785
Der Verleiher kann die Leihe jederzeit rückgängig machen und die entliehene Sache zurückfordern, auch wenn die Leihe für eine bestimmte Zeit festgelegt war oder die Rückforderung einen Schaden hervorruft, es sei denn, dass ein Ende des Schadens absehbar ist - so bei Pflanzen - oder kurzfristig vermieden werden kann. In diesem Falle muss der Entleiher die Sache nicht zurückgeben. Die Sache bleibt gegen eine angemessene Miete im Besitz des Entleihers, bis der Schaden weggefallen ist.[937]

---

935 Die Bestimmung des Artikels ist dem Ende des Abschnitts zur Leihe im „Tanqīḥ al-ḥāmidīya“ S. 96 entnommen. Dies gilt auch für die folgende Bestimmung. (Fn.-Qadrī)

936 Die Bestimmung der Absätze des Artikels sind dem „Ad-durr“ und dem „Radd al-muḥtār“ am Beginn des Abschnitts zur Leihe S. 503 entnommen. (Fn.-Qadrī)

937 Entnommen aus dem „Ad-durr“ im mittleren Abschnitt zur Leihe S. 504 und 505 und in der „Takmilat radd al-muḥtār“ an der erwähnten Stelle S. 359. (Fn.-Qadrī)

Art. 786
Wenn die Leihe aus wertvollen Sachen[938] besteht und der Entleiher sie mittels einer anderen Person an den Verleiher zurückgibt, so haftet der Entleiher bei Untergang der Sachen, bevor sie beim Verleiher wohlbehalten angekommen sind. Wenn die Sachen nicht wertvoll sind, so haftet der Entleiher nicht für ihren Untergang, wenn er die Sachen mittels eines Vertrauten oder eines Familienmitgliedes des Verleihers zurückgibt. Wenn er sie mittels eines Fremden zurückgibt und er die Sache verleihen durfte, haftet er ebenfalls nicht für ihren Untergang. Wenn bei der Rückgabe mittels eines Fremden die Sachen, die er nicht verleihen durfte, untergehen, bevor sie beim Eigentümer oder bei dessen Bevollmächtigten zu ihrer Inbesitznahme wohlbehalten angekommen sind, haftet er dafür.[939]

Art. 787
Die Leihe von Land zum Bau oder zur Bepflanzung ist wirksam. Der Verleiher kann das Land jederzeit nach seinem Willen zurückfordern. Wenn er es zurückfordert und ein Gebäude darauf errichtet worden ist oder Bäume gepflanzt worden sind, kann der Verleiher den Entleiher beauftragen, dieses Gebäude oder diese Bäume zu beseitigen. Er darf diese aber ohne Einverständnis des Entleihers nicht in sein Eigentum überführen, sofern die Beseitigung keinen Schaden am Land hervorruft. Wenn aber ein Schaden am Land hervorgerufen wird, hat der Verleiher die Wahl, den Entleiher zur Beseitigung zu beauftragen und den Schaden zu akzeptieren oder das Gebäude bzw. die Bäume zwangsweise vom Entleiher in sein Eigentum zum jeweiligen Wert zu überführen, indem das Land mit und ohne das Gebäude bzw. die Bäume bewertet wird und der Verleiher die Differenz zwischen beiden Werten bezahlt.[940]

Art. 788
Wenn die Leihe von Land an eine festgelegte Frist gebunden ist, der Verleiher gegenüber dem Entleiher einen Rückforderungsanspruch vor Ablauf der Frist erhebt und den Entleiher zur Zerstörung des Gebäudes und zur Beseitigung der Bäume auffordert, haftet der Verleiher für die Differenz zwischen dem Wert des Gebäudes und der Bäume zum Zeitpunkt ihrer Beseitigung und dem Wert des Gebäudes und der Bäume, der zum Ende der Frist bestanden hätte.
Wenn aber das Land zur landwirtschaftlichen Nutzung verliehen wird und die Pflanzen noch nicht erntereif sind, kann der Verleiher das Land nicht vor der Reife der Pflanzen zurückfordern. Es verbleibt bis zum Zeitpunkt ihrer Reife gegen eine angemessene Pacht im Besitz des Entleihers.

---

938 Arab. ašyāʾ nafīsa.
939 Die Bestimmung des Artikels ist dem „Ad-durr“ und dem „Radd al-muḥtār“ im mittleren Abschnitt zur Leihe S. 505 entnommen. (Fn.-Qadrī)
940 Die Bestimmung dieses und des folgenden Artikels ist dem „Ad-durr“ und dem „Radd al-muḥtār“ im mittleren Abschnitt zur Leihe S. 504 und 505 entnommen. (Fn.-Qadrī)

Art. 789
Bei Untergang der entliehenen Sache wird nur im Falle einer schuldhaften Rechtsverletzung gehaftet. Die Aufnahme der Haftung dafür im Vertrag ist nichtig. Dagegen erfolgt eine Haftung bei einer schuldhaften Rechtsverletzung, bei einer Vernachlässigung der entliehenen Sache oder bei einer unsachgemäßen Bewahrung der Sache seitens des Entleihers.[941]

Art. 790
Wenn aus der Nutzung der entliehenen Sache ein Mangel folgt, der den Wert der Sache reduziert, haftet der Entleiher nicht für diesen Wertverlust, wenn die Nutzung der Sache in bekannter und üblicher Art erfolgte. Dagegen haftet er für seine Nutzung über das übliche Maß hinaus.[942]

Art. 791
Wenn der Entleiher die Vernichtung der geliehenen Sache in irgendeiner Weise verhindern kann und dies nicht tut, ist er ein schuldhafter Rechtsverletzer und haftet für die Sache.[943]
Wenn aber die Sache mit Gewalt weggenommen wurde und der Entleiher nichts dagegen tun konnte, haftet er dafür nicht.

Art. 792
Wenn die Leihe für eine bestimmte Zeit festgelegt war und der Entleiher die Sache nach Ablauf der Zeit zurückbehält, obwohl er sie hätte zurückgeben können, haftet er bei ihrem Untergang für ihren Wert, wenn es sich um eine nicht vertretbare Sache handelt, oder mit einer vergleichbaren Sache. Dies gilt unabhängig davon, ob er die Sache nach Ablauf der Zeit benutzt hat oder nicht.[944]
Dies gilt ebenso, wenn die Leihe an einen bestimmten Ort gebunden ist, der Entleiher diesen Ort missachtet und die Sache untergeht. Der Entleiher haftet dafür.[945]

Art. 793
Der Entleiher trägt die Unterhaltskosten für die entliehene Sache[946] sowie die Kosten für deren Bewahrung und Rückgabe.[947]

---

[941] Entnommen aus dem „Ad-durr“ und dem „Radd al-muḥtār“ am Beginn des Abschnitts zur Leihe S. 303. (Fn.-Qadrī)

[942] Die Bestimmung des Artikels ist der „Al-hindīya“ in der Mitte des fünften Kapitels zur Vernachlässigung der Leihe S. 349 entnommen. (Fn.-Qadrī) Vgl. Art. 777.

[943] Entnommen aus dem „Tanqīḥ al-ḥāmidīya“ am Beginn des Abschnitts zur Leihe S. 92. (Fn.-Qadrī)

[944] Die Bestimmung des Artikels ist dem „Radd al-muḥtār“ im mittleren Abschnitt zur Leihe S. 505 entnommen. (Fn.-Qadrī)

[945] Entnommen aus dem Beginn des „Tanqīḥ al-ḥāmidīya“ S. 93. (Fn.-Qadrī)

Art. 794
Bei jeder Verfügung, die die Haftung nach sich zieht, haftet der Entleiher, wenn er behauptet, mit Einwilligung des Verleihers gehandelt zu haben, der Verleiher dies aber leugnet, es sei denn, der Zeugenbeweis[948] wird für die Einwilligung erbracht.[949]

Art. 795
Die Leihe wird durch den Tod des Verleihers oder des Entleihers annulliert. Die Leihe geht nicht auf die gesetzlichen Erben des Entleihers über.[950]
Wenn der Entleiher verstirbt, ohne dass sich ein Hinweis auf die entliehene Sache findet und ohne dass diese in seinem Nachlass vorhanden ist, wird sie als eine aus dem Nachlass zu bezahlende Schuld behandelt.

---

946 Arab. mu'nat al-ʿain al-mustaʿāra.

947 Die Bestimmung des Artikels ist dem „Ad-durr" und dem „Radd al-muḥtār" im mittleren Abschnitt zur Leihe S. 505 und dem Beginn des Abschnitts zur Leihe im „Ad-durr" S. 502 entnommen. (Fn.-Qadrī)

948 Arab. al-baiyina.

949 Entnommen aus dem „Radd al-muḥtār" im mittleren Abschnitt zur Leihe S. 505 und aus dem „Tanqīḥ al-ḥāmidīya" im mittleren Abschnitt zur Leihe S. 95. (Fn.-Qadrī) In der jordanischen Ausgabe von 1987 sind diese und die folgende Fn. mit einer fehlerhaften Nummer versehen (Art. 794-795).

950 Entnommen aus dem „Ad-durr" und dem „Radd al-muḥtār" am Ende des Abschnitts zur Leihe S. 507 und aus dem „Tanqīḥ al-ḥāmidīya" am Beginn des Abschnitts zur Leihe S. 93. (Fn.-Qadrī)

Das Buch zum Darlehen[951]

Art. 796

Das Darlehen ist ein Vertrag, bei welchem eine Person einer anderen eine bestimmte vertretbare Sache, die durch die Nutzung verbraucht wird, unter der Bedingung übergibt, dass eine vergleichbare Sache zurückerstattet wird.[952]

Art. 797

Die als Darlehen übergebene Sache stammt aus dem Eigentum des Darlehensgebers[953] und geht in das Eigentum des Darlehensnehmers[954] über, wenn dieser sie in Besitz nimmt. Sie besteht als Schuld[955] des Darlehensnehmers, die mit einer vergleichbaren, nicht aber mit der gleichen Sache, zurückzuzahlen ist, auch wenn die Sache selbst noch vorhanden ist.[956]

Wenn aber die Sache nach dem Vertragsschluss und vor der Inbesitznahme untergeht, haftet der Darlehensnehmer nicht.

Art. 798

Das Darlehen ist in Bezug auf vertretbare Sachen wirksam. Dies sind Sachen, deren einzelne Stücke sich in ihrem Wert nicht unterscheiden, so vergleichbare messbare, wägbare und zählbare Sachen.[957]

---

951 Arab. qarḍ. Zu den detaillierten Unterschieden beim Darlehen in den einzelnen Rechtsschulen vgl. al-Ǧazīrī, ʿA. ar-R., Kitāb al-fiqh…, a.a.O., Bd. 2, S. 275-276.

952 Entnommen aus dem „Ad-durr" am Beginn des Abschnitts zum Darlehen S. 171. (Fn.-Qadrī)

953 Arab. muqriḍ.

954 Arab. mustaqriḍ.

955 Arab. ḏimma. J. Chr. Wichard macht auf die Entwicklung des Begriffs in der ḥanafitischen Rechtsliteratur aufmerksam. Er spricht zutreffend davon, dass „die Verpflichtung *dain* … ein (fiktiver) Vermögenswert (sei), der dem Gläubiger zusteht; insofern steht der Begriff der Bedeutung von ‚Anspruch' im deutschen Recht nahe. Er ruht in der *ḏimma* des Schuldners." Wichard, J. Chr., Zwischen Markt..., a.a.O., S. 138.

956 Entnommen aus dem „Ad-durr" im mittleren Abschnitt zum Darlehen S. 173. (Fn.-Qadrī) Die Besonderheit dieses Darlehens besteht eben gerade darin, dass der Zins ausgeschlossen wird und nicht die gleiche (wie bei der Leihe), sondern eine vergleichbare Sache (besonders Geld) zurückgezahlt wird. Vgl. statt aller Saleh, N., Financial Transactions and the Islamic Theory of Obligations and Contracts. In: Islamic Law and Finance, ed. by Ch. Mallat with an Introduction by W. M. Ballantyne, London, Dordrecht, Boston 1988, S. 13-29.

957 Die Bestimmung dieses und des folgenden Artikels ist dem „Ad-durr" und dem „Radd al-muḥtār" am Beginn des Abschnitts zum Darlehen S. 171 entnommen. (Fn.-Qadrī) Vgl. dazu Art. 399 ff. in diesem Text.

Art. 799
Das Darlehen in Bezug auf nicht vertretbare Sachen ist nicht wirksam. Dies sind Sachen, deren einzelne Stücke sich in ihrem Wert unterscheiden.

Art. 800
Es ist zulässig, gemünztes Gold oder Silber als Darlehen nach Gewicht oder auch nach Anzahl, wenn das Gewicht der Stücke gleich ist, zu verwenden. Der Gegenwert wird in Stücken, wenn sie vom Gewicht her gleich sind, oder anderenfalls nach Gewicht entrichtet.[958]

Art. 801
Der Vater darf das Kapital seines minderjährigen Kindes[959] weder als Darlehen vergeben noch daraus ein Darlehen für sich selbst aufnehmen.[960] Dies gilt auch für den ernannten Vormund, der das Kapital des Mündels[961] nicht als Darlehen vergeben und kein Darlehen für sich selbst aufnehmen darf.

Art. 802
Der Darlehensnehmer muss in Quantität und Qualität vergleichbare Sachen in Bezug auf das Darlehen zurückerstatten.[962]

Art. 803
Es ist zulässig, ein Darlehen an einem bestimmten Ort aufzunehmen und an einem anderen Ort zurückzuzahlen, ohne dass dies im Vertrag vereinbart worden ist.[963]

Art. 804
Die Befristung des Darlehens ist nicht bindend, auch wenn dies im Vertrag ausbedungen wird. Der Darlehensgeber hat auch vor Ablauf der Frist einen Rückgabeanspruch.[964]

---

958 Die Bestimmung des Artikels ist dem mittleren Abschnitt des Kapitels zum Zins (ar-ribā) im „Ad-durr“ und im „Radd al-muḥtār“ S. 182 entnommen. (Fn.-Qadrī)

959 Arab. walad. Dabei ist unbeachtlich, ob es sich um einen Jungen oder ein Mädchen handelt.

960 Entnommen aus dem Ende des Abschnitts zur Zurückbehaltung (ḥabs) im „Ad-durr“ und im „Radd al-muḥtār“ S. 341. (Fn.-Qadrī)

961 Arab. yatīm. Hier im allgemeinen Verständnis des Mündels verwendet. Vgl. Fn. 188 und Art. 801 der französischen Übersetzung von 1893.

962 Entnommen aus dem Beginn des Abschnitts zur Darlehen im „Ad-durr“ und im „Radd al-muḥtār“ S. 171 sowie aus dem „Ad-durr“ und dem „Radd al-muḥtār“ in der Mitte des Abschnitts zum Darlehen S. 174. (Fn.-Qadrī)

963 Entnommen aus dem „Radd al-muḥtār“ in der Mitte des Abschnitts zum Darlehen S. 174. (Fn.-Qadrī)

Art. 805

Wenn ein Darlehen in zirkulierendem Kupfergeld[965] oder in Bargeld, welches oft gefälscht wird und sich danach nicht mehr im Umlauf befindet, aufgenommen wird, hat der Darlehensnehmer den Wert des Geldes zum Tag seiner Inbesitznahme, nicht aber zum Tag der Rückerstattung zurückzugeben. Wenn das Darlehen aus messbaren oder wägbaren Sachen bzw. aus gemünztem Gold und Silber besteht und deren Preise fallen oder steigen, hat er die vergleichbaren Sachen ohne Berücksichtigung ihrer Verminderung oder Erhöhung zurückzuzahlen.[966]

Art. 806

Wenn der Darlehensnehmer nicht in der Lage ist, mit dem Darlehen vergleichbare Sachen zurückzugeben, weil er sie verbraucht hat und sie danach nicht mehr unter den Menschen kursieren, ist der Darlehensgeber verpflichtet, darauf zu warten, dass sie wieder verfügbar sind, es sei denn, beide Seiten einigen sich auf den Wert.[967]

Art. 807

Wenn der Darlehensgeber die Rückgabe der mit dem Darlehen vergleichbaren Sache fordert und der Darlehensnehmer arm[968] und ohne Vermögen ist, kann die Rückerstattung nur von ihm gefordert werden, wenn er wieder zu Vermögen gelangt ist.

Art. 808

Wenn mehrere Personen eine Geldsumme als Darlehen aufgenommen haben und eine von ihnen im Auftrag der anderen die Summe vom Darlehensgeber in

---

964 Entnommen aus dem „Ad-durr“ und dem „Radd al-muḥtār“ am Ende des Abschnitts zum doppelten Verkaufsgeschäft S. 170. (Fn.-Qadrī)

965 Arab. fulūs. Zur Verbreitung und Bedeutung des Kupfergeldes im arabischen Raum vgl. Ilisch, L., ʿAbd al-Malik's Monetary Reform in Copper and the Failure of Centralization. In: Money, Power and Politics in Early Islamic Syria. A Review of Current Debates, Farnham, Burlington 2010, S. 125-146.

966 Die Bestimmung des Artikels ist dem „Ad-durr“ und dem „Radd al-muḥtār“ am Beginn des Abschnitts zum Darlehen S. 172 entnommen. (Fn.-Qadrī) Der Verfasser folgt in dieser Bestimmung (Rückgabe des Wertes) Muḥammad aš-Šaibānī und Abū Yūsuf, nicht aber Abū Ḥanīfa. Vgl. dazu Muršid al-ḥairān ilā maʿrifat aḥwāl al-insān fi-l-muʿāmalāt aš-šarʿīya. Šarḥ wa-dirāsa..., a.a.O., 3. Bd., S. 1199.

967 Die Bestimmung des Artikels ist dem „Tanqīḥ al-ḥāmidīya“ im mittleren Abschnitt zum Darlehen S. 324 sowie dem „Ad-durr“ und dem „Radd al-muḥtār“ im mittleren Abschnitt zum Darlehen S. 173 entnommen. (Fn.-Qadrī)

968 Arab. muʿsir.

Empfang genommen hat, kann dieser vom Empfänger nur dessen Anteil fordern.[969]

Art. 809

Wenn ein entmündigter Jugendlicher etwas als Darlehen aufnimmt und dies verbraucht, haftet er dafür. Wenn die Sache von sich aus untergeht, haftet er nicht. Wenn aber die Sache noch vorhanden ist, hat der Darlehensgeber einen Rückgabeanspruch.[970]

---

[969] Die Bestimmung des Artikels ist dem „Ad-durr" am Ende des Abschnitts zum Darlehen S. 175 entnommen. (Fn.-Qadrī)

[970] Die Bestimmung des Artikels ist dem „Ad-durr" und dem „Radd al-muḥtār" im mittleren Abschnitt zum Darlehen S. 174 entnommen. (Fn.-Qadrī)

Das Buch zum hinterlegten Gut[971]

Art. 810
Die Hinterlegung[972] ist ein Vertrag, bei dem der Eigentümer einen anderen zur Bewahrung seiner Sache ausdrücklich oder stillschweigend[973] ermächtigt. Das hinterlegte Gut ist die beim Treuhänder[974] zur Bewahrung hinterlegte Sache.[975]

Art. 811
Voraussetzung für die Wirksamkeit der Hinterlegung ist, dass die hinterlegte Sache in Besitz genommen werden kann.[976]

Art. 812
Die Hinterlegung mit dem Anspruch der pflichtgemäßen Bewahrung erfolgt durch Angebot und Annahme in eindeutiger Weise mit der tatsächlichen oder durch Beschluss festgestellten Übergabe der Sache an den Verwahrer, indem der Hinterleger die Sache in den Besitz des Verwahrers übergibt. Die Hinterlegung kann auch durch Angebot und Annahme stillschweigend erfolgen, indem der Hinterleger die Sache in den Besitz eines anderen gibt, dazu schweigt und der andere nichts entgegnet. So hat der Verwahrer die Pflicht, die Sache zu bewahren.[977]

Art. 813
Wenn sich das hinterlegte Gut in einem verschlossenen Behälter oder in einem versiegelten Umschlag befindet und der Verwahrer dieses in Empfang nimmt, ist die Inempfangnahme wirksam, auch wenn er den Inhalt nicht kennt.
Wenn der Inhaber des Gutes bei seiner Rückgabe an ihn behauptet, dass etwas davon fehlt, muss der Verwahrer keinen Eid ablegen, es sei denn, der Hinterleger[978] wirft ihm Verrat vor.[979]

---

971 Arab. wadīʻa.
972 Arab. īdāʻ.
973 Arab. ṣarāḥatan au-dalālatan (ausdrücklich oder stillschweigend).
974 Arab. amīn.
975 Entnommen aus dem „Ad-durr“ am Beginn des Abschnitts zur Hinterlegung S. 493. (Fn.-Qadrī)
976 Entnommen aus dem „Ad-durr“ am Beginn des Abschnitts zur Hinterlegung S. 494. (Fn.-Qadrī)
977 Entnommen aus dem „Ad-durr“ am Beginn des Abschnitts zur Hinterlegung S. 493 und 494. (Fn.-Qadrī)
978 Arab. mūdiʻ.
979 Entnommen aus der „Al-hindīya“ am Ende des vierten Kapitels zur Vernachlässigung des hinterlegten Gutes S. 326 und aus dem mittleren Abschnitt zum hinterlegten Gut im „Tanqīḥ al-ḥāmidīya“ S. 84. (Fn.-Qadrī)

Art. 814
Der Verwahrer darf keinen Lohn für die Bewahrung des hinterlegten Gutes nehmen, es sei denn, dies ist im Vertrag vereinbart.[980]

Art. 815
Der Verwahrer hat bei der Bewahrung des hinterlegten Gutes Sorgfalt zu leisten. Er hat es so wie seine eigenen Sachen und seinem Wert angemessen an einem sicheren Ort zu bewahren.[981]
Er kann es selbst oder bei einem unterhaltsberechtigten Familienmitglied[982], dem er seine eigenen Sachen anvertraut, verwahren.

Art. 816
Die Bewahrung des hinterlegten Gutes erfolgt nur bei einem Verwahrer, der im Vollbesitz seiner geistigen Kräfte und volljährig ist. Falls er aber minderjährig oder geisteskrank ist, haftet er im Falle des Verbrauchs des hinterlegten Gutes nicht, es sei denn, der Minderjährige ist zu Handelsgeschäften ermächtigt oder die Inbesitznahme des hinterlegten Gutes erfolgt mit Einwilligung seines gesetzlichen Vormundes. So haftet er im Falle des Verbrauchs.[983]

Art. 817
Das hinterlegte Gut ist ein Treuhandgut, für das im Falle des Untergangs generell keine Haftung übernommen wird, unabhängig davon, ob dies vermeidbar war oder nicht. Der Verwahrer haftet aber bei einer schuldhaften Rechtsverletzung seinerseits, oder wenn er die Bewahrung des Gutes vernachlässigt.[984]

Art. 818
Wenn die Hinterlegung gegen einen Lohn erfolgt und das verwahrte Gut aus einem vermeidbaren Grund heraus untergeht bzw. verloren geht, haftet der Verwahrer[985] dafür.

---

980 Entnommen aus dem „Radd al-muḥtār" am Beginn des Abschnitts zur Hinterlegung S. 494 und aus dem Ende des dritten Kapitels zu den für das hinterlegte Gut zu berücksichtigenden Bedingungen in der „Al-hindīya" S. 321. (Fn.-Qadrī)

981 Entnommen aus dem „Tanqīḥ al-ḥāmidīya" im mittleren Abschnitt zum hinterlegten Gut S. 87. (Fn.-Qadrī)

982 Arab. man fī ʿiyālihi. Vgl. Art. 25.

983 Entnommen aus dem „Ad-durr" und der „Takmilat radd al-muḥtār" am Beginn des Abschnitts zur Hinterlegung S. 309. (Fn.-Qadrī)

984 Entnommen aus dem „Ad-durr" am Beginn des Abschnitts zur Verwahrung S. 494. Gleiches gilt für die folgende Bestimmung. (Fn.-Qadrī)

985 Arab. hier: wadīʿ.

Art. 819
Wenn im Vertrag zum anvertrauten Gut eine Bedingung zulasten des Verwahrers vereinbart wird und die Bedingung nützlich[986] und erfüllbar ist, muss der Verwahrer sie beachten und danach handeln. Wenn die Bedingung nicht nützlich oder nützlich, aber nicht erfüllbar ist, ist sie überflüssig[987]. Es muss nicht danach gehandelt werden.[988]

Art. 820
Es ist nicht zulässig, dass der Verwahrer das hinterlegte Gut bei einem Fremden ohne Rechtfertigungsgrund und ohne Einwilligung seines Inhabers deponiert. Wenn er es aber ohne dessen Einwilligung dort deponiert und es aufgrund einer schuldhaften Rechtsverletzung beim zweiten Verwahrer untergeht, hat der Inhaber des hinterlegten Gutes die Wahl, den ersten oder den zweiten Verwahrer haften zu lassen. Wenn er den ersten Verwahrer haftbar macht, hat dieser einen Rückforderungsanspruch gegenüber dem zweiten. Wenn er den zweiten haftbar macht, hat dieser niemandem gegenüber einen Rückforderungsanspruch.[989]
Wenn das Gut beim zweiten Verwahrer ohne schuldhafte Rechtsverletzung und vor der Trennung der beiden Verwahrer untergeht, haftet keiner von beiden. Wenn es aber nach der Trennung der beiden Verwahrer untergeht, haftet nur der erste, nicht aber der zweite Verwahrer.

Art. 821
Der Verwahrer darf das hinterlegte Gut ohne Einwilligung seines Inhabers nicht gebrauchen oder nutzen. Wenn er es ohne dessen Einwilligung gebraucht und es dabei untergeht, haftet er dafür.[990]

Art. 822
Der Verwahrer darf die bei ihm hinterlegte Sache ohne Einwilligung ihres Inhabers nicht vermieten, verleihen oder verpfänden. Wenn er dies aber tut und die Sache im Besitz des Mieters, Entleihers oder Pfandnehmers untergeht, hat ihr Eigentümer die Wahl, den Verwahrer, den Mieter, den Entleiher oder den Pfandnehmer haften zu lassen.[991]

---

[986] Vgl. in Bezug auf die Verwirklichung des Vertrags Muršid al-ḥairān ilā maʿrifat aḥwāl al-insān fi-l-muʿāmalāt aš-šarʿīya. Šarḥ wa-dirāsa…, a.a.O., 3. Bd., S. 1215.

[987] Arab. laġū.

[988] Entnommen aus dem „Tanqīḥ al-ḥāmidīya" am Ende des Abschnitts zum hinterlegten Gut S. 90. (Fn.-Qadrī)

[989] Die Bestimmung dieses und des folgenden Abschnitts ist dem „Tanqīḥ al-ḥāmidīya" am Beginn des Abschnitts zum hinterlegten Gut S. 81 und S. 82 entnommen. (Fn.-Qadrī)

[990] Die Bestimmung des Artikels ist dem „At-tanqīḥ" am Beginn des Abschnitts zum hinterlegten Gut S. 82 entnommen. (Fn.-Qadrī)

[991] Die Bestimmung des Artikels ist der „Al-hindīya" am Beginn des Buches zum hinterlegten Gut S. 317 entnommen. (Fn.-Qadrī)

Art. 823
Es ist zulässig, dass der Verwahrer das hinterlegte Gut auf eine Landreise mitnimmt, auch wenn dazu ein Träger notwendig ist. Dies gilt, solange der Inhaber des Gutes die Reise damit nicht verbietet, der Inhaber nicht schriftlich einen Ort zur Bewahrung der Sache festlegt oder der Weg nicht gefährlich ist.[992]

Art. 824
Wenn der Inhaber des hinterlegten Gutes dem Verwahrer die Reise mit der Sache verbietet oder einen Ort zur Bewahrung der Sache festlegt und dieser dagegen verstößt bzw. wenn der Inhaber die Reise nicht verbietet, der Weg aber gefährlich ist, so haftet der Verwahrer bei Untergang der Sache gegenüber dem Inhaber, wenn die Reise für ihn vermeidbar war.
Wenn die Reise notwendig und unvermeidbar für ihn war und er selbst ohne unterhaltsberechtigte Familienmitglieder, wenn er solche hat, die Reise mit dem hinterlegten Gut angetreten hat, haftet er bei Untergang der Sache. Wenn er aber mit seinen unterhaltsberechtigten Familienmitgliedern oder allein, da er keine solchen Familienmitglieder hat, die Reise angetreten hat, haftet er bei Untergang der Sache nicht.

Art. 825
Wenn der Verwahrer das hinterlegte Gut mit seinem Vermögen oder mit dem Vermögen eines anderen ohne Einwilligung seines Inhabers vermischt, sodass die Unterscheidung[993] der beiden Vermögen schwierig wird, haftet der Verwahrer für das hinterlegte Gut, unabhängig davon, ob die Sache, die er mit dem hinterlegten Gut vermischt, von der gleichen Gattung ist oder nicht. Wenn ein Dritter das hinterlegte Gut vermischt, sodass die Unterscheidung schwierig wird, so haftet derjenige, der die Vermischung bewirkt, auch wenn dieser minderjährig ist. Der Vater des Minderjährigen haftet jedoch nicht mit seinem Vermögen.[994]

Art. 826
Wenn der Verwahrer das hinterlegte Gut mit seinem Vermögen mit Einwilligung des Inhabers des hinterlegten Gutes vermischt oder die Vermischung ohne

[992] Die Bestimmung des Artikels ist dem „Ad-durr" und der „Takmilat radd al-muḥtār" im mittleren Abschnitt zum hinterlegten Gut S. 334 und S. 335 entnommen. Dies gilt auch für den folgenden Artikel, dessen Bestimmung den erwähnten Seiten entnommen sind. (Fn.-Qadrī)

[993] Arab. tamyīz.

[994] Die Bestimmung dieses und des folgenden Artikels ist dem „Ad-durr" und dem „Radd al-muḥtār" im mittleren Abschnitt zum hinterlegten Gut S. 497 und 498 sowie ebenfalls dem „Ad-durr" und der „Takmilat radd al-muḥtār" in der Mitte des Kapitels zum hinterlegten Gut S. 326, 327 und 328 entnommen. (Fn.-Qadrī)

Zutun des Verwahrers erfolgt, sodass die Trennung[995] der beiden Vermögen schwierig ist, wird der Verwahrer zum Partner des Eigentümers[996] des hinterlegten Gutes in einer Eigentumsgesellschaft[997]. Wenn die Sache untergeht, ohne dass sie vernachlässigt worden ist, haftet der Verwahrer als Partner nicht.

Art. 827
Wenn der Inhaber des hinterlegten Gutes abwesend ist, ohne dass ein Kontakt besteht, der Richter ihm die Zahlung des Unterhalts an seine Ehefrau oder an seine Vorfahren, für die er unterhaltspflichtig ist, auferlegt und der Verwahrer auf Anordnung des Richters aus dem bei ihm hinterlegten Geld den Unterhalt an die Unterhaltsberechtigten bezahlt, haftet er dafür nicht.[998]
Wenn er jedoch ohne Einwilligung des Richters bezahlt, haftet er.

Art. 828
Wenn der Inhaber des hinterlegten Gutes abwesend ist, ohne dass ein Kontakt besteht, hat der Verwahrer das hinterlegte Gut zu bewahren, bis bekannt ist, ob der Inhaber tot oder lebendig ist.[999] Wenn das hinterlegte Gut durch das Aufbewahren Schaden nimmt, kann es der Verwahrer auf Anordnung des Richters verkaufen und seinen Preis als Treuhandgut bewahren.

Art. 829
Die Kosten für das hinterlegte Gut, welches Unterhalt und Proviant[1000] erfordert, obliegen dem Inhaber. Wenn der Inhaber eines solchen hinterlegten Gutes abwesend ist und dieses vermietbar ist, kann der Verwahrer auf Anordnung des Richters dieses vermieten. Die Miete wird für den Unterhalt des Gutes verwendet. Wenn das hinterlegte Gut nicht vermietbar ist, ordnet der Richter an, dass der Verwahrer die Unterhaltskosten für maximal drei Tage trägt, in der Hoffnung, dass der Eigentümer erscheint. Der Richter kann auch den sofortigen Verkauf des hinterlegten Gutes und die Bewahrung des Preises durch den Verwahrer anordnen.[1001]

---

[995] Arab. tafrīq.
[996] D.h. er wird zum Miteigentümer.
[997] Vgl. Art. 745 und 746.
[998] Die Bestimmung der beiden Absätze des Artikels ist dem „Ad-durr“ und dem „Radd al-muḥtār“ in der Mitte des Kapitels zum Unterhalt S. 666 entnommen. (Fn.-Qadrī)
[999] Die Bestimmung des Artikels ist dem „Radd al-muḥtār“ am Ende des Abschnitts zum hinterlegten Gut S. 501 entnommen. (Fn.-Qadrī)
[1000] Arab. nafaqa wa-mu'na.
[1001] Die Bestimmung dieses und des folgenden Artikels ist dem „Radd al-muḥtār“ am Ende des Abschnitts zur Hinterlegung S. 501 - wie zuvor erwähnt - entnommen. (Fn.-Qadrī)

Art. 830
Wenn der Verwahrer ohne Einwilligung des Richters die Kosten für das hinterlegte Gut trägt, gilt dies als eine freiwillige Spende, auf die er keinen Rückforderungsanspruch gegenüber dem Inhaber des hinterlegtes Gutes hat. Wenn er mit Einwilligung des Richters, wie erwähnt, bezahlt, hat er einen Rückforderungsanspruch gegenüber dem Inhaber auf alle Kosten, wenn dieser erscheint. Bedingung ist, dass die gezahlten Kosten den Wert der Sache nicht übersteigen, wenn es sich um ein Tier handelt.

Art. 831
Sowohl der Hinterleger als auch der Verwahrer können den Hinterlegungsvertrag jederzeit auflösen. Der Verwahrer ist dann verpflichtet, das hinterlegte Gut an seinen Inhaber zurückzugeben.[1002]

Art. 832
Wenn der Verwahrer eingeschüchtert oder bedroht wird, um das hinterlegte Gut herauszugeben, sodass er um sein Leben, um den Verlust eines Körperteils oder um den Verlust seines gesamten Vermögens fürchten muss, und er es herausgibt, haftet er dafür nicht. Wenn er aber das hinterlegte Gut ohne einen solchen Rechtfertigungsgrund vernachlässigt, haftet er dafür.[1003]

Art. 833
Wenn der Inhaber des hinterlegten Gutes sein Gut fordert, hat es ihm der Verwahrer zu übergeben. Wenn er sich unberechtigterweise weigert, das Gut zu übergeben, obwohl er dazu in der Lage ist, haftet er beim Untergang gegenüber dem Inhaber.[1004]
Wenn er nicht in der Lage ist, das Gut zu übergeben, haftet er nicht bei dessen Untergang.

Art. 834
Wenn der Verwahrer verstirbt und sich das hinterlegte Gut als Gegenstand in seinem Nachlass befindet, dann ist das Gut Treuhandbesitz des gesetzlichen Erben. Dieser ist verpflichtet, es an seinen Inhaber zu übergeben.[1005]

1002 Entnommen aus dem „Radd al-muḥtār“ am Ende des Abschnitts zur Hinterlegung am Ende von S. 498 aus den Äußerungen zum „Zeitpunkt des Bestreitens“. (Fn.-Qadrī)

1003 Die Bestimmung des Artikels ist dem „Ad-durr“ am Ende des Abschnitts zum hinterlegten Gut S. 501 entnommen. (Fn.-Qadrī)

1004 Die Bestimmung dieses und des folgenden Absatzes ist dem „Ad-durr“ am Beginn des Abschnitts zum hinterlegten Gut S. 495 entnommen. (Fn.-Qadrī)

1005 Die Bestimmung dieses und des folgenden Absatzes ist dem „Ad-durr“ und dem „Radd al-muḥtār“ in der Mitte des Abschnitts zur Hinterlegung S. 495 und 496 sowie dem

Wenn der Verwahrer verstirbt, ohne dass er auf das hinterlegte Gut hingewiesen hat, sich dieses nicht in seinem Nachlass befindet und die gesetzlichen Erben davon keine Kenntnis haben, ist das Gut eine Schuld, die aus seinem Nachlass zu begleichen ist. Der Hinterleger und die anderen Gläubiger des Verwahrers sind dabei gleichgestellt.

Art. 835
Wenn der Verwahrer verstirbt, sein Erbe das hinterlegte Gut verkauft und an den Käufer übergibt, und das Gut geht in dessen Besitz unter, hat der Inhaber des hinterlegten Gutes die Wahl, den Verkäufer oder den Käufer zum Zeitpunkt des Verkaufs und der Übergabe für den Wert, wenn es sich um eine nicht vertretbare Sache handelt, bzw. durch eine vergleichbare Sache, wenn es sich um eine vertretbare Sache handelt, in Haftung zu nehmen. Dies gilt unabhängig davon, ob der Erbe als Verkäufer wusste, dass es sich um ein hinterlegtes Gut handelt oder nicht. Wenn sich das hinterlegte Gut noch im Besitz des Käufers befindet, hat der Inhaber des Gutes die Wahl, es an sich zu nehmen und den Verkauf rückgängig zu machen oder den Verkauf zu bestätigen und den Preis entgegenzunehmen, wenn die im Art. 395 des zweiten Abschnitts über zulässige und unzulässige Verkaufsobjekte erwähnten Bedingungen vorliegen.[1006]

Art. 836
Wenn der Inhaber des hinterlegten Gutes verstirbt, wird sein hinterlegtes Gut an seine gesetzlichen Erben zurückgegeben, solange die Schulden den Nachlass nicht übersteigen. In diesem Falle wird das Gut nicht an den gesetzlichen Erben gegeben, wenn Zweifel am Vertrauen des gesetzlichen Erben bestehen, es sei denn, es liegt eine Einwilligung des Richters vor. Wenn es ohne dessen Einwilligung übergeben wird und untergeht bzw. verloren geht, haftet der Verwahrer dafür.[1007]

„Tanqīḥ al-ḥāmidīya" am Beginn des Abschnitts zur Hinterlegung S. 83 entnommen. (Fn.-Qadrī)

1006 Die Bestimmung des Artikels ist dem „Tanqīḥ al-ḥāmidīya" am Ende des Abschnitts zu den Verkaufsverträgen S. 291 und S. 297 entnommen. (Fn.-Qadrī)

1007 Die Bestimmung des Artikels ist dem Ende des Abschnitts zur Hinterlegung in der „Takmilat radd al-muḥtār" S. 345 entnommen und bezieht sich auf die Aussage im „Ad-durr", wonach „der Schuldner des Verstorbenen nicht durch die Zahlung der Schuld an den gesetzlichen Erben frei wird…". (Fn.-Qadrī)

Art. 837
Wenn ein Anspruch auf das hinterlegte Gut besteht und der Verwahrer für das Gut haftet, so hat dieser einen Rückforderungsanspruch gegenüber dem Inhaber auf die Haftungssumme.[1008]

Art. 838
In allen Fällen, in denen die Haftung für das hinterlegte Gut verbindlich ist, erfolgt diese durch eine vergleichbare Sache, wenn es sich um vertretbare Sachen handelt, die auf dem Markt verfügbar sind, bzw. durch den Wert der Sache, wenn es sich um nicht vertretbare Sachen oder um vertretbare Sachen handelt, die nicht auf dem Markt verfügbar sind.[1009]

[1008] Entnommen aus dem Beginn des Abschnitts zur widerrechtlichen Aneignung und Haftung in der „Al-anqarawīya" S. 346. (Fn.-Qadrī)

[1009] Die Bestimmung des Artikels ist dem Beginn des Buches zur widerrechtlichen Aneignung im „Ad-durr" S. 116 entnommen. (Fn.-Qadrī)

Das Buch zur Bürgschaft[1010]

1. Kapitel

1. Abschnitt

Art. 839
Die Bürgschaft ist ein Vertrag, bei dem die Verpflichtung des Bürgen[1011] der Verpflichtung des ursprünglichen Schuldners[1012] in Bezug auf die Forderung, eine Person zu gestellen, eine Schuld zu begleichen oder eine Sache zu liefern, hinzugefügt wird.[1013]

Art. 840
Die Bürgschaft ist durch das bloße Angebot des Bürgen ohne Annahme durch den Forderungsinhaber oder dessen Vertreter, auch wenn es sich um einen nicht beauftragten Vermittler handelt, in der Vertragssitzung nicht wirksam.[1014]

Art. 841
Voraussetzung für die Wirksamkeit der Bürgschaft ist, dass sowohl der Bürge als auch der Gläubiger[1015] im Vollbesitz ihrer geistigen Kräfte und volljährig sind. Die Bürgschaft eines Geisteskranken und eines Minderjährigen, auch wenn er Handelsgeschäfte betreiben kann, ist nicht wirksam, ebenso die Bürgschaft zugunsten eines geisteskranken oder eines minderjährigen Gläubigers, es sei denn, dieser darf Handelsgeschäfte betreiben.[1016]
Dagegen ist die Bürgschaft für einen geisteskranken oder minderjährigen Schuldner[1017] für den Bürgen bindend und verpflichtend.

[1010] Arab. kafāla. Zu den islamisch-rechtlichen Bestimmungen zur Bürgschaft bzw. zur Haftung vgl. al-Ḫafīf, ʿA., Aḍ-ḍamān fi-l-fiqh al-islāmī. Al-Qāhira 2000, S. 191-304.

[1011] Arab. ḏimmat al-kafīl. Bei J. Gentz erscheint dieser Begriff auch als Haftung. Vgl. Gentz, J., Die Bürgschaft im islamischen Recht nach al-Kāsānī. In: Zeitschrift für Vergleichende Rechtswissenschaft (ZVglRWiss), Stuttgart 62/1960, S. 94.

[1012] Arab. ḏimmat al-aṣīl. Vgl. ebenda, S. 154.

[1013] Entnommen aus dem Beginn des Abschnitts zur Bürgschaft im „Ad-durr" S. 249. (Fn.-Qadrī)

[1014] Entnommen aus dem Beginn des Abschnitts zur Bürgschaft im „Radd al-muḥtār" S. 251. (Fn.-Qadrī)

[1015] Arab. al-makfūl lahu, also der Bürgschaftsempfänger.

[1016] Entnommen aus dem „Ad-durr" und dem „Radd al-muḥtār" am Beginn des Abschnitts zur Bürgschaft S. 251 und S. 252. (Fn.-Qadrī)

[1017] Arab. al-kafāla ʿanhu, also der Schuldner der Bürgschaft.

Art. 842
Voraussetzung für die Wirksamkeit der Bürgschaft ist auch, dass die Haftung für die Sache dem ursprünglichen Schuldner in Form von Geld, einer Sache oder einer bestimmten Person tatsächlich obliegt. Die Sache, für die gebürgt wird, muss so beschaffen sein, dass sie vom Bürgen übergeben werden kann.[1018]

Art. 843
Die Bürgschaft des Todkranken[1019] ist nicht wirksam, wenn er verschuldet ist und die Schuld sein Vermögen übersteigt. Wenn seine Schuld das Vermögen nicht übersteigt und seine Bürgschaft aus dem Drittel des Vermögens nach Begleichung der Schuld stammt, ist sie in vollem Maße wirksam, ansonsten entsprechend dem Drittel.[1020]

Art. 844
Die Bürgschaft ist wirksam, wenn sie sich auf Sachen bezieht, mit denen der ursprüngliche Schuldner haftet. Dies sind Sachen, für die bei ihrem Untergang der Wert bei nicht vertretbaren Sachen oder eine vergleichbare Sache bei vertretbaren Sachen fällig wird, so bei einem fehlerhaften Verkaufsobjekt, der widerrechtlichen Aneignung oder der Inbesitznahme zur Überprüfung des Kaufangebotes, wenn der Preis schon festliegt.[1021]

Art. 845
Die Bürgschaft ist nicht wirksam, wenn sie sich auf Sachen bezieht, mit denen der ursprüngliche Schuldner nicht haftet. Es handelt sich dabei um pflichtgemäß zu übergebende und vorhandene Sachen, für die aber bei ihrem Untergang keine vergleichbare Sache und kein Wert fällig werden, so bei einem Verkaufsobjekt vor der Inbesitznahme oder beim Pfand. Hierfür wird mit dem Preis bzw. mit der Schuld gehaftet.

1018 Entnommen aus dem „Ad-durr“ und dem „Radd al-muḥtār“ am Beginn des Abschnitts zur Bürgschaft S. 251. (Fn.-Qadrī)

1019 Arab. al-marīḍ maraḍ al-maut. Dazu Art. 561 der Qadrī-Pāšā-Kodifikation. Zur islamisch-rechtlichen Qualifizierung der Todeskrankheit vgl. Ebert, H.-G., Das Erbrecht..., a.a.O., S. 148-155.

1020 Entnommen aus dem „Ad-durr“ und dem „Radd al-muḥtār“ am Beginn des Abschnitts zur Bürgschaft S. 252. (Fn.-Qadrī)

1021 Die Bestimmung dieses und des folgenden Artikels ist dem „Ad-durr“ und dem „Radd al-muḥtār“ am Beginn des Abschnitts zur Bürgschaft S. 249 und 250 sowie im mittleren Abschnitt der erwähnten Quelle S. 268 entnommen. (Fn.-Qadrī)

Art. 846
Die Bürgschaft kann einfach, auf eine zukünftige Frist bezogen oder an eine passende[1022] Bedingung geknüpft sein, die den Anspruch bewirkt oder die Möglichkeit bzw. die Unmöglichkeit der Schuldbegleichung betrifft.[1023]

Art. 847
Die Bürgschaft für Treuhandgüter, so für das hinterlegte Gut, das Vermögen der *muḍāraba*-Gesellschaft[1024], die Gesellschaft, die Leihe und die gemietete Sache im Besitz des Mieters, ist nicht wirksam.[1025]

2. Abschnitt
Personenbürgschaft[1026]

Art. 848
Die Personenbürgschaft besteht darin, die Person, für die gebürgt wird, herbeizubringen. Wenn im Bürgschaftsvertrag ausbedungen ist, die Person zu einer festgelegten Zeit zu überstellen, ist der Bürge verpflichtet, sie herbeizubringen und an den Gläubiger zur festgelegten Zeit zu überstellen, wenn dieser das fordert.
Wenn er sie zur festlegten Zeit herbeigebracht hat, ist der Bürge frei von seiner Schuld. Wenn er sie nicht herbeigebracht hat, wird er inhaftiert, sollte sich nicht die Unmöglichkeit und Unfähigkeit, diese Person herbeizubringen, herausstellen.[1027]

Art. 849
Wenn die Person, für die gebürgt wird, abwesend ist, der Ort der Abwesenheit bekannt ist und der Gläubiger das Herbeibringen der Person fordert, ist der Bürge zum Herbeibringen der Person verpflichtet. Der Gläubiger kann die Stellung eines weiteren Bürgen vom Bürgen verlangen, wenn sich dieser auf den Weg begibt, die Person, für die gebürgt wird, herbeizubringen. Wenn aber die Person, für die gebürgt wird, an einem unbekannten Ort abwesend ist, kann dies nicht vom Bürgen gefordert werden.

1022 Arab. mulā'im. Passend für den Vertrag. Vgl. Gentz, J., Die Bürgschaft..., a.a.O., S. 153.

1023 Entnommen aus dem „Ad-durr“ und dem „Radd al-muḥtār“ im mittleren Abschnitt zur Bürgschaft S. 265 und S. 266. (Fn.-Qadrī)

1024 Hier wird der Treuhandcharakter der muḍāraba betont. Vgl. Heckel, M., Integration islamischer Rechtsinstitute..., a.a.O., S. 64.

1025 Entnommen aus dem „Radd al-muḥtār“ im mittleren Abschnitt zur Bürgschaft S. 268. (Fn.-Qadrī)

1026 Auch als Gestellungsbürgschaft bezeichnet. Vgl. Gentz, J., Die Bürgschaft im islamischen Recht..., a.a.O., S. 165.

1027 Die Bestimmung dieses und des folgenden Artikels ist dem „Ad-durr“ im mittleren Abschnitt zur Bürgschaft S. 256 entnommen. (Fn.-Qadrī)

Art. 850

Der Personenbürge wird mit der Überstellung der Person, für die gebürgt wird, an den Gläubiger zur gerichtlichen Verhandlung von seiner Verpflichtung befreit, auch wenn dies nicht an Gerichtsstelle geschieht, es sei denn, die Gerichtsstelle ist für seine Überstellung ausbedungen. Dies erfolgt, wenn er sagt: „Ich habe Dir die Person laut Bürgschaft überstellt". Wenn er dies nicht sagt[1028] und der Bürgschaftsempfänger die Überstellung von ihm gefordert hat, ist er auch durch die Überstellung an ihn von der Verpflichtung befreit. Erfolgt keine Überstellung, ist er nicht befreit.[1029]

Art. 851

Wenn die Person, für die gebürgt wird, verstirbt, ist der Bürge von der Bürgschaft mit dessen Tod befreit. Auch der Bürge des Bürgen ist befreit, wenn der ursprüngliche Bürge verstirbt.

Der Bürge ist aber nicht durch den Tod des Gläubigers befreit. Vielmehr geht das Recht der Forderung gegenüber dem Bürgen, die Person, für die gebürgt wird, herbeizubringen, an die gesetzlichen Erben des Gläubigers über.

3. Abschnitt

Vermögensbürgschaft[1030]

Art. 852

Die Bürgschaft für eine bestimmte oder für eine unbestimmte Sache ist wirksam. Es muss sich aber um eine wirksame und rechtskräftige Schuld einer Person handeln, die nur durch Zahlung oder Befreiung von der Schuld erlischt.[1031]

Art. 853

Die Bürgschaft für eine nicht wirksame Schuld[1032] ist nicht wirksam. Eine Ausnahme bildet der im gegenseitigen Einvernehmen oder auf Anordnung des Richters festgelegte Unterhalt an die Ehefrau.

1028 In der jordanischen Ausgabe von 1987 fehlt im Art. 850 die Verneinung.

1029 Die Bestimmung dieses und des folgenden Artikels ist dem „Ad-durr" im mittleren Abschnitt zur Bürgschaft S. 257 entnommen. (Fn.-Qadrī) In der jordanischen Ausgabe von 1987 fehlerhaft.

1030 Arab. kafāla bi-l-māl.

1031 Die Bestimmung dieses und des folgenden Artikels ist dem „Ad-durr" und dem „Radd al-muḥtār" im mittleren Abschnitt zur Bürgschaft S. 262 und 263 entnommen. (Fn.-Qadrī)

1032 Vgl. Muršid al-ḥairān ilā maʿrifat aḥwāl al-insān fi-l-muʿāmalāt aš-šarʿīya. Šarḥ wadirāsa…, a.a.O., 3. Bd., S. 1258.

Art. 854
Wenn zwei oder mehr Miteigentümer eine Forderung gegenüber einer Person haben, ist die Bürgschaft zugunsten eines Miteigentümers für dessen Anteil an der gemeinsamen Forderung nicht wirksam.[1033]

Art. 855
Die Bürgschaft des Bevollmächtigten des Verkäufers für den Käufer in Bezug auf den Preis, für den der Bevollmächtigte etwas an ihn verkauft hat, ist nicht wirksam. Dies gilt ebenso für die Bürgschaft des ernannten Vormundes in Bezug auf den Preis, zu welchem er etwas aus dem Vermögen des Minderjährigen verkauft hat, und die Bürgschaft des Verwalters für etwas, was er aus dem Vermögen der Religiösen Stiftung verkauft hat.

Art. 856
Der Gläubiger kann für seine verbürgte Forderung den ursprünglichen Schuldner, den Bürgen oder beide gleichzeitig in Anspruch nehmen.
Wenn der Bürge seinerseits einen Bürgen hat, kann der Gläubiger einen von beiden nach seinem Willen in Anspruch nehmen.[1034]

Art. 857
Wenn mehrere Bürgen für eine Schuld bürgen und jeder von ihnen für sich allein in aufeinanderfolgenden Verträgen für die gesamte Schuld bürgt, kann von jedem von ihnen die gesamte Schuld gefordert werden. Wenn also einer von ihnen zahlt, sind alle befreit. Wenn sie sich gegenseitig im Auftrag des Schuldners für die gesamte Schuld verbürgen, hat derjenige, der zahlt, einen Rückforderungsanspruch gegenüber allen anderen entsprechend dem jeweiligen Anteil.[1035]

Art. 858
Wenn mehrere Bürgen für eine Schuld bürgen und sie sich gemeinsam in einem Vertrag verpflichtet haben, kann von jedem von ihnen nur der jeweilige Anteil an der verbürgten Schuld gefordert werden.

[1033] Die Bestimmung dieses und des folgenden Artikels ist dem „Ad-durr“ im mittleren Abschnitt zur Bürgschaft S. 270 entnommen. (Fn.-Qadrī)

[1034] Die Bestimmung des ersten Absatzes ist dem Ende des zweiten Abschnitts zur Personen- und Vermögensbürgschaft in der „Al-hindīya“ S. 215, die des zweiten Absatzes dem Beginn des Abschnitts zur Bürgschaft im „Radd al-muḥtār“ S. 250 und 252 entnommen. (Fn.-Qadrī)

[1035] Die Bestimmung dieses und des folgenden Artikels ist dem „Ad-durr“ und dem „Radd al-muḥtār“ am Beginn des Abschnitts zur Bürgschaft von zwei Männern S. 286 entnommen. (Fn.-Qadrī)

Wenn sich jeder von ihnen getrennt[1036] für die gesamte Zahlungsverpflichtung der anderen verbürgt, kann der Gläubiger von einem von ihnen die gesamte Schuld fordern.

Art. 859
Wenn die Schuld für den ursprünglichen Schuldner gestundet ist, so gilt die Stundung auch für seinen Bürgen.[1037]

Art. 860
Wenn der Bürge für eine sofort fällige Schuld eine gestundete Bürgschaft übernimmt, gilt die Stundung für den Bürgen und den ursprünglichen Schuldner, es sei denn, dass der Bürge die Stundung nur auf sich bezieht oder sich der Gläubiger zum Zeitpunkt der Bürgschaft ausbedungen hat, dass die Stundung nur für den Bürgen gilt. In diesen beiden Fällen gilt die Stundung nicht für den ursprünglichen Schuldner.

Art. 861
Wenn der Gläubiger dem ursprünglichen Schuldner die Schuld stundet, gilt dies auch für den Bürgen und für den Bürgen des Bürgen. Wenn er aber dem ersten Bürgen die Schuld stundet, wirkt die Stundung auch für den zweiten Bürgen, nicht jedoch für den ursprünglichen Schuldner.

Art. 862
Wenn der Bürge aus seinem Vermögen die Schuld bezahlt, hat er einen Rückforderungsanspruch gegenüber dem ursprünglichen Schuldner, wenn die Bürgschaft im Auftrag des ursprünglichen Schuldners erfolgte und dessen Erklärung[1038] rechtlich zulässig ist. So hat der Bürge keinen Rückforderungsanspruch gegenüber dem unmündigen Minderjährigen.[1039]

Art. 863
Der Bürge darf die verbürgte Schuld vom ursprünglichen Schuldner erst fordern, wenn der Bürge sie an den Gläubiger gezahlt hat, auch wenn die Bürgschaft im Auftrag des ursprünglichen Schuldners erfolgt ist.[1040]

1036 Arab. munfaridan.

1037 Entnommen aus dem „Ad-durr“ und dem „Radd al-muḥtār“ im mittleren Abschnitt zur Bürgschaft S. 274. Dies gilt auch für die beiden folgenden Artikel. (Fn.-Qadrī)

1038 Arab. iqrāruhu ʿalā nafsihi.

1039 Entnommen aus dem „Ad-durr‘“ im mittleren Abschnitt zur Bürgschaft S. 271. (Fn.-Qadrī)

1040 Entnommen aus dem „Ad-durr‘“ im mittleren Abschnitt zur Bürgschaft S. 272. (Fn.-Qadrī)

Art. 864
Wenn für eine gestundete Schuld gebürgt wurde und der Bürge diese dem Gläubiger sofort bezahlt, hat der Bürge erst nach Ablauf der Frist einen Rückforderungsanspruch gegenüber dem ursprünglichen Schuldner, auch wenn die Bürgschaft im Auftrag des ursprünglichen Schuldners erfolgt ist.[1041]

Art. 865
Wenn der ursprüngliche Schuldner verstirbt und die Schuld gestundet war, wird die Schuld nur in Bezug auf den Schuldner sofort fällig. Der Gläubiger kann sie aus dem Nachlass des Schuldners, jedoch nicht vom Bürgen nehmen.[1042]

Art. 866
Wenn der Bürge verstirbt und die Schuld gestundet war, wird die Zahlung durch seinen Tod in Bezug auf den Bürgen fällig. Der Gläubiger kann sie aus dessen Nachlass nehmen. Wenn der Erbe des Bürgen die Zahlung an den Gläubiger leistet, hat dieser erst nach Ablauf der Frist einen Rückforderungsanspruch gegenüber dem ursprünglichen Schuldner, auch wenn die Bürgschaft in dessen Auftrag erfolgt ist.

Art. 867
Wenn der ursprüngliche Schuldner und der Bürge gleichzeitig versterben, hat der Gläubiger der Forderung die Wahl, sie sofort aus einem der beiden Nachlässe zu nehmen.

Art. 868
Die Schuld eines zahlungsunfähigen Verstorbenen erlischt, wenn zu Lebzeiten kein Bürge vorhanden war und kein Pfand existiert.[1043]

Art. 869
Der Personen- oder Vermögensbürge kann bei einer fälligen Bürgschaft den ursprünglichen Schuldner daran hindern, eine Reise zu unternehmen, wenn die Bürgschaft im Auftrag des Schuldners gestellt wurde. Dieser darf die Reise nicht antreten, bevor er nicht durch seine eigene Überstellung an den Forderungsinhaber bei einer Personenbürgschaft oder durch Zahlung der Schuld an den Forde-

[1041] Entnommen aus dem „Radd al-muḥtār“ im mittleren Abschnitt zur Bürgschaft S. 275 (Fn.-Qadrī)

[1042] Die Bestimmung dieses und der beiden folgenden Artikel ist dem „Ad-durr“ im mittleren Abschnitt zur Bürgschaft S. 275 entnommen.

[1043] Entnommen aus dem „Ad-durr‘“ im mittleren Abschnitt zur Bürgschaft S. 270. (Fn.-Qadrī)

rungsinhaber, wenn es sich um eine Vermögensbürgschaft handelt, den Bürgen von der Bürgschaft freigestellt hat.[1044]

4. Abschnitt
Freistellung von der Vermögensbürgschaft

Art. 870
Die Bezahlung der verbürgten Schuld durch den ursprünglichen Schuldner oder den Bürgen bewirkt das Freisein des ursprünglichen Schuldners, des Bürgen und des Bürgen des Bürgen.[1045]

Art. 871
Die Freistellung des ursprünglichen Schuldners durch den Gläubiger bewirkt das Freisein des Bürgen.

Art. 872
Der ursprüngliche Schuldner wird durch die Freistellung des Bürgen nicht von seiner Schuld befreit. Falls also der Gläubiger den Bürgen freistellt, ist dies keine Freistellung des ursprünglichen Schuldners.

Art. 873
Wenn der Gläubiger, für dessen Forderung gebürgt wird, verstirbt und der Schuldner dessen Erbschaft vollständig antritt, ist der Bürge von seiner Bürgschaft freigestellt.[1046]
Wenn der Gläubiger aber noch einen anderen gesetzlichen Erben hat, ist der Bürge nur bis zur Höhe des Anteils, den der Schuldner erhält, nicht aber für den Anteil des anderen gesetzlichen Erben freigestellt.

Art. 874
Die Übertragung der gegenüber seinem Gläubiger verbürgten Schuld durch den ursprünglichen Schuldner auf eine andere Person bewirkt bei Akzeptanz durch den Anweisenden[1047], den Gläubiger[1048] und denjenigen, dem die Schuld ange-

[1044] Entnommen aus dem „Ad-durr“ und dem „Radd al-muḥtār“ am Ende des Abschnitts zur Bürgschaft S. 284. (Fn.-Qadrī)

[1045] Entnommen aus dem „Ad-durr“ im mittleren Abschnitt zur Bürgschaft S. 273 und 274. Dies gilt ebenso für die beiden folgenden Artikel. (Fn.-Qadrī)

[1046] Die Bestimmung des ersten Absatzes ist dem „Radd al-muḥtār“ im mittleren Abschnitt zur Bürgschaft S. 273 entnommen. (Fn.-Qadrī)

[1047] Arab. al-muḥīl. Vgl. zu diesem und den folgenden Begriffen die URL http://majdbakir.com/islamic-finance/h/hawala.html (zuletzt abgerufen: 20.03.2013).

[1048] Arab. al-muḥāl. Derjenige, der die Schuld beansprucht, d.h. der Gläubiger.

wiesen wird[1049], die Freistellung des ursprünglichen Schuldners, des Bürgen und des Bürgen des Bürgen.[1050]

Art. 875
Der Anspruch auf das Verkaufsobjekt befreit den Bürgen vom Preis, für den er sich verbürgt.[1051]

1049 Arab. al-muḥāl ʿalaihi. Im weiteren Text auch al-muḥtāl ʿalaihi. Vgl. Fn. 1054.

1050 Die Bestimmung des Artikels ist dem mittleren Abschnitt zur Bürgschaft im „Tanqīḥ al-ḥāmidīya“ S. 335 entnommen. (Fn.-Qadrī)

1051 Die Bestimmung des Artikels ist dem Ende des Abschnitts zur Bürgschaft im „Tanqīḥ al-ḥāmidīya“ S. 337 entnommen. (Fn.-Qadrī) Die Fn. zum Art. 875 in der jordanischen Ausgabe von 1987 ist falsch.

Das Buch zur Schuldanweisung[1052]

Art. 876
Die Schuldanweisung ist die Übertragung der geforderten Schuld aus der Verpflichtung[1053] des Anweisenden in die Verpflichtung des Angewiesenen[1054].[1055]

Art. 877
Die Schuldanweisung hat zwei Formen: Die uneingeschränkte und die beschränkte Schuldanweisung.[1056]

Art. 878
Die uneingeschränkte Schuldanweisung liegt vor, wenn der Schuldner seine Schuld gegenüber seinem Gläubiger auf eine andere Person uneingeschränkt überträgt, ohne dass diese Person die Schuld aus der eigenen Schuld gegenüber dem Anweisenden oder mit einer Sache, die sie als hinterlegtes Gut bzw. als widerrechtlich angeeignetes Gut von ihm besitzt, zu bezahlen hat. Die uneingeschränkte Schuldanweisung liegt auch vor, wenn der Schuldner seine Schuld an eine Person überträgt, die ihm gegenüber weder Gläubiger noch Schuldner ist.

Art. 879
Die beschränkte Schuldanweisung liegt vor, wenn der Schuldner seine Schuld gegenüber seinem Gläubiger auf den Angewiesenen mit der Einschränkung überträgt, dass dieser die Schuld aus der eigenen Schuld gegenüber dem Anweisenden oder mit einer Sache, die er als Treuhandgut oder als widerrechtlich angeeignetes Gut von ihm besitzt, zu bezahlen hat.

1052 Arab. ḥawāla.

1053 Arab. ḏimma.

1054 Arab. al-muḥtāl ʿalaihi, d.h. der neue Schuldner. Im allgemeinen Sprachgebrauch steht dieser Terminus auch für den Betrogenen.

1055 Entnommen aus dem „Ad-durr" am Beginn des Abschnitts zur Schuldanweisung S. 288. (Fn.-Qadrī) Die französische Übersetzung des Art. 876 „... le transfert d'une dette d'une personne à une autre" bringt das Wesen der Schuldanweisung als islamische Rechtsfigur klarer zum Ausdruck. Vgl. zur ḥanafitischen Definition der ḥawāla al-Ǧazīrī, ʿA. ar-R., Kitāb al-fiqh..., a.a.O., Bd. 3, S. 168-169. Zur Begrifflichkeit und islamisch-rechtlichen Verankerung von Forderungsabtretung und Schuldübernahme siehe Krüger, H., Zum Recht der Forderungsabtretung in der arabischen Welt. In: Festschrift für Ulrich Spellenberg. Hrsg. von J. Bernreuther, R. Freitag, St. Leible, H. Sippel und U. Wanitzek, München 2010, S. 605-615.

1056 Der Inhalt dieses und der beiden folgenden Artikel ist dem „Tanqīḥ al-ḥāmidīya" am Beginn des Abschnitts zur Schuldanweisung S. 347 entnommen. (Fn.-Qadrī) Die Fußnote im Muršid al-ḥairān ilā maʿrifat aḥwāl al-insān fi-l-muʿāmalāt aš-šarʿīya. Šarḥ wadirāsa..., a.a.O., 3. Bd., S. 1282 verweist dagegen mit Bezug auf Art. 877 fälschlicherweise auf S. 340 im „Tanqīḥ al-ḥāmidīya".

1. Abschnitt
Bedingungen für die Wirksamkeit und die Rechtskraft des Vertrages der Schuldanweisung

Art. 880
Voraussetzung für die Wirksamkeit des Abschlusses eines Vertrages der Schuldanweisung ist, dass der Anweisende[1057] und der Gläubiger im Vollbesitz ihrer geistigen Kräfte sind und dass der Angewiesene[1058] im Vollbesitz seiner geistigen Kräfte und volljährig ist.[1059] Der Geisteskranke und der nichtunterscheidungsfähige Minderjährige können keine Schuld anweisen oder Gläubiger der Schuldanweisung sein. Ebenso ist die Akzeptanz der Schuldanweisung durch den angewiesenen Geisteskranken bzw. den nichtunterscheidungsfähigen Minderjährigen nicht wirksam. Dies gilt auch, wenn der minderjährige Angewiesene unterscheidungsfähig oder zur Handelstätigkeit ermächtigt ist.[1060]

Art. 881
Voraussetzung für die Rechtskraft[1061] des Vertrages der Schuldanweisung ist, dass der Anweisende und der Gläubiger volljährig sind. Die Schuldanweisung des unterscheidungsfähigen Minderjährigen wird nur in Abhängigkeit von der Zustimmung seines gesetzlichen oder ernannten Vormundes vollstreckt. Wenn dieser zustimmt, wird sie rechtskräftig, wenn er nicht zustimmt, wird sie nicht rechtskräftig.
Die Schuldanweisung wird in Bezug auf den unterscheidungsfähigen minderjährigen Gläubiger nur rechtskräftig, wenn der gesetzliche oder der ernannte Vormund zustimmt und der Angewiesene vermögender[1062] als der Anweisende ist.

Art. 882
Voraussetzung für die Wirksamkeit der Schuldanweisung ist das Einverständnis des Anweisenden, des Gläubigers und des Angewiesenen. Der Angewiesene muss nicht anwesend sein. Wenn er sich an einem anderen Ort[1063] aufhält, ihm die Schuld angewiesen wird und er nach Inkenntnissetzung die Schuldanweisung einverständlich und ohne Zwang annimmt, ist die Schuldanweisung wirksam. Er ist verpflichtet, dem Gläubiger die angewiesene Schuld zu bezahlen.

1057 Arab. muḥīl. In der jordanischen Ausgabe von 1987 fehlerhaft.
1058 D.h. der neue Schuldner.
1059 Ähnlich Art. 354 zum Verkauf.
1060 Die Bestimmung dieses und der beiden folgenden Artikel sind dem Beginn des Abschnitts zur Schuldanweisung aus dem „Ad-durr“ und dem „Radd al-muḥtār“ S. 289 entnommen. (Fn.-Qadrī)
1061 Arab. nafāḏ.
1062 Arab. amla’.
1063 Arab. balad. Damit ist nicht der Staat - wie im modernen Verständnis - gemeint.

Wenn er die Schuldanweisung nicht einverständlich annimmt, geht die Schuld nicht an ihn über und er ist nicht daran gebunden. Der Gläubiger hat keinen Forderungsanspruch ihm gegenüber.
Das Einverständnis des Angewiesenen ist einem Falle allerdings keine Voraussetzung. Dieser Fall liegt vor, wenn sich dessen Ehefrau auf Anordnung des Richters für den ihm obliegenden Unterhalt verschuldet. Sie kann in diesem Fall die Schuld auf ihn ohne sein Einverständnis übertragen. Er ist verpflichtet, die Schuld an den Gläubiger zu bezahlen.

Art. 883
Voraussetzung für die Wirksamkeit der Schuldanweisung ist, dass der Anweisende ein Schuldner des Gläubigers ist. Andernfalls liegt eine Vollmacht vor. Der Angewiesene muss nicht Schuldner des Anweisenden sein. Wenn er aber mit der Schuldanweisung einverstanden ist, ist sie wirksam. Der Angewiesene ist verpflichtet, dem Gläubiger die Schuld zu bezahlen, auch wenn der Angewiesene kein Schuldner des Anweisenden ist.[1064]

2. Abschnitt
Durch Schuldanweisung übertragbare Schulden

Art. 884
Die Schuldanweisung für eine Schuld, für die keine Bürgschaft wirksam gestellt werden kann, ist unwirksam.[1065]

Art. 885
Die Schuldanweisung für eine Schuld, für die eine Bürgschaft wirksam gestellt werden kann, ist wirksam, vorausgesetzt, dass die Schuld bestimmt ist. Die Schuldanweisung für eine unbestimmte Schuld ist nicht wirksam, auch wenn sie später für den Anweisenden und gegen den Angewiesenen nachgewiesen wird. Diese Schuldanweisung ist nichtig.

Art. 886
Die Schuldanweisung für wirksame Schulden, die direkt aus der Verpflichtung einer Person resultieren, ist ebenso wirksam wie die Schuldanweisung für Schulden aufgrund einer Bürgschaft oder Schuldanweisung.

[1064] Entnommen aus dem „Radd al-muḥtār“ am Beginn des Abschnitts zur Schuldanweisung S. 290. (Fn.-Qadrī)

[1065] Die Bestimmung dieses und der beiden folgenden Artikel ist dem „Radd al-muḥtār“ am Beginn des Abschnitts zur Schuldanweisung S. 290 entnommen. (Fn.-Qadrī)

Art. 887[1066]
Wenn der Gläubiger[1067] mit einem Mann[1068] übereinkommt, dass dieser die Übertragung der Forderung des Gläubigers gegenüber einer Person an ihn akzeptiert, der Mann die Schuld an ihn bezahlt und der Angewiesene dies akzeptiert, ist die Schuldanweisung wirksam.
Gleiches gilt, wenn eine Person dem Gläubiger im gegenseitigen Einvernehmen den Vorschlag unterbreitet, die Schuld einer Person zu übernehmen, und der Gläubiger dies akzeptiert. Die Schuldanweisung ist wirksam, auch wenn der Schuldner nicht anwesend ist. Derjenige, dem die Schuld angewiesen wird, ist in beiden Fällen verpflichtet. Eine spätere Reue ist nicht beachtlich.
Das Einverständnis des Schuldners ist keine Voraussetzung für die Wirksamkeit der Schuldanweisung. Es ist aber Voraussetzung, damit der neue Schuldner einen Rückforderungsanspruch auf das Gezahlte gegenüber dem ursprünglichen Schuldner geltend machen kann, wenn der neue Schuldner beim ursprünglichen Schuldner keine Schulden hat, oder um die Schuld zu löschen, die er beim ursprünglichen Schuldner hat.[1069]

Art. 888
Es ist wirksam, wenn eine Person, die einen Anspruch in Bezug auf die Religiösen Stiftung hat,[1070] die Schuld gegenüber ihrem Gläubiger durch eine auf die Ansprüche beschränkte Schuldanweisung an den Verwalter der Religiösen Stiftung überträgt. Dies gilt, wenn der Ertrag im Besitz des Verwalters verfügbar ist und dieser die Schuldanweisung akzeptiert. Sie ist in Bezug auf diese Ansprüche nicht wirksam, wenn der Ertrag im Besitz des Verwalters der Religiösen Stiftung nicht verfügbar ist.[1071]

Art. 889
Es ist zulässig, dass der Vater oder der ernannte Vormund die Schuldanweisung für eine Forderung des Mündels in Bezug auf das Vermögen eines anderen akzeptiert, wenn für den Minderjährigen ein Vorteil damit verbunden ist. Dieser Vorteil ist gegeben, wenn der Angewiesene vermögender als der Anweisende

---

1066 Die Artikel 887 bis 889 sind in der Ausgabe von 1891 nicht vorhanden und werden auch nicht im Muršid al-ḥairān ilā ma'rifat aḥwāl al-insān fi-l-mu'āmalāt aš-šar'īya. Šarḥ wadirāsa…, a.a.O., 3. Bd. erfasst.

1067 Arab. rabb ad-dain.

1068 Arab. rağul. Bezieht sich jedoch allgemein auf eine Person.

1069 Die Bestimmung des Artikels ist dem Werk von Ibn 'Ābidīn zur Schuldanweisung S. 401, der „Ḥāšiyat Abī as-Su'ūd 'alā Munlā Miskīn“ im dritten Teil S. 20 und der „Alhindīya“ im dritten Teil S. 242 entnommen. (Fn.-Qadrī)

1070 Arab. al-mustaḥiqq fi-l-waqf.

1071 Die Bestimmung des Artikels ist dem „Ad-durr“ zur Schuldanweisung S. 404 und dem „Tanqīḥ al-ḥāmidīya“ im ersten Teil S. 291 entnommen. (Fn.-Qadrī)

ist. Die Schuldanweisung ist nicht zulässig, wenn der Angewiesene ähnlich oder gleich vermögend wie der Anweisende ist.[1072]

3. Abschnitt
Wirkungen der Schuldanweisung

Art. 890
Wenn der Gläubiger die Schuldanweisung akzeptiert und der Angewiesene einverstanden ist, sind der Anweisende und sein Bürge, wenn ein solcher vorhanden ist, von der Schuld und zugleich von der Forderung des Gläubigers befreit. Dem Gläubiger steht das Recht der Forderung gegenüber dem Angewiesenen zu. Jedoch ist die Befreiung des Anweisenden und seines Bürgen von der Durchsetzbarkeit des Anspruchs des Gläubigers abhängig.[1073]

Art. 891[1074]
Die Schuldanweisung unter der Bedingung, dass der Anweisende nicht freigestellt wird, gilt als eine Bürgschaft. Wenn also eine Haftung des Anweisenden ausbedungen wird oder dem Gläubiger ein Wahlrecht eingeräumt wird, ist die Bedingung wirksam. Der Gläubiger kann die Schuld vom Anweisenden oder vom Angewiesenen fordern.[1075]

Art. 892
Im Falle der uneingeschränkten Schuldanweisung endet die Forderung des Anweisenden gegenüber dem Angewiesenen nicht. Wenn eine Forderung gegenüber dem Angewiesenen besteht oder dieser eine Sache verwahrt bzw. sich widerrechtlich angeeignet hat, kann der Anweisende seine Forderung in diesem Falle auch nach der Schuldanweisung erheben, bis dieser die angewiesene Schuld an den Gläubiger bezahlt hat. Wenn er diese Schuld bezahlt, erlischt anteilmäßig seine Schuld gegenüber dem Anweisenden. Wenn der Angewiesene gegenüber dem Anweisenden nicht verschuldet ist und der Angewiesene im Auftrag des Anweisenden für ihn die angewiesene Schuld bezahlt, hat der Angewiesene gegenüber dem Anweisenden wertmäßig einen Rückforderungsan-

[1072] Die Bestimmung des Artikels ist der „Al-ḥāmidīya“ S. 294 und der „Al-hindīya“ im dritten Teil S. 242 entnommen. (Fn.-Qadrī)

[1073] Die Bestimmung des Artikels ist dem „Ad-durr“ und dem „Radd al-muḥtār“ im mittleren Abschnitt zur Schuldanweisung S. 291 und 292 entnommen. (Fn.-Qadrī)

[1074] Der Artikel 891 ist in der Ausgabe von 1891 nicht vorhanden und wird auch nicht im Muršid al-ḥairān ilā maʿrifat aḥwāl al-insān fi-l-muʿāmalāt aš-šarʿīya. Šarḥ wa-dirāsa..., a.a.O., 3. Bd. erfasst.

[1075] Die Bestimmung des Artikels ist der „Al-ḫānīya“ im dritten Teil S. 65, dem „Tanqīḥ al-ḥāmidīya“ im ersten Teil S. 294 und der „Al-anqarawīya“ im ersten Teil S. 334 entnommen. (Fn.-Qadrī)

spruch. Wenn er ohne dessen Anweisung bezahlt, bezahlt er freiwillig und hat keinen Rückforderungsanspruch gegenüber dem Anweisenden dafür.[1076]

Art. 893
Wenn die Schuldanweisung auf ein Treuhandgut, eine widerrechtlich angeeignete Sache oder eine gesonderte Forderung des Anweisenden gegenüber dem Angewiesenen beschränkt ist, hat der Anweisende kein Forderungsrecht gegenüber dem Angewiesenen. Der Angewiesene darf die Forderung des Anweisenden nicht erfüllen. Wenn er an den Anweisenden zahlt, bürgt er dafür gegenüber dem Gläubiger und hat er einen Rückforderungsanspruch gegenüber dem Anweisenden.

Art. 894
Wenn der Pfandnehmer[1077] seine Schuld gegenüber einem seiner Gläubiger auf den Pfandgeber[1078] überträgt, erlischt sein Anspruch auf Verwahrung des Pfandes. Dem Gläubiger steht das Pfand nicht zu. Dies gilt ebenso, wenn der Verkäufer seine Schuld gegenüber einem seiner Gläubiger auf den Käufer durch den Preis überträgt. Sein Recht, das Verkaufsobjekt zu verwahren, erlischt. Wenn aber der Pfandgeber die Schuld gegenüber dem Pfandnehmer bzw. wenn der Käufer den Preis gegenüber dem Verkäufer auf einen Dritten überträgt, erlischt weder das Recht des Pfandnehmers an der Verwahrung des Pfandes noch das Recht des Verkäufers auf Verwahrung des Verkaufsobjektes.[1079]

Art. 895
Wenn der Schuldner seine Schuld gegenüber seinem Gläubiger auf einen Dritten überträgt, in der Schuldanweisung ausbedungen wird, dass der Angewiesene eine Sache aus dem Eigentum des Anweisenden verkauft und mit dem Preis die Schuld bezahlt wird, und der Angewiesene die Schuldanweisung mit dieser Bedingung akzeptiert, ist die Schuldanweisung im Auftrag des Anweisenden gegenüber dem Angewiesenen zum Verkauf wirksam. Der Angewiesene ist nicht verpflichtet, vor dem Verkauf zu bezahlen. Er ist zum Verkauf und zur Bezahlung der Schuld mit dem Preis verpflichtet.[1080]

1076 Die Bestimmung dieses und des folgenden Artikels ist dem Ende des Abschnitts zur Schuldanweisung im „Ad-durr“ und im „Radd al-muḥtār“ S. 294 entnommen. (Fn.-Qadrī)

1077 Arab. murtahin.

1078 Arab. rāhin.

1079 Die Bestimmung des Artikels ist dem „Radd al-muḥtār“ am Beginn des Abschnitts zur Schuldanweisung S. 288 entnommen. (Fn.-Qadrī)

1080 Die Bestimmung des Artikels ist dem „Radd al-muḥtār“ am Ende des Abschnitts zur Schuldanweisung S. 295 nach der „Al-bazāzīya“ und der „Aẓ-ẓāhirīya“ entnommen. (Fn.-Qadrī) Bei der „Al-bazāzīya“ handelt sich dabei um eine ḥanafitische Fatwā-

Art. 896

Die Schuld wird auf den Angewiesenen so übertragen, wie sie dem Anweisenden obliegt.[1081]

Wenn die Schuld des Anweisenden sofort fällig ist, ist die Schuldanweisung auf den Angewiesenen eine sofort fällige. Der Angewiesene hat die angewiesene Schuld unverzüglich zu bezahlen.

Wenn aber die Schuld des Anweisenden gestundet ist, ist die Schuldanweisung auf den Angewiesenen gestundet. Dieser ist erst zur Zahlung verpflichtet, wenn der Termin der Fälligkeit eintritt. Auch wenn der Anweisende vorher verstorben ist, bleibt die Befristung erhalten. Wenn der Angewiesene verstirbt, wird die Schuld sofort fällig und aus dem Nachlass bezahlt, wenn dieser für die Bezahlung der Schuld ausreicht. Wenn er nicht ausreicht, hat der Gläubiger der Schuld oder der verbliebenen Restschuld einen Rückforderungsanspruch gegenüber dem Anweisenden, der mit Fälligkeit die Schuld bzw. Restschuld bezahlen muss.

4. Abschnitt
Nichtigkeit der Schuldanweisung

Art. 897

Der Gläubiger hat gegenüber dem Anweisenden nur dann einen Rückforderungsanspruch, wenn die Option des Rückforderungsanspruchs in der Schuldanweisung für den Gläubiger ausbedungen wird oder wenn die Schuldanweisung unerfüllbar ist. Die Unerfüllbarkeit bezieht sich bei der uneingeschränkten Schuldanweisung auf zwei Sachverhalte. Der erste liegt vor, wenn der Angewiesene die Schuldanweisung abstreitet und weder der Anweisende noch der Gläubiger den Beweis hierfür erbringen. Der zweite liegt vor, wenn der Angewiesene zahlungsunfähig verstirbt und keine Sache oder Forderung hinterlässt, die zur Bezahlung der Schuld ausreicht, und kein Bürge für die gesamte Schuld vorhanden ist. Wenn er aber eine Forderung hinterlässt, so ist die Schuldanweisung nicht unwirksam, auch wenn sich die Forderung gegen einen Zahlungsunfähigen richtet.[1082]

Art. 898

Die Unmöglichkeit der Erfüllung der Schuld durch den Angewiesenen und seine Zahlungsunfähigkeit, selbst wenn diese durch richterliche Anordnung bestätigt

---

Sammlung des Muḥammad b. Šihāb al-Bazāz (gest. ca. 1245), die am Rande der „Al-hindīya" gedruckt wurde. Zur „Aẓ-ẓāhirīya" vgl. Fn. 435.

1081 Entnommen aus dem „Radd al-muḥtār" am Ende des Abschnitts zur Schuldanweisung auf der zuvor erwähnten Seite in der Anmerkung zur Einleitung. (Fn.-Qadrī)

1082 Die Bestimmung des Artikels ist dem „Ad-durr" und dem „Radd al-muḥtār" im mittleren Abschnitt zur Schuldanweisung S. 292 und 293 entnommen. (Fn.-Qadrī)

worden ist, bewirken nicht die Nichtigkeit der Schuldanweisung und die Rückführung der Schuld auf den Anweisenden.[1083]

Art. 899[1084]
Wenn der Angewiesene abwesend ist, und sei es an einem unbekannten Ort, hat der Gläubiger keinen Rückforderungsanspruch gegenüber dem Anweisenden. Ein solcher entsteht erst, wenn der Tod des Abwesenden erwiesen ist.[1085]

Art. 900
Wenn die Forderung, auf die die Schuldanweisung beschränkt wird, erlischt und das Freisein des Angewiesenen von der Schuld durch einen vorhergehenden Grund bewiesen ist, ist die Schuldanweisung nichtig. Falls also der Verkäufer seine Schuld gegenüber einem seiner Gläubiger auf den Käufer durch den Preis überträgt und das Verkaufsobjekt danach von einem anderen beansprucht wird, ist die Schuldanweisung nichtig und die Schuld geht auf den Anweisenden zurück.[1086]

Art. 901
Wenn die Forderung, auf die die Schuldanweisung beschränkt wird, wegen eines späteren Hinderungsgrundes nichtig ist und das Freisein des ursprünglichen Schuldners davon nicht bewiesen wird, ist die Schuldanweisung nicht unwirksam.
Falls also der Verkäufer die Schuld gegenüber seinem Gläubiger auf den Käufer durch den Preis für das Verkaufsobjekt überträgt, das Verkaufsobjekt beim Verkäufer vor seiner Übergabe an den Käufer untergeht, sodass der Käufer den Preis nicht bezahlen muss, bzw. der Rücktritt vom Verkaufsobjekt wegen eines Mangels o.a. erfolgt, ist die Schuldanweisung nicht unwirksam. Der Angewiesene hat nach der Leistung einen Rückforderungsanspruch gegenüber dem Anweisenden in Höhe seiner Zahlung.

1083 Die Bestimmung des Artikels ist dem „Radd al-muḥtār" im mittleren Abschnitt zur Schuldanweisung S. 293 entnommen und basiert auf einer bevorzugten Aussage des Imāms zum Thema. (Fn.-Qadrī) Der Ausdruck „Imām" bezieht sich hierbei auf Abū Ḥanīfa. Vgl. Muršid al-ḥairān ilā maʻrifat aḥwāl al-insān fi-l-muʻāmalāt aš-šarʻīya. Šarḥ wa-dirāsa…, a.a.O., 3. Bd., S. 1300.

1084 Der Artikel 899 ist in der Ausgabe von 1891 nicht vorhanden und wird auch nicht im Muršid al-ḥairān ilā maʻrifat aḥwāl al-insān fi-l-muʻāmalāt aš-šarʻīya. Šarḥ wa-dirāsa…, a.a.O., 3. Bd. erfasst.

1085 Die Bestimmung des Artikels ist dem Werk von Ibn ʻĀbidīn S. 406 entnommen. (Fn.-Qadrī)

1086 Die Bestimmung dieses Artikels und des ersten Absatzes des folgenden Artikels ist dem „Radd al-muḥtār" im mittleren Abschnitt zur Schuldanweisung S. 294 entnommen. (Fn.-Qadrī)

Art. 902[1087]

Wenn der Verkäufer die Schuld gegenüber einer Person auf den Käufer durch den Preis überträgt, der Käufer den Preis an den Gläubiger zahlt und danach ein Anspruch auf das Verkaufsobjekt bewiesen wird, hat der Käufer nur einen Rückforderungsanspruch gegenüber dem Verkäufer für seine Zahlung, nicht jedoch gegenüber dem Gläubiger, der den Preis in Besitz genommen hat, auch wenn der Verkäufer unerreichbar ist.[1088]

Art. 903

Wenn der Schuldner die Schuld gegenüber seinem Gläubiger auf den Verwahrer als beschränkte Schuldanweisung in Bezug auf die bei ihm verwahrte Sache überträgt und das hinterlegte Gut vor der Leistung an den Gläubiger ohne schuldhafte Rechtsverletzung des Verwahrers untergeht, ist der Verwahrer frei von der Schuld und ist die Schuldanweisung nichtig. Durch ihr Nichtigsein fällt die Schuld auf den Anweisenden zurück.[1089]

Der Anspruch auf das verwahrte Gut durch einen anderen macht die Schuldanweisung so wie beim Untergang des verwahrten Gutes nichtig.

Wenn aber der Untergang der Sache durch Vernachlässigung und schuldhafte Rechtsverletzung des Verwahrers erfolgt, ist die Schuldanweisung nicht unwirksam. Der Verwahrer haftet gegenüber dem Gläubiger für ihren Wert, wenn es sich um nicht vertretbare Sachen handelt, oder mit einer vergleichbaren Sache, wenn es sich um vertretbare Sachen handelt.

Art. 904

Wenn der Schuldner seine Schuld gegenüber seinem Gläubiger auf den Angewiesenen als beschränkte Schuldanweisung zur Zahlung mit einer widerrechtlich angeeigneten Sache, dies sich beim Angewiesenen befindet, überträgt und die Sache im Besitz des angewiesenen Usurpators vor der Leistung an den Gläubiger untergeht, ist die Schuldanweisung nicht unwirksam. Der Angewiesene wird nicht von der Schuld befreit, sondern haftet gegenüber dem Gläubiger mit einer vergleichbaren Sache oder mit dem Wert der Sache.[1090]

[1087] Der Artikel 902 ist in der Ausgabe von 1891 nicht vorhanden und wird auch nicht im Muršid al-ḥairān ilā maʿrifat aḥwāl al-insān fi-l-muʿāmalāt aš-šarʿīya. Šarḥ wa-dirāsa…, a.a.O., 3. Bd. erfasst. Er steht überdies im Widerspruch zum Art. 905. Dieser Widerspruch erklärt sich aus der nachträglichen Einfügung des Art. 902 (vgl. S. 20).

[1088] Keine Quelle angegeben. (Fn.-Qadrī)

[1089] Entnommen aus dem „Ad-durr“ und dem „Radd al-muḥtār“ im mittleren Abschnitt zur Schuldanweisung S. 293. (Fn.-Qadrī)

[1090] Entnommen aus dem „Ad-durr“ und dem „Radd al-muḥtār“ im mittleren Abschnitt zur Schuldanweisung S. 293. (Fn.-Qadrī)

Wenn aber die widerrechtlich angeeignete Sache von einem anderen beansprucht wird, ist die Schuldanweisung nichtig. Der Gläubiger kann seinen Anspruch auf den Anweisenden zurückführen.

Art. 905
In allen Fällen, in denen ein Anspruch auf das Verkaufsobjekt, für dessen Preis eine Schuld übertragen wird, besteht, hat der Angewiesene bei Zahlung des Preises die Wahl, einen Rückforderungsanspruch gegenüber dem Gläubiger, der den Preis in Besitz genommen hat, oder gegenüber dem Anweisenden geltend zu machen.[1091]

5. Abschnitt
Wirkung der Schuldanweisung nach dem Tod eines der beiden Vertragspartner

Art. 906
Der Vertrag der Schuldanweisung bewirkt den Übergang der Schuld auf den Angewiesenen, jedoch keine Eigentumsübertragung, unabhängig davon, ob es sich um eine uneingeschränkte oder eine beschränkte Schuldanweisung handelt.[1092]
Wenn also der Anweisende als Schuldner vor der Begleichung der Gesamtschuld durch den Angewiesenen verstirbt, so steht dem Gläubiger das, was er zu Lebzeiten des Anweisenden in Besitz genommen hat, zu. Für den Teil, den er nicht in Besitz genommen hat, steht er mit den übrigen Gläubigern des Anweisenden auf gleicher Stufe.
Wenn die Schuld zwischen den Gläubigern des Anweisenden aufgeteilt ist, hat der anweisungsempfangende Gläubiger keinen Rückforderungsanspruch gegenüber dem Angewiesenen in Bezug auf die Anteile, die die Gläubiger genommen haben.

Art. 907
Wenn der Anweisende vor der Begleichung der Gesamtschuld an den anweisungsempfangenden Gläubiger durch den Angewiesenen verstirbt und gesetzliche Erben, aber keine Gläubiger hinterlässt, können die gesetzlichen Erben des Anweisenden, nicht aber der anweisungsempfangende Gläubiger, die Restschuld fordern und dem Nachlass hinzufügen, sodass der Anspruch des anweisungsempfangenden Gläubigers dem Nachlass zugeordnet wird.

[1091] Entnommen aus dem „Ad-durr“ und dem „Radd al-muḥtār“ am Ende des Abschnitts zur Schuldanweisung S. 295. (Fn.-Qadrī)

[1092] Die Bestimmung dieses und der beiden folgenden Artikel ist dem „Radd al-muḥtār“ am Ende des Abschnitts zur Schuldanweisung S. 294 entnommen. (Fn.-Qadrī)

Art. 908
Wenn der Angewiesene als Schuldner verstirbt, wird sein Vermögen zwischen den Gläubigern und dem anweisungsempfangenden Gläubiger anteilmäßig geteilt. Für die verbliebene Restschuld hat der anweisungsempfangende Gläubiger einen Rückforderungsanspruch gegenüber dem Anweisenden.[1093]

Art. 909
Wenn der anweisungsempfangende Gläubiger verstirbt und der Angewiesene sein Erbe ist, erlischt die Schuld, die der Anweisende auf den Angewiesenen übertragen hat. Gleiches gilt, wenn der anweisungsempfangende Gläubiger das per Schuldanweisung zu übertragende Vermögen an den Angewiesenen verschenkt.[1094]

6. Abschnitt
Befreiung des Angewiesenen

Art. 910
Der Angewiesene wird durch die Zahlung der übertragenen Schuld oder durch die Übertragung der Schuld gegenüber dem Gläubiger auf einen Dritten, der die Schuldanweisung akzeptiert, befreit.[1095]

Art. 911
Wenn der Gläubiger[1096] den Angewiesenen von seiner Schuld befreit, erlischt die Schuld und der Angewiesene ist davon befreit, auch wenn er dies nicht akzeptiert. Falls er so kein Schuldner des Anweisenden mehr ist, besteht ihm gegenüber keinerlei Rückforderungsanspruch.[1097]

Art. 912
Wenn der anweisungsempfangende Gläubiger dem Angewiesenen die Schuld durch eine Schenkung erlässt und dieser die Schenkung akzeptiert, verliert der Gläubiger das Eigentum an der Forderung. Wenn also der Angewiesene gegenüber dem Anweisenden[1098] verschuldet war, erlischt für ihn durch Aufrechnung

---

1093 Vgl. Art. 897.

1094 Entnommen aus dem „Radd al-muḥtār“ am Ende des Abschnitts zur Schuldanweisung S. 294 und aus dem „At-tanqīḥ“ am Beginn des Abschnitts zur Schuldanweisung S. 341. (Fn.-Qadrī)

1095 Entnommen aus dem „Radd al-muḥtār“ im mittleren Abschnitt zur Schuldanweisung S. 292 und am Ende dieses Abschnitts S. 294. (Fn.-Qadrī)

1096 Das Wort fehlt in der jordanischen Ausgabe von 1987.

1097 Entnommen aus dem „Radd al-muḥtār“ am Ende des Abschnitts zur Schuldanweisung S. 294. Dies gilt auch für den folgenden Artikel. (Fn.-Qadrī)

1098 In der jordanischen Ausgabe von 1987 fehlerhaft.

die Schuld. Wenn er gegenüber dem Anweisenden nicht verschuldet war, kann er gegen ihn und seine gesetzlichen Erben seine Forderung erheben.

Art. 913
Es ist nicht wirksam, dass der Gläubiger den Anweisenden von seiner Forderung befreit oder ihm die Forderung als Schenkung überlässt.[1099]

Art. 914
Der Wechsel[1100], der keine Bedingung in Bezug auf den Nutzen für den Darlehensgeber enthält, ist zulässig. Er ist jedoch verboten, wenn der Nutzen als Bedingung oder üblicherweise feststeht.[1101]

[1099] Die Bestimmung des Artikels ist dem „Tanqīḥ al-ḥāmidīya" am Ende des Abschnitts zur Schuldanweisung S. 243 entnommen. (Fn.-Qadrī) In der jordanischen Ausgabe von 1987 fehlerhaft.

[1100] Arab. suftağa. Vgl. Wichard, J. Chr., Zwischen Markt..., a.a.O., S. 247-248. Es handelt sich dabei um eine Methode im Zahlungsverkehr, um Transportrisiken zu vermeiden. Zum Unterschied zwischen ḥawāla und suftağa siehe Schacht, J., An Introduction…, a.a.O., S. 149. Das sog. ḥawāla-Banking ist im Zuge des Kampfes gegen illegale Finanzierungen unter einen Generalverdacht gefallen. Vgl. dazu auch die URL http://law-library.syriaforums.net/t1951-topic (zuletzt abgerufen: 31.05.2013). Mit dem Zahlungsdiensteaufsichtsgesetz (ZAG) vom 25.06.2009 (BGBl. I S. 1506) ist eine neue Rechtsgrundlage hierfür in Deutschland geschaffen worden. Das ḥawāla-Banking ist nunmehr ohne Genehmigung durch die BaFin strafbar. Vgl. zur Praxis des ḥawāla-Banking http://www.faz.net/aktuell/finanzen/fonds-mehr/hawala-finanzsystem-geld-von-mensch-zu-mensch-1575427.html (zuletzt abgerufen: 21.03.2013).

[1101] Entnommen aus dem „Ad-durr" und dem „Radd al-muḥtār" am Ende des Abschnitts zur Schuldanweisung S. 295. (Fn.-Qadrī) Es geht hierbei vor allem um die Vermeidung eines Zinses, denn das Islamische Recht akzeptiert grundsätzlich nur das zinslose Darlehen (qarḍ).

Das Buch zur Vollmacht[1102]

1. Kapitel
Wesen der Vollmacht und Bedingungen für ihre Wirksamkeit

1. Abschnitt

Art. 915
Die Bevollmächtigung[1103] liegt vor, wenn in einem zulässigen und bestimmten Rechtsgeschäft eine andere Person an die Stelle der eigenen tritt.[1104]

Art. 916
Voraussetzung für die Wirksamkeit der Vollmacht ist, dass der Vollmachtgeber eine Person sein muss, die selbst das Rechtsgeschäft, für das sie die Vollmacht erteilt, schließen kann, indem sie die Bedeutung des Vertrages versteht. Auch der Bevollmächtigte muss die Bedeutung des Vertrages verstehen.

Art. 917
Die Bevollmächtigung durch den Geisteskranken, durch den Minderjährigen, der vollständig unverständig ist, sowie durch den Minderjährigen, der über eine Verstandesreife verfügt[1105], für den das Rechtsgeschäft aber vollständig nachteilig ist, auch wenn ihn der gesetzliche oder ernannte Vormund dazu ermächtigt, ist nicht wirksam. Seine Bevollmächtigung in Bezug auf ein für ihn vorteilhaftes Rechtsgeschäft ist auch ohne Einwilligung durch den gesetzlichen oder ernannten Vormund wirksam. Ein sowohl nachteiliges als auch vorteilhaftes Rechtsgeschäft ist nur bei Ermächtigung zur Handelstätigkeit wirksam. Wenn er entmündigt ist, ist seine Ermächtigung schwebend unwirksam und von der Einwilligung seines gesetzlichen oder ernannten Vormundes abhängig.

Art. 918
Die Vollmacht kommt durch Angebot und Annahme zustande. Die Kenntnisnahme des Bevollmächtigten über seine Vollmacht ist Voraussetzung. Wenn da-

1102 Arab. wakāla. Es wurde dieser allgemeine Terminus gewählt, obgleich in einigen Fällen die Übersetzung mit „Geschäftsführung" vorzuziehen wäre. Vgl. Küppers, N. F., Das irakische Zivilgesetzbuch. A.a.O., 63/1961, S. 22-23.

1103 Arab. taukīl.

1104 Die Bestimmung dieses und der beiden folgenden Artikel sind dem „Ad-durr" am Beginn des Abschnitts zur Vollmacht S. 400 entnommen. (Fn.-Qadrī)

1105 Damit ist der unterscheidungsfähige Minderjährige gemeint, wie dies im Art. 270 beschrieben wird.

her der Bevollmächtigte die Vollmacht nach Kenntnisnahme zurückweist, so gilt die Rücknahme und eine Verfügung seinerseits danach ist nicht wirksam.[1106]

Art. 919
Die uneingeschränkte Bevollmächtigung ist wirksam. Sie ist auch wirksam, wenn sie beschränkt, mit einer Bedingung verknüpft oder auf einen späteren Termin bezogen ist.[1107]

Art. 920
Die Einwilligung und der Auftrag[1108] gelten als Bevollmächtigung, die bloße Mitteilung dagegen nicht. Die nachträgliche Zustimmung wird wie eine vorhergehende Vollmacht gewertet. Wenn also ein nichtbeauftragter Vermittler eine Sache eines anderen ohne dessen Einwilligung verkauft und der Inhaber der verkauften Sache zustimmt, ist es so, als hätte er den nichtbeauftragten Vermittler ursprünglich bevollmächtigt.[1109]

Art. 921
Für jeden Vertrag, den der Vollmachtgeber selbst schließen kann, kann er einen Dritten bevollmächtigen.[1110]
So ist es zulässig, dass jeder, der die Voraussetzungen der Geschäftsfähigkeit erfüllt, einen anderen bevollmächtigen kann, jede mit den Rechtsgeschäften verbundene Pflicht zu erfüllen und jedes damit verbundene Recht wahrzunehmen. Dies gilt für den Verkauf, den Kauf, die Vermietung, die Miete, das Pfand, die Pfandnahme, die Hinterlegung eines Gutes, die Verwahrung eines Gutes, die Schenkung, die Annahme der Schenkung, den Vergleich, die Freistellung, das Anerkenntnis, die Klage, die Forderung des Vorkaufs, die Teilung des Eigentums und andere Rechte. Dies gilt nicht für die Bevollmächtigung zum Vollzug der Wiedervergeltung bei Abwesenheit des Vollmachtgebers.[1111]

1106 Entnommen aus der „Takmilat radd al-muḥtār“ am Beginn des Abschnitts zur Vollmacht S. 245 und S. 246 sowie aus der „Al-hindīya“ am Beginn des Buches zur Vollmacht im ersten Kapitel zur Darstellung ihres Inhalts S. 437. (Fn.-Qadrī)

1107 Entnommen aus der „Al-hindīya“ in der Mitte des ersten Kapitels zur Darstellung ihres Inhalts S. 440 und aus dem Ende des erwähnten Kapitels S. 443 sowie aus der „Takmilat radd al-muḥtār“ S. 245 am Beginn des Abschnitts zur Vollmacht. (Fn.-Qadrī)

1108 Arab. amr.

1109 Die Bestimmung des vorderen Teils ist der „Takmilat radd al-muḥtār“ am Beginn des Abschnitts zur Vollmacht S. 245 und 246, der folgende Teil der „Al-hindīya“ in der Mitte des ersten Kapitels des Buches zur Vollmacht S. 440 entnommen. (Fn.-Qadrī)

1110 Entnommen aus dem „Ad-durr“ am Beginn des Buches zur Vollmacht S. 401 und 402 sowie aus der Mitte des ersten Kapitels zur Darstellung der Bedeutung der Vollmacht S. 440 in der „Al-hindīya“. (Fn.-Qadrī) Vgl. Art. 916.

1111 Qadrī Pāšā bezieht sich auf die zur damaligen Zeit noch rudimentär existierende Strafe der Wiedervergeltung (qiṣāṣ) im Sinne eines menschlichen Rechtsanspruchs. Vgl. Peters,

Art. 922
Die Vollmacht kann an einen Bevollmächtigten für ein spezielles Mandat und für ein allgemeines Mandat wirksam erteilt werden. So ist die Vollmacht wirksam, wenn eine Person einer anderen eine uneingeschränkte Vollmacht erteilt und sie mit den gleichen Rechten, die sie selber hat, beauftragt. Der Bevollmächtigte kann wie diese Person in Bezug auf diese Rechte prozessieren, auch wenn der Prozessgegenstand und der Prozessgegner nicht feststehen.[1112]

Art. 923
Es ist wirksam, wenn der Bevollmächtigte beauftragt wird, rechtsgeschäftlich nach eigenem Ermessen zu handeln. Er kann auch wirksam an ein bestimmtes Rechtsgeschäft gebunden werden.[1113]

Art. 924
Wenn der Auftrag dem Bevollmächtigten überlässt, nach seinem Willen zu verfügen, kann er einen anderen dazu bevollmächtigen. Der zweite Bevollmächtigte wird als Bevollmächtigter des Vollmachtgebers betrachtet. Der zweite Bevollmächtigte wird weder durch die Absetzung des ersten Bevollmächtigten noch durch dessen Tod entlassen.

Art. 925
Wenn eine Vollmacht für zwei Bevollmächtigte in einem Vertrag erteilt wird, darf keiner von beiden allein in Bezug auf das in der Vollmacht erteilte Recht verfügen, es sei denn, die Verfügung benötigt keinen Meinungsaustausch, so bei der Bezahlung von Schulden u.a., oder die Angelegenheit lässt sich nicht zu zweit bestreiten wie die Prozessführung. Hierbei ist es für jeden von beiden zulässig, allein einen Prozess zu führen. Die Einholung der Meinung des anderen Bevollmächtigten zum Prozess, nicht jedoch seine Anwesenheit, wird vorausgesetzt. Wenn beide in zwei getrennten Verträgen bevollmächtigt werden, ist es für jeden Einzelnen zulässig, uneingeschränkt zu verfügen.[1114]

R., Administrators and Magistrates: The Development of a Secular Judiciary in Egypt, 1842-1871. In: Die Welt des Islams (WI), Leiden 39(1999)3, S. 378-397. Zu den qiṣāṣ-Strafen: El Baradie, A., Gottes-Recht und Menschen-Recht. A.a.O., S. 129-145.

1112 Entnommen aus dem „Ad-durr"" und dem „Radd al-muḥtār" am Beginn des Abschnitts zur Vollmacht S. 399, 400 und 401 sowie aus der „Takmilat radd al-muḥtār" am Beginn des Abschnitts zur Vollmacht S. 256. (Fn.-Qadrī)

1113 Die Bestimmung dieses und des folgenden Artikels ist dem „Ad-durr" am Ende des Abschnitts über das Vertragsverbot für den zum Verkauf Bevollmächtigten S. 411 entnommen. (Fn.-Qadrī) In der jordanischen Ausgabe von 1987 ist statt der S. 411 die S. 141 fälschlicherweise angegeben.

1114 Entnommen aus dem Beginn des Abschnitts über das Vertragsverbot für den zum Verkauf Bevollmächtigten im „Ad-durr" S. 409. (Fn.-Qadrī)

Art. 926
Ist in der Vollmacht ein Lohn ausbedungen und erbringt der Bevollmächtigte die Tätigkeit, so wird der festgelegte Lohn zur angegebenen Zeit fällig, wenn der Bevollmächtigte eine bestimmte Zeit festgelegt hat oder eine bestimmte Tätigkeit erwähnt hat, die er sofort beginnen kann. Wenn aber kein Lohn ausbedungen ist und der Bevollmächtigte zu denen gehört, die gewerblich tätig sind, steht ihm eine angemessene Vergütung zu, ansonsten steht ihm nichts zu.[1115]

2. Abschnitt
Wirkungen der Vollmacht

Art. 927
Die vom Bevollmächtigten zur Eigentumsübertragung geschlossenen Verträge der Schenkung, der Leihe, des Pfandes, der Hinterlegung eines Gutes und des zinslosen Darlehens sind für den Vollmachtgeber uneingeschränkt wirksam und entfalten für ihn die Wirkungen des Vertrages. Dies gilt unabhängig davon, ob der Bevollmächtigte erklärt, im eigenen Namen oder im Namen seines Vollmachtgebers zu handeln. Wenn er in diesen Verträgen als Bevollmächtigter für denjenigen, der das Eigentum erlangen will, handelt und erklärt, den Vertrag für sich selbst zu schließen, ist der Vertrag für ihn, jedoch nicht für den Vollmachtgeber gültig. Wenn er erklärt, den Vertrag im Namen des Vollmachtgebers zu schließen, gilt der Vertrag für den Vollmachtgeber und entfaltet für ihn seine Wirkungen.[1116]

Art. 928
Jeder Vertrag, für den der Bevollmächtigte nicht erklären muss, im Namen des Vollmachtgebers zu handeln, und für den die Handlung im eigenen Namen ausreicht wie beim Verkauf, beim Kauf, bei der Vermietung und beim Vergleich durch das Anerkenntnis[1117], ist für den Vollmachtgeber in Bezug auf das Eigentum gültig, unabhängig davon, ob der Bevollmächtigte erklärt, im eigenen Namen oder im Namen seines Vollmachtgebers zu handeln. Wenn der Bevollmächtigte jedoch erklärt, im eigenen Namen zu handeln, gehen alle Wirkungen des Vertrages auf ihn zurück, es sei denn, er ist entmündigt. Diese Wirkungen gehen zu Lebzeiten des Bevollmächtigten auch in dessen Abwesenheit nicht auf den Vollmachtgeber über. Nach dem Tod des Bevollmächtigten gehen die Wir-

---

1115 Entnommen aus dem „Tanqīḥ al-ḥāmidīya" im mittleren Abschnitt zur Vollmacht S. 404, aus dem mittleren Abschnitt zur Vermietung S. 139 und 152 sowie aus dem Ende des Abschnitts zur Vermietung in der „Al-anqarawīya" S. 315. (Fn.-Qadrī)

1116 Die Bestimmung des Artikels ist dem „Ad-durr" am Ende der Einleitung zum Buch über die Vollmacht S. 402 entnommen. (Fn.-Qadrī) Vgl. Art. 279.

1117 Hier geht es um das Anerkenntnis einer Schuld.

kungen auf seinen Nachlassverwalter[1118], nicht aber auf den Vollmachtgeber, über. Wenn der Bevollmächtigte aber erklärt, den Vertrag im Namen seines Vollmachtgebers zu schließen, gehen alle Wirkungen des Vertrages auf den Vollmachtgeber über. Der Bevollmächtigte ist an die aus dem Vertrag resultierenden Rechte und Pflichten nicht gebunden.[1119]

Art. 929
Wenn der entmündigte unterscheidungsfähige Minderjährige oder der entmündigte Sklave[1120] aufgrund einer Vollmacht einen Vertrag schließt, dessen Wirkungen auf den Bevollmächtigten zurückgehen, entfaltet der Vertrag diese Wirkungen nur für den Vollmachtgeber, nicht aber für den Minderjährigen oder den Sklaven.[1121]

Art. 930
Die Wirkungen des Vertrages aufgrund einer Mitteilung sind für denjenigen, der die Mitteilung herausgibt, nicht aber für den Überbringer maßgeblich.[1122]

3. Abschnitt
Der zum Kauf Bevollmächtigte

Art. 931
Voraussetzung für die Wirksamkeit der Bevollmächtigung zum Kauf ist, dass die Kaufsache selbst, für die die Bevollmächtigung erteilt wird, oder deren Gattung unter Angabe der Menge, wenn es sich um messbare oder wägbare Sachen handelt, bekannt ist. Für die Angabe der Menge genügt die Angabe des Preises.[1123]

1118 Arab. waṣī. Hier ist nicht der ernannte Vormund gemeint.

1119 Entnommen aus dem „Ad-durr" am Ende der Einleitung zum Buch über die Vollmacht S. 401 und 402. (Fn.-Qadrī)

1120 Arab. ʿabd. Erst im Jahre 1877 wurde durch einen Vertrag zwischen Großbritannien und Ägypten die Sklaverei offiziell beendet. Dennoch bestanden zur Zeit der Entstehung des Werkes von Qadrī Pāšā noch Restformen der Sklaverei. Zur Abschaffung der Sklaverei vgl. Schneider, H., Die Bekämpfung von Sklaverei und Sklavenhandel im Sudan im 19. Jhd - Die öffentliche Meinung in Großbritannien, Maßnahmen und Theorien. EBook 2006, S. 24-33.

1121 Die Bestimmung dieses und auch des folgenden Artikels ist dem „Ad-durr" und dem „Radd al-muḥtār" am Ende des Buches zur Vollmacht S. 402 entnommen. (Fn.-Qadrī)

1122 Vgl. Art. 920.

1123 Die Bestimmung des Artikels ist dem „Ad-durr"" und der „Takmilat radd al-muḥtār" am Beginn des Kapitels zur Vollmacht zum Verkauf und zum Kauf S. 279 entnommen. (Fn.-Qadrī)

Art. 932
Wenn die Kaufsache, für die die Bevollmächtigung erteilt wird, nicht bekannt ist und der Auftrag zu ihrem Kauf nach Ermessen des Bevollmächtigten erteilt wird, ist die Vollmacht wirksam. Der Bevollmächtigte kann nach seinem Willen jede Gattung und jede Qualität kaufen.[1124]

Art. 933
Wenn der Auftrag nicht nach Ermessen des Bevollmächtigten in Bezug auf die zu kaufende Sache erteilt wurde und die Kaufsache, für die die Bevollmächtigung erteilt wird, gänzlich unbekannt ist, etwa hinsichtlich der Gattung, ist die Vollmacht nicht wirksam, auch wenn der Preis festliegt.
Wenn aber die Unkenntnis nicht schwerwiegend ist, indem die Gattung der Sache, die gekauft werden soll, festliegt, nicht aber die Qualität dieser Sache, ist die Vollmacht wirksam, auch wenn der Preis nicht festliegt.
Wenn die Unkenntnis weder schwerwiegend noch geringfügig ist[1125], indem Gattung und Qualität teilweise bekannt sind, so ist die Vollmacht wirksam, wenn der Preis oder die Qualität festliegt. Anderenfalls ist sie nicht wirksam.

Art. 934
Wenn der Vollmachtgeber die Qualität der Sache, für die die Vollmacht zum Kauf erteilt wird, festlegt und der Bevollmächtigte eine davon abweichende Qualität kauft, ist sein Kauf nur in Bezug auf den Bevollmächtigten selbst rechtskräftig. Falls also sein Auftrag den Kauf von Wolle[1126] vorsieht, er aber Seide kauft, wird der Kauf für den Bevollmächtigten rechtskräftig und ist nicht von der Zustimmung des Vollmachtgebers abhängig, es sein denn, dass der Kauf für den Bevollmächtigten wegen dessen Minderjährigkeit oder Entmündigung nicht rechtskräftig ist.[1127]

Art. 935
Wenn die Vollmacht eine Klausel enthält, darf der Bevollmächtigte nicht dagegen verstoßen, es sei denn, der Verstoß dient dem Wohl des Vollmachtgebers.[1128]

[1124] Die Bestimmung dieses und auch des folgenden Artikels ist dem „Ad-durr“ und der „Takmilat radd al-muḥtār“ am Beginn des Kapitels zur Vollmacht zum Verkauf und zum Kauf S. 276 entnommen. (Fn.-Qadrī)

[1125] Arab. mutawassiṭa: „Mittleres Niveau“, „durchschnittlich“.

[1126] Arab. ǧūḫ.

[1127] Die Bestimmung des Artikels ist der Mitte des Buches zur Vollmacht im „Tanqīḥ al-ḥāmidīya“ S. 400 entnommen. (Fn.-Qadrī)

[1128] Die Bestimmung dieses Absatzes ist dem Beginn des zweiten Kapitels zur Bevollmächtigung zum Kauf in der „Al-hindīya“ S. 447 entnommen. Die Bestimmung des Beginns des zweiten Absatzes ist auch der „Al-hindīya“ im erwähnten Kapitel S. 448 entnommen. Der Rest des Absatzes ist der Mitte des Kapitels zur Bevollmächtigung zum Verkauf und

Wenn also der Vollmachtgeber den Preis festlegt und der Bevollmächtigte zu einem höheren Preis kauft, ist der Kauf für denVollmachtgeber absolut nicht rechtskräftig, unabhängig davon, ob der Bevollmächtigte zum Kauf einer festgelegten oder nicht festgelegten Sache ermächtigt ist. Wenn er zu einem niedrigeren Preis kauft und zum Kauf einer festgelegten Sache ermächtigt ist, ist der Kauf für den Vollmachtgeber rechtskräftig. Wenn er dagegen zum Kauf einer nicht festgelegten Sache ermächtigt ist, ist der Kauf für den Vollmachtgeber nur dann rechtskräftig, wenn der Wert der Kaufsache dem festgelegten Preis entspricht oder wenn der Bevollmächtigte die Kaufsache in der vom Vollmachtgeber beschriebenen Qualität zu einem geringeren als dem festgelegten Preis kauft.

Art. 936
Wenn der Vollmachtgeber für seinen Bevollmächtigten die Höhe des Preises zum Kauf einer bestimmten Sache festlegt und ihm den Auftrag erteilt, die Sache sofort zu kaufen, der Bevollmächtigte sie aber mit einem Zahlungsaufschub kauft, ist dies für den Vollmachtgeber bindend. Falls er ihm aber den Auftrag erteilt, die Sache mit einem Zahlungsaufschub[1129] zu kaufen, er sie aber sofort kauft, ist der Kauf für den Bevollmächtigten bindend.
Wenn er für seinen Bevollmächtigten die Höhe des Preises zum Kauf einer unbestimmten Sache festlegt und ihm den Auftrag erteilt, die Sache sofort zu kaufen, der Bevollmächtigte sie aber mit einem Zahlungsaufschub kauft, ist dies für den Bevollmächtigten bindend. Falls er ihm aber den Auftrag erteilt, die Sache mit einem Zahlungsaufschub zu kaufen, er sie aber sofort kauft, ist dies für den Auftraggeber bindend.[1130]
Wenn der Preis allgemein bekannt ist, so der Preis von Brot und Fleisch, ist der Kauf für den Vollmachtgeber nur rechtskräftig, wenn er zum angemessenen Preis erfolgt.[1131]

Art. 937
Wenn der zum Kauf Bevollmächtigte den Preis des Verkaufsobjektes aus seinem Vermögen an den Verkäufer bezahlt, hat er einen Rückforderungsanspruch

---

zum Kauf in der „Takmilat radd al-muḥtār“ S. 90 entnommen. (Fn.-Qadrī) Es wird zwar das Wohl im Allgemeinen formuliert, es bezieht sich aber sachlich auf den Vollmachtgeber.

1129 Arab. nasī'atan. Der Ausdruck spielt bei der Bewertung des Zinses eine wichtige Rolle. Der durch Stundung entstehende Zins (ribā an-nasī'a) wird mit Rückgriff auf einige Traditionen von zahlreichen Rechts- und Religionsgelehrten als absolut verboten eingestuft. Vgl. dazu Lohlker, R., Schari'a und Moderne. Diskussionen über Schwangerschaftsabbruch, Versicherung und Zinsen. Stuttgart 1996, S. 126-127.

1130 Die Bestimmung dieser beiden Abschnitte ist dem Beginn des zweiten Kapitels zur Bevollmächtigung zum Kauf in der „Al-hindīya“ S. 447 und 448 entnommen. (Fn.-Qadrī)

1131 Die Bestimmung des Artikels ist dem „Tanqīḥ al-ḥāmidīya“ in der Mitte des Abschnitts zur Vollmacht S. 403 unter Verweis auf den „Ad-durr“ u.a. entnommen. (Fn.-Qadrī)

darauf gegenüber seinem Auftraggeber. Er kann das Verkaufsobjekt dem Vollmachtgeber vorenthalten, bis dieser den Preis entrichtet hat, auch wenn er ihn noch nicht an den Verkäufer bezahlt hat.[1132]

Art. 938
Wenn der zum Kauf Bevollmächtigte zu einem gestundeten Preis kauft, so ist diese Stundung ein Recht des Vollmachtgebers. Der Bevollmächtigte darf vom Vollmachtgeber den Preis nicht sofort fordern. Wenn aber der Preis gegenüber dem Bevollmächtigten nach dessen Barkauf gestundet wird, kann der Bevollmächtigte den Preis vom Vollmachtgeber sofort fordern.[1133]

Art. 939
Es ist für den zum Kauf einer bestimmten Sache Bevollmächtigten nicht zulässig, dass er in Abwesenheit seines Vollmachtgebers die Sache, zu der ihn der Vollmachtgeber bevollmächtigt, für sich selbst kauft, solange er sie nicht zu einem höheren Preis als dem für ihn vom Vollmachtgeber festgelegten kauft oder mit einer Sache anderer Gattung austauscht.[1134]

Art. 940
Es ist für den zum Kauf Bevollmächtigten nicht zulässig, dass er selbst etwas aus seinem Vermögen für seinen Vollmachtgeber kauft.[1135]

Art. 941
Es ist für den zum Kauf Bevollmächtigten zulässig, die gekaufte Sache an den Verkäufer zurückzugeben, wenn er einen alten Mangel daran findet und das Verkaufsobjekt in seinem Besitz ist. Wenn er aber die Sache an den Vollmachtgeber übergeben hat, kann er sie ohne Einwilligung des Vollmachtgebers nicht an den Verkäufer wegen des Mangels zurückgeben.[1136]

[1132] Entnommen aus dem Beginn des Kapitels zur Vollmacht zum Verkauf und zum Kauf im „Ad-durr" S. 403. (Fn.-Qadrī)

[1133] Die Bestimmung dieses Absatzes ist dem „Ad-durr" und dem „Radd al-muḥtār" am Beginn des Kapitels zur Vollmacht zum Verkauf und zum Kauf S. 403 entnommen. (Fn.-Qadrī)

[1134] Entnommen aus dem mittleren Abschnitt zur Vollmacht zum Verkauf und zum Kauf im „Ad-durr" S. 404. (Fn.-Qadrī)

[1135] Die Bestimmung des Artikels ist dem Beginn des Abschnitts über das Vertragsverbot für den zum Verkauf Bevollmächtigten im „Ad-durr" und in der „Takmilat radd al-muḥtār" S. 308 und 309 entnommen. (Fn.-Qadrī)

[1136] Die Bestimmung des Artikels ist dem Beginn des Kapitels zur Vollmacht zum Verkauf und zum Kauf im „Ad-durr" S. 403 entnommen. (Fn.-Qadrī)

Art. 942
Das Verkaufsobjekt im Besitz des zum Kauf Bevollmächtigten ist ein Treuhandgut. Wenn es ohne schuldhafte Rechtsverletzung untergeht oder verloren geht, wirkt dies gegenüber dem Vollmachtgeber. Dieser hat den vollen Preis zu bezahlen.
Wenn der zum Kauf Bevollmächtigte dem Vollmachtgeber die Sache vorenthält, um ihren Preis zu erlangen, und die Sache im Besitz des Bevollmächtigten untergeht oder verloren geht, ist der Bevollmächtigte verpflichtet, den Preis dafür zu entrichten.[1137]

4. Abschnitt
Der zum Verkauf Bevollmächtigte

Art. 943
Der Verkauf durch den dazu uneingeschränkt Bevollmächtigten ist wirksam, wenn er das zum Verkauf vorgesehene Objekt unter seinem Wert, ohne dass eine generelle Übervorteilung und ein schwerer Betrug vorliegen, verkauft. Er kann es nur gegen Silbergeld[1138] und Goldgeld[1139] sofort oder mit einer üblichen Frist verkaufen.
Wenn der Vollmachtgeber die Summe festlegt, zu der er das Verkaufsobjekt verkaufen muss, darf er die Sache nicht zu einem geringeren Preis verkaufen. Wenn er sie zu einem geringeren Preis verkauft und an den Käufer übergibt, erfolgt keine Eigentumsübertragung. Der Vollmachtgeber kann den Verkauf aufheben und das Verkaufsobjekt zurückfordern. Falls das Verkaufsobjekt im Besitz des Käufers untergeht, hat der Vollmachtgeber die Wahl, den Wert vom Käufer oder vom Bevollmächtigten entgegenzunehmen.
Wenn er den Wert vom Käufer entgegennimmt, hat dieser keinen Rückforderungsanspruch gegenüber einem Dritten. Wenn er den Wert vom Bevollmächtigten entgegennimmt, hat dieser einen Rückforderungsanspruch gegenüber dem Käufer.[1140]

1137 Die Bestimmung der beiden Absätze dieses Artikels ist dem Beginn des Kapitels zur Vollmacht zum Verkauf und zum Kauf S. 403 entnommen. (Fn.-Qadrī) Die Angabe bezieht sich auf den „Ad-durr“.

1138 Arab. darāhim (Pl.).

1139 Arab. danānīr (Pl.).

1140 Die Bestimmung aller Absätze dieses Artikels ist dem Beginn des dritten Kapitels zur Vollmacht zum Verkauf in der „Al-hindīya“ S. 458, dem mittleren Abschnitt des erwähnten Kapitels S. 462 sowie dem „Ad-durr“ und der „Takmilat radd al-muḥtār“ am Beginn des Abschnitts über das Vertragsverbot für den zum Verkauf usw. Bevollmächtigten S. 310 entnommen. (Fn.-Qadrī)

Art. 944

Wenn der Vollmachtgeber keinen sofort fälligen oder gestundeten Preis festlegt und sich der Verkauf auf ein Handelsgeschäft bezieht, kann der zum Verkauf Bevollmächtigte zum sofort fälligen oder gestundeten Preis verkaufen, wenn die Stundung unter den Händlern üblich ist. Sein Verkauf ist für den Vollmachtgeber nicht rechtskräftig, wenn er den Preis langfristig stundet, ohne dass dies bei den Händlern üblich ist.[1141]

Art. 945

Es ist für den zum Verkauf Bevollmächtigten nicht zulässig, dass er das zum Verkauf vorgesehene Objekt an Personen verkauft, die vor Gericht nicht zugunsten des Bevollmächtigten zeugnisfähig sind, es sei denn, dass der Preis höher als der Wert ist. Der Preis darf jedoch nicht einmal geringfügig niedriger als der Wert sein oder diesem entsprechen. Dies gilt, solange der Vollmachtgeber den Bevollmächtigten nicht beauftragt, an diese Personen zu verkaufen. Dann ist der Verkauf an sie entsprechend dem Wert, nicht aber unter dem Wert, zulässig.
Der zum Verkauf Bevollmächtigte darf das zum Verkauf vorgesehene Objekt nicht an seinen minderjährigen Sohn verkaufen, auch wenn dies der Vollmachtgeber gestattet.
Zu denjenigen, deren Zeugnis vor Gericht zugunsten des Bevollmächtigten zurückgewiesen wird, gehört der Partner des Bevollmächtigten in einer *'inān-* oder *mufāwaḍa*-Gesellschaft[1142]. Der Bevollmächtigte darf das für den Verkauf vorgesehene Objekt nicht an diesen verkaufen, wenn es sich um etwas handelt, was dem Handelsgeschäft der beiden Gesellschaften zugeordnet werden kann.[1143]

Art. 946

Es ist für den zum Verkauf Bevollmächtigten nicht zulässig, dass er die Sache, für die er zum Verkauf bevollmächtigt ist, für sich selbst kauft, auch wenn ihm dies der Vollmachtgeber gestattet.[1144]

[1141] Die Bestimmung des Artikels ist dem „Ad-durr“ und dem „Radd al-muḥtār“ am Beginn des Abschnitts über das Vertragsverbot für den zum Verkauf usw. Bevollmächtigten S. 311 entnommen. (Fn.-Qadrī)

[1142] Vgl. auch Art. 188 und Fn. 248.

[1143] Die Bestimmung aller dieser Absätze ist dem „Ad-durr“ und der „Takmilat radd al-muḥtār“ am Beginn des Abschnitts über das Vertragsverbot für den zum Verkauf usw. Bevollmächtigten S. 308 und 309 entnommen. (Fn.-Qadrī)

[1144] Die Bestimmung des Artikels ist dem „Ad-durr“ und der „Takmilat radd al-muḥtār“ am Beginn des Abschnitts über das Vertragsverbot für den zum Verkauf usw. Bevollmächtigten S. 309 entnommen. (Fn.-Qadrī)

Art. 947
Der zum Verkauf Bevollmächtigte kann vom Käufer ein Pfand oder einen Bürgen für die mit einem Zahlungsaufschub verkaufte Sache verlangen, auch wenn ihm der Vollmachtgeber hierfür keinen Auftrag erteilt hat.[1145]
Wenn der Vollmachtgeber ihm den Auftrag erteilt, nur dann mit einem Zahlungsaufschub zu verkaufen, wenn ein Pfand oder ein Bürge genommen wird, kann der Bevollmächtigte nicht dagegen verstoßen. Wenn er aber dagegen verstößt, ist sein Verkauf für den Vollmachtgeber nicht rechtskräftig.[1146]

Art. 948
Wenn sowohl der Vollmachtgeber als auch der Bevollmächtigte gleichzeitig einen Verkaufsvertrag über eine Sache schließen oder nicht bekannt ist, welcher der beiden Verträge zuerst geschlossen wurde, sind beide Käufer Teilhaber beim Verkauf. Jeder der beiden hat die Wahl, den Verkaufsvertrag anzunehmen oder darauf zu verzichten.[1147]

Art. 949
Das Recht der Inbesitznahme des Preises steht dem zum Verkauf Bevollmächtigten, nicht aber dem Vollmachtgeber, zu. Der Käufer kann sich weigern, den Preis an den Vollmachtgeber zu zahlen.
Wenn der Käufer aber den Preis an den Vollmachtgeber bezahlt, ist seine Zahlung wirksam und der Bevollmächtigte kann danach den Preis nicht von ihm fordern.[1148]

Art. 950
Der Bevollmächtigte ist verpflichtet, das Verkaufsobjekt nach der Inbesitznahme seines Preises an den Käufer zu übergeben, sofern der Preis sofort fällig ist.[1149]

[1145] Die Bestimmung des ersten Absatzes ist dem „Ad-durr" am Beginn des Abschnitts über das Vertragsverbot für den zum Verkauf usw. Bevollmächtigten S. 408 entnommen. (Fn.-Qadrī)

[1146] Die Bestimmung dieses Absatzes ist der „Takmilat radd al-muḥtār" in der Mitte des Buches zur Vollmacht S. 261 entnommen. (Fn.-Qadrī)

[1147] Die Bestimmung des Artikels ist dem „Ad-durr" und der „Ḥāšiyat aṭ-Ṭaḥṭāwī" im mittleren Kapitel zur Vertrauenswürdigkeit des Bevollmächtigten S. 288 entnommen. (Fn.-Qadrī) Diese Regelung folgt der Auffassung von Abū Yūsuf, nicht derjenigen von Muḥammad aš-Šaibānī, der den Vollmachtgeber bevorzugt. Vgl. Muršid al-ḥairān ilā ma'rifat aḥwāl al-insān fi-l-mu'āmalāt aš-šar'īya. Šarḥ wa-dirāsa..., a.a.O., 3. Bd., S. 1349.

[1148] Die Bestimmung der beiden Absätze ist dem Beginn des Buches zur Vollmacht im „Tanqīḥ al-ḥāmidīya" S. 398 entnommen. (Fn.-Qadrī)

[1149] Die Bestimmung des Artikels ist dem Ende des ersten Kapitels des Buches zur Vollmacht in der „Al-hindīya" S. 443 entnommen. (Fn.-Qadrī)

Art. 951
Der zum Verkauf Bevollmächtigte ist nicht verpflichtet, den Preis für die verkaufte Sache aus seinem Vermögen an den Vollmachtgeber[1150] zu bezahlen, wenn er ihn noch nicht vom Käufer in Besitz genommen hat.[1151]

Art. 952
Der zum Verkauf Bevollmächtigte, der keinen Lohn erhält, ist nicht verpflichtet, den Preis zu fordern[1152] und ihn vom Käufer in Besitz zu nehmen.
Es ist zulässig, dass der Bevollmächtigte dem Vollmachtgeber die Forderung gegenüber dem Käufer überträgt und ihn bevollmächtigt, an seiner Stelle den Preis in Besitz zu nehmen.

Art. 953
Der zum Verkauf Bevollmächtigte, der etwa als Vermittler[1153] oder Zwischenhändler[1154] einen Lohn für den Verkauf erhält, ist verpflichtet, den Preis zu fordern und ihn vom Käufer in Empfang zu nehmen.

Art. 954
Wenn ein Anspruch auf das Verkaufsobjekt vorliegt, hat der Käufer einen Rückforderungsanspruch gegenüber dem Bevollmächtigten auf den an ihn in bar bezahlten Preis, unabhängig davon, ob der Preis noch im Besitz des Bevollmächtigten ist oder an den Vollmachtgeber übergeben worden ist. Der Bevollmächtigte seinerseits hat nach seiner Zahlung einen Rückforderungsanspruch gegenüber seinem Vollmachtgeber. Wenn der Käufer den Preis an den Vollmachtgeber bezahlt hat, hat er nur ihm gegenüber einen Rückforderungsanspruch.[1155]

Art. 955
Wenn der Käufer am Verkaufsobjekt einen alten Mangel entdeckt, hat er einen Rückforderungsanspruch auf den Preis gegenüber dem Bevollmächtigten, wenn

[1150] Siehe Muršid al-ḥairān ilā maʿrifat aḥwāl al-insān fi-l-muʿāmalāt aš-šarʿīya. Šarḥ wadirāsa..., a.a.O., 3. Bd., S. 1351.
[1151] Die Bestimmung dieses Artikels und der beiden folgenden Artikel ist der „Al-hindīya“ in der Mitte des dritten Kapitels zur Vollmacht zum Verkauf S. 463 entnommen. (Fn.-Qadrī)
[1152] Arab. taqāḍī aṯ-ṯaman.
[1153] Arab. dallāl.
[1154] Arab. simsār. Eine Überlagerung zum Begriff „dallāl“ ist gegeben, was auch in der z.T. gleichlautenden englischen Übersetzung mit „broker“ zum Ausdruck kommt. Dazu: Rayner, S. E., The Theory of Contracts..., a.a.O., S. 241 und Schacht, J., An Introduction..., a.a.O., S. 78 und 120.
[1155] Die Bestimmung des Artikels ist der Mitte des dritten Kapitels zur Vollmacht zum Verkauf in der „Al-hindīya“ S. 463 entnommen. (Fn.-Qadrī)

er an diesen den Preis bezahlt hat. Wenn er ihn aber an den Vollmachtgeber bezahlt hat, kann er den Preis nur von ihm erhalten.[1156]

Art. 956
Wenn der zum Verkauf Bevollmächtigte verstirbt und der Käufer am Verkaufsobjekt einen alten Mangel entdeckt, kann er das Verkaufsobjekt an den gesetzlichen oder den testamentarischen Erben des Bevollmächtigten zurückgeben. Wenn kein gesetzlicher oder testamentarischer Erbe existiert, kann er das Verkaufsobjekt an den Vollmachtgeber zurückgeben.[1157]

Art. 957
Wenn der zum Verkauf Bevollmächtigte den Preis in Besitz genommen hat, ist er in seinem Besitz Treuhandgut. Er haftet dafür nur bei einer schuldhaften Rechtsverletzung, oder wenn er ihn bei seiner Bewahrung vernachlässigt.[1158]

5. Abschnitt
Bevollmächtigung zur Prozessführung[1159]

Art. 958
Die Bevollmächtigung zur Prozessführung zum Nachweis von Schulden, Sachen und anderen Rechten ist wirksam. Das Einverständnis des Prozessgegners[1160] ist keine Bedingung für die Wirksamkeit der Bevollmächtigung, jedoch eine Bedingung für ihre Bindungswirkung.[1161]
Der Bevollmächtigte zur Prozessführung und zum Rechtsstreit um die Schuld darf die Schuld nicht in Besitz nehmen, es sei denn, das Gewohnheitsrecht unter

---

1156 Die Bestimmung des Artikels ist der Mitte des Abschnitts über das Vertragsverbot für den zum Verkauf usw. Bevollmächtigten in der „Takmilat radd al-muḥtār“ S. 316 entnommen. (Fn.-Qadrī)

1157 Entnommen aus der „Al-hindīya“ in der Mitte des dritten Kapitels zur Vollmacht zum Verkauf S. 462. (Fn.-Qadrī)

1158 Die Bestimmung des Artikels ist dem Beginn des zehnten Abschnitts des Buches zur Vollmacht in der „Al-anqarawīya“ S. 45 entnommen. (Fn.-Qadrī) Vgl. Art. 817.

1159 Arab. ḫuṣūma. Vgl. Falaturi, A., May, R.,Gerichtsverfahren und Richter…, a.a.O., S. 72-73.

1160 Arab. ḫaṣm.

1161 Die Bestimmung dieses Absatzes ist dem Beginn des zweiten Abschnitts zur Bevollmächtigung zur Prozessführung in der „Al-anqarawīya“ S. 4 und auch dem „Ad-durr“ und der „Takmilat radd al-muḥtār“ in der Mitte des Buches zur Vollmacht S. 57 entnommen. (Fn.-Qadrī) Vgl. Art. 961.

den Händlern besagt, dass der Prozessführende derjenige ist, der sie in Besitz nimmt. In diesem Falle kann er sie in Besitz nehmen.[1162]

Art. 959
Der vom Gläubiger bestimmte Bevollmächtigte zur Inbesitznahme der Forderung kann den Rechtsstreit mit dem Schuldner führen. Wenn der Schuldner den Zeugenbeweis erbringt, dass er dem Vollmachtgeber die Schuld bezahlt hat oder dass er davon befreit wurde, gilt sein Beweis. Der zur Inbesitznahme der Forderungen des verschollenen Abwesenden[1163] vom Richter Bevollmächtigte besitzt aber kein Recht zur Prozessführung. Der zur Inbesitznahme einer Sache Bevollmächtigte besitzt kein Recht zur Prozessführung.[1164]

Art. 960
Der Bevollmächtigte zum Vergleich hat nicht das Recht zur Prozessführung. Der Bevollmächtigte zur Prozessführung hat nicht das Recht zum Vergleich.

Art. 961
Wenn der Vollmachtgeber zur Prozessführung Kläger ist, aber wegen einer Reise abwesend ist oder am Ort so erkrankt ist, dass er nicht selbst zur Entscheidungssitzung zu Fuß gehen kann, ist seine Bevollmächtigung ohne Einverständnis des Prozessgegners bindend.
Wenn der Vollmachtgeber Beklagter ist, ist seine Bevollmächtigung nur mit Einverständnis des Prozessgegners bindend. Der Kläger hat die Wahl, den Wegfall des Entschuldigungsgrundes seines Prozessgegners abzuwarten oder seine Bevollmächtigung zu akzeptieren. Wenn er einverstanden ist, ist er daran gebunden.[1165]

1162 Die Bestimmung dieses Absatzes ist dem Beginn des Kapitels zur Vollmacht zur Prozessführung und Inbesitznahme im „Ad-durr" und im „Radd al-muḥtār" S. 412 entnommen. (Fn.-Qadrī)

1163 Arab. al-ġā'ib al-mafqūd. Art. 571 der Qadrī-Pāšā-Kodifikation.

1164 Die Bestimmung des Artikels ist dem Beginn des Kapitels zur Vollmacht zur Prozessführung und Inbesitznahme im „Ad-durr" und im „Radd al-muḥtār" S. 412 und der „Takmilat radd al-muḥtār" an der erwähnten Stelle S. 338 entnommen. Dies gilt auch für den nächsten Artikel, der aus der ersten Quelle und der „Takmilat" S. 337 entnommen ist. (Fn.-Qadrī)

1165 Die Bestimmung der beiden Absätze ist dem mittleren Abschnitt der Einleitung zum Buch zur Vollmacht im „Ad-durr" und im „Radd al-muḥtār" S. 401 entnommen. Dies gilt auch für die beiden folgenden Artikel. (Fn-Qadrī)

Art. 962
Frauen, die von der Außenwelt abgeschirmt leben[1166], können eine Bevollmächtigung erteilen. Ihre Bevollmächtigung ist ohne Einverständnis des Prozessgegners bindend.

Art. 963
Die Unfähigkeit des Vollmachtgebers, sich im Prozess selbst auszudrücken, bewirkt die Akzeptanz seiner Bevollmächtigung ohne Einverständnis seines Prozessgegners.

Art. 964
Die Bevollmächtigung ist ohne Einverständnis des Prozessgegners bindend, wenn der Vollmachtgeber selbst mit seinem Bevollmächtigten in der Verhandlungssitzung anwesend ist.[1167]

Art. 965
Die Bevollmächtigung zum Prozess um eine Forderung und ihre Inbesitznahme kann ohne Einverständnis des Prozessgegners erfolgen. Dies gilt unabhängig davon, ob der Vollmachtgeber anwesend oder abwesend ist, ob er gesund oder krank ist.[1168]

Art. 966
Das Anerkenntnis durch den Bevollmächtigten zur Prozessführung anstelle seines Vollmachtgebers in der Entscheidungssitzung ist mit Ausnahme von Strafsachen bei Wiedervergeltungsstrafen und koranischen Strafen[1169] wirksam. Dies gilt, wenn sein Vollmachtgeber Kläger ist und der Bevollmächtigte die Bezahlung einer Schuld durch den Vollmachtgeber anerkennt bzw. wenn der Vollmachtgeber der Beklagte ist und der Bevollmächtigte die Bestätigung einer Forderung gegen den Vollmachtgeber anerkennt.

[1166] Arab. muḫaddarāt. An dieser Stelle werden Vorstellungen von der Abgeschlossenheit eines Frauengemachs und einer strikten Geschlechtertrennung deutlich, wie sie noch Ende des 19. Jh. in Ägypten in Restformen existierten. Vgl. weiterführend dazu Heller, E., Mosbahi, H., Hinter den Schleiern..., a.a.O.

[1167] Die Bestimmung des Artikels ist dem mittleren Abschnitt der Einleitung zum Buch zur Vollmacht in der „Takmilat radd al-muḥtār" S. 260 entnommen. (Fn.-Qadrī)

[1168] Die Bestimmung des Artikels ist der „Al-anqarawīya" und ihren Randbemerkungen am Beginn des zweiten Abschnitts zur Bevollmächtigung zur Prozessführung S. 5 entnommen. (Fn.-Qadrī)

[1169] Zu den koranischen oder Grenzstrafen (ḥudūd) mit einem hauptsächlich göttlichen Rechtsanspruch vgl. El Baradie, A., Gottes-Recht und Menschen-Recht. A.a.O., S. 96-129.

Wenn der Vollmachtgeber das Anerkenntnis aus seiner Bevollmächtigung herausnimmt, ist seine Bevollmächtigung mit dieser Ausnahme wirksam. Ein Anerkenntnis seines Bevollmächtigten zu seinen Lasten ist unzulässig.[1170]

Art. 967
Der Bevollmächtigte für die Vermietung kann einen Prozess zur Bestätigung der Vermietung und zur Inbesitznahme der Miete führen. Er hat die Sache an den Mieter zu übergeben.[1171]

Art. 968
Wenn eine Forderung gegen seinen Vollmachtgeber erwiesen ist[1172], ist der Bevollmächtigte selbst daran nicht gebunden und kann dafür nicht inhaftiert werden, auch wenn er als allgemeiner Bevollmächtigter agiert. Er haftet materiell nur, wenn eine islamisch rechtmäßige Bürgschaft vorliegt oder ihn der Vollmachtgeber beauftragt hat, die Schuld aus seinem Vermögen, welches sich im Besitz des Bevollmächtigten befindet, zu bezahlen.[1173]

Art. 969
Die Vertretung ist nur für die Forderung des Schwurs[1174] möglich. Der Schwur kann nicht vertretungsweise geleistet werden. Der Bevollmächtigte, der ernannte Vormund, der Verwalter der Religiösen Stiftung und der Vater des Minderjährigen haben das Recht, einen Schwur und einen Eid vom Prozessgegner zu fordern. Sie müssen einer Forderung nach einem Schwur nur nachkommen, wenn sich die Anklage auf einen von ihnen geschlossenen Vertrag bezieht oder wenn ihr Anerkenntnis gegen denjenigen wirksam ist, den sie vertreten.[1175]

1170 Die Bestimmung der beiden Absätze ist dem Beginn des Kapitels zur Vollmacht zur Prozessführung im „Ad-durr" und im „Radd al-muḥtār" S. 413 entnommen. (Fn.-Qadrī)

1171 Die Bestimmung des Artikels ist dem Beginn des fünften Abschnitts zur Bevollmächtigung bei der Vermietung usw. in der „Al-anqarawīya" S. 37 entnommen. (Fn.-Qadrī)

1172 In der jordanischen Ausgabe von 1987 fehlerhaft.

1173 Die Bestimmung des Artikels ist der Mitte des Buches zur Vollmacht im „Tanqīḥ al-ḥāmidīya" S. 402 entnommen. (Fn.-Qadrī)

1174 Arab. istiḥlāf. In der jordanischen Ausgabe von 1987 fehlerhaft.

1175 Die Bestimmung des Artikels ist dem „Ad-durr" in der Mitte des Buches zur Klage S. 425 und 426 entnommen. (Fn.-Qadrī)

6. Abschnitt
Absetzung[1176] des Bevollmächtigten

Art. 970
Der Vollmachtgeber kann seinem Bevollmächtigten jederzeit mündlich oder schriftlich die Vollmacht unter der Bedingung entziehen, dass dieser davon erfährt, solange nicht das Recht eines Dritten betroffen ist.
Wenn aber das Recht eines Dritten betroffen ist, wenn etwa der Schuldner sein Vermögen verpfändet und bei Fälligkeit eine andere Person bevollmächtigt, das Pfand zu verkaufen, kann er die Vollmacht nicht entziehen. Seine Vollmacht wird durch den Entzug nicht unwirksam.[1177]

Art. 971
Dem Bevollmächtigten wird durch den Verlust seiner Geschäftsfähigkeit, durch den Verlust der Geschäftsfähigkeit des Vollmachtgebers sowie durch den Tod des Vollmachtgebers die Vollmacht entzogen, auch wenn damit das Recht eines Dritten betroffen ist. Dies gilt nicht bei der Vollmacht zum Verkauf des Pfandes, wenn der Pfandgeber eine vertrauenswürdige Person[1178] oder den Pfandnehmer beauftragt, das Pfand bei Fälligkeit zu verkaufen. Die Vollmacht wird ihm dabei weder durch den Tod des Vollmachtgebers noch durch den Verlust von dessen Geschäftsfähigkeit entzogen.[1179]

Art. 972
Der Bevollmächtigte zur Prozessführung und zum Kauf einer bestimmten Sache kann selbst die Vollmacht aufgeben, solange nicht das Recht eines Dritten betroffen ist. In diesem Falle ist er zur Weiterführung der Vollmacht verpflichtet.
Die Kenntnisnahme des Vollmachtgebers ist Voraussetzung für die Aufgabe der Vollmacht. So ist die Verfügung des Bevollmächtigten bis zur Kenntnisnahme des Vollmachtgebers zulässig.[1180]

[1176] Arab. ʿazl.

[1177] Die Bestimmung des ersten und des zweiten Absatzes ist dem „Ad-durr" und der „Takmilat radd al-muḥtār" am Beginn des Kapitels zur Absetzung des Bevollmächtigten S. 356, S. 357 und S. 358 entnommen. (Fn.-Qadrī)

[1178] Arab. ʿadl. Besonders im Maghreb im Sinne eines Notars verstanden.

[1179] Die Bestimmung des Artikels ist dem Beginn des Kapitels zur Absetzung des Bevollmächtigten im „Ad-durr" S. 417 entnommen. (Fn.-Qadrī)

[1180] Die Bestimmung der beiden Absätze ist dem „Ad-durr" und dem „Radd al-muḥtār" S. 416 und S. 417 am Beginn des Kapitels zur Absetzung des Bevollmächtigten entnommen. (Fn.-Qadrī)

Art. 973
Der Vollmachtgeber kann seinen zur Inbesitznahme einer Forderung Bevollmächtigten absetzen, wenn die Vollmacht nicht in Anwesenheit des Schuldners erteilt wurde. Wenn sie in dessen Anwesenheit erteilt wurde, kann ihn der Vollmachtgeber nur dann absetzen, wenn er den Schuldner davon in Kenntnis setzt. Wenn der Schuldner in Unkenntnis der Absetzung die Schuld an den Bevollmächtigten bezahlt, ist er von seiner Schuld befreit.[1181]

Art. 974
Die Vollmacht endet mit Beendigung der Angelegenheit, für die diese erteilt wurde. Dies gilt z.B., falls die Vollmacht zur Inbesitznahme der Forderung in Abwesenheit des Schuldners erteilt wurde und die Forderung vom Vollmachtgeber selbst in Besitz genommen wird.[1182]

[1181] Die Bestimmung dieses und des folgenden Artikels ist dem „Ad-durr" am Beginn des Kapitels zur Absetzung des Bevollmächtigten S. 417 entnommen. (Fn.-Qadrī)

[1182] Das im Art. 974 aufgeführte Beispiel fehlt im Text von 1891.

Das Buch zum Pfand[1183]

1. Abschnitt
Voraussetzungen des Pfandes und Auflistung der zulässigen und unzulässigen Pfandobjekte

Art. 975
Das Pfand ist ein Vertrag, in welchem ein Vermögensgegenstand in den Besitz des Pfandnehmers oder einer vertrauenswürdigen Person übergeht und zurückbehalten wird[1184], um als vermögensrechtlicher Anspruch eine vollständige oder teilweise Zahlung zu garantieren.[1185]

Art. 976
Das Pfandobjekt muss eine werthaltige, existierende und übertragbare Sache sein, es muss verbunden und nicht in Einzelteile getrennt sein, es muss frei von einem Anspruch des Pfandgebers sein und es muss unterscheidbar sein, d.h. es darf nicht gemeinsames Eigentum sein oder mit einer anderen Sache untrennbar verknüpft sein.[1186]

Art. 977
Die Forderung, für die das Pfand gegeben wird, muss eine in der Person des Pfandgebers sofort oder später wirkende Zahlungsverpflichtung oder eine Sache sein, für die er haftet. Die Verpfändung von Treuhandgütern ist nicht wirksam.[1187]

1183 Die islamisch-rechtlichen Regelungen zum Pfand spielen für die Gestaltung der sog. „abhängigen dinglichen Rechte“ (Rechte, die von einer Forderung abhängen) in Gestalt des Sicherungspfandrechts (ar-rahn at-ta'mīnī; Hypothek), des Besitzpfandes (ar-rahn al-ḥiyāzī) und der Vorzugsrechte (al-ḥuqūq al-imtiyāzīya) in den arabischen Ländern des „ägyptischen Rechtskreises“ eine wichtige Rolle. Vgl. das Beispiel Irak bei Küppers, N. F., Das irakische Zivilgesetzbuch. A.a.O., 63/1961, S. 34-42.

1184 Arab. maḥbūsan.

1185 Entnommen aus dem Beginn des Buches zum Pfand im „Ad-durr“ S. 307 und im „Radd al-muḥtār“ S. 308. (Fn.-Qadrī) In der jordanischen Ausgabe von 1987 ist fälschlicherweise die S. 208 angegeben. Zur Definition des Pfandes gemäß šarīʿa siehe auch al-Ǧazīrī, ʿA. ar-R., Kitāb al-fiqh..., a.a.O., Bd. 2, S. 260-261.

1186 Entnommen aus dem ersten Abschnitt über die Definition, die Grundlagen und die Voraussetzungen des Pfandes usw. im Buch zum Pfand in der „Al-hindīya“ S. 432 und 433. (Fn.-Qadrī)

1187 Die Bestimmung des Artikels ist der Mitte des Kapitels über das, was als Pfand genommen werden kann und was nicht als Pfand genommen werden kann, im „Ad-durr“ und im „Radd al-muḥtār“ S. 318 entnommen. (Fn.-Qadrī)

Art. 978
Voraussetzung für die volle Wirksamkeit und die Bindungswirkung des Pfandvertrages für den Pfandgeber ist, dass der Pfandnehmer das Pfand vollständig in Besitz genommen hat. Der Pfandgeber kann vor der Übergabe des Pfandes an den Pfandnehmer vom Vertrag zurücktreten und über die zu verpfändende Sache verfügen.[1188]

Art. 979
Der Pfandgeber und der Pfandnehmer können sich im Vertrag ausbedingen, das Pfand bei einer vertrauenswürdigen Person zu deponieren. Sie können sich darauf auch im Nachhinein einigen. Wenn die vertrauenswürdige Person einverstanden ist, gilt die Besitznahme durch sie wie die Besitznahme durch den Pfandnehmer. Der Pfandvertrag wird durch die Inbesitznahme voll gültig und für den Pfandgeber bindend.[1189]

Art. 980
Die Bedingung, dass das Pfandobjekt Eigentum des Pfandnehmers in Kompensation der Schuld des Pfandgebers wird, wenn dieser nicht zum festgelegten Termin zahlen kann, ist nicht wirksam. Vielmehr sind das Pfand wirksam und die Bedingung nichtig.
Die Bevollmächtigung des Pfandnehmers durch den Pfandgeber, das Pfand zum fälligen Termin zu verkaufen, um aus seinem Preis seine Forderung zu erfüllen, ist wirksam. Ebenso ist die Bevollmächtigung der vertrauenswürdigen Person, die das Pfand verwahrt, oder jeder anderen Person zum Verkauf, um die Schuld zu bezahlen, wirksam.[1190]

Art. 981
Der Schuldner kann ein einzelnes Pfand mehreren Gläubigern geben, unabhängig davon, ob sie gemeinsam eine durch das Pfand abgesicherte Forderung haben oder jeder Einzelne eine Forderung gegenüber dem Pfandgeber hat. Bedingung dabei ist, dass das Pfandrecht für alle in einem einzigen Vertrag ohne Un-

[1188] Die Bestimmung der beiden Absätze des Artikels ist dem Beginn des Buches zum Pfand im „Ad-durr“ S. 308 entnommen. (Fn.-Qadrī)

[1189] Die Bestimmung des Artikels ist dem Beginn des zweiten Kapitels zum Pfand unter der Bedingung seiner Deponierung bei einer vertrauenswürdigen Person in der „Al-hindīya“ S. 439 und im „Ad-durr“ am Beginn des Kapitels zum Pfand und seiner Deponierung bei einer vertrauenswürdigen Person S. 323 entnommen. (Fn.-Qadrī)

[1190] Die Bestimmung des ersten Absatzes ist dem Ende des Buches zum Pfand im „Tanqīḥ al-ḥāmidīya“ S. 286, die Bestimmung des zweiten Absatzes dem Beginn des Kapitels zum Pfand, das bei einer vertrauenswürdigen Person deponiert wird, im „Ad-durr“ S. 324 entnommen. (Fn.-Qadrī) Vgl. dazu auch Art. 970.

terschied bestellt wird und dass das Pfand für die Forderung eines jeden von ihnen zur Verfügung steht.[1191]

Art. 982

Der Schuldner kann sich die Sache eines anderen leihen und diese mit dessen Einwilligung verpfänden. Wenn der Verleiher ihm die Einwilligung uneingeschränkt und ohne Auflage erteilt, kann er das Entliehene für jede beliebige Höhe und Art der Schuld, an jede beliebige Person und an jedem beliebigen Ort verpfänden.

Wenn aber die Einwilligung Höhe, Art, Person und Ort einschränkt, kann der Entleiher nur dann dagegen verstoßen, wenn der Verstoß dem Wohl[1192] dient, indem etwa der Verleiher eine Summe festlegt, für die der Entleiher das Pfandrecht bestellen kann, die höher als der Wert des Pfandes ist. So kann der Entleiher die Sache für eine geringere Summe als die festgelegte verpfänden, wenn diese nicht geringer als der Wert des Pfandes ist.[1193]

Art. 983

Wenn der Entleiher eine Sache des Verleihers mit dessen Einwilligung und entsprechend den von ihm vorgegebenen Bedingungen verpfändet, hat der Verleiher keinen Rückforderungsanspruch auf das Pfand, nachdem es an den Pfandnehmer übergeben worden ist. Es verbleibt beim Pfandnehmer, bis dessen Forderung erfüllt ist.[1194]

Art. 984

Der Vater kann sein Vermögen an sein Kind verpfänden und das Vermögen seines Kindes selbst als Pfand nehmen. Er kann auch das Vermögen seines minderjährigen Sohnes für eine eigene Schuld oder für eine Schuld des Minderjährigen verpfänden. Wenn er das Vermögen für eine eigene Schuld verpfändet und das Vermögen untergeht, haftet der Vater in Höhe der Schuld, nicht aber für die zusätzliche Summe, wenn der Wert des Pfandes größer als die Schuld ist.[1195]

1191 Die Bestimmung des Artikels ist dem „Ad-durr“ und dem „Radd al-muḥtār“ in der Mitte des Kapitels über das, was als Pfand genommen werden kann und was nicht als Pfand genommen werden kann, S. 320 entnommen. (Fn.-Qadrī)

1192 Arab. ḫair. Dies bezieht sich auf den Verleiher.

1193 Die Bestimmung dieses Absatzes ist dem Beginn des Kapitels zur Verfügung beim Pfand u.a. im „Ad-durr“ und im „Radd al-muḥtār“ S. 330 und 331 entnommen. (Fn.-Qadrī)

1194 „Da die Gelehrten die Verpfändung der entliehenen Sache für wirksam halten, wird die Wirkung des Pfandes als Eigentum des Pfandgebers betrachtet. Der Rückforderungsanspruch des Verleihers ist ausgeschlossen. Das Pfand wird dadurch bindend.“ (Fn.-Qadrī)

1195 Die Bestimmung des Artikels ist der Mitte des Kapitels über das, was als Pfand genommen werden kann usw., im „Ad-durr“ S. 319 entnommen. (Fn.-Qadrī)

Art. 985
Der gesetzliche Vormund kann sein Vermögen nicht an sein Mündel verpfänden und das Vermögen seines Mündels nicht selbst als Pfand nehmen. Er kann aber das Vermögen an einen Fremden für die Schuld seines Mündels oder für seine eigene Schuld verpfänden. Ferner kann er ein Pfand für eine Forderung des Mündels entgegennehmen.[1196]

2. Abschnitt
Wirkungen des Pfandes

Art. 986
Der Pfandnehmer hat das Recht, das Pfand zur Erfüllung der durch das Pfand abgesicherten Forderung zurückzubehalten. Er darf es aber nicht für eine andere Forderung gegenüber dem Pfandgeber zurückbehalten, unabhängig davon, ob diese vor oder nach dem Pfandvertrag entstanden ist.
Das fehlerhafte Pfand entfaltet alle Wirkungen, die auch für das wirksame Pfand gelten. Der Pfandnehmer hat das Recht, das Pfand bis zum Eingang der gesamten Forderung zurückzubehalten, wenn das Pfandrecht vor der Forderung bestellt wurde.[1197]

Art. 987
Der Pfandnehmer ist in Bezug auf das Pfand gegenüber dem Pfandgeber bevorrechtigt. Wenn der Pfandgeber als Schuldner verstirbt, ist der Pfandnehmer gegenüber den anderen Gläubigern bei der Erfüllung seines Anspruchs bevorrechtigt. Was davon übrig bleibt, geht an die anderen Gläubiger.[1198]

Art. 988
Das Pfand hindert den Pfandnehmer nicht daran, vom Pfandgeber die Bezahlung seiner Forderung zu verlangen, wenn diese sofort fällig ist. Wenn sie aber gestundet ist, kann sie der Pfandnehmer erst mit Fälligkeit der Frist verlangen.[1199]

1196 Die Bestimmung dieses Artikels zur Formulierung „Er kann ein Pfand nehmen…“ ist der Mitte des Kapitels über das, was als Pfand genommen werden kann usw., im „Ad-durr“ und im „Radd al-muḥtār“ S. 319 entnommen. Die Bestimmung des Restes ist dem Beginn des Abschnitts zum Pfand hinsichtlich der Anforderungen an die ernannten Vormunde in den Randbemerkungen zum „Ǧāmiʿ al-fuṣūlain“ S. 217 entnommen. (Fn.-Qadrī)

1197 Die Bestimmung der beiden Absätze ist der Mitte des Buches zum Pfand im „Tanqīḥ al-ḥāmidīya“ S. 274 und 275 entnommen. (Fn.-Qadrī)

1198 Die Bestimmung des Artikels ist dem „Tanqīḥ al-ḥāmidīya“ in der Mitte des Buches zum Pfand S. 274 entnommen (Fn.-Qadrī)

1199 Entnommen aus dem „Ad-durr“ am Beginn des Buches zum Pfand S. 310. (Fn.-Qadrī)

Art. 989

Wenn der Pfandgeber nur einen Teil der Schuld leistet, ist der Pfandnehmer nicht verpflichtet, ihm einen Teil des Pfandes zu übergeben. Er kann das Pfand bis zur Bezahlung der Restsumme, unabhängig von ihrer Höhe, zurückbehalten.[1200]

Wenn aber das Pfandobjekt aus zwei Sachen besteht, für jede von ihnen eine Summe in Bezug auf die Schuld festgelegt ist und der Pfandgeber eine Summe für eine von beiden bezahlt, kann er die Sache an sich nehmen. Wenn aber für die beiden Sachen keine jeweilige Summe festgelegt ist, darf er die Sache nicht an sich nehmen, da das gesamte Pfand bis zur Bezahlung der gesamten Schuld zurückbehalten wird.[1201]

Art. 990

Der Verleiher des Pfandes kann den Entleiher, der die Sache verpfändet, zwingen, das Pfand auszulösen und an ihn zu übergeben, es sei denn, die Leihe ist für eine bestimmte Zeit festgelegt. In diesem Falle kann er ihn erst nach Ablauf der Frist dazu zwingen.[1202]

Art. 991

Der Pfandnehmer ist nicht verpflichtet, dem Pfandgeber die Entgegennahme des bei ihm befindlichen Pfandes zu ermöglichen, damit dieser es zur Begleichung seiner Forderung verkauft, da das Pfand die dauerhafte Zurückbehaltung bis zur Inbesitznahme seiner Forderung bewirkt.[1203]

Art. 992

Wenn der Verleiher die Auslösung des Pfandes wünscht und dem Pfandnehmer die geforderte Schuld bezahlt, ist der Pfandnehmer verpflichtet, dies zu akzeptieren. Der Verleiher hat gegenüber dem Entleiher einen Rückforderungsanspruch auf die bezahlte Schuld. Dies gilt, wenn die Schuld dem Wert des Pfandes entspricht. Wenn die Schuld kleiner als der Wert des Pfandes ist, ist der Pfandneh-

---

1200 Die Bestimmung dieses Absatzes ist der Mitte des Buches zum Pfand im „Ad-durr" S. 312 entnommen. (Fn.-Qadrī)

1201 Die Bestimmung dieses Absatzes ist dem „Ad-durr" am Ende des Kapitels über das, was verpfändet werden kann, S. 321 entnommen. (Fn.-Qadrī)

1202 Die Bestimmung des Artikels ist dem mittleren Abschnitt zum Pfand im „Tanqīḥ al-ḥāmidīya" S. 272 entnommen. (Fn.-Qadrī)

1203 Die Bestimmung des Artikels ist dem Ende des Buches zum Pfand im „Ad-durr" und im „Radd al-muḥtār" S. 312 entnommen. Ähnlich in den „Durar al-ḥukkām" (Perlen der Herrscher) und in der „Aš-šurumblālīya" (Fatwā-Sammlung) im mittleren Abschnitt des Buches zum Pfand S. 250. (Fn.-Qadrī) Beide Werke gehen auf den ḥanafitischen Juristen Ḥasan b. ʿA. b. ʿAlī aš-Šurumblālī (gest. 1659) zurück, der in Ägypten gelebt hat. Vgl. die URL http://shamela.ws/index.php/author/1265 (zuletzt abgerufen: 07.06.2013). Der Name wird dort als aš-Šurunblālī angegeben.

mer nicht verpflichtet, die Sache zu übergeben. Wenn sie größer als der Wert des Pfandes ist, wird die Differenz als Spende[1204] gewertet, auf die der Verleiher gegenüber dem Entleiher keinen Rückforderungsanspruch hat.[1205]

Art. 993
Das Pfand ist durch den Tod des Pfandgebers oder durch den Tod des Pfandnehmers bzw. durch den Tod von beiden nicht unwirksam. Es bleibt ein Pfand in Bezug auf die gesetzlichen Erben.[1206]

Art. 994
Wenn der Pfandgeber, der das Pfand entliehen hat, zahlungsunfähig verstirbt, verbleibt das Pfand als solches im Besitz des Pfandnehmers. Es kann nicht ohne Einverständnis des Verleihers verkauft werden.[1207]

Art. 995
Wenn der Verleiher als Schuldner verstirbt, ist der Pfandgeber, der das Pfand entliehen hat, verpflichtet, die Schuld seinerseits zu bezahlen und das Pfand auszulösen. Wenn er nicht imstande ist, seine Schuld zu begleichen, verbleibt das Pfand als solches beim Pfandnehmer. Die gesetzlichen Erben des Verleihers können die Schuld bezahlen und das Pfand auslösen.[1208]

Art. 996
Wenn der Pfandgeber verstirbt, verkauft sein Testamentsvollstrecker mit Einwilligung seines Pfandnehmers das Pfand und begleicht daraus die Schuld gegenüber dem Pfandnehmer. Wenn der Pfandgeber keinen Testamentsvollstrecker hat, bestellt der Richter einen solchen und ordnet den Verkauf des Pfandes und

---

1204 Arab. tabarruʿ.

1205 Die Bestimmung des Artikels ist dem mittleren Abschnitt zur Verfügung beim Pfand S. 331 im „Ad-durr" und im „Radd al-muḥtār" entnommen. (Fn.-Qadrī) Der Übersetzer der französischen Ausgabe Abdulaziz Kahil Bey macht zu Recht darauf aufmerksam, dass die Aussage, wonach der Pfandnehmer nicht verpflichtet ist, die Sache zu übergeben, wenn die Schuld kleiner als der Wert des Pfandes ist, weder der Logik noch der Lehre entspricht und möglicherweise aus einem Abschreibfehler resultiert. Er plädiert dafür, den Satz „Wenn die Schuld kleiner…" zu streichen und stattdessen zu formulieren: „Dies gilt, wenn die Schuld dem Wert des Pfandes entspricht oder kleiner als der Wert des Pfandes ist." Vgl. die französische Übersetzung S. 292, Fn. 2.

1206 Die Bestimmung des Artikels ist dem „Tanqīḥ al-ḥāmidīya" am Ende des Buches zum Pfand S. 286 entnommen. (Fn.-Qadrī)

1207 Die Bestimmung des Artikels ist dem „Ad-durr" in der Mitte des Kapitels zur Verfügung beim Pfand usw. S. 332 entnommen. (Fn.-Qadrī)

1208 Die Bestimmung des Artikels ist dem „Ad-durr" am Ende des Kapitels zur Verfügung beim Pfand S. 332 entnommen. (Fn.-Qadrī)

die Begleichung der durch das Pfand abgesicherten Schuld aus dem Preis des Pfandes an.[1209]

Art. 997
Wenn der Pfandnehmer verstirbt, treten seine gesetzlichen Erben an seine Stelle in Bezug auf die Zurückhaltung des Pfandes bis zur Erfüllung der Forderung.[1210]

Art. 998
Wenn die vertrauenswürdige Person verstirbt, wird das Pfand mit Einwilligung der beiden Seiten an eine andere vertrauenswürdige Person gegeben. Wenn sich beide Seiten uneinig sind, gibt der Richter das Pfand an eine vertrauenswürdige Person oder auch an den Pfandnehmer, wenn dieser eine vergleichbare Vertrauenswürdigkeit besitzt, auch wenn der Pfandgeber dies ablehnt.[1211]

Art. 999
Wenn der Pfandnehmer verstirbt, ohne dass er das Pfand bekannt gemacht hat, und sich das Pfand nicht in seinem Nachlass befindet, so ist der Wert des Pfandes eine Schuld, die aus seinem Nachlass beglichen werden muss. Die gesetzlichen Erben nehmen vom Pfandgeber die ihrem Erblasser geschuldete Summe in Besitz.[1212]

3. Abschnitt
Verfügungen des Pfandgebers und des Pfandnehmers

Art. 1000
Jede aufhebbare Verfügung[1213] wie der Verkauf, die Vermietung, die Schenkung, die freiwillige Spende[1214] u.a. des Pfandgebers vor Bezahlung der Schuld ist schwebend unwirksam und vom Einverständnis des Pfandnehmers abhängig. Dessen Recht zur Zurückhaltung des Pfandes wird nur nichtig, wenn der Pfandnehmer der Verfügung zustimmt oder der Pfandgeber seine Schuld bezahlt. Dann werden dessen Verfügungen rechtskräftig und das Pfandobjekt aus der

---

1209 Die Bestimmung des Artikels ist dem „Ad-durr“ am Ende des Abschnitts zur Verfügung beim Pfand S. 334 entnommen. (Fn.-Qadrī)

1210 Die Bestimmung des Artikels ist dem „Tanqīḥ al-ḥāmidīya“ am Ende des Buches zum Pfand S. 276 entnommen. (Fn.-Qadrī)

1211 Die Bestimmung des Artikels ist der „Al-hindīya“ am Ende des zweiten Kapitels zum Pfand unter der Bedingung seiner Deponierung bei einer vertrauenswürdigen Person S. 442 entnommen. (Fn.-Qadrī)

1212 Die Bestimmung des Artikels ist dem „Tanqīḥ al-ḥāmidīya“ am Ende des Buches zum Pfand S. 286 entnommen. (Fn.-Qadrī)

1213 Arab. taṣarruf muḥtamil li-l-fasḫ.

1214 Arab. ṣadaqa.

Verantwortlichkeit[1215] des Pfandnehmers genommen. Im Falle des Verkaufs erscheint das Recht des Pfandnehmers als ein Recht in Bezug auf den Preis. Dagegen besteht kein Recht in Bezug auf die Miete.[1216]
Ebenso gilt dies, wenn der Pfandgeber anerkennt[1217], dass die verpfändete Sache einem Dritten gehört. Sein Anerkenntnis ist in Bezug auf das Recht des Pfandnehmers nicht wirksam. Dessen Recht auf Zurückhaltung des Pfandes erlischt bis zur Begleichung seiner Forderung nicht.[1218]

Art. 1001
Ebenso wie der Pfandgeber ohne Einverständnis des Pfandnehmers das Pfand nicht verkaufen, vermieten, verleihen und verpfänden darf, kann der Pfandnehmer das Pfand nur dann verkaufen, wenn er vom Pfandgeber zum Verkauf bevollmächtigt ist. Er darf es nur mit Einwilligung des Pfandgebers hinterlegen, vermieten, verleihen oder verpfänden. Wenn er dies aber ohne Einwilligung tut, ist er ein schuldhafter Rechtsverletzer, der durch seine schuldhafte Rechtsverletzung für den Wert des Pfandes haftet, wie hoch dieser auch immer ist.[1219]

Art. 1002
Wenn der Pfandgeber das Pfand ohne Einwilligung des Pfandnehmers verkauft, der Käufer das Pfand übernimmt und es in seinem Besitz vor der Zustimmung des Pfandnehmers zum Verkauf untergeht, ist die Zustimmung nach dem Untergang des Pfandes nicht wirksam. Der Pfandnehmer hat die Wahl, den Käufer oder den Pfandgeber für den Wert der Sache zum Zeitpunkt ihres Untergangs in Haftung zu nehmen.[1220]
Wenn aber der Pfandnehmer eine schuldhafte Rechtsverletzung begeht, indem er das Pfand ohne Einwilligung des Pfandgebers verkauft, der Käufer das Pfand übernimmt und es in seinem Besitz vor der Zustimmung untergeht, hat der Pfandgeber die Wahl, den Käufer oder den Pfandnehmer in Haftung zu nehmen.

1215 Arab. ʿuhda. Damit ist vor allem die verantwortliche Aufsicht gemeint.

1216 Die Bestimmung dieses Absatzes ist dem Beginn des Kapitels zur Verfügung beim Pfand im „Ad-durr" und im „Radd al-muḥtār" S. 329 und 330 entnommen. (Fn.-Qadrī)

1217 In der jordanischen Ausgabe von 1987 fehlerhaft.

1218 Die Bestimmung dieses Absatzes ist dem Ende des Buches zum Pfand im „Tanqīḥ al-ḥamīdīya" S. 277 entnommen. (Fn.-Qadrī)

1219 Die Bestimmung dieses Artikels ist der Mitte des Buches zum Pfand im „Tanqīḥ al-ḥāmidīya" S. 270 und 279 entnommen. (Fn.-Qadrī) In der jordanischen Ausgabe von 1987 ist statt der S. 279 fälschlicherweise die S. 289 angegeben.

1220 Die Bestimmung des Artikels mit seinen beiden Absätzen ist der Mitte des Buches zum Pfand im „Tanqīḥ al-ḥāmidīya" S. 270 entnommen. (Fn.-Qadrī) Der Hinweis auf die beiden Absätze ist nur im Muršid al-ḥairān ilā maʿrifat aḥwāl al-insān fi-l-muʿāmalāt aš-šarʿīya. Šarḥ wa-dirāsa…, a.a.O., 3. Bd., S. 1408 enthalten.

Art. 1003
Wenn der Pfandnehmer eine schuldhafte Rechtsverletzung begeht, indem er das Pfand ohne Einwilligung des Pfandgebers verpfändet, und dieses im Besitz des zweiten Pfandnehmers untergeht, bevor es an den ersten Pfandnehmer zurückgegeben wird, hat der erste Pfandgeber die Wahl. Er kann den ersten Pfandnehmer für den Wert des Pfandes in Haftung nehmen, wie hoch dieser Wert auch immer ist. Dessen Haftungssumme wird zum Pfand. Der zweite Pfandnehmer hat gegenüber dem ersten Pfandnehmer das Recht der Forderung. Er kann aber auch den zweiten Pfandnehmer in Haftung nehmen. Dessen Haftungssumme wird zum Pfand beim ersten Pfandnehmer und der zweite Pfandvertrag ist nichtig. Der zweite Pfandnehmer hat einen Rückforderungsanspruch gegenüber dem ersten Pfandnehmer auf seine Haftungssumme und seine Forderung.
Falls aber der erste Pfandnehmer mit Einwilligung des ersten Pfandgebers das Pfandrecht beim zweiten Pfandnehmer bestellt, ist der zweite Pfandvertrag wirksam und der erste Pfandvertrag nichtig.[1221]

Art. 1004
Der Pfandnehmer kann das Pfand an den Pfandgeber verleihen. Es wird damit der Haftung durch den Pfandnehmer entzogen. Er kann es in seinen Besitz zurückfordern. Wenn er es zurückfordert und wieder in Besitz nimmt, ist er wieder dafür haftbar, da der Pfandvertrag fortexistiert.
Wenn das Pfand im Besitz des Pfandgebers als Entleiher untergeht, geht es ohne Wirkung unter, d.h. kein Teil der Schuld ist beglichen. In diesem Falle ist der Pfandnehmer mit den übrigen Gläubigern auf einer Stufe.
Wenn der Pfandgeber dem Pfandnehmer einen Bürgen gestellt hat, um ihm das entliehene Pfand zu übergeben, ist der Bürge bei Untergang des Pfandes in der Hand seines Pfandgebers zu nichts verpflichtet, weil dies nicht zur Wirkung des Pfandvertrages gehört, auch wenn der Vertrag fortexistiert.
Wenn aber der Pfandgeber ohne Einverständnis des Pfandnehmers das Pfand an sich genommen hat, ist die Haftung des Bürgen zulässig, d.h. er ist verpflichtet, ihm das Pfand zu übergeben.
Wenn der Pfandgeber als Entleiher vor der Rückgabe der verpfändeten Sache und der Rückführung in den Besitz des Pfandnehmers verstirbt, ist der Pfandnehmer gegenüber den anderen Gläubigern bevorrechtigt. Diese haben im Gegensatz zum Pfandnehmer keine Ansprüche auf das Pfand.[1222]

[1221] Die Bestimmung der beiden Absätze des Artikels ist dem Ende des Buches zum Pfand im „Tanqīḥ al-ḥāmidīya" S. 279 entnommen. (Fn.-Qadrī)

[1222] Die Bestimmung der Absätze des Artikels ist dem „Ad-durr" am Beginn des Kapitels zur Verfügung beim Pfand S. 328 und 329 entnommen. (Fn.-Qadrī)

Art. 1005

Wenn der Pfandnehmer ohne Einwilligung des anwesenden Pfandgebers oder - im Falle von dessen Abwesenheit - ohne Einwilligung des Richters die Früchte der verpfändeten Sache verkauft, haftet er für ihren Wert.[1223]

Art. 1006

Der Pfandnehmer kann mit dem Pfand verreisen, wenn der Weg sicher ist, es sei denn, der Pfandgeber begrenzt dies auf den Ort. Dann ist die Reise für ihn nicht zulässig.[1224]

Art. 1007

Der Pfandnehmer darf sein bewegliches oder unbewegliches Pfand ohne Einwilligung des Pfandgebers nicht nutzen. Er kann es mit dessen Einwilligung vermieten. Er kann die Miete an den Pfandgeber bezahlen oder die Miete im Einverständnis mit dem Pfandgeber von der ursprünglichen Schuld abziehen, auch wenn der Pfandvertrag so nichtig wird.

Falls der Pfandgeber den Pfandnehmer zum Gebrauch, zur Nutzung oder zur Verleihung des Pfandes für eine Tätigkeit ermächtigt und das Pfand vor Beginn oder nach Beendigung der Nutzung oder Tätigkeit untergeht, geht es mit der Schuld unter.

Wenn das Pfand im Verlaufe des Gebrauchs oder der Nutzung bzw. während der für die Leihe vorgesehenen Tätigkeit entsprechend der Ermächtigung des Pfandnehmers untergeht, so gilt es als Treuhandgut, d.h. der Pfandnehmer haftet nicht dafür und die Schuld erlischt nicht.

Falls der Pfandnehmer das verpfändete Haus bewohnt, muss er keine Miete bezahlen.[1225]

Falls sich der Pfandgeber und der Pfandnehmer in Bezug auf die Zeit des Untergangs des Pfandes uneinig sind und der Pfandnehmer erklärt, dass es in der Zeit der Tätigkeit untergegangen sei, der Pfandgeber aber erklärt, dass es vor oder nach der Tätigkeit untergegangen sei, so wird zugunsten des Pfandnehmers entschieden und die Beweislast obliegt dem Pfandgeber.[1226]

[1223] Die Bestimmung des Artikels ist dem „Tanqīḥ al-ḥāmidīya" in der Mitte des Buches zum Pfand S. 272 entnommen. (Fn.-Qadrī)

[1224] Die Bestimmung des Artikels ist dem „Ad-durr" und dem „Radd al-muḥtār" am Ende des Buches zum Pfand S. 315 entnommen. (Fn.-Qadrī)

[1225] Vgl. Art. 662

[1226] Die Bestimmung des ersten Absatzes ist dem „Ad-durr" und dem „Radd al-muḥtār" am Beginn des Abschnitts zu verschiedenen Fragen des Pfandes S. 336 und 337 entnommen, die Bestimmung der übrigen Absätze ist den beiden Quellen in der Mitte des Kapitels zur Verfügung beim Pfand S. 330 entnommen. (Fn.-Qadrī)

Art. 1008
Die zur Verwahrung und Pflege des Pfandes notwendigen Kosten obliegen dem Pfandnehmer. Die für den Unterhalt des Pfandes notwendigen Kosten, so die Kosten für die Rekonstruktion einer Immobilie, die Bewässerung des Bodens, die Befruchtung der Bäume, und weitere Kosten zur Verbesserung und Aufrechterhaltung des Pfandes obliegen dem Pfandgeber.
Im Falle, dass der eine die Pflicht des anderen erfüllt, gilt Folgendes: Wenn der eine die Pflicht des anderen auf Anordnung des Richters erbringt, wird sie eine Forderung gegenüber dem anderen. Derjenige, der sie erbringt, hat einen Rückforderungsanspruch gegenüber dem anderen. Wenn sie aber nicht auf Anordnung des Richters erbracht wird, gilt sie als eine freiwillige Spende und es besteht keinerlei Rückforderungsanspruch gegenüber dem anderen.[1227]

4. Abschnitt
Folgen für den Pfandnehmer und den Pfandgeber bei Untergang des Pfandes

Art. 1009
Der Pfandnehmer ist verpflichtet, bei der Verwahrung des Pfandes die gleiche Sorgfalt walten zu lassen wie bei der Verwahrung des eigenen Vermögens. Der Pfandnehmer kann das Pfand bei sich selbst, bei seiner Ehefrau, bei seinem Kind, bei anderen unterhaltsberechtigten Familienmitgliedern, die mit ihm zusammen wohnen, oder bei gleichwertigen Personen, denen er sein eigenes Vermögen anvertrauen würde, verwahren.[1228]

Art. 1010
Der Pfandnehmer haftet für den Untergang des Pfandes nach dessen Inbesitznahme mit dem kleineren Betrag im Vergleich zwischen dem Wert des Pfandes und der Schuld. Für den Wert des Pfandes ist der Tag seiner Inbesitznahme, nicht der Tag seines Untergangs, maßgeblich.[1229]

Art. 1011
Wenn das Pfand im Besitz des Pfandnehmers untergeht und sein Wert der Höhe der Schuld entspricht, erlischt die Schuld für den Pfandgeber vollständig und der Anspruch des Pfandnehmers ist erfüllt. Dies gilt unabhängig davon, ob der Un-

---

[1227] Die Bestimmung der beiden Absätze des Artikels ist dem „Ad-durr" und dem „Radd al-muḥtār" am Ende des Abschnitts zum Pfand S. 313 und 314 entnommen. (Fn.-Qadrī)
[1228] Die Bestimmung des Artikels ist dem „Ad-durr" und dem „Radd al-muḥtār" am Ende des Buches zum Pfand S. 313 entnommen. (Fn.-Qadrī)
[1229] Die Bestimmung des Artikels ist dem „Ad-durr" am Beginn des Buches zum Pfand S. 309 entnommen. (Fn.-Qadrī)

tergang durch eine schuldhafte Rechtsverletzung des Pfandnehmers oder durch höhere Gewalt[1230] erfolgte.[1231]

Art. 1012
Wenn das Pfand im Besitz des Pfandnehmers untergeht und sein Wert größer als die Schuld ist, erlischt die Schuld für den Pfandgeber. Der Pfandnehmer muss die Differenz nicht bezahlen und haftet nicht gegenüber dem Pfandgeber, wenn der Untergang ohne eine schuldhafte Rechtsverletzung seinerseits erfolgt ist. Er haftet aber gegenüber dem Pfandgeber, wenn der Untergang des Pfandes infolge seiner schuldhaften Rechtsverletzung, durch die Vernachlässigung bei der Verwahrung der Sache durch ihn oder durch die Verwahrung bei einer Person, der er sein eigenes Vermögen nicht anvertrauen würde, geschieht.

Art. 1013
Wenn das Pfand im Besitz des Pfandnehmers untergeht und sein Wert kleiner als die Schuld ist, erlischt die Schuld entsprechend dem Wert des Pfandes. Der Pfandnehmer kann die restliche Schuld vom Pfandgeber zurückfordern.
Diese Bestimmung gilt auch, wenn sich die Quantität oder die Qualität des Pfandes im Besitz des Pfandnehmers vermindert. Die Schuld erlischt nur dementsprechend.

Art. 1014
Wenn sich das Pfand im Besitz des Pfandnehmers für eine versprochene Summe befindet, indem das Pfand für ein in der Höhe festgelegtes Darlehen gegeben wurde, und das Pfand im Besitz des Pfandnehmers vor der Darlehenszuteilung[1232] untergeht, haftet der Pfandnehmer für die festgelegte Summe. Dies gilt, wenn die Summe dem Wert des Pfandes entspricht oder kleiner als der Wert des Pfandes ist. Der Pfandnehmer ist beauftragt, die Summe als Schuld an den Pfandgeber pflichtgemäß zu übergeben. Wenn aber die versprochene Summe größer als der Wert des Pfandes ist, haftet er für den Wert des Pfandes. Wenn die Höhe der Schuld nicht festgelegt ist, haftet der Pfandnehmer bei Untergang des Pfandes nicht.[1233]

1230 Arab. āfa samāwīya.

1231 Die Bestimmung des Artikels ist dem „Ad-durr" in der Mitte des Buches zum Pfand S. 310 entnommen. Gleiches gilt für den nächsten Artikel und für die beiden ersten Absätze des übernächsten Artikels. Die Bestimmung darin ist dem „Tanqīḥ al-ḥāmidīya" am Beginn des Buches zum Pfand S. 265 entnommen. (Fn.-Qadrī) Die Angabe der Artikel in der jordanischen Ausgabe von 1987 ist fehlerhaft.

1232 Arab. iqrāḍ. Es handelt sich dabei um eine Form, den gemäß šarīʿa verbotenen Zins zu vermeiden.

1233 Die Bestimmung des Artikels ist dem „Ad-durr" in der Mitte des Kapitels über das, was als Pfand genommen werden kann, S. 318 entnommen. (Fn.-Qadrī)

Art. 1015
Wenn das Pfand im Besitz des Pfandnehmers nach Erfüllung seiner Forderung durch den Pfandgeber oder nach Übertragung der Schuld auf einen Dritten untergeht und der Wert des Pfandes der Schuld entspricht oder größer als die Schuld ist, geht mit ihm die Schuld unter und der Pfandnehmer ist verpflichtet, die in Besitz genommene Summe zurückzugeben. Die Schuldanweisung wird nichtig. Wenn der Wert des Pfandes kleiner als die Schuld ist, ist der Pfandnehmer verpflichtet, den Teil der in Besitz genommenen Summe, die dem Wert des Pfandes entspricht, zurückzugeben. Die Schuldanweisung ist für den den Wert des Pfandes übersteigenden Betrag der Schuld nicht unwirksam.[1234]

Art. 1016
Wenn ein Anspruch auf das Pfand nach seinem Untergang im Besitz des Pfandnehmers besteht, der Wert des Pfandes der Schuld entspricht oder größer als die Schuld ist und der Anspruchsberechtigte den Pfandgeber für den Wert des Pfandes in Haftung nimmt, so gilt die Forderung des Pfandnehmers als erfüllt, da die Forderung in seinem Besitz untergegangen ist.[1235]
Wenn der Anspruchsberechtigte den Pfandnehmer für den Wert in Haftung nimmt, hat dieser einen Rückforderungsanspruch auf den Wert und die Forderung[1236] gegenüber dem Pfandgeber.

Art. 1017
Wenn ein Anspruch auf einen Teil des Pfandes besteht und sich das Pfand im Besitz des Pfandnehmers befindet, ist der Pfandvertrag in Bezug auf den Rest nichtig, wenn die Sache nicht abgrenzbar[1237] ist. Wenn die beanspruchte Sache abgrenzbar ist, besteht das Pfand in Bezug auf den Rest weiter und wird für die Gesamtschuld verwahrt.[1238]

Art. 1018
Wenn das Pfand im Besitz des Pfandnehmers oder der vertrauenswürdigen Person gestohlen wird, ohne dass der Pfandnehmer oder die vertrauenswürdige Person die Verwahrung des Pfandes vernachlässigt hat, und der Wert des Pfandes

---

1234 Die Bestimmung des Artikels ist dem „Ad-durr“ am Ende des Abschnitts zu verschiedenen Fragen des Pfandes S. 338 entnommen. (Fn.-Qadrī)

1235 Die Bestimmung des Artikels mit seinen beiden Absätzen ist der „Al-hindīya“ am Beginn des dritten Kapitels zum Untergang des Pfandobjektes S. 445 und auch dem „Ad-durr“ am Ende des Kapitels zum Pfand, welches in den Besitz einer vertrauenswürdigen Person gelangt, S. 336 entnommen. (Fn.-Qadrī)

1236 In der jordanischen Ausgabe von 1987 fehlt der Anspruch auf die Forderung.

1237 Arab. mušā'an (auch: unteilbar). In der jordanischen Ausgabe von 1987 fälschlicherweise mutā'an.

1238 Die Bestimmung des Artikels ist dem „Ad-durr“ am Ende des Abschnitts über verschiedene Fragen des Pfandes S. 337 entnommen. (Fn.-Qadrī)

dem Wert der Schuld entspricht oder größer als die Schuld ist, ist die Forderung gegenüber dem Pfandgeber nichtig. Der Pfandnehmer haftet für die Differenz nur, wenn nachgewiesen wird, dass sich das Pfand nicht an einem angemessenen Verwahrungsort befand.[1239]

Art. 1019
Der Untergang von Früchten[1240] am Pfand im Besitz des Pfandnehmers ist unbeachtlich.[1241]

Art. 1020
Wenn der Pfandnehmer den Untergang des Pfandes behauptet, so wird seinem Eid[1242] Glauben geschenkt. Er haftet nicht für die Differenz zwischen dem höheren Wert des Pfandes und der Schuld.[1243]

5. Abschnitt
Bezahlung der Schuld aus dem Pfand

Art. 1021
Wenn die Schuld fällig ist, ist der Pfandgeber verpflichtet, das Pfand zu verkaufen und die Schuld aus seinem Preis zu begleichen, wenn er die Schuld noch nicht bezahlt und das Pfand noch nicht ausgelöst hat.[1244]

Art. 1022
Wenn sich der Pfandgeber nach Anordnung durch den Richter[1245] weigert, die Schuld zu begleichen und das Pfand zu verkaufen, um aus seinem Preis die Schuld zu bezahlen, verkauft es der Richter zwangsweise und bezahlt die Schuld aus seinem Preis, auch wenn das Pfand das Haus ist, in dem der Pfandgeber wohnt, und er kein anderes besitzt.

1239 Die Bestimmung des Artikels ist dem „Tanqīḥ al-ḥāmidīya" am Beginn des Buches zum Pfand S. 265 entnommen. (Fn.-Qadrī) In der Ausgabe von 2003 fehlerhaft (korrekt: mauḍūʿ).

1240 Arab. zawāʾid.

1241 Die Bestimmung des Artikels ist dem „Ad-durr" am Beginn des Abschnitts über verschiedene Fragen des Pfandes S. 336 entnommen. (Fn.-Qadrī)

1242 Arab. yamīn.

1243 Die Bestimmung des Artikels ist dem „Tanqīḥ al-ḥāmidīya" am Beginn des Buches zum Pfand S. 266 entnommen. (Fn.-Qadrī)

1244 Die Bestimmung dieses und des folgenden Artikels ist dem „Radd al-muḥtār" am Ende des Kapitels über das, was als Pfand genommen werden kann usw., S. 323 und aus dem Beginn des Buches zum Pfand im „Tanqīḥ al-ḥāmidīya" S. 269 entnommen. (Fn.-Qadrī)

1245 An dieser Stelle wird der Terminus ḥākim verwendet. Vgl. Fn. 917.

Art. 1023

Wenn die Schuld fällig ist und sich der Pfandgeber an einem unbekannten Ort aufhält, unterbreitet der Pfandnehmer die Angelegenheit dem Richter. Dieser kann das Pfand verkaufen und daraus die Schuld des Pfandgebers begleichen.[1246]

Art. 1024

Wenn der Untergang des Pfandes zu befürchten ist und der Pfandgeber an einem unbekannten Ort abwesend ist, kann der Pfandnehmer mit Einwilligung des Richters das Pfand verkaufen. Auch der Richter kann es verkaufen. Der Preis des Pfandes rückt an die Stelle des Pfandes. Wenn es der Pfandnehmer ohne Einwilligung des Richters verkauft, obwohl die Möglichkeit hierfür vor dem Untergang des Pfandes bestanden hätte, haftet er für den Wert der Sache, unabhängig von dessen Höhe.[1247]

Art. 1025

Der zum Verkauf des Pfandes Bevollmächtigte hat das Pfand zum Fälligkeitstermin zu verkaufen und die Schuld daraus zu begleichen. Wenn sich der Bevollmächtigte weigert und der Pfandgeber abwesend ist, kann der Bevollmächtigte zum Verkauf gezwungen werden.[1248] Wenn der Pfandgeber aber anwesend ist, wird nicht der Bevollmächtigte, sondern der Pfandgeber zum Verkauf gezwungen. Wenn dieser sich weigert, kann der Richter das Pfand verkaufen. Die Schuld wird aus seinem Preis bezahlt.[1249]

Nach dem Tod des Pfandgebers gilt das Erwähnte für den gesetzlichen Erben entsprechend.

1246 Die Bestimmung dieses Artikels ist dem Ende des Kapitels über das, was als Pfand genommen werden kann usw., im „Ad-durr" und im „Radd al-muḥtār" S. 323 entnommen. (Fn.-Qadrī)

1247 Die Bestimmung des Artikels ist der Mitte des Kapitels zum Pfand im „Tanqīḥ al-ḥāmidīya" S. 272 entnommen. (Fn.-Qadrī)

1248 Den Zwang übt der Richter aus. Vgl. Muršid al-ḥairān ilā maʿrifat aḥwāl al-insān fi-l-muʿāmalāt aš-šarʿīya. Šarḥ wa-dirāsa…, a.a.O., 3. Bd., S. 1426.

1249 Die Bestimmung des Artikels ist dem „Ad-durr" und dem „Radd al-muḥtār" in der Mitte des Kapitels zum Pfand, welches in den Besitz einer vertrauenswürdigen Person gelangt, S. 325 entnommen. (Fn.-Qadrī)

Das Buch zum Vergleich

Art. 1026
Der Vergleich ist ein Vertrag, der zur Beilegung eines Streites und zur Einstellung des Verfahrens zwischen den beiden Parteien[1250] im gegenseitigen Einvernehmen abgeschlossen wird.[1251]

Art. 1027
Der Vergleich in Bezug auf Rechte, die der Beklagte anerkennt oder leugnet, und in Bezug auf Rechte, die noch nicht anerkannt oder geleugnet worden sind, ist wirksam.[1252]

Art. 1028
Es wird vorausgesetzt, dass für die Sache, über die ein Vergleich geschlossen wird, ein erwiesener Anspruch des Gläubigers vorliegt und dass die Annahme eines Gegenwertes für die Sache zulässig ist. Dabei kann es sich um eine bestimmte Sache bzw. um eine Forderung[1253] oder um ein Recht[1254] wie den Nutzen, das Recht der Wiedervergeltung[1255] oder das Recht auf eine sonstige Strafe[1256] handeln. Wenn die Sache, über die ein Vergleich geschlossen wird, eine Übergabe erforderlich macht, muss sie bestimmt sein.[1257]

Art. 1029
Eine Sache oder ein Nutzen kann wirksam Gegenwert des Vergleichs sein. Die Sache muss Eigentum desjenigen sein, der den Vergleich anstrebt, und sie muss bestimmt sein, wenn ihre Inbesitznahme und Übergabe erforderlich sind. Der Gegenwert des Vergleichs muss zum Zeitpunkt des Vergleichs in Besitz ge-

---

1250 Arab. baina al-mutaṣāliḥain.

1251 Entnommen aus dem „Ad-durr“ am Beginn des Buches zum Vergleich S. 724 und aus der „Al-hindīya“ am Beginn des ersten Kapitels zur Auslegung des Vergleichs u.a. S. 213. (Fn.-Qadrī)

1252 Die Bestimmung des Artikels ist dem „Ad-durr“ am Beginn des Buches zum Vergleich S. 725 entnommen. (Fn.-Qadrī) Zum Anerkenntnis und zur Leugnung im islamischen Verfahrensrecht vgl. Falaturi, A., May, R., Gerichtsverfahren und Richter…, a.a.O., S. 77-78.

1253 D.h. vor allem Geld.

1254 Hier: ġair māl.

1255 Vgl. Fn. 1111.

1256 Arab. taʿzīr. Zu dieser Strafart - auch gelegentlich als Züchtigungsstraftatbestände bezeichnet - vgl. El Baradie, A., Gottes-Recht und Menschen-Recht. A.a.O., S. 146-165.

1257 Die Bestimmung des Artikels ist dem Beginn des Buches zum Vergleich im „Ad-durr“ und in der „Takmilat radd al-muḥtār“ S. 203 und 204 entnommen. (Fn.-Qadrī)

nommen werden, wenn der Vergleich in Bezug auf eine Forderung mit einer Forderung anderer Gattung herbeigeführt werden soll.[1258]

1. Abschnitt
Der Vergleich in Bezug auf Sachen

Art. 1030
Wenn der Klagegegenstand eine bestimmte Sache wie ein Haus, ein Stück Land oder ein Handelsgut ist, der Beklagte den Anspruch des Klägers anerkennt und einen Vergleich darüber durch eine bestimmte Geldsumme, durch eine bestimmte Immobilie oder ein bestimmtes Handelsgut anstrebt, ist der Vergleich wirksam und entfaltet die gleiche Wirkung wie der Verkauf. So besteht für den Kläger im Vergleich das Rücktrittsrecht wegen eines Mangels, das Rücktrittsrecht, wenn er die Sache nicht in Augenschein nehmen konnte, und das Rücktrittsrecht aufgrund einer Bedingung. Sowohl für die beanspruchte Immobilie[1259] als auch für die Immobilie als Gegenwert[1260] entsteht das Vorkaufsrecht für den Nachbarn. Wenn es sich in beiden Fällen um eine Immobilie handelt, wirkt das Vorkaufsrecht für beide Immobilien. Die Unklarheit über das Vergleichsobjekt macht den Vergleich fehlerhaft, nicht jedoch die Unklarheit über das Streitobjekt, weil hierbei der Vergleich erlischt.[1261]

Art. 1031
Wenn der Klagegegenstand eine bestimmte Sache wie ein Haus, ein Stück Land oder ein Handelsgut ist und der Beklagte den Anspruch auf diese Sache anerkennt und einen Vergleich in Form des Nutzens schließt, so durch ein Wohn-

---

1258 Die Bestimmung am Anfang dieses Artikels ist dem Beginn des Buches zum Vergleich im „Ad-durr“ und in der „Takmilat radd al-muḥtār“ S. 202 und 203 entnommen, die Bestimmung am Ende des Artikels ist der Mitte des Buches zum Vergleich in beiden Quellen S. 221 entnommen und die Bestimmung in der Mitte des Artikels zum Gegenwert als Eigentum usw. ist der Mitte des ersten Kapitels zur Auslegung des Vergleichs u.a. S. 214 in der „Al-hindīya“ entnommen. (Fn.-Qadrī) Es handelt sich dabei um Geld, welches beim Vergleich in einer anderen Währung gezahlt werden kann. Die Bestimmung zielt darauf ab, den Zins zu vermeiden. Vgl. Muršid al-ḥairān ilā maʿrifat aḥwāl al-insān fi-l-muʿāmalāt aš-šarʿīya. Šarḥ wa-dirāsa…, a.a.O., 3. Bd., S. 1437-1438. Im Folgenden wird der Gegenwert des Vergleichs auch mit dem Begriff „Vergleichsobjekt“ übersetzt.

1259 Arab. al-ʿaqār al-muṣālaḥ ʿanhu. So auch im Art.1534 der Mecelle. Vgl. auch Abū Ǧaib, S., Al-qāmūs al-fiqhī. A.a.O., S. 215 und The Mejelle. Being an English Translation of *Majallah el-Ahkam-i-Adliya* and a Complete Code on Islamic Civil Law. Translated by C. R. Tyser. Kuala Lumpur 2001, S. xliv.

1260 Arab. al-ʿaqār al-muṣālaḥ ʿalaihi. So auch im Art. 1533 der osmanischen Mecelle. Vgl. ebenda, S. xliii.

1261 Die Bestimmung dieses und des folgenden Artikels ist dem „Ad-durr“ und dem „Radd al-muḥtār“ am Beginn des Buches zum Vergleich S. 725 und 726 entnommen. (Fn.-Qadrī)

recht in einem Haus oder durch den Ackerbau auf einem Stück Land für eine bestimmte Zeit, ist der Vergleich wirksam und wird als Miete behandelt. So wird der Vergleich mit dem Tod einer der beiden Seiten, wenn der Vergleichsvertrag personengebunden ist, oder mit dem Untergang des Objektes in der Zeit der Miete nichtig.

Art. 1032
Wenn zwei Personen gegenseitig eine im Besitz der jeweils anderen Person befindliche bestimmte oder unbestimmte Sache beanspruchen und übereinkommen, dass die jeweils im Besitz befindliche Sache der Gegenwert für die beanspruchte Sache sein soll, ist der Vergleich wirksam und gilt als Austausch. Die Bestimmungen des Austausches finden Anwendung.[1262] Die Wirksamkeit des Vertrages hängt nicht von der Kenntnis der beiden Gegenleistungen ab, weil sie in diesem Falle nicht übertragen werden müssen.[1263]

Art. 1033
Wenn der Vergleich erfolgt, indem für eine bestimmte strittige Sache, die der Beklagte in Bezug auf die Rechte des Klägers anerkennt, eine andere bestimmte Sache gesetzt wird, und das Streitobjekt vollständig oder teilweise durch Zeugenbeweis von einem anderen beansprucht wird, ist der Teil des Vergleichsobjektes, das der Kläger vom Beklagten in Besitz genommen hat, entsprechend der Höhe des Anspruchs zurückzuerstatten. Wenn es sich um die gesamte Sache handelt, dann wird das gesamte Vergleichsobjekt zurückerstattet, bei einem Teil der entsprechende Teil des Vergleichsobjektes.[1264]

Art. 1034[1265]
Wenn der Vergleich erfolgt, indem für eine bestimmte strittige Sache, die der Beklagte in Bezug auf die Rechte des Klägers anerkennt, eine andere bestimmte Sache gesetzt wird, und das Vergleichsobjekt danach vollständig oder teilweise von einem anderen beansprucht wird, hat der Kläger einen Rückforderungsanspruch gegenüber dem Beklagten in Bezug auf die gesamte strittige Sache oder in Höhe des beanspruchten Teils. Dies gilt dann, wenn das Vergleichsobjekt genau bestimmt ist. Wenn das Vergleichsobjekt nicht genau bestimmt ist, unabhängig davon, ob es sich von der strittigen Sache gattungsmäßig unterscheidet

---

[1262] Arab. muqāyaḍa. Der Austausch Ware gegen Ware ist nach ḥanafitischer Lehre eine Sonderform des Güterumsatzvertrages (Verkauf).

[1263] Die Bestimmung des Artikels ist dem Beginn des Buches zum Vergleich im „Ad-durr" und in der „Takmilat radd al-muḥtār" S. 203 entnommen. (Fn.-Qadrī)

[1264] Die Bestimmung dieses und des folgenden Artikels ist dem Beginn des Buches zum Vergleich im „Ad-durr" und in der „Takmilat radd al-muḥtār" S. 208 und 209 entnommen. (Fn.-Qadrī)

[1265] Die Artikelnummer ist in der Ausgabe von 2003 fehlerhaft.

oder nicht, der Anspruch aber vor Beendigung der Vergleichssitzung erhoben wird, hat der Kläger einen Rückforderungsanspruch auf eine Sache, die mit der beanspruchten vergleichbar ist. Wenn der Anspruch nach Beendigung der Vergleichssitzung erhoben wird, ist der Vergleich nichtig.

Art. 1035
Wenn der Vergleich erfolgt, indem für eine bestimmte Sache, die der Beklagte in Bezug auf die Rechte des Klägers leugnet, eine andere bestimmte Sache gesetzt wird, und der Klagegegenstand danach vollständig oder teilweise von einem anderen beansprucht wird, hat der Beklagte einen Rückforderungsanspruch auf den entsprechenden Teil der Gegenleistung gegenüber dem Kläger. Dieser kann auf dem Wege des Gerichtsverfahrens und der Klage gegen denjenigen, der den Anspruch erhebt, vorgehen. Wenn der Gegenwert des Vergleichs von einem anderen vollständig oder teilweise beansprucht wird, hat der Kläger einen Rückforderungsanspruch auf die gesamte Sache oder einen Teil derselben entsprechend der beanspruchten Höhe. Dies gilt, wenn die Sache genau bestimmt ist. Wenn die Sache nicht genau bestimmt ist, unabhängig davon, ob sie sich von der strittigen Sache gattungsmäßig unterscheidet oder nicht, der Anspruch aber vor Beendigung der Vergleichssitzung erhoben wird, hat der Kläger einen Rückforderungsanspruch auf eine Sache, die mit der beanspruchten vergleichbar ist. Wenn der Anspruch nach Beendigung der Vergleichssitzung erhoben wird, ist der Vergleich nichtig, so wie im vorangegangenen Artikel erwähnt.[1266]

Art. 1036
Wenn jemand ein Recht in einem Haus einklagt, aber keinen Zeugenbeweis hierfür erbringt und ein Vergleich dazu geschlossen wird[1267], danach aber ein Anspruch auf einen Teil des Hauses durch einen anderen erhoben wird, kann der Beklagte die Gegenleistung nicht zurückverlangen. Wenn das gesamte Haus beansprucht wird, kann er die gesamte Gegenleistung zurückverlangen.[1268]

Art. 1037
Wenn der Klagegegenstand eine bestimmte Sache, ein Haus, ein Stück Land oder ein Handelsgut ist, der Beklagte den Anspruch des Klägers leugnet oder

---

[1266] Die Bestimmung dieses Artikels ist dem Beginn des Buches zum Vergleich im „Ad-durr" und in der „Takmilat radd al-muḥtār" S. 211 und 212 entnommen. (Fn.-Qadrī)

[1267] So durch die Zahlung einer bestimmten Geldsumme an den Kläger. Vgl. Muršid al-ḫairān ilā maʿrifat aḥwāl al-insān fi-l-muʿāmalāt aš-šarʿīya. Šarḥ wa-dirāsa…, a.a.O., 3. Bd., S. 1442.

[1268] Die Bestimmung des Artikels ist dem „Ad-durr" und dem „Radd al-muḥtār" am Ende des Kapitels zum Anspruch S. 199 und der Mitte des 20. Kapitels des Buches zum Vergleich in der „Al-hindīya" S. 262 entnommen. (Fn.-Qadrī) Die jordanische Ausgabe von 1987 gibt fälschlicherweise die S. 212 an.

schweigt und weder Anerkenntnis noch Leugnung äußert und danach ein Vergleich durch eine bestimmte Sache, ein Haus, ein Grundstück, ein Handelsgut oder eine Geldsumme geschlossen wird, ersetzt dieser Vergleich den Eid und das Streitverfahren in Bezug auf den Beklagten und wird in Bezug auf den Kläger zu einem Verkauf, der die Wirkungen des Verkaufs entfaltet.[1269]

Art. 1038
Wenn der unterscheidungsfähige Minderjährige eine Forderung hat, zur Handelstätigkeit ermächtigt ist und keinen Zeugenbeweis für die Forderung erbringt, kann er mit seinem Schuldner einen Vergleich schließen, indem er auf einen Teil der Forderung verzichtet oder eine andere Sache, deren Wert unter der Forderung liegt, akzeptiert. Wenn er den Beweis für die Forderung erbringt, ist dies für ihn nicht zulässig.[1270]

Art. 1039
Wenn der Minderjährige eine Forderung gegenüber einer anderen Person hat, den Beweis durch gerechte Zeugen hierfür erbringt oder der Schuldner die Forderung anerkennt bzw. die Forderung gerichtlich festgestellt ist, darf der ernannte oder gesetzliche Vormund keinen Vergleich schließen, indem er auf einen Teil der Forderung verzichtet, es sei denn, die Forderung geht auf einen Vertrag seinerseits zurück. So kann er einen Vergleich zu seinen Lasten schließen und haftet für die gesamte Forderung gegenüber dem Minderjährigen. Wenn er bei einem Vergleich in Bezug auf die Forderung eine andere Sache akzeptiert, ist der Vergleich nur dann zulässig, wenn der Wert der Sache der Forderung entspricht oder einen geringfügigen Verlust bedeutet. Bei einem beträchtlichen Verlust ist der Vergleich nicht zulässig.
Wenn der ernannte oder gesetzliche Vormund befürchten muss, dass die gesamte Forderung nicht nachweisbar ist, indem der Zeugenbeweis nicht erbracht werden kann und der Schuldner den Anspruch leugnet und den Eid bemüht, kann der gesetzliche oder ernannte Vormund einen Vergleich durch den Verzicht auf einen Teil der Forderung schließen und den übrigen Teil entgegennehmen.[1271]

[1269] Die Bestimmung dieses Artikels ist dem Beginn des Buches zum Vergleich im „Ad-durr" und im „Radd al-muḥtār" S. 726 entnommen. (Fn.-Qadrī)

[1270] Die Bestimmung dieses Artikels ist dem „Ad-durr" und der „Takmilat radd al-muḥtār" am Beginn des Buches zum Vergleich S. 202 entnommen. (Fn.-Qadrī)

[1271] Die Bestimmung der beiden Absätze des Artikels ist dem mittleren Abschnitt zum Vergleich durch den Vater und den ernannten Vormund in der „Al-anqarawīya" S. 244 und 245 entnommen mit Ausnahme der Formulierung „Wenn er bei einem Vergleich in Bezug auf die Forderung eine andere Sache akzeptiert" im ersten Absatz. Diese ist dem „Ǧāmi' al-fuṣūlain" in der Mitte des 27. Abschnitts S. 24 entnommen. (Fn.-Qadrī)

Art. 1040
Wenn eine Klage gegen den unterscheidungsfähigen Minderjährigen vorliegt und der Kläger den Zeugenbeweis für seine Klage erbringt, kann der ernannte oder der gesetzliche Vormund einen Vergleich schließen, indem der Kläger auf einen Teil der Schuld verzichtet und der Rest bezahlt wird. Wenn der Kläger den Beweis nicht erbringt, darf der gesetzliche oder der ernannte Vormund keinen Vergleich über irgendeinen Teil schließen.[1272]

Art. 1041
Wenn der zur Handelstätigkeit ermächtigte Minderjährige eine Forderung gegenüber einer anderen Person hat, kann er für sich selbst mit seinem Schuldner einen Vergleich schließen, indem die Forderung für eine bestimmte Zeit gestundet wird.[1273]

Art. 1042
Der zur Prozessführung Bevollmächtigte darf keinen Vergleich schließen. Wenn er in Bezug auf die Klage, für die er zur Prozessführung ermächtigt ist, ohne Einwilligung seines Vollmachtgebers einen Vergleich schließt, ist sein Vergleich nicht wirksam.[1274]

Art. 1043
Wenn der Schuldner einen Bevollmächtigten zum Vergleich ernennt, die Schuld anerkennt und der Bevollmächtigte erklärt, den Vergleich für den Vollmachtgeber geschlossen zu haben, ist der Vergleich in Bezug auf den Vollmachtgeber rechtskräftig und der Gegenwert des Vergleichs vom Vollmachtgeber zu leisten. Wenn der Bevollmächtigte erklärt, den Vergleich für sich geschlossen zu haben, ist der Vergleich ebenfalls in Bezug auf den Vollmachtgeber rechtskräftig, aber der Gegenwert des Vergleichs kann nur vom Bevollmächtigten gefordert werden. Dieser hat danach einen Rückforderungsanspruch gegenüber dem Vollmachtgeber.
Wenn der Schuldner die Schuld leugnet, einen zum Vergleich Bevollmächtigten ernennt und der Bevollmächtigte erklärt, den Vergleich für den Vollmachtgeber geschlossen zu haben, ist der Vergleich in Bezug auf den Vollmachtgeber rechtskräftig und der Gegenwert des Vergleichs vom Vollmachtgeber zu leisten. Wenn der Bevollmächtigte erklärt, den Vergleich für sich geschlossen zu haben, ist der Vergleich in Bezug auf den Vollmachtgeber rechtskräftig und der Ge-

---

[1272] Die Bestimmung des Artikels ist dem mittleren Abschnitt zum Vergleich des Vaters und des ernannten Vormundes in der „Al-anqarawīya“ S. 245 entnommen. (Fn.-Qadrī)

[1273] Die Bestimmung des Artikels ist dem Ende des Abschnitts zum Vergleich des Vaters und des ernannten Vormundes in der „Al-anqarawīya“ S. 246 entnommen. (Fn.-Qadrī)

[1274] Die Bestimmung des Artikels ist dem „Ad-durr“ und dem „Radd al-muḥtār“ am Beginn des Abschnitts zur Vollmacht zur Prozessführung S. 635 entnommen. (Fn.-Qadrī)

genwert des Vergleichs vom Bevollmächtigten zu leisten. Dieser hat danach einen Rückforderungsanspruch gegenüber dem Vollmachtgeber.[1275]

Art. 1044
Der Inhaber der Forderung kann mit seinem Schuldner einen Vergleich schließen, indem er einen Teil der Forderung entgegennimmt und auf den Rest verzichtet.[1276]

2. Abschnitt
Wirkungen des Vergleichs

Art. 1045
Wenn der Vergleich in der geforderten Weise vollzogen wird, geht der Gegenwert des Vergleichs in das Eigentum des Klägers über. Dessen Anspruch auf die strittige Sache erlischt und dessen erneute Klage wird unzulässig. Der Beklagte hat kein Recht, den Gegenwert des Vergleichs, den er an den Kläger gezahlt hat, zurückzufordern.[1277]

Art. 1046
Wenn einer der beiden Partner des Vergleichsvertrages verstirbt, können dessen gesetzliche Erben den Vergleich nicht aufheben. Falls der Vergleich jedoch im Sinne einer Vermietung erfolgt und einer der beiden Partner vor Ablauf der Mietfrist verstirbt, wird mit dessen Tod der verbliebene Rest nichtig.[1278]

Art. 1047
Wenn der Vergleich im Sinne des Austausches erfolgt, kann jede der beiden Seiten im gegenseitigen Einvernehmen den Vergleich aufheben. Wenn der Vergleich aufgehoben wird, werden der Klagegegenstand an den Kläger und der Gegenwert des Vergleichs an den Beklagten zurückerstattet.[1279]

[1275] Die Bestimmung der beiden Absätze des Artikels ist dem Ende des 10. Abschnitts über die Haftung des Bevollmächtigten u.a. im Buch zur Vollmacht S. 38 in der „Al-anqarawīya" entnommen. (Fn.-Qadrī)

[1276] Die Bestimmung des Artikels ist dem Beginn des Abschnitts zur Forderungsklage im „Ad-durr" und im „Radd al-muḥtār" S. 734 und 735 aus dem Buch zum Vergleich entnommen. (Fn.-Qadrī)

[1277] Die Bestimmung des Artikels ist dem „Ad-durr" und der „Takmilat radd al-muḥtār" am Beginn des Buches zum Vergleich S. 206 entnommen. (Fn.-Qadrī)

[1278] Die Bestimmung des zweiten Absatzes des Artikels ist dem Beginn des 20. Kapitels zu den nach dem Vergleich eintretenden Angelegenheiten u.a. in der „Al-hindīya" S. 260 entnommen. (Fn.-Qadrī) Zu den Besonderheiten beim Mietvertrag vgl. Art. 1031.

[1279] Die Bestimmung des Artikels ist dem „Ad-durr" und der „Takmilat radd al-muḥtār" am Ende des Buches zum Vergleich S. 230 entnommen. (Fn.-Qadrī) Zu den Besonderheiten des Austausches vgl. Art. 1032.

Art. 1048
Wenn der Beklagte die gegen ihn vorgebrachte Klage leugnet und der Kläger mit ihm einen Vergleich schließt, erlischt das Recht des Klägers auf ein diesbezügliches Gerichtsverfahren. Er darf keinen Prozess gegen ihn in Bezug auf den Gegenstand der Klage anstrengen, keinen Eid von ihm verlangen und den Vergleich nicht aufheben.[1280]

Art. 1049
Wenn der Gegenwert des Vergleichs vor seiner Übergabe an den Kläger verloren geht oder vollständig bzw. teilweise beansprucht wird, wird der Vergleich nicht annulliert und ist der Beklagte verpflichtet, eine der verloren gegangenen Sache vergleichbare Sache vollständig oder teilweise zu übergeben. Dies gilt, wenn die als Gegenwert vorgesehene Sache nicht genau bestimmt ist und der strittigen Sache gattungsmäßig entspricht bzw. sich von der strittigen Sache gattungsmäßig unterscheidet, aber vor Beendigung der Vergleichssitzung verloren gegangen ist. Ob der Vergleich aufgrund von Anerkenntnis oder Leugnung geschlossen wird, ist dabei unerheblich.
Wenn aber der Gegenwert des Vergleichs eine genau bestimmte Sache ist und vor seiner Übergabe an den Kläger vollständig oder teilweise verloren geht, hat der Kläger im Falle des Anerkenntnisses einen Rückforderungsanspruch gegenüber dem Beklagten in Bezug auf die Streitsache oder einen Teil derselben. Wenn dem Vergleich eine Leugnung zugrunde liegt, kann der Kläger ein Gerichtsverfahren anstrengen.[1281] (Ende).

[1280] Die Bestimmung des Artikels ist dem Beginn des Buches zum Vergleich im „Ad-durr" und in der „Takmilat radd al-muḥtār" S. 206 entnommen. (Fn.-Qadrī)

[1281] Die Bestimmung der beiden Absätze des Artikels ist dem „Ad-durr" und der „Takmilat radd al-muḥtār" in der Mitte des Buches zum Vergleich S. 212 entnommen. (Fn.-Qadrī) Vgl. dazu die Art. 1034 und 1035.

LEIPZIGER BEITRÄGE ZUR ORIENTFORSCHUNG

Herausgegeben von Hans-Georg Ebert
Begründet von Günter Barthel

Die Reihe *Leipziger Beiträge zur Orientforschung* widmet sich Themen und Problemfeldern der islamischen Welt in Vergangenheit und Gegenwart. Dabei werden unterschiedliche Disziplinen, Regionen und Methoden erfasst. Das Spektrum reicht von rechtlichen, historischen, religiösen, kulturellen, sprachlichen, politischen und sozial-ökonomischen Fragestellungen bis hin zu vergleichenden "area studies". Innerhalb der Reihe erscheinen die in Zusammenarbeit mit der "Gesellschaft für Arabisches und Islamisches Recht e.V." herausgegebenen Tagungsbände. Die einzelnen Veröffentlichungen sollen das interkulturelle Verständnis fördern, neue Forschungsansätze aufzeigen und Ergebnisse wissenschaftlicher Untersuchungen präsentieren.

Band 1 Lutz Knörnschild: Zur Geschichte der Nilwassernutzung in der ägyptischen Landwirtschaft von den Anfängen bis zur Gegenwart. 1993.

Band 2 Henner Fürtig / Rolf Müller-Syring (Hrsg.): Ursachen gewaltförmiger Konflikte in der Golfregion. Internationale und zwischenstaatliche Faktoren. 1993.

Band 3 Ingelore Goldmann (Hrsg.): Beiträge zur Fachdidaktik Arabisch. Didaktische und methodische Probleme des modernen Arabischunterrichts. 1993.

Band 4 Roland Kühnel: Die sprachliche Situation an Hochschulen des Maghreb und die offizielle Sprachpolitik – Eine soziolinguistische Untersuchung. 1995.

Band 5 Henk Knaupe / Ulrich G. Wurzel: Aufbruch in der Wüste. Die Neuen Städte in Ägypten. 1995.

Band 6 Wolfgang Reuschel: Aspekt und Tempus in der Sprache des Korans. 1996.

Band 7 Hans-Georg Ebert: Das Personalstatut arabischer Länder. Problemfelder, Methoden, Perspektiven. Ein Beitrag zum Diskurs über Theorie und Praxis des Islamischen Rechts. 1996.

Band 8 Uwe Pfullmann: Politische Strategien Ibn Sa^{c}ūds beim Aufbau des dritten saudischen Staates. Eine historische Studie unter besonderer Berücksichtigung deutschen Archivmaterials. 1996.

Band 9 Hans-Georg Ebert (Hrsg.): Beiträge zum Islamischen Recht. 2000.

Band 10 Anja Wünsch: Innenansichten ökonomischer Restrukturierung. Wirkungen und Wirksamkeit der Strukturanpassung in Jordanien, 1989-1999. 2001.

Band 11 Thoralf Hanstein: Islamisches Recht und Nationales Recht. Teil 1 und 2. Eine Untersuchung zum Einfluß des Islamischen Rechts auf die Entwicklung des modernen Familienrechts am Beispiel Indonesiens. 2002.

Band 12 Hans-Georg Ebert / Thoralf Hanstein (Hrsg.): Beiträge zum Islamischen Recht II. 2003.

Band 13 Hans-Georg Ebert / Thoralf Hanstein (Hrsg.): Beiträge zum Islamischen Recht III. 2003.

Band 14 Hans-Georg Ebert: Das Erbrecht arabischer Länder. 2004.

Band 15 Silvia Tellenbach / Thoralf Hanstein (Hrsg.): Beiträge zum Islamischen Recht IV. 2004.

Band 16 Almut Hinz: Die Sanktionen gegen Libyen. Sanktionen im modernen Völkerrecht und in der Staatenpraxis sowie ihre Anwendung am Beispiel Libyen. 2005.

Band 17 Hüseyin Demir: Die osmanischen Medresen. Das Bildungswesen und seine historischen Wurzeln im Osmanischen Reich von 1331–1600. 2005.

Band 18 Sebastian Maisel: Das Gewohnheitsrecht der Beduinen. Der Stellenwert von Urf in den Rechtsvorstellungen tribaler Gruppen im Norden der Arabischen Halbinsel. 2006.

Band 19 Irene Schneider / Thoralf Hanstein (Hrsg.): Beiträge zum Islamischen Recht V. 2006.

Band 20 Anja Wehler-Schöck: Ehrenmorde in Jordanien. Ursachen und mögliche Gegenstrategien. 2007.

Band 21 Hans-Georg Ebert / Thoralf Hanstein (Hrsg.): Beiträge zum Islamischen Recht VI.

Band 22 Naseef Naeem: Die neue bundesstaatliche Ordnung des Irak. Eine rechtsvergleichende Untersuchung. 2008.

Band 23 Hans-Georg Ebert: Die Qadrî-Pâshâ-Kodifikation. Islamisches Personalstatut der hanafitischen Rechtsschule. 2010.

Band 24 Hans-Georg Ebert / Assem Hefny: *Der Islam und die Grundlagen der Herrschaft*. Übersetzung und Kommentar des Werkes von Alî Abd ar-Râziq. 2010.

Band 25 Nedim Zahirović: Murteza Pascha von Ofen zwischen Panegyrik und Historie. Eine literarisch-historische Analyse eines osmanischen Wesirspiegels von Nergisi (El-vasfü l-kāmil fī-ahvāli l-vezīri l-'ādil). 2010.

Band 26 Hatem Elliesie (Hrsg./ed.): Beiträge zum Islamischen Recht VII. Islam und Menschenrechte / Islam and Human Rights / الإسلام وحقوق الإنسان. 2010.

Band 27 Ibrahim Salama: Muslimische Gemeinschaften in Deutschland. Recht und Rechtswissenschaft im Integrationsprozess. 2010.

Band 28 Sabaheta Gačanin: The Persian Divan by Ahmad Khatem Aqovalizade. 2011.

Band 29 Martin Heckel (Hrsg.): Rechtstransfer. Beiträge zum islamischen Recht VIII. 2011.

Band 30 Hans-Georg Ebert/Thoralf Hanstein (Hrsg.): Heinrich Leberecht Fleischer – Leben und Wirkung. Ein Leipziger Orientalist des 19. Jahrhunderts mit internationaler Ausstrahlung. 2013.

Band 31 Hans-Georg Ebert / Assem Hefny: Islamisches Zivilrecht der hanafitischen Lehre. Die zivilrechtliche Kodifikation des Qadrî Pâshâ. 2013

www.peterlang.de

www.ingramcontent.com/pod-product-compliance
Ingram Content Group UK Ltd.
Pitfield, Milton Keynes, MK11 3LW, UK
UKHW021837290926
8980IPUK00004B/515

9 783631 643495